LIBERTEM
A MULHER FORTE

Clarissa Pinkola Estés, Ph.D.

LIBERTEM A MULHER FORTE

O amor da Mãe Abençoada pela Alma Selvagem

Tradução de Waldéa Barcellos

Título original
UNTIE THE STRONG WOMAN

Copyright © 2011 Untie the Strong Woman *by* Clarissa Pinkola Estés, Ph.D.

Todos os direitos reservados sob USA, International, and Pan-American Copyright Conventions, incluindo, mas não limitados, a encenação, derivado, adaptação, musical, áudio, gravação, citação de trecho como referência, teatro, cinema, coleções, pictórica, tradução, reprodução, on-line e eletrônica. Todos os direitos agora existentes ou que venham a existir são reservados e permanecem de propriedade da autora, incluindo o eletrônico, digital e web; também baseados nesses direitos, o download da internet. Nenhuma parte desta obra pode ser usada, reproduzida, extraída, adaptada sem a autorização por escrito. Para consultas, licenças e autorizações, por favor, contatar ngandelman@gmail.com.

"Learning to Pray the Highest Prayer" de *La Pasionaria/The Bright Angel* manuscript: *Collected Poetry of Clarissa Pinkola Estés 1960-2011 by* Dr. C. P. Estés © 2011.
Todos os direitos reservados.

"The Mother" poema © 1945, Gwendolyn Brooks.
Todos os direitos reservados.
Aqui reproduzido com a gentil autorização da autora.

Direitos para a língua portuguesa reservados
com exclusividade para o Brasil à
EDITORA ROCCO LTDA.
Rua Evaristo da Veiga, 65 – 11º andar
20031-040 – Rio de Janeiro – RJ
Passeio Corporate – Torre 1
Tel.: (21) 3525-2000 – Fax: (21) 3525-2001
rocco@rocco.com.br/www.rocco.com.br

Printed in Brazil/Impresso no Brasil

Preparação de originais: Carlos Nougué

CIP-BRASIL. CATALOGAÇÃO NA PUBLICAÇÃO
SINDICATO NACIONAL DOS EDITORES DE LIVROS, RJ

E83L

    Estés, Clarissa Pinkola
       Libertem a mulher forte : o amor da Mãe Abençoada pela alma selvagem / Clarissa Pinkola Estés ; tradução Waldéa Barcellos. - 1. ed. - Rio de Janeiro : Rocco, 2023.

       "Edição capa dura"
       Tradução de: Untie the strong woman : Blessed Mother's immaculate love for the wild soul
       ISBN 978-65-5532-358-0

       1. Maria, Virgem, Santa. 2. Vida espiritual. I. Barcellos, Waldéa. II. Título.

	CDD: 232.91
23-84306	CDU: 27.312.47

Meri Gleice Rodrigues de Souza - Bibliotecária - CRB-7/6439

O texto deste livro obedece às normas do novo Acordo Ortográfico da Língua Portuguesa
Impressão e Acabamento: GEOGRÁFICA EDITORA LTDA.

La Madunina, *Milão, Itália*

Para Paul Marsh, compadre, agente estrangeiro para escribas do mundo
inteiro, e a alma em Espírito. Você carregou este manuscrito
sobre Nossa Senhora de um lado a outro do mundo,
das Montanhas Rochosas nos Estados Unidos
a carinhosas mãos que aguardavam numa cidade italiana,
à vista dos Alpes num dia de céu limpo.
Uma cidade que muito tempo atrás colocou *La Madunina*,
a pequena Madona, no alto de uma flecha de campanário,
ela atuando como a força norteadora da cidade.
Grande conhecedor de idiomas, você disse que o nome da cidade,
Milão, vinha dos celtas primitivos e do latim antigo
Mediolanum, que significaria *santuário do centro do coração*.
Consideramos que ali estava um perfeito portal
para trazer à luz esta obra.
Aquela frase preferida de Kafka que a maioria
dos amantes das línguas conhece de cor:
... ein Buch muß die Axt sein für das gefrorene Meer in uns.
Um livro deve ser um machado para quebrar o mar congelado dentro de nós.
Isso mesmo. A ilustre pequena Madona no alto da Catedral de Milão,
contemplando de cima a cidade, está radiante, de mãos abertas,
sua auréola estrelada refulge, e ela tem uma lança feroz com
a lâmina afiada em Cruz, para fazer exatamente isso por nós,
abrir a machadadas o gelo moderno dentro de nós, para que nos
libertemos para avançar, das melhores formas consagradas pelo tempo...
todas nós, almas,
que caminhamos ou um dia haveremos de caminhar com
La Nuestra Señora,
A Grande Mulher, a Santa Mãe,
abraçando-a,
qualquer que seja seu nome,
traje,
raça
ou
rosto.

Sumário

PRIMEIRAS PALAVRAS
Nossa Grande Mãe Ancestral
Bênção de Abertura: *Totus Tuus*, Eu Te pertenço, Mãe Abençoada ... 13

CAPÍTULO 1
Conhecendo a Senhora de vermelho
A primeira vez que vi Teu rosto ... 21

CAPÍTULO 2
Como a Grande Mulher foi apagada: nosso papel em Sua restauração
Libertem a Mulher Forte ... 27

CAPÍTULO 3
Ela é inspiratus *para almas que sofrem*
O bêbado e a Senhora ... 37

CAPÍTULO 4
Apaixonados por Ela, num amor humilde, indefeso
Guadalupe é uma chefe de turma no Paraíso ... 53

CAPÍTULO 5
Levanta-te! Mesmo depois de um derramamento de sangue,
diz La Conquista, *Nossa Senhora dos Conquistados*
Massacre dos sonhadores: A Mãe do Maíz ... 61

CAPÍTULO 6
"Veste de flechas." Ela ensina proteção aos vulneráveis: sem exceções
O *Memorare*, Lembra! ... 83

CAPÍTULO 7
Os usos do coração partido: Mater Dolorosa *curva-se cada vez mais perto*
O uso do coração transpassado por sete espadas ... 95

CAPÍTULO 8
Muitos tipos de prisão: A última mulher de pé
"Nossa Senhora Atrás da Parede" ... 97

CAPÍTULO 9
Portando o nome da Mãe
Um homem chamado Maria...155

CAPÍTULO 10
Forjada na fornalha acesa
A Madona Negra ... 161

CAPÍTULO 11
Ninguém ruim demais, cruel demais ou irrecuperável
Como "*motherfuckers*" se tornaram Mães Abençoadas ... 179

CAPÍTULO 12
Sem racismo, sem discriminação, ninguém é um "intocável"
A Grande Mulher nos aparece diariamente ... 209

CAPÍTULO 13
Seus nomes incessantes
Ladainha da Estrada Mãe: Cântico de Seus nomes incandescentes ... 223

CAPÍTULO 14
Mãe Misericordiosa: Restaurando a Alma depois de um trauma
Compaixão pós-aborto:
"Os filhos que ela teve que não teve..." ... 231

CAPÍTULO 15
O laço de Nossa Senhora... para salvar uma Vida
O homem que se afogava ... 255

CAPÍTULO 16
Agarrando-se à Alma
Deus não tem mãos: Consolando Maria, o ritual de *Pésame* ... 261

CAPÍTULO 17
A Grande Mãe inspira as pequenas mães
As Marias da Mãe África ... 277

CAPÍTULO 18
A rejeição ao Sagrado: Não há lugar para vocês aqui
"Ah, sim, aqui há lugar para vocês também" O ritual de *La Posada* ... 291

CAPÍTULO 19
Carta a jovens místicos que seguem a Santa Mãe
Nossa Senhora de Guadalupe: O caminho do coração partido ... 309

CAPÍTULO 20
Los Inmigrantes, somos todos imigrantes: O inextinguível fogo criativo
Tentaram detê-La na fronteira ... 323

CAPÍTULO 21
Mi Madre, Tu Madre, La Madre de Ella, La Madre de Él, Nuestra Madre:
Minha Mãe, Tua Mãe, Mãe Dela, Mãe Dele, Nossa Mãe
A verdade sobre como é dificílimo entrar no Paraíso ... 335

CAPÍTULO 22
Zelarei por ti e te manterei em segurança até que nos vejamos de novo
Bênção de Encerramento: Já te esqueceste? Sou tua Mãe ... 339

CAPÍTULO 23
Belas palavras sobre a Mãe
Algumas formas pelas quais outras almas criativas
compreendem a relação com a Mãe ... 347

CAPÍTULO 24
Amém, Amém, Amém... e uma mulherzinha
A Suprema Oração ... 373

Notas ... 377

Notas ao leitor ... 387

Lista de ilustrações/créditos ... 391

Prece Intercessora e de Gratidão ... 399

Uma biografia não convencional ... 403

Ex-voto: "Colcha com a bênção de Nossa Senhora para ter belos sonhos"

PRIMEIRAS PALAVRAS

Nossa Grande Mãe Ancestral

Bênção de Abertura: *Totus Tuus*, Eu Te pertenço, Mãe Abençoada

Com agulha e linha, um feltro vermelho macio e tinta branca, cuidadosamente moldei e apliquei palavras, montes de folhas, galhos e pássaros numa colcha comprada para pendurar na cabeceira da minha cama, para servir como um portal para o sono.

Chamei esse portal de *Totus Tuus ego sum María*, pois ele é uma carta de amor à Grande Mulher, uma carta constantemente escrita e entregue, uma carta do coração que diz: "Sou totalmente tua, *mi Madre*. Ora por mim e fica comigo, Mãe Abençoada."

Num mundo cujo horror costuma fazer parar o coração e cuja beleza nos tira o fôlego, tantas vezes raspado até o osso por quem deixa vazar o desprezo com um orgulho de alma doentia, é a Mãe Abençoada que demonstra uma generosidade indescritível com inspirações brilhantes, que se derramam sobre nós – se nós escutarmos, se procurarmos vê-las.

Assim, existem tantas razões abençoadas para procurar essa imensa força de sabedoria e permanecer junto dela; essa força, conhecida no mundo inteiro como Nossa Senhora, *La Nuestra Señora*, e de modo mais especial chamada, com lealdade e amor, de Nossa Mãe, Nossa Santa Mãe. Só nossa.

Ela é conhecida por muitos nomes e muitas imagens; e parece se apresentar, para pessoas de todos os cantos do mundo e em diferentes épocas, exatamente nas formas e imagens em que a alma a compreenderia melhor, a perceberia, seria capaz de abraçá-la e de ser abraçada por ela.

Ela usa milhares de nomes, milhares de tons de pele, milhares de trajes, sendo a padroeira de desertos, montanhas, estrelas, rios e oceanos. Se existem na Terra mais de seis bilhões de pessoas, ela portanto chega a nós em literalmente bilhões de imagens. Contudo, no seu centro há apenas um único Coração Imaculado.

Desde que saímos cambaleantes do Nevoeiro, eras atrás, temos o direito irrevogável a essa Grande Mãe. Desde tempos imemoriais, não existe em nenhum lugar uma força feminina de maior compaixão e compreensão para com as estranhezas e amorabilidade das variações fantásticas e indomáveis encontradas nos seres humanos.

Em parte alguma se encontra uma melhor figura exemplar, mestra e mentora do que aquela que é chamada, entre muitos outros nomes verdadeiros, de Trono de Sabedoria.

Aos olhos da Mãe Abençoada, todos são dignos de amor, todas as almas são aceitas, todas têm uma doçura de coração, são belas aos olhos; dignas da consciência, de ser inspiradas, ajudadas, consoladas e protegidas – mesmo que outros meros humanos acreditem tola e cegamente no contrário.

Se, seguindo pelas trilhas abertas nas histórias dos "antigos fiéis", se depois do antigo Deus Yahweh Jeová, que parecia gastar um tempo absurdo criando e destruindo, a partir daí com um contraste enorme, veio a nós o Deus de Amor – então Nossa Mãe Abençoada é a Mãe Que Deu à Luz o Amor.

Ela é a Mãe que ascendeu inteira, a Mãe que sobreviveu a guerras, conquistas, recrutamentos. A Mãe que foi proscrita, ultrajada, subjugada, arrasada, escondida, apunhalada, despojada, incendiada, plastificada e dispensada.

E ainda assim ela sobreviveu – *em* nós e *por* nós – não importava quem tivesse levantado a mão contra ela ou tivesse tentado prejudicar seu alcance ilimitado. Ela está inscrita em cada livro sagrado, em cada documento dos mistérios, em cada pergaminho que a descreve como Vento, Fogo, Guerreira, Coração de Ouro, *La que sabe*, Aquela que Sabe e mais.

E o principal: ela está inscrita em nossas próprias almas. Nossos anseios por ela, nosso desejo de conhecê-la, de sermos transformados por ela, de seguir seus costumes de profunda perspicácia, seu jeito de dar abrigo, sua confiança na bondade – essas são a comprovação de que ela existe, de que continua a viver como uma força imensa, nem sempre invisível, mas palpável, em nosso mundo neste exato momento.

Mesmo quando foi *una desaparecida*, "desaparecida" pela ação de valentões e ditadores ao longo das muitas décadas da chamada Guerra Fria, que na realidade foi um tempo de trevas destinado a destruir a voz da alma por vastos territórios, nós sonhávamos com ela à noite de qualquer modo.

Víamos suas cores e flores, suas rosas, bons-dias, lírios, campainhas, tagetes e outras, surgir ao lado das estradas mais sombrias, apesar de nos dizerem que ela tinha ido embora e que, no fundo, nunca tinha existido.

No caminho, nós a vislumbrávamos através das árvores. Basílicas de Nossa Senhora do Bosque de Bétulas, Nossa Senhora dos Plátanos, Nossa Senhora do Santuário dos Pinheiros, Catedrais de Nossa Senhora das Sequoias. Ela permaneceu conosco, embora fosse proibido pensar nela, até mesmo imaginá-la. Ela estava lá, mesmo assim, pois ela é a Mãe perfeita, que não deixa, que se recusa a deixar, seus filhos para trás.

Mesmo quando seus chalés e arvoredos e vias foram apagados dos mapas, tiveram seus nomes mudados ou encobertos por outros, ela nos apareceu em nossas aflições e momentos de grande perturbação, criando, arrancando alguma coisa teimosa do fundo de nós, ajudando-nos a deixar morrer o que tem de morrer, ajudando-nos a deixar viver o que deve viver.

Ela compartilhará seu alento conosco, quando sentirmos que perdemos o nosso. Ela nos aquecerá quando estivermos com muito frio, e nos refrescará quando estivermos com muito calor – na emoção, no espírito, na mente, na ideação, no desejo, nos julgamentos, na vida criativa da alma. Ela nos manda ser delicados, e também nos manda "Sejam amáveis, mas jamais submissos".

Tudo o que precisamos fazer é pedir, e ela se apresentará de modo que possamos ver/sentir imediatamente. Ou que talvez tenhamos de nos esforçar para alcançar, apreendendo-a de uma nova forma, não de início totalmente fácil.

Diz-se que São Francisco de Assis corria de uma gruta para outra aos gritos de lamento por ter acabado de perder Deus e já não conseguir encontrá-Lo. Mas Deus disse a Francisco que estivera ali o tempo todo, que Francisco precisava aprender a ver Deus em todas as Suas muitas aparências.

Assim, tudo o que precisamos fazer é chamar com o coração, e ela abrirá caminho através de paredes, por cima da água e por baixo de montanhas para se manifestar. Tudo o que temos de fazer é *lembrarmo-nos* dela, e ela estará instantaneamente conosco – ensinando, focalizando-nos em sua perspectiva espiritual, escondendo-nos, consolando-nos, ajudando-nos a ver de verdade – como o que em iídiche antigo é chamado de *mensch,* alguém que tem uma sabedoria inata. O que no budismo é denominado *bodhi,* um lugar de sabedoria. O que nós latinos chamamos de *ser humano,* ou seja, o que aprendeu através de provações a se tornar um ser humano de verdade.

Nossa Senhora é a Misericórdia personificada e aparece com facilidade quando vê a alma e o espírito humano de coração partido, ferido, extenuado; e também quando a estrada é longa e o ouro dos carismas e talentos da alma representa um grande peso para a vida criativa, ou quando a vida da família ou do trabalho está emaranhada. Especialmente nessas ocasiões, ela se curva para cuidar da alma necessitada.

Ela aparecerá em nossos pensamentos, nossos sonhos, nossos conhecimentos interiores, nossa súbita conscientização... exatamente com a mais útil roda sobressalente, a alavanca, o vigor espiritual, a linha e a agulha, a trama, a argila, a matéria, a música, a nutrição, o difícil *insight,* a ideia brilhante, o portal para uma nova atitude, a perfeita palavra necessária de estímulo.

Ela está aqui conosco, sempre esteve aqui conosco, sempre estará aqui conosco, não importa em que "aqui" nós tenhamos penetrado.

Com esta obra, espero torná-la visível para quem ainda não a viu, fazer um convite caloroso para aqueles que se distanciaram dela, ou que se afastaram dela por tempo demais, ajudar a acalmar um pouco aqueles que desejam fossilizar o ser vivo dela, ajudar a curar um pouco aqueles que foram envergonhados por ter afirmado que ela não só existe, mas é central para o seu ser e moldou suas lutas para seguir a vida sagrada de uma forma que nutre profundamente a alma e pode ou não aparecer em público de modo óbvio.

Esta obra foi escrita para permitir que ainda outros que a amam tanto e que estão com ela por toda uma vida, bem como aqueles que têm anseios ainda não identificados pelo Sagrado, saibam que estão no caminho certo – aquele caminho muitas vezes árduo e íngreme de acompanhá-la.

Assim, para todas as almas, estas histórias, preces e imagens aqui incluídas que criei a respeito dela, de seus costumes exemplares, das recomendações que nos faz, de seus hábitos antigos em nossos tempos modernos, destinam-se a ser janelas abertas com explosivos através das espessas muralhas de concreto que algumas culturas construíram em torno dela, tentando isolá-la, "dar-lhe um sumiço" por meio de aparições apenas devidamente "pré-aprovadas", permitindo-lhe dizer somente palavras que tenham passado por uma triagem prévia.

Esta obra está, portanto, formada especialmente para permitir que qualquer alma que anseie por ela, que caminhe com ela, que sonhe com ela… saiba que está cercada por companheiros de viagem que não "creem" que ela caminha conosco. A partir de nossos ossos, nós, companheiros de viagem, a *conhecemos* e a *vivenciamos* de frente e lado a lado. Nós somos, juntos, todos nós, os lampejos cintilantes de luz em seu oceano de amor. Nós somos juntos o faiscar de estrelas sem conta no seu manto. Você não está só. Estamos juntos – com ela e dentro dela.

Esta obra segue a tradição em que fui criada e consagrada – a ela, Nossa Mãe Abençoada. Lá na região rural onde todos morávamos, quando eu era criança, fui levada diante do altar numa capelinha do tamanho de uma cozinha. As mulheres idosas da minha família de imigrantes em seus sapatos grandes, estragados, e duas freiras ainda mais idosas, em suas vestes e véus pretos e empoeirados, foram minhas madrinhas.

Sempre tive a suspeita de que nossa consagração à Mãe Abençoada derivava de antigas tradições étnicas das mais encarquilhadas das aldeias na Velha Pátria. Sim, porque consagrar menininhas à Santa Mãe por toda a vida, levando essas meninas de cabelos desgrenhados, que pulavam corda e tinham asas, a fazer votos a Nossa Senhora – votos de Castidade, Obediência e Lealdade por toda a vida, quando estavam com apenas seis anos de idade –, talvez fosse feito em congregações mais assimiladas, mais organizadas e reservadas – não de imigrantes com uma atitude tão resoluta e definida.

Entretanto, fiz meus votos de noiva do Espírito Santo, com toda a seriedade de um coração calmo e luminoso de criança naquela época – e tento cumprir esses votos com o mesmo coração de criança agora – tendo êxito, fracassando, tentando novamente. Como a maioria dos anjos enlameados, preciso me esforçar, não para ser devota de *La Señora*, pois isso é fácil, mas para me lembrar de viver o que se sabe – que inclui sentir o deslumbramento de aprendê-la, vê-la concretamente, ver como ela fala a todos – se eles decidirem ter um ouvido atento e um coração atento. É enorme minha esperança de que tenham e escutem, e de que eu tenha e escute, *siempre*.

Assim, esforcei-me muito para viver a bela devoção que me foi dada para levar neste vaso de barro tosco e rachado de que sou feita. Neste trabalho espero compartilhar com vocês como foi essa jornada com ela – certas janelas que se abrem para o interior do sagrado – e ajudar a apresentar a Mãe Abençoada àqueles que têm uma vaga ideia dela, mas ainda pouca experiência.

Espero reapresentá-la àqueles que talvez tenham se afastado, mas que procuram o verdadeiro filão principal outra vez, e também àqueles que têm devoções de toda uma vida por ela; espero deliciar, fortalecer e dar mais profundidade a todos.

Que estas palavras despertem, um pouco ou muito, qualquer cantinho não usado do coração, qualquer porção que se sinta sem amigos. Se não for mais nada, a Mãe Abençoada é de fato isto: a amiga máxima de quem não tem amigos.

Desse modo, se me for permitido, eu gostaria, não de "fechar" este capítulo, mas de abrir a porta, abençoando-o. Se quiser receber a bênção, incline só um pouco a cabeça e abra a mão com a palma para cima de qualquer forma que seja confortável, ou ponha a palma aberta sobre o coração, ou ainda sobre qualquer parte de seu corpo ou de sua vida que necessite de força, cuidado, cura. É assim que os antigos fiéis de minhas famílias de imigrantes me ensinaram a receber a graça benéfica da Mãe Abençoada.

BÊNÇÃO DA MÃE ABENÇOADA[1]

Esta é minha prece por, para e sobre tua cabeça...

Nós te elevamos para que tua alma seja vista pela Mãe de Misericórdia,
Ela, que espia por vãos, vê através de fendas e nos cantos onde as almas
costumam se esconder, em busca de refúgio.
Ela, que é o Coração Imaculado, te vê facilmente,
te acolhe com carinho, se lembra de ti com amor,

pois ela é
Espelho dos Céus,
Torre de Marfim,
Lâmina de Obsidiana,
Estrela das Águas,
Trono de Sabedoria...

Nós te elevamos para que a Mãe Abençoada veja
tudo do que precisas agora,
para produzir bondade e contentamento,
cura e saúde,
compreensão e amor,
– para ti e teus entes queridos –
de todas as formas possíveis.

E, especialmente, que tudo isso te seja dado
do modo mais fácil para que vejas e entendas...

do modo que te permita fazer bom proveito de imediato.

Nós te elevamos porque foste tecido
no ventre de tua mãe terrena por Alguém Maior...
não apenas nascendo já abençoado...
mas também nascendo como uma bênção para todos nós...

Não te esqueças disso,
pois nós não nos esquecemos de ti.
Nem te esquece nunca tua Mãe Maior.

Que avances por este dia adentro,
tanto profundamente abençoado
como abençoando os outros
com a magnitude do amor de Nossa Mãe Sagrada.

Amém
... que na língua antiga quer dizer: Que assim seja.

"O lago da Mulher de Vermelho"

CAPÍTULO 1

Conhecendo a Senhora de vermelho
A primeira vez que vi Teu rosto

Estávamos indo a um lugar chamado lago. Eu pulava de alegria.
Por já não ser tão pequena para andar só com a pele e nada mais, eu, aos quatro anos de idade, tinha de usar roupas estranhas que pinicavam. Para mim, usar roupas era como estar numa prisão... e meus sapatos nunca faziam a curva direito nos dez lugares em que um pé se curva naturalmente.

Minhas roupas de segunda mão tinham saias que escorriam até os tornozelos, ou então eram apertadas demais no pescoço e nos braços. Era como se eu fosse uma sereia apanhada numa rede que a prendia, a esmagava, a sufocava, a puxava para baixo e deixava fundos vergões vermelhos em torno dos pulsos e dos tornozelos, da cintura e do pescoço.

Mas hoje estávamos no início do inverno, e eu estava com dois pulôveres tricotados à mão, ásperos e folgados; e calças de malha de lã com elásticos que entravam por dentro de minhas botas pretas de borracha – aquelas com fivelas prateadas que retiniam e as prendiam em meus pés. Tinham me enfiado num grande casaco marrom que turbilhonava em torno de minhas botas e num chapéu pequeno demais que beliscava com seu elástico meu fino cabelo esvoaçante.

Mas eu estava feliz como só eu, porque nós todos íamos dar um "passeio", o que significava gastar moedas preciosas em gasolina só para dar a outros o prazer da velocidade num velho carro enferrujado. Dessa vez íamos "correr" para nosso tio poder exibir seu novo carro usado, com quatro pneus descombinados, que ele tinha ganhado num jogo de pôquer com outros imigrantes em algum saguão enfumaçado.

E assim entramos pela estrada que ia até o Grande Lago Michigan, um enorme oceano interior, não muito longe do pequeno povoado de 600 habitantes, onde morávamos no que se chamava de caixas, querendo dizer quatro cômodos distribuídos num quadrado pequeno.

No lago, o ar estava ainda mais gelado, quando todos foram saindo do carro. Em instantes, todos pareciam ter passado suco vermelho de cereja nas bochechas e no nariz, o que combinava bem com o faiscar de seus dentes de ouro.

Enquanto os adultos faziam brindes com um líquido amarelo brilhante em copinhos de vidro decorado, todos ali em pé rindo no alto dos penhascos com vista para o pôr do sol no lago, com o vento frio soprando o vapor de suas palavras de uns para os outros – eu, como única criança presente, escapuli, sem que ninguém percebesse.

Desci por três longas escadarias de concreto, segurando-me no corrimão de cano de ferro muito acima de minha cabeça. Um degrau abaixo, depois meu outro pé para o mesmo degrau. E, de novo, um degrau abaixo, meu outro pé vindo para o mesmo degrau – e assim consegui chegar ao pé da escadaria e à praia marrom e molhada.

Essa era a primeira vez que eu via uma grande extensão de água desde que tinha saído do ventre de minha mãe. As ondas no Grande Lago Michigan eram do tamanho de grandes peças de renda vermelha e amarela ao sol do entardecer – elas se precipitavam para a praia, quebrando-se, mas a força da renda tinha vigor suficiente para jogar partes perdidas de navios e troncos de árvores. Trazendo esses grandes objetos e atirando-os na praia, para depois com delicadeza puxá-los outra vez, repetidamente.

Sou descendente de avós que faziam renda, com o que pareciam ser centenas de bilros e fios pendurados – e, quando vi a renda nas ondas, tive vontade de entrar no lago, onde imaginei que houvesse de algum modo velhas mulheres, velhas mulheres da água, fazendo toda aquela renda vermelha e amarela nas profundezas.

Assim, de peito aberto, corri direto para dentro do lago frio, minhas botas de borracha enchendo-se de água pesada imediatamente. Eu podia sentir que algum espírito na água queria me arrancar as pernas.

Foi então que a vi, a senhora na água, vindo na minha direção. O céu por trás dela, vermelho com o pôr do sol, e uma súbita ave branca do Espírito Santo, cruzando o ar acima de sua cabeça; e uma lua fina já aparecendo no nublado amarelo-rosa do céu. A senhora usava um longo manto vermelho, com muitas, muitas lantejoulas; e na cabeça havia uma linda coroa dourada.

Não sei explicar como tive a sensação de estar vendo um parente perdido havia muito tempo, que eu amava tanto e de quem tinha sentido tanta falta por uma eternidade. Fiquei tão feliz por vê-la que tentei entrar mais na água na sua direção, mas ela gritava para mim. "Não, não! Não venha na minha direção. Vim para correr atrás de você. Dê meia-volta, fuja de mim!"

Ela estava brincando comigo. Agora eu entendia, e me virei antes que a onda seguinte arrebentasse. Corri rindo, com as botas pesadas e tudo o mais, caindo com as palmas para baixo numa água que não tinha fundo, com a água subindo direto pelo meu nariz, mas me levantei, engasgando, tossindo, tentando correr um pouco mais. E corri, quase caindo, voltando para a praia, recuperando o fôlego; estava muito, muito frio ali fora; e o frio queimava por dentro de mim. Mas eu ainda estava rindo, rindo, correndo toda bamboleante e parando para ver se a senhora me alcançava.

Ela estava me alcançando. Ela corria atrás de mim, encurvada, com as mãos estendidas, afofando o ar às minhas costas, como se enxotaria um filhote de ganso.

Corri mais, rindo, rindo, cada vez com mais frio, cambaleando ainda mais, caí na areia, rindo como se estivesse bêbada, consegui com esforço levantar-me de novo; a senhora continuava atrás de mim, perseguindo-me para eu subir nos montes de areia molhada – para longe da água, na direção da longa escada de concreto.

Olhei de relance para o alto e vi meus parentes descer de lado a escada, a galope. Homens de bigode, mulheres com as bolsas balançando como loucas. Antes eu vagamente os tinha ouvido dar berros de "Não! Não!" enquanto pareciam gritar para alguém, do outro lado da arrebentação, mas agora suas vozes entravam em pleno foco, e de algum modo eles estavam gritando e ao mesmo tempo arrulhando para mim: "Isso, isso, venha para nós. Venha correndo. Certo, venha para nós."

Lembro-me de terem me levantado do chão, quando alguém me agarrou pela manga do casaco e pelo braço com tanta força que deixou minha pele dolorida, de um preto arroxeado. E então alguém bateu em mim. Com força. Por eu ter corrido para dentro da água, disseram.

E eu estava gelada, tremendo e chorando agora. Fui levada escada acima, debaixo dos braços de alguém, como um feixe de lenha, em pranto. Mas eu estendia os braços para o Grande Lago-Mãe Michigan, sem ver por causa das lágrimas, abrindo e fechando os dedos, e gritava "Senhora, senhora..."

Como punição, puseram-me de castigo, jogando-me com grosseria no escuro banco traseiro do carro, sozinha. Tentei abrir a janela pesada para lhes falar, chorosa, sobre a senhora, a bela senhora na água. Logo alguns deles vieram se empilhar no banco traseiro, tiraram minha roupa encharcada e me enrolaram num cobertor escuro com cheiro de óleo de motor.

"Não havia senhora nenhuma", rosnavam eles. Nenhuma senhora de vermelho. "Senhora nenhuma!", diziam irritados, em seu inglês de sotaque forte. "Nenhuma senhora de coroa dourada." Só o velho farol vermelho que sempre tinha estado no lago. Um farol com um mirante com balaustrada no alto. Só parecia uma coroa. Não era coroa nenhuma, nenhuma senhora de vermelho.

Parei de tentar contar a eles, porque eles me avisaram que meu castigo seria pior se continuasse a contar histórias.

Mas eu tinha visto a senhora. Eu a tinha visto.

E ela tinha me visto.

Nossa Senhora do Lago-Mãe Michigan

Ex-voto: "Santa Mãe Sábia, que Ela seja reconhecida e mostrada em liberdade"

CAPÍTULO 2

*Como a Grande Mulher foi apagada:
nosso papel em Sua restauração*

Libertem a Mulher Forte

Minha avó Katerin dizia que, se você escutasse histórias sobre a Mãe Maria por nove semanas sem interrupção...

Ou se você rezasse o rosário por nove dias direto sem que sua mente divagasse nem uma vez...

Ou se você fosse andando até um dos santuários da Mamãe Marushka no bosque durante nove noites seguidas – sendo nove o número de meses em que a Mãe Abençoada carregou o Cristo vivo antes de dar à luz a Luz do Mundo...

Se você se dispusesse a fazer qualquer uma dessas tarefas, a Mãe Abençoada apareceria diante de você e responderia a qualquer pergunta que você pudesse ter acerca de como viver na Terra na plenitude da sua alma.

Mas minha avó também dizia que havia um atalho.

A necessidade.

Qualquer ser humano necessitado de consolo, clareza, orientação ou força era ouvido pelo Coração Imaculado... e, assim, a Mãe Abençoada chegaria imediatamente com os véus voando, para nos abrigar sob seu manto de proteção, para nos dar aquela única coisa pela qual o mundo tanto anseia: o calor do toque misericordioso da mãe.

Sei que você e eu já vimos muitas imagens de Nossa Senhora, feitas com amor, mas apagando todos os seus traços semíticos; ou seus traços asiáticos, inuítes, nauas, polinésios, celtas, africanos, das Américas, indígenas, das tribos europeias.

Não acredito que essa visualização de *Nuestra Madre*, Nossa Mãe, tenha tido a intenção de uma única preferência racial. Talvez no início o "branqueamento", como na antiga poética alquímica, fosse apenas uma tentativa de mostrar que a brancura e a pureza costumam ser vistas como complementares na imaginação ocidental.

Assim, ao longo de séculos, ela foi pintada com a pele clara, cabelos louros ou castanho-claros, frequentemente com olhos azuis, como as princesas nos contos de fadas, que geralmente eram retratadas com uma coloração quase idêntica. Mas na realidade não se trata de uma questão de cor. Trata-se de empalidecê-la de todas as formas, até que ela pareça congelada, anêmica e meio apagada. Nossa Maria, Mary, Mir-yam, Guadalupe, ao longo das eras também veio a ser alvo de comentários em tons cada vez mais abafados:

Ela é pura, sabe? Reservada.
Como se diz, tão contente, tão delicada,
tão calma, tão passiva, tão submissa.

No entanto eu devo dizer "Não!" Em vez disso, digo: "Fogo!"
Fogo de amor
Fogo de esperança
Fogo de compaixão
e nós pertencemos a sua linhagem.

Espero, com o mais profundo amor,
que você também conheça Maria,
Mary, Mir-yam, Guadalupe
do coração mais indomável, de longas viagens
com um mapa borrado, de fogueiras acesas
no acampamento distante...
que você conheça Nossa Senhora,
que, nas velhas histórias,
quando quase todos os apóstolos fugiram...
ela ficou... e ficou.

Nenhuma bobinha reservada, essa mulher. Nenhuma nanopartícula de carbono, insignificante, bem-comportada. Nenhuma seguidora de ordens terrenas. Pelo contrário. *Nossa figura exemplar.* Mãe Abençoada, ela, que é renomada por ser a única capaz de usar os lagos de fogo, chamejantes, explosivos, do Sol.

Tenho uma pequena imagem de porcelana de Maria, que alguma boa criatura pintou à mão, com todo o cuidado, numa fábrica de milhares de Marias de porcelana, numa esteira transportadora... com minúsculos arabescos dourados na orla do seu manto. E linda.

Mas a verdadeira Mãe que trago comigo a maior parte do tempo é a mulher dos bosques, *La Nuestra Señora*, Nossa Senhora de Guadalupe, ela, cujo manto é moldado do musgo do lado norte das árvores ao pôr do sol, ela, que tem estilhaços de estrelas presos nos cabelos desgrenhados de prata. Seu vestido é de tecido rústico e macio, com os espinhos e sementes de ervas daninhas e pétalas de rosas silvestres que ficaram presos nele.

Ela tem as mãos sujas de cultivar coisas da terra e da sua labuta diurna e noturna, junto com os trabalhadores, seus filhos e filhas, com os filhos deles, os pais deles, todos.

LA GUADALUPE NÃO É UMA COISA SIMÉTRICA,
COM AS PALMAS ESTENDIDAS DE MODO IGUAL,
PARALISADAS NO TEMPO.

Ela está sempre em movimento.
Se houver emoção, ela está lá.
Se houver comoção, ela está lá.
Se houver exultação, ela está lá.
Impaciência, ela está lá.
Fadiga: Ela está lá.
Medo, inquietação, tristeza,
Beleza, inspiração,
Ela está lá.

E ela *é* mesmo reservada, em certo sentido, sim, mas diferentemente daqueles que gostariam de apagar sua essência, tornando-a anêmica. É, ela *é* reservada, ou seja, ela não permite que a confinem nem a reduzam.

E ela *é* calma, sim, mas não sem disposição para se levantar repetidas vezes. Pelo contrário, ela é calma, sim, como o poderoso oceano é calmo, enquanto se movimenta em enormes cavas e pináculos, suas ondas imensas como batidas do coração: tranquilas, intencionais, musculosas.

E ela *é* pura, sim, mas não como se nunca se ensombrecesse, nunca tivesse dúvidas, nunca escolhesse um caminho errado por um tempo; mas pura, sim, como uma pedra preciosa lapidada em cem facetas cintilantes – esse tipo de pura que quer dizer lapidada pelas provações, aventuras e desafios – e no entanto sem um único traço de vidro morto em faceta alguma.

Apesar de todas as provações, rebaixamentos, desprezo, tormentos, ridicularização, a Santa Mãe ainda arde brilhante como o puro fogo.

A HISTÓRIA DOS QUE TENTAM TORNAR OS GIGANTES MINÚSCULOS

Costumo pensar em Guadalupe, Mãe Abençoada, com relação a um romance ilustrado de Jonathan Swift, As viagens de Gulliver. *O livro mostra uma imagem de Gulliver, amarrado ao chão.* Gulliver tinha se tornado um quase prisioneiro dos liliputianos, um povo diminuto de somente quinze centímetros de altura. Entre outras coisas, eles criticavam Gulliver por ser, por vários aspectos, "grande demais".

Por isso, eles o deitaram, amarrando-o em zigue-zague pelas pernas e braços com cordas enroladas em estacas de latão, fincadas em estrados e no chão.

Os liliputianos pequeninos postaram-se no peito de Gulliver, com a sensação de que tinham conseguido amarrar o leviatã, o beemote. Mas Gulliver simplesmente se sentou – e todas as cordas se arrebentaram; e todos os pequenos liliputianos caíram de cima dele, tombando no capim.

O gigante saiu dali trôpego, arrastando atrás de si os fios das cordas. Os liliputianos abanaram a cabeça – como de costume – tentando conseguir entender a figura de Gulliver, que era, na forma, semelhante ao corpo deles – mas, por outros aspectos, era tão diferente deles.

Creio que muitos conseguem compreender esse impulso no sentido de aparar o numinoso, o infinitamente maior, o pouco familiar, o desconhecido, o "outro", o *diferente*.

O mistério pode ser assoberbante. Tocar a Divindade pode dar a impressão de que todos os átomos que compõem sua mente e corpo de repente foram reorganizados. Pressupõe-se que o mistério divino seja assoberbante mesmo, para derrubar o ego, que tende a usar sua mente mais estreita – na tentativa de criticar e mutilar tudo o que não consegue imaginar ou apreender imediatamente.

Muitas instituições e culturas antigas inadvertidamente trocam seu amor pela vitalidade, inerente ao Divino, por formas calcificadas e mecânicas de ser que "minimizam a magnitude" dos milhares de talentos portados em santidade pela alma criativa. Alguns, tentando magnificar o mínimo, "o homúnculo" – ou seja, a precariedade, a mesquinhez, os egos menos bem formados e menos bem informados dos seres humanos, da política e das questões em geral.

Torna-se então não só nossa vocação, mas nosso voto, nossa promessa sagrada dada desde o primeiro momento em que vimos pela primeira vez a alma ser agredida em qualquer um, por qualquer um – libertar a Mulher Forte – desencadear quaisquer dos seus dons profundos que se derramam continuamente para dentro de nós através de nossa linhagem compartilhada com ela. Aprendemos a estudar suas biografias e, com isso, aprendemos a planejar e encenar nossas próprias versões individualizadas de uma abençoada *Imitatio Maria*[1] neste mundo. Não apenas por ora. Por todos os nossos dias, por todas as pessoas, criaturas e "questões que têm importância".

Infelizmente, com muita frequência, o único relacionamento que nos foi ensinado/mostrado/oferecido para termos com a Mãe Abençoada ou é nenhum – através do silêncio acerca da rica linhagem de sangue que ela tem conosco – ou então é um em que devemos concordar em amarrá-la numa forma pequena e manejável. Isso a diminui: ao transformá-la na "boa menina" sossegada... em falsa oposição a fazer com que aquela outra mulher, a Madalena, seja a "menina ruim", a menos sossegada.

Essas são distorções das origens e talentos das duas mulheres sagradas. Libertemos as duas, então.

Já ouvi alguns teólogos falar de Nossa Senhora como se ela fosse um acessório a um conjunto de fatos históricos. Ela também não é, como acusam alguns, uma superstição. Ela não é uma construção obediente, feita de cimento, mármore ou tijolos. Ela não há de ser usada como um pedaço de arame sagrado para sujeitar todos nós à docilidade, eliminando as outras milhares de características dadas por Deus a todos nós para sermos belos, razoavelmente humanos e sensíveis.

A Santa Mãe não é para ser uma cerca: a Santa Mãe é um portão.

ELA É ESPECIALISTA EM LIÇÕES DE AMOR QUE FORTALECEM EM VEZ DE ENFRAQUECER

Lembro-me de uma conhecida crítica literária do New York Times *ter zombado de um autor que recomendara aos leitores que pedissem conselhos à Santa Mãe. A crítica descartou a sugestão dele como pura tolice.*

Nunca estive tão perto de pegar um avião para atravessar o país, investir contra sua mesa de trabalho improvisada e invocar uma praga de sapos para se abater sobre tudo o que fosse dela, como no velho conto de fadas "Um olho, dois olhos, três olhos"[2] – sempre que a crítica abrisse a boca para falar, daquele dia em diante, cobras, lagartos e sapos saltariam de seus lábios.

É verdade! Eu quase fiquei mais escandalizada com minha própria reação horrenda do que com a reles opinião da crítica sobre fazer súplicas à Mãe Abençoada. Quase.

E no entanto eu entendi Guadalupe dizer dentro do meu coração, naquele exato instante de dor e indignação, alguma coisa semelhante ao que se segue: "Todos são meus, todos me pertencem, quer me conheçam, quer não; quer sejam devotos, quer não."

E foi isso também, essa generosidade oceânica da Mãe – tão incomum em nossas culturas modernas, que usam interminavelmente a guerra e os termos da morte para quase tudo –, foi isso que transformou a maior parte da minha ira numa atitude de compreensão muito mais misericordiosa – em nome do autoconhecimento, da paz, da misericórdia pelos outros.

Esta é uma das mensagens da Mãe Abençoada: Mesmo quando alguém ataca o que mais importa para nosso coração e alma, não deveríamos deixar passar questões invasivas; mas abordá-las com o coração vivo, vermelho, tranquilo; não com um coração chamuscado, esfarrapado... ou sem coração algum.

E nisso também eu creio: podemos nos permitir a inspiração de desenvolver "a graça de abraçar", mesmo quando esse abraço não é correspondido. Esse tipo de inteligência às vezes surpreendente pode surgir quando a Mulher Forte é libertada.

ESTAR COM A GRANDE MULHER, VER COM ELA

Quando eu era pequena, sentia que tinha vocação para o sacerdócio. Um sacerdócio que talvez não exista para mim neste mundo, codificado como está.

Com certeza, porém, com os dons que me foram concedidos, minha promessa dada ao Criador consistia e consiste em tentar, tanto quanto eu seja capaz, levar a Santa Mãe e suas obras ao mundo – e, através dela, também as obras de seu Filho precioso –, oferecer tudo isso no interior dos mundos ansiosos, luminosos, criativos e, às vezes, arruinados que tanto necessitam de Amor e Inclusão – para ajudar a lembrar mansamente que todos estamos aqui para caminhar juntos – cada um/cada uma a seu próprio modo individualizado de bondade.

Por isso, levo *mi* Guadalupe a toda parte, a uma criatura, a reuniões, retiros, escolas, à rua e a igrejas, algumas das quais são católicas romanas, mas algumas das quais não o são. Eu a levo àqueles que são generosos o suficiente para me pedir que profira um sermão ou para abrir espaço para que eu cure e abençoe outros com minhas mãos, durante aquele período reservado num templo ou *temenos*, sendo este último um lugar dedicado a um "espaço sagrado" – como num bosque, num quarto de enfermo, num estado meditativo.

Falo sobre o mundo dela, sua vida, seus filhos e filhas; e sempre há pelo menos alguém que diz: "Não 'acreditamos' nela." Ou: "Como você consegue acreditar nisso?"

E eu respondo: "Eu não acredito nela. Eu a conheço. Cara a cara, na pele. *Mi madre*. Ela é minha mãe. *Nuestra Madre*. Nossa Mãe."

E é muito frequente que me perguntem como uma criatura que mal começa a realmente estar com Nossa Senhora poderia pensar em Maria, *Nuestra Madre Grande*. Eu digo:

COMO COMPREENDÊ-LA, COMO ESTAR JUNTO DELA

Não é necessário localização exótica para captá-la. Ela é encontrada num estilhaço de vidro, num meio-fio quebrado, num coração partido e em qualquer alma conhecedora ou desconhecedora, embora loucamente apaixonada pelos mistérios, pela centelha divina, pelo fogo criador – e não tão apaixonada apenas por desafios mundanos.

Pense nela não das formas que lhe ensinaram/venderam.
Mas sim procure-a com seus próprios olhos
sem vendas e coração sem janelas fechadas.
Olhe para baixo em vez de para o alto.
Olhe direto debaixo de seu nariz.
Ela aparece sob muitas apresentações e aspectos.
Escondida bem à vista.
*E você a conhecerá imediatamente por seu coração
imaculado e indivisível pela humanidade.*

Esta é a Guadalupe de quem creio que você ouviu falar, que você percebe, que quer conhecer ou de quem esteve muito perto há anos. Nossa Senhora é centrada na alegria e reparadora da tristeza, alguém que está presente sob todos os aspectos. E, ao compreendermos desse modo essa força de atração para a Mulher Sagrada, nós realmente libertamos a Mulher Forte.

Aqui, permitam-me, em prece, pedir força para suas mãos e seu coração – inspiração e ousadia – e fogo – para levantar a Grande Mulher e afastá-la de quaisquer liliputianos que a tenham amarrado ao chão, para torná-la mais manejável.

Não importa a que dissertação ou redução ela tenha sido amarrada: ela é de longe maior que qualquer mente liliputiana.

*No instante em que pedimos por ela,
em que a vemos, conversamos com ela, a amamos
ela se levanta graciosa,
contra todas as cordas que a prendem,
e elas se soltam,
enquanto as estacas voam em todas as direções.*

*Com muito amor, alguma leveza e, sem dúvida, com um anseio profundo
vamos também sentar-nos juntos,
vamos arrebentar todas as cordas
vamos fazer todas as estacas voar...
libertando-nos ao libertar a Mulher Forte.*

Que assim seja profundamente para você.
Que assim seja para mim, também.
Que assim seja para todos nós, sempre.

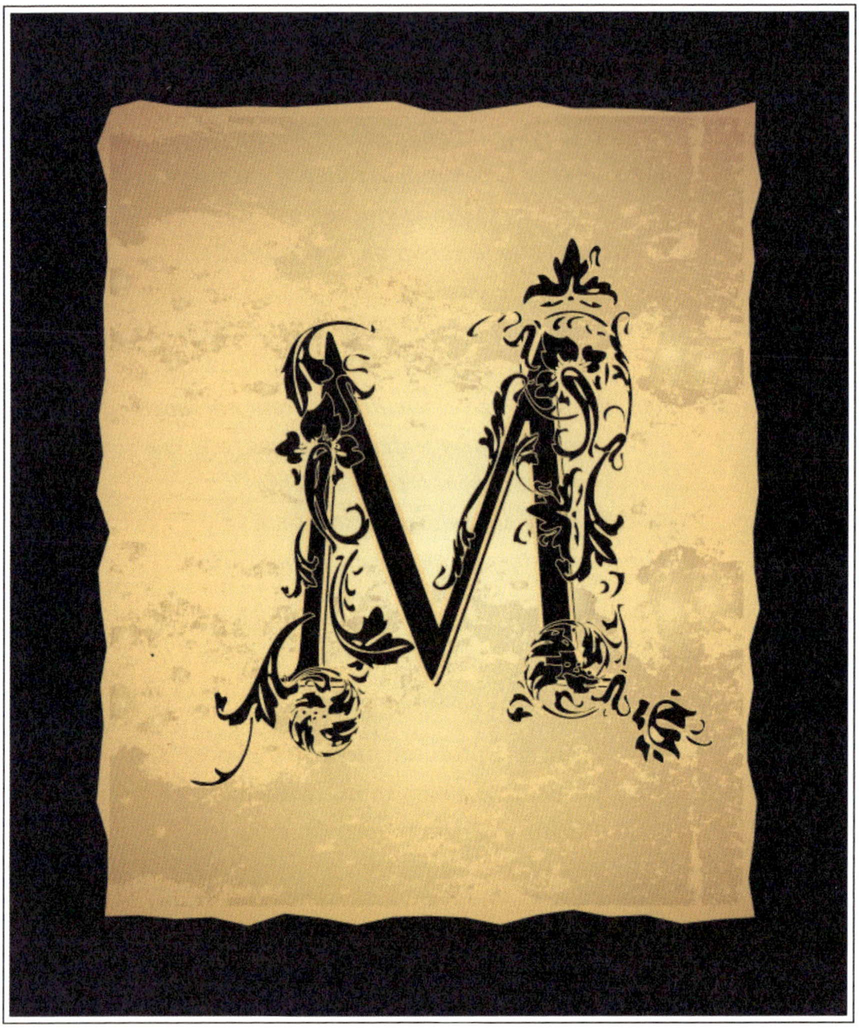
M

CAPÍTULO 3

Ela é inspiratus *para almas que sofrem*
O bêbado e a Senhora

Há quinze anos, mudei todos os meus milhares de livros e escritos para uma pequenina casa azul. Do ponto de vista de alguns "modernos", há um jeito rápido de se tornar um "*excêntrico instantâneo*" em qualquer vizinhança em movimento de ascensão social no deserto do Sudoeste: esse jeito consiste em criar um santuário para *La Nuestra Señora de Guadalupe* na antiga e consagrada tradição de muitos imigrantes latinos – enterrando no seu jardim da frente uma banheira, com apenas metade de seu comprimento aparecendo acima do chão, pondo então uma doce estátua de Guadalupe dentro do arco da banheira e plantando algumas flores perenes, onde a louça termina e a terra começa.

Há quem sugira com veemência também a colocação ali de rosas de plástico de cores vibrantes; pois, muito tempo atrás, Guadalupe milagrosamente fez surgir rosas no meio do inverno, e essa é a única forma de latinas incapazes de fazer milagres, como eu, chegarem perto de ter roseiras em flor no inverno.

Dá para imaginar que tanto a banheira como Guadalupe podem suscitar todos os tipos de "questões muito sérias de zoneamento" entre aqueles que ainda não entendem que cada casa precisa de um guardião da(s) alma(s) que mora(m) ali – um guardião junto do portão por assim dizer... ao ar livre, a céu aberto... para afugentar alguns e acolher a maioria.

Apesar de imaginar que eu já podia ouvir as pessoas mexericar acerca da senhora na banheira enterrada no quintal da frente, mesmo assim comecei a mencionar na vizinhança o fato de estar procurando um trabalhador para me ajudar a cavar um buraco para a velha banheira de pés de garra que eu tinha visto no ferro-velho.

Planejei e desenhei; e logo tinha um desenho parcialmente apresentável da dita banheira e da pequena imagem de concreto da Abençoada Guadalupe que eu tinha encontrado.

Como a estátua de fato era feita de asfalto moldado em torno de uma barra de aço reforçado, e eu não conseguia carregá-la sozinha, eu a chamava de "Aquela que mal pode ser levantada"... muito embora *La Señora*, na realidade, sempre levante os outros facilmente, por maior que seja o peso de seus problemas ou de suas esperanças.

Agora eu só precisava de uma criatura bem-disposta, com músculos fortes, para me ajudar a cavar um buraco na terra teimosa do lugar, a uma profundidade de mais de noventa centímetros para poder assentar a banheira de um metro e oitenta na vertical.

Como antiga devota e confiante em que qualquer bem que estejamos buscando também nos está buscando, orei para que a criatura certa, "forte e com uma pá", cruzasse meu caminho e esbarrasse comigo e *mi* Guadalupe, para nos ajudar a criar seu santuário.

APARECE O BÊBADO

Bem, a parte de "esbarrar" revelou-se verdadeira quase de imediato. Logo deparei de cara com um bêbado que disse ter ouvido que eu estava "procurando alguém para construir alguma coisa".

Hesitante, mostrei-lhe meus desenhos; e ele se vangloriou de ter exatamente o "músculo e a força" necessários para fazer uma gruta de banheira para Guadalupe.

Será, meu D!!s?[1] Esse era o "homem certo" que eu tinha pedido em preces? *Aquele que descobriria a mim e a* mi Guadalupe de concreto *e nos ajudaria? Quem diz que D!!s carece de humor?* Eu como que tinha esperado um idoso cortês ou talvez uma mulher mais velha no ofício, que fizessem pequenos bicos agora que já tinham entrado nos veneráveis oitenta anos.

Mas esse homem cambaleante tinha só cerca de 45 anos, muito embora aparentasse uns 900; tinha a pele pálida e maltratada, o cabelo sujo, pelos castanhos e grisalhos de barba por fazer, que brotavam em todas as direções. E, como homens que em alguma parte da vida foram *los borrachos* ou be-

bedores crônicos – quando mais velhos e ainda bebendo muito –, ele tinha aquele "cheiro do dia seguinte" que emana dos seus poros. Mesmo que estejam mais ou menos sóbrios por algumas horas, os corpos mais velhos não conseguem desintoxicar-se como no passado; e aquele cheiro de húmus, de folhas em decomposição, paira em torno da pessoa como uma nuvem repleta de bafejos de suor azedo misturado ao cheiro de uísque.

O auxiliar que eu tinha pedido que encontrasse a mim e a minha Guadalupe de concreto era tudo isso e mais. Ele não tinha simplesmente a doença da bebida. A doença da bebida é que o tinha.

Ele tinha bebido de tudo: pulque, tequila, rum, doses puras, coquetéis de bebidas misturadas, chope, uísque clandestino. Como a maioria dos portadores dessa doença, ele nunca tinha conhecido um demônio do álcool que não o seduzisse e o deixasse meio inconsciente no prazo de uma hora.

Mas o homem bêbado também veio com uma firme recomendação da sua competência de pedreiro, de alguém em quem eu confiava na terra – e com a recomendação de alguém em que eu confiava no Céu: ela que sussurrou em meu coração: "Sim, este é o que eu lhe mandei."

E assim, com o queixo inclinado para o ombro, um pouco insegura, eu disse "Sim". Muito embora fosse difícil imaginar uma parceria menos promissora. No entanto, parecia que havia mais alguma coisa presente também... alguma coisa de importância invisível.

TRATAMOS DE CONSTRUIR
AS PARTES IMPORTANTES PRIMEIRO

Nenhum papo sobre dinheiro, nem projeto. Começamos como no passado – trocando histórias. Primeiro, as histórias topográficas, depois as meio profundas e por fim as do tipo "quero atear fogo ao cabelo e seguir pela estrada aos berros para sempre", as mais difíceis de ouvir e de contar.

Destas últimas: Esse homem que tinha esbarrado na minha vida era pedreiro de ofício e uma criatura que, na infância, tinha morado em instituições que tinham quebrado os ossos do seu espírito e os seus ossos de verdade, e o tinham dado como morto.

Podia-se ver que ele era forte em termos físicos da cintura para cima, de toda uma vida de levantar o peso de tijolos e aplicar reboco, de montar tubulações com perfeição.

Mas havia um porém. Uma perna sua era a de um homem forte... mas a outra era a perna de um garoto, mais fina do que se poderia imaginar, com um tornozelo como o de uma criança. Ele mancava e arrastava a perna sempre que dava um passo. Paralisia infantil.

Quando estava com oito anos, seus pais, já em condições miseráveis, o deixaram à porta do pessoal que cuidava de vítimas de pólio. Os pais não voltaram. Com o espírito alquebrado, aceito e rejeitado em lares provisórios por anos seguidos, para depois ser liberado e novamente pendurado em vários orfanatos, o menino que sobreviveu à pólio tornou-se uma das crianças que guardavam debaixo da cama de lona a bebida, a única mãe que muitos chegariam a ter para ajudá-los a passar as noites.

Naquela época, as crianças abandonadas não puxavam fumo nem usavam metanfetaminas. Usavam Mamãe Cerveja. Mamãe Chianti. Mamãe Thunderbird.* Barato. Por um aspecto 10% eficiente; e 100% letal, por todos os outros aspectos.

Essas eram as histórias arteriais por dentro do pedreiro, quando ele chegava a mim, mancando, os olhos turvos, vermelhos nas bordas das pálpebras, malcheiroso, com a fala engrolada, cambaleante – e de algum modo radiante. Radiante mesmo. Qualquer um com olhos para ver enxergaria que havia alguma coisa naquela sua escuridão, lá no fundo num quartinho – ainda havia nele uma pequena vela acesa, bruxuleando ao vento.

O MERO INÍCIO DO "MOMENTO TRANSFORMADOR"

E assim continuamos. Quanto tempo levaria para construir uma gruta para Guadalupe? Só um pouquinho, foi sua resposta. O pedreiro e eu desenhamos plantas em muitos guardanapos de papel, sujos de pizza. Sua doença da bebida era tão grave que seu local de encontro preferido era um bar. Tudo bem, pois eu também venho de uma família que frequentava e possuía pequenos bares de esquina, e sofria das mesmas doenças de bebidas alcoólicas que são fatais para a alma. Eu mesma tinha tido experiência com Bill W.**

---
* Thunderbird é o nome de fantasia de um vinho extremamente barato, fortificado com alguma bebida destilada. (N. da T.)
** Bill W. foi um dos fundadores dos Alcoólicos Anônimos. (N. da T.)

Enquanto eu lhe contava histórias de La Guadalupe, Nossa Mãe Abençoada, fomos passando dos encontros no bar todo escalavrado para encontros em torno de uma mesa amarela com tampo de carvalho no restaurante anexo ao bar. Pude ver que foi a conversa sobre *La Señora*, Guadalupe, que provocou esse pequeno progresso da bebida pura, para bebida e comida de verdade.

E o realinhamento desajeitado e não desprovido de dor do pedreiro com um coração mais sagrado, um coração maior do que o coração humano sozinho, continuou enquanto continuávamos. Aos poucos.

Contei-lhe a história de Nossa Senhora do Monte em Tepeyac, como ela decidira aparecer para o pequeno Don Diego, de pernas finas, cujo nome verdadeiro era seu nome da tribo nauatle. (Os espanhóis chamaram o povo naua de astecas.) Seu nome verdadeiro por extenso era Cuauhtlatoatzin – Águia Falante é uma tradução.

Diante da descrição do índio pequeno e frágil, e diante do som do nome intrincado – Cuauhtlatoatzin –, as orelhas do pedreiro se empinaram. E ficaram empinadas. Dava para ver que alguma coisa bem fundo nele estava escutando com atenção. Alguma conexão significativa que tinha estado entorpecida por muito tempo estava nitidamente despertando.

Contei-lhe como esse homenzinho terno Cuauhtlatoatzin, Don Diego, tinha presenciado horrores indescritíveis durante a conquista de nosso povo ancestral; e no entanto, de algum modo, tinha sobrevivido com o coração ileso. Como Cuauhtlatoatzin ainda era lembrado entre muitos dos idosos de hoje, por ter medo de todos os "mandachuvas", como ele tinha sido espancado e gravemente ferido, dado seus próprios parentes e vizinhos serem abatidos e mutilados diante de seus olhos. Tinha visto todos os que tinham sobrevivido ser tratados com desprezo e chicotadas, ser na realidade esfolados, mais tarde – e somente tendo permissão para viver se agissem com "dignidade" – ou seja, adotando a única saída – tornando-se um escravo, um escravo encurvado, cheio de excessiva reverência, que arrastava os pés, com os olhos sempre baixos.

Enquanto eu lançava luz sobre as histórias por trás do fascínio de Guadalupe, o pedreiro assumiu a expressão autêntica de uma criança, em vez da expressão de um urso de circo submetido a maus-tratos.

Falei-lhe de como a história de Cuauhtlatoatzin, de Don Diego, foi pasteurizada por várias cabeças que deveriam cuidar do legado numinoso de Don Diego e de Guadalupe, mas que em algum ponto se desviaram para dar atenção a orçamentos e animação em prol da propaganda.

O pedreiro fez que sim como um guerreiro cansado e disse que entendia perfeitamente esse tipo de rendição, ele a tinha visto muitas vezes.

ELE QUIS SABER:
QUAL ERA A VERDADEIRA APARÊNCIA
DE DON DIEGO, CUAUHTLATOATZIN?

Eu lhe disse que, apesar de todas as rendições, revisões, erros e desvios, ainda assim, o que está subjacente a histórias numinosas é incorruptível. Como a alma, as histórias numinosas podem ser amassadas, chamuscadas, esquartejadas, mas nunca há como matá-las. A verdadeira história ainda permanece em qualquer coração que tenha olhos para vê-la, ouvidos para escutá-la, "peito" para se esforçar por abrigá-la... e por segui-la.

Foi nessa hora que o pedreiro perguntou qual era a verdadeira aparência de Don Diego. Eu quis dizer: "Ele era parecido com você, minha criatura querida, ele era exatamente como você. Aleijado pelas doenças e espancamentos, com antigas lembranças retalhadas em tiras de um vermelho-sangue, e no entanto vivo e amoroso. Ele era igualzinho a você."

Mas eu não disse isso. Não quis assustar essa águia que tinha pousado na grade do alpendre com tanta confiança. Por isso preferi dizer uma verdade diferente: que na realidade quem quisesse saber como o pequeno Don Diego era não deveria escutar o papo furado sobre ele ser "o bom asteca que se converteu ao cristianismo" – quer dizer, à ponta de uma espada espanhola de aço temperado em Toledo.

Em vez disso, olhe para sobreviventes do Holocausto, como Elie Wiesel; olhe em seu rosto, em seus olhos, em seu coração imperfeitamente perfeito, e veja nele a Tristeza das Eras e a Determinação do Universo. Olhe para qualquer sobrevivente de guerra ainda vivo hoje, que de algum modo não tenha desabado na insanidade ou numa fúria descomedida por tudo o que suportou; mas que ainda vê a bondade nos outros, ainda luta para resgatar a integridade da alma de todo um povo, incluindo todos – não apenas nossa própria tribo – mas conquistadores e conquistados, tanto uns como outros.

Esse é Cuauhtlatoatzin. Esse é Don Diego personificado. Essa é a águia falando com o insight de quem tem olhos de águia. De coração verdadeiro, assediado, mal conseguindo escapar com vida. Nenhum índio pasteurizado, com medalha de bom comportamento. Em vez disso, um coração vulnerável e venerável na terra, que, em consequência da aparição de Guadalupe a ele, tentou lançar uma ponte sobre o que parecia ser um abismo cultural de opostos extremos – reunir as almas dos conquistados e as almas dos conquistadores em paz, todas em um único lugar.

E esse lugar de reunião de paz não eram os palácios dos bispos espanhóis, que estavam cravejados, tanto os bispos como os palácios, com o ouro e pedras preciosas saqueados das tribos. Pelo contrário, o supremo local de reunião foi o chão de terra batida do monte de Tepeyac – o local exato em que a Grande Mulher apareceu àquele considerado muito inferior à classe governante do Novo Mundo. Ela preferiu não aparecer a homens cobertos de ouro, mas àquele que representava o povo que lhe era mais caro: os de certo modo abandonados, os de certo modo não amados, os "intocáveis".

A essa altura, o pedreiro tinha baixado a cabeça e feito aquele gesto que os homens fazem às vezes quando sentem lágrimas subir novamente, a partir de antigas sepulturas ancestrais. Ele pôs os óculos escuros, muito embora estivéssemos entre quatro paredes. E apertou o alto do nariz, como se estivesse imerso em pensamentos profundos, quando na realidade estava chorando por dentro. Profundamente.

Desse modo, o projeto da gruta foi crescendo sobre lembranças antigas e modernas – e sobre lágrimas.

AS MÃOS DO PEDREIRO

E assim continuamos juntos, ele e eu, contando uma história atrás da outra: sobre como o povo naua escravizado tinha morrido junto das paredes das igrejas que construíram para seus conquistadores, como os conquistadores ordenaram que os nauas demolissem seus próprios templos, mas deixassem as sapatas de pedra no lugar, para sobre elas construir as paredes das novas igrejas.

Falamos de como os ossos dos que morreram demolindo e reconstruindo se tornaram parte das próprias paredes das catedrais. Muita gente que contemplasse aquelas abóbadas de pedra nunca saberia que seres humanos estavam descuidadamente enterrados ali. Diante disso também, o pedreiro simplesmente fez que sim e disse: "Entendo perfeitamente."

Enquanto isso, o projeto da gruta para Guadalupe tinha ido muito além do "conceito da banheira". Este tinha sido deixado para trás no piso da sala de esboços/sala de restaurante meses antes. A gruta agora tinha um poço redondo que o pedreiro chamava de "poço da jovem Maria". Tinha um laguinho com uma pequena fonte e uma formosa passarela de lajes de pedra; e uma réplica em escala de parte da Basílica de Nossa Senhora de Guadalupe na Cidade do México. Sim, isso mesmo.

E, sim, os vizinhos não paravam de cacarejar como galinhas perturbadas pela simples fotografia de uma raposa. Eles espiavam por cima do muro para ver o que aqueles doidos estavam aprontando.

Foi então que surgiu mais um problema estrutural. A pequena mas pesadíssima imagem de concreto de Guadalupe que eu tinha trazido para pôr na gruta era pequena demais em comparação com o arco muito maior da basílica em escala. Assim, o pedreiro propôs criar uma Guadalupe proporcionalmente maior.

"Não a faça ossuda... Por favor, daria para você fazê-la redonda, como uma mulher de verdade?", perguntei. E a querida filha caçula concordou em posar ao sol quente, com um manto de cobertor velho, como o primeiro modelo para Nossa Senhora sentada.

E ele então começou com tela de galinheiro, por cima de um suporte extravagante, e isso ele recobriu, como dizem na profissão, "dando-lhe carne" com um estuque ocre e café com leite. Ao longo de semanas, ele a moldou em nossa imagem dela, com largos quadris harmoniosos e um busto belo e generoso, com mãos articuladas e pés grandes. Uma perfeita mulher redonda.

A reverência do pedreiro por Guadalupe crescia à medida que trabalhava em seu rosto, nas mãos e nos pés, esculpindo, retirando e acrescentando até conseguir completá-los todos com muito amor. Eu o tinha ouvido enquanto sussurrava para as pedras ao assentá-las: "Isto é para nós, para ela." E agora ele falava com ela enquanto a criava: "Pronto, minha querida... aqui e aqui", aplicando a massa delicadamente, retirando o excesso com uma espátula de madeira, sempre que necessário para lhe dar uma forma melhor.

Ele tinha se impregnado de uma brandura. De um orgulho. De uma disposição para ser visto em toda a sua vulnerabilidade... coragem para ser visto como terno. Essas eram as mudanças internas, incontestáveis, que começavam a emanar luminosas dele agora.

Havia mudanças materiais também. Ele começou a fazer a barba diariamente. Vinha trabalhar arrastando o balde e ferramentas de metal, como de costume; mas agora seu cabelo estava lavado e ainda molhado todas as manhãs. Para trabalhar, ele usava o cabelo comprido numa trança que lhe descia pelas costas, ou então enrolado junto da nuca como um samurai. Trabalhava nu da cintura para cima durante o verão inteiro. Suas costas, seus braços, seus ombros, seu rosto tornaram-se tão acobreados como a pele de Nossa Senhora... uma oculta ascendência comum que só podia ser vista depois da exposição ao sol.

Ele usava as mãos com ternura para construir todos os detalhes: como os lírios brancos feitos de metal para ela segurar nos braços, com caninhos nas flores para a água passar. Essas eram as mesmas mãos que anos antes tinham carregado um fuzil no Vietnã e usado aquele fuzil para os horrores para os quais fuzis de guerra são usados – essa era uma época da sua vida sobre a qual ele mal conseguia balbuciar mais que poucas palavras.

Contudo, aquelas mesmas mãos tornaram-se as que moldaram uma pequena cúpula de cobre para a gruta de Nossa Senhora. Aquelas mãos que tinham segurado um copo de bebida, uma lata de cerveja ou uma garrafa de uísque mais do que tinham tocado pessoas que o amassem de verdade. Com essas mesmas mãos esse pedreiro transformou um pedaço vazio de terra num refúgio pequenino mas belo para *La Señora*, Nossa Senhora.

E eu continuava a alimentá-lo. Comida e mais comida. Histórias e mais histórias.

À medida que ela e sua gruta atingiam maior magnitude no pequeno pátio da frente de uma casinha azul de nada no meio de uma vizinhança de casas muito maiores que a sombreavam... também o coração e a alma do pedreiro vieram à tona com clareza maior, apesar de tudo o que o vinha sombreando.

E, enquanto ele trabalhava, Nossa Senhora ganhou uma forma maior, mas o mais importante foi que, nas suas mãos, nas suas mãos tão capazes e criativas, ela se tornou cada vez mais visível *para ele*.

MILAGRECITO[3] NA GRUTA

Não há outro jeito de dizer a não ser falando direto. A menos da metade da construção da gruta, o pedreiro parou de beber.

Parou de vez. Simplesmente parou.

Não houve "intervenção" alguma, nada de despachá-lo para um centro de recuperação (embora só Deus saiba que isso teria sido de enorme ajuda muito antes). Uma noite eu tinha falado calmamente com ele sobre como o forro de vidro quebrado no meu coração chocalhava quando eu via sua grande beleza e criatividade prejudicadas tão profundamente pelo ofuscamento do álcool.

Mas isso só serviu para ele saber que era amado, que era percebido, que alguém que se importava perguntava por ele.

Foi mais que isso. Em parte, estava decerto o fato de ele encontrar significado na construção da gruta, encontrar uma devoção apaixonada por alguma coisa que representava mais para ele do que o que, desde tempos imemoriais, o tinha reduzido ao seu mínimo – "o demônio mentiroso no fundo da garrafa".

Mas o restante do como e do porquê, como minhas queridas loucas de preto (nossas freiras) costumavam dizer sobre o que era incompreensível em termos espirituais, creio que é "um mistério". Talvez alguma parte do milagroso desvio do pedreiro que o livrou de beber até morrer fosse o seguinte: aquela casinha onde construímos a gruta era literalmente o que se costumava chamar de "*casa de sonhos desfeitos*".

Restavam pouquíssimas dessas "casas de sonhos desfeitos" nas ruas da vizinhança por ali. Elas eram casas minúsculas, construídas bem nos fundos, junto do beco onde eram mantidas as latas de lixo e os incineradores daquele tempo. Essas "casas de beco" eram feitas à mão em vez de ser projetadas por construtores.

Portanto, cada uma que ainda estava em pé era loucamente idiossincrática; muitas vezes com um alpendre para dormir, sem isolamento térmico, e a casa inteira construída sobre uma placa de sustentação, direto sobre o solo, sem alicerces nem entrepiso.

Minha casinha azul de sonhos desfeitos era de blocos de cimento, com reboco por cima para dar a aparência de uma mulher sem graça com muita maquiagem no rosto. Esse pequeno chalé tinha canos antigos de ferro preto como tubulação; e, como não havia porão, a grande fornalha de ferro pintada de prateado ficava escarrapachada praticamente dentro da sala de estar.

Essas casinhas de construção estranha acabaram por ser chamadas de "casas de sonhos desfeitos" porque seus proprietários no passado tinham planejado construir essa casa minúscula de um quarto, sem garagem, para morar nela até que pudessem poupar dinheiro suficiente para construir "a casa grande" lá na frente... geralmente uma de dois quartos, banheiro, um bangalô de alvenaria, de um andar.

Mas, para alguns, o dinheiro nunca se materializou; eles começaram a enfrentar tempos difíceis, e o sonho da "casa grande lá na frente" nunca chegou a se concretizar.

Nem o pedreiro nem eu deixamos de perceber o paralelismo de tudo isso, de que um santuário tão lindo para Guadalupe e também tanta beleza da própria alma do pedreiro talvez só pudessem vir à tona na Casa de Sonhos Desfeitos. Se a "casa grande" tivesse sido construída, não haveria espaço para Guadalupe ou sua gruta. Ou para o enorme espírito esfrangalhado do pedreiro encontrar seu caminho de volta para ele.

Às vezes, o vazio não é um vácuo, mas sim uma longa gestação. A gestação pelos parâmetros do ego é sempre longa demais. Mas, pelos parâmetros da alma, a duração da espera e da criação interna, antes que o que está sendo criado se mostre externamente, é sempre a duração correta.

A CONSTRUÇÃO DA GRUTA QUE DEVERIA DURAR APENAS 8 SEMANAS

Construir a gruta foi se prolongando cada vez mais até se tornar uma obra de um ano inteiro, com pequenos detalhes diários sendo feitos com amor, e com uma quantidade cada vez maior de histórias sendo trocadas entre mim e o pedreiro. Ele começou a me chamar de Mana. Foi fácil chamá-lo de meu irmão.

Digamos apenas que, embora a gruta por fim estivesse pronta em certo sentido, ela nem mesmo agora está terminada. Pois quem poderia jamais considerar que encerrou seus assuntos com Nossa Senhora?

Podemos terminar nossa ligação com os costumes do mundo, com aqueles que querem nos diminuir, com aquelas substâncias que tentam roubar nossa alma, com relacionamentos e trabalhos que nos tornam menores em vez de nos expandirem – mas por onde se começaria para conseguir terminar uma ligação com *ela*? Como se saberia quando se estava pronto? Quando atingimos idade suficiente para deixar de ser filhos de Nossa Mãe? Para não mais precisar de uma "mãe abençoadora" que imponha suas mãos protetoras sobre nossa vida?

Nunca.

Esta, portanto, tornou-se uma das mensagens mais claras de Guadalupe, *La Lupita*, durante o período em que meu irmão e eu despejamos todas as nossas cicatrizes para criar as armações invisíveis para a gruta, para nossa vida. Embora pudéssemos tornar suas mensagens elaboradas ou defini-las com palavras de cem dólares, no final Guadalupe é a humilde mãe perfeita, que não incentiva seus filhos e filhas que foram derrotados a caminhar como fracotes neste mundo.

Ela exige, sim, que os derrotados caminhem como guerreiros... que se dediquem a falar *dela* e *por ela* neste mundo. Ela pede que representem seu sagrado coração ao desdobrar as antigas virtudes da força e do abrigo, do protesto, do pôr-se de pé, agir e criar obras em nome dela e em nome do Deus de Amor que ela trouxe à Terra; e especialmente ao intervir em nome da bondade e da misericórdia.

Não é por acaso que ela é chamada de *La Conquista,* a Mãe dos Conquistados, pois em particular ela derrama sua força para o interior de nós, que pelo menos uma vez na vida fomos profundamente desorientados e atordoados, gravemente abalados e puxados para baixo, dolorosamente invadidos e abandonados como mortos.

Mesmo no meio de todas as nossas ataduras e ossos quebrados do espírito, ela nos conclama a parar de pensar erroneamente que estamos sós em nossos desafios, quando na realidade ela sempre está conosco. Deveríamos sempre fugir para estar a seu lado, sempre nos esconder sob seu ombro, sempre nos abrigar por baixo de seu manto inviolado, sempre ser conduzidos por sua sabedoria conquistada com tanta dificuldade – pois ela também suportou milagres, ameaças e sofrimentos em sua vida. Ela também perdeu tudo o que era preciso para sua alma no mundo escurecido dos tolos humanos, de suas falhas e fraquezas de espírito.

E no entanto ela ainda se mantém de pé, radiante à luz, Vaso Transbordante de Sabedoria, chamando-nos para que nos lembremos de que, para convocá-la, não é preciso fazer nada complexo. É preciso apenas chamá-la pelo nome de coração que todo ser humano traz marcado na própria alma antes de chegar à Terra, aquela única palavra que cada um de nós sabia antes de conseguir alimentar-se, antes mesmo de aprender a andar.

A Primeiríssima Palavra inscrita nos corações de toda a humanidade por todos os cantos do planeta:

> *Ma*
> *Mama*
> *Mami*
> *Madre*
> *Mamo*
> *Mommie*
> *Makuahine*
> *Maji*
> *Mafka*
> *Moer*
> *MànaAnya*
> *Móthair*
> *Maman*
> *Máti*
> *Mère*
> *Okaasan*
> *Mutter*
> *Mor*
> *Mari*
> *Motina*
> *Matka*
> *Mother*
> *Mãe*

A gruta de La Conquista

O poço de Maria

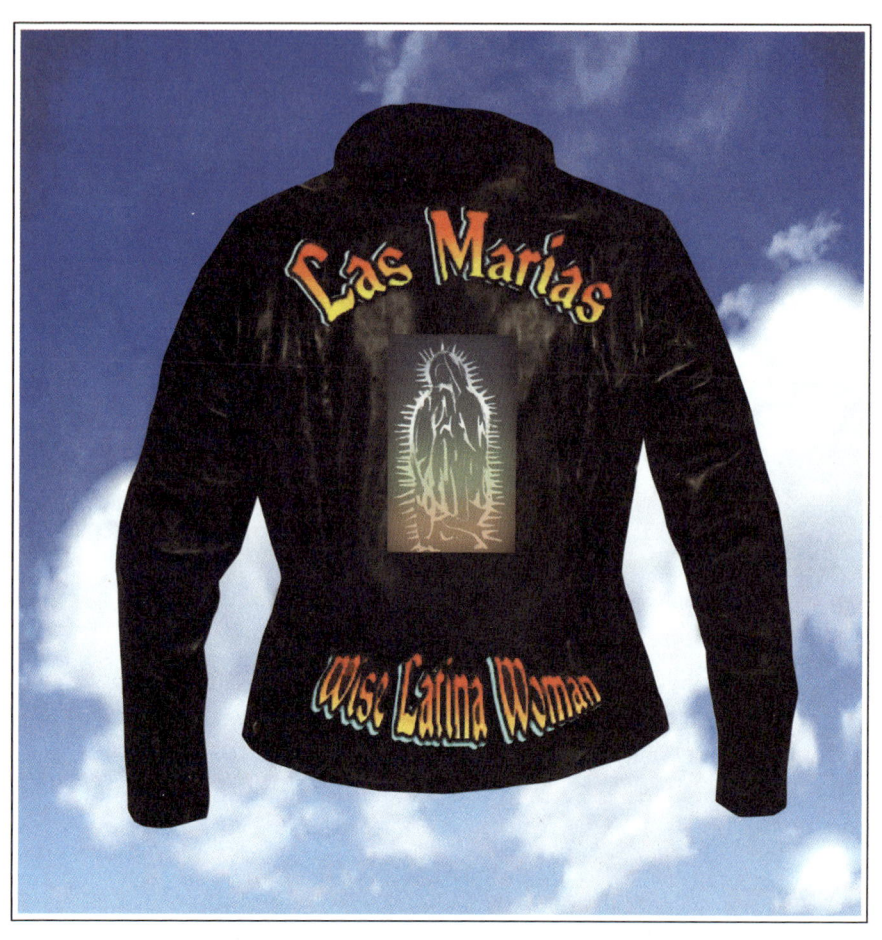

Ex-voto: "Nuestra Señora de los Cuchillos, *Nossa Senhora das Facas*"

CAPÍTULO 4

*Apaixonados por Ela,
num amor humilde, indefeso*

Guadalupe é uma chefe de turma no Paraíso

Na cultura de minha família, bem como em algumas partes da cultura hebraica, e na cultura cristã de rua, existe uma antiga tradição de falar com os entes sagrados e de se referir a eles como se tivéssemos com eles uma relação de irmão-irmã, em vez de uma relação de vassalo-servo ou de senhor-súdito. Há também a tradição de "palavras recebidas" – uma canção, prece, poema que se procuram – e muitas vezes é concedida por meios espirituais.

Este é no fundo um poema-prece de resistência, que, de muitas formas diferentes, diz que os outros, não importa quem sejam, não têm permissão para definir nem deturpar, com fins políticos, as experiências particulares das pessoas com o sagrado amado por elas.

A cada criatura na Terra, a Santa Mãe aparece como cada criatura pode apreendê-la e abraçá-la melhor, para que cada criatura se sinta individualmente convidada a deixar-se banhar em sua compaixão feroz e terna, sentindo-se repleta de seu amor até o trêmulo menisco.

Este é um fragmento de um longo cântico em louvor a Nossa Senhora de Guadalupe.

GUADALUPE É UMA CHEFE DE TURMA NO PARAÍSO

Guadalupe, *La Nuestra Señora,* Nossa Santa Mãe,
é uma chefe de turma no Paraíso.

Sei porque sei que ela é Pachuca*
e usa na mão o sinal de *La loca.*

Guadalupe é uma chefe de turma no Paraíso,
isso eu sei porque sou de um povo que come
com facas – sem garfos – só facas.

Sou de um povo que se senta no meio-fio para conversar –
e faz cara feia para intimidar os carros que queiram estacionar ali.

Sou de um povo que arrasta uma cadeira
para o meio da calçada
e fica o dia inteiro sentado olhando direto para o sol
sem piscar.
Eles dizem que é um bom remédio para seus olhos.

A Virgem Maria é uma chefe de turma no Paraíso.
Ela é uma Hell's Angel e anda numa Harley.
Isso eu sei porque sou de um povo
que acha que graxa para eixo é água benta.
Eles rezam a missa lá fora na entrada de carros
embaixo do capô nos sábados.
O motor é seu altar.
Eles se ajoelham e dizem orações o dia inteiro,
e se batizam com óleo de cárter.
As solas de seus sapatos
sempre cheiram a gasolina.

---

* "Encrenqueira", no dialeto das turmas latinas. (N. da T.)

Sou de um povo que acredita que a Confissão
é uma necessidade somente um instante
antes de uma colisão de frente.

Guadalupe é uma chefe de gangue no Paraíso,
e isso eu sei com certeza
porque sou de um povo que
tem aquele tipo de *abuelita* que,
quando você lhe fala do musical *Grease*,
ela corre de um lado para o outro
como um esquilo de meias repuxadas,
gritando que sua neta lhe falou
desse maravilhoso novo filme chamado *El vaselino*.

Tenho o tipo de avô
cujos olhos têm mil anos,
mas cujos dentes são novos em folha;
têm menos de dois anos essas dentaduras.
Eles fazem todos os dentes do mesmo
comprimento e do mesmo tamanho.
Do nariz para cima, seu rosto é velho;
da boca para baixo, seu rosto é jovem.

Meu povo é do tipo de gente velha
que se senta na beira de cadeiras de espaldar reto
sem que suas costas toquem nas ripas,
e consegue ficar ali sentado sem se mexer por muito tempo.
Eles só ficam ali sentados empertigados e altivos
inspirando e expirando, como frágeis sacos de papel.

Sou de um povo que de noite
convida os antigos a descer pela rampa dos sonhos
e entrar em nossos quartos para que
possamos ouvir as velhas verdades.
Eles nos dizem que a história que os espanhóis contaram
é uma grande calúnia contra nosso povo,
aquela parte que os estrangeiros adoram contar

sobre nosso hábito de sacrifício humano.
É mentira. Nós sempre valorizamos a vida.

Os *conquistadores* entenderam mal nossa história mais importante
sobre o grande espírito guerreiro que foi morto
por quem não conseguiu suportar sua radiância amorosa.
Na história seu coração é arrancado, e
seus assassinos atiram seu corpo num *cenote*,
um poço sagrado.
Ele morreu, foi queimado e depois enterrado.

No grande mito, ele ressuscitou três dias depois,
e, como os velhos da família dizem,
Que diferença faz de que lado ele estava? Ele era Deus.
Os espanhóis não tinham nenhuma noção do Deus
conhecido por esse "povo de Deus".
E ficaram tão enfurecidos com os "bruxos"
que achavam que viam nos curandeiros tribais,
nos cantores e poetas,
que resolveram estender sua Inquisição assassina
até o Novo Mundo naquele mesmo instante,
e esses estrangeiros forçaram
os sacerdotes, os contadores de histórias e os idosos
a subir até o alto da escadaria das torres de pedra,
forçaram o povo a matar sua própria gente,
no mais hediondo dos crimes contra a alma.

E é isso o que os velhos dizem, os que
estavam lá e descem para nos contar as velhas histórias
no *Día de los Muertos*.

Sou do povo dos que caçam no inverno para poder comer;
e são sempre presos por caça ilegal.
Eles tentam ser presos juntos
para poder ficar sentados na cadeia
contando as velhas histórias,

chorando juntos e cantando
a plenos pulmões.

Sou do povo que foi e é empilhado
em abrigos de imigração e deportação,
sentados ali com trêmulas etiquetas metálicas de preço
cravadas nos lóbulos das orelhas
como gado no abatedouro.
Dois mil dólares para voltar para casa ou vir para cá,
para um lado, para o outro, para o Coiote vigarista,
não faz diferença alguma.
Ele deixará no deserto milhares de criaturas
que não sabem ler nem escrever,
com um mapa rodoviário de posto de gasolina
feito de papel fino,
e um velho galão de leite cheio de água.
O Coiote não lhes dirá que é uma travessia
de 1.200 quilômetros por um deserto sem rios
até Los Angeles.

E, no entanto, muitos conseguirão.
Muito embora não devesse ser assim.
Mas dizem que o deserto de Mojave
é território de Nossa Senhora; e dizem que esse deserto
produz mais milagres por quilômetro quadrado
do que praticamente qualquer outro lugar na Terra.

Sou mexicana de nascimento, magiar,
suábia, romani, por criação.
E Guadalupe é quem cuida
de patetas como nós... os que atravessam desertos
de muitos tipos, com o recipiente de água vazio batendo
nas pernas cansadas, cambaleando, seguindo
para a esquerda do nascente, para a direita do poente,
fazendo, com o pequeno mapa que nos deram,
um sombreiro de rodovias azuis e vermelhas
para proteger nossa cabeça do calor.

E nesse deserto moram
alguns dos que os estadunidenses
chamam de falcões de cauda vermelha... mas nós sabemos
que é Nossa Senhora de Guadalupe com seu vestido vermelho,
o cinto preto de grávida atado em torno da cintura...
E ela nos mostra que, onde houver presa recém-morta,
há água nessa presa.
Ela nos mostra certo tipo de inseto voador
que sabe que cacto armazena uma lama aquosa
junto de sua base.

Ela nos mostra que, onde houver aves de um certo tipo,
há água...
água oculta nas cubas de pedra muito abaixo das mesas...
E quando a acompanhamos, com nossa
La Señora arrastando-nos
de barriga por baixo de plataformas de areia,
nós encontramos sua água escondida,
deixamos nosso rosto cair direto em sua mão,
e bebemos muito de sua abundância clara e fresca...

Mesmo com tanta coisa contra nós,
temos condições de descobrir jeitos de sair do deserto,
e muitas vezes descobrimos como voltar à vida...
quando nos esforçamos por enxergá-la e acompanhá-la
sob todas as suas inúmeras apresentações:
água, estrela polar, luar
em meio à escuridão.

Guadalupe é uma chefe de turma no Paraíso.
Sei porque sei que ela é Pachuca
e usa na mão o sinal de *La loca*...
Às vezes ela dirige um carro com o câmbio no piso,
com capota e lanternas traseiras com o centro azul,
rondando os desertos e as rodovias para encontrar
criaturas exatamente como nós.

E eu rezo para ela,
Rezo para ela,
Rezo para ela, *mío Dío, Dío mío,*
porque ela é a mulher mais forte que conheço.

"Levanta-te! Mesmo depois de um derramamento de sangue... especialmente depois de um derramamento de sangue", diz *La Conquista*, Nossa Senhora dos Conquistados

Ex-voto: "Levanta-te depois do derramamento de sangue"

CAPÍTULO 5

Levanta-te! Mesmo depois de um derramamento de sangue, diz La Conquista, *Nossa Senhora dos Conquistados*

Massacre dos sonhadores: A Mãe do Maíz

༺❦༻

SONHOS: AINDA NOS LEVANTAREMOS

Se as pessoas parassem de ter sonhos ousados,
os atos ousados também desapareceriam da Terra.

Sonhos impetuosos são o combustível principal
para o motor do Fazer.

Sonhos impetuosos são o rastilho dourado
para a força vital de Ser.

Se não puder ser sonhado,
não poderá ser feito.

Levanta-te!
Não te precipites,
mas semeia, por toda parte,
os sonhos mais belos,
os mais impetuosos,
rugidos pela Alma.

ANTECEDENTES:
A MISTERIOSA VIDA ETERNA DA MÃE

Isso nós sabemos: todos os nossos antepassados, e às vezes nós também em tempos modernos, passamos por alguma coisa indescritível, quase insuportável, um acontecimento tão súbito, tão destrutivo, que deu a impressão de que aniquilaria a força vitalizadora.

Ainda assim, mesmo quando se está no centro de um coração abatido pelo pesar, há sempre um campo dourado – vivo, florescente, com bastante alma para alimentar todos os que ali chegarem. Esse inextinguível coração de Amor protege a essência da força vital ali, mesmo quando tudo o mais está em ruínas.

Somos plantas verdes nesse campo dourado. Apesar da morte dos sonhos ou dos sonhadores, apesar do derramamento de sangue, a essência em nós é de algum modo protegida, alimentada novamente por alguém que é impossível destruir. A Mãe, doadora de vida nova, será convocada para nos dar vida repetidamente pelo amor das pessoas e por seu anseio por ela... bem como pelo amor e anseio que ela tem pelas pessoas.

As nações mais antigas, os povos tribais mais antigos, sempre conheceram Nossa Senhora. Eles a conheciam por um ou mais dos seus milhares de nomes.

Assim, em Cholula, em Tlaxcala e em outras partes do México, ainda hoje vivem lavradores pobres que continuam a tirar os pendões do milho à mão, exatamente como seus antepassados faziam pela Mãe em séculos anteriores. Eles se lembram da Mãe Abençoada desde antes da conquista, antes que subjugações ferozes fossem impostas à maioria dos povos tribais, a partir de 1519.

Naquela época, como agora, a gente lavradora considerava que a Força Vital, em sementes de todas as variedades, vem como bênçãos da Mãe, que cuida de todos, que a todos alimenta.

O povo manteve-se fiel à sua compreensão e às suas lembranças da Grande Mulher, muito embora aqueles com a mente concentrada no poder tentassem subvertê-la com vigor.

Foi assim que aconteceu. Em 1519, na Espanha, a realeza espanhola já tinha banido os judeus, forçando muitos a se converter ao cristianismo, contra a própria vontade. A Espanha já tinha iniciado uma Inquisição sangrenta. Agora, eles financiaram naus de madeira e tripulações para navegar da Europa até *Aztlán*, um dos nomes antigos do México. Desse modo, os conquistadores arrastaram a si mesmos e a seus cavalos através de arrebentações violentas para chegar à terra nas belas enseadas intactas do que hoje é Yucatán, no México.

Em seguida, passaram a matar indígenas desarmados, lançar tribos umas contra as outras através de embustes, através de ameaças a famílias assustadas de matá-las de fome ou por outros meios, caso elas não deixassem que suas filhas fossem raptadas (e caso seus filhos se recusassem a ser recrutados), desenvolvendo assim uma espécie de proteção para angariar lealdade. Os "soldados" armados da Europa do "Velho Mundo" afirmavam ter direito a reivindicar a posse de todos os seres humanos nas Américas. Em histórias posteriores, eles seriam chamados de "exploradores". Mas só isso eles com toda a certeza não eram.

Eles vieram com missões explícitas de se apropriar de terras, das riquezas minerais, ouro, pedras preciosas, crianças, mulheres jovens, pessoas das tribos em boa forma física. Em resumo, eles praticaram os terrorismos que consideraram eficazes para se apropriar de tudo aquilo, bem como para desalentar a alma da maioria. Tornou-se assim mais fácil escravizar tantos, dando privilégios a poucos, mas em geral capturando, sem possibilidade de resgate, todas as almas.

Os invasores chamavam a si mesmos de conquistadores, mas na realidade representavam apenas um minúsculo grupo mercenário de toda uma nação afetuosa e enormemente solidária de povos na Espanha – onde alguns alegavam pertencer à "nobreza", mas a maioria ainda era composta de lavradores semelhantes a servos, muitas vezes vivendo eles mesmos sob um governo local opressor.

Contudo, nem mesmo os conquistadores sozinhos poderiam ter derrubado as culturas altamente desenvolvidas das Américas. Logo, aos mercenários vieram juntar-se ondas de religiosos e outros que alegavam alto status social, provenientes da Espanha, da Grécia, da Itália e de outros lugares da Europa, todos dizendo que por esse motivo tinham "direitos" sobre os nascidos nas Américas.

Nos séculos XVI, XVII e XVIII, multidões de "colonizadores" apressaram-se a cercar terras e escravos nas Américas, alegando ser religiosos, mas parecendo não se dar conta de que nem mesmo o crucifixo de ouro mais exagerado e de maior tamanho tem como esconder a ganância insana ou insaciável de um coração voraz.

E assim, fingindo que suas vaidades eram de fato virtudes, oportunistas abateram-se sobre os povos indígenas submetidos a uma ocupação militar, devastação essa a que às vezes ainda se faz referência no México como a Inquisição Mexicana.

Impondo sua religião aos povos indígenas, como tinham feito com os judeus na Europa do Velho Mundo, os invasores, homens e mulheres, se espalharam por toda a América Central, por toda a América do Sul e pelas ilhas, estabelecendo-se para viver no ócio como reis, enquanto distribuíam espancamentos, mutilações, punições assassinas, e reivindicavam para si os nativos, homens, mulheres e crianças, como seus escravos.

Com o uso do fogo, da espada, de marretas e da desfiguração (destruindo desse modo a história, a arte, as culturas do povo), no México, como em outros lugares, enormes bibliotecas antigas foram deliberadamente destruídas – aquelas que armazenavam a poesia, a ciência, a biologia, a zoologia, canções de fertilidade, danças, histórias de famílias, histórias de guerra, mitos, controles de estoque, ciclos climáticos, astronomia – todas as esferas que pertenciam por tradição à Santa Mãe. (Somente cinco códices, de literalmente milhões de rolos, conseguiram sobreviver à conquista; dois são fac-símiles; nenhum dedica uma palavra à Mãe, ao Pai da Vida, nem à Santa Criança que *los indios* traziam no coração havia séculos.)

MÃE, IRONIA DAS IRONIAS

Talvez seja uma característica irreparável da natureza humana tentar diluir e/ou negar o extermínio indiscriminado de humanos, a destruição de culturas, depois do fato. De modo semelhante aos que negam o Holocausto na Segunda Guerra Mundial, na Armênia, no Camboja, o extermínio das tribos dos suábios e dos masurianos, e o que foi feito aos curdos e a centenas de outras tribos – ainda há quem hoje deseje apagar da memória também essa invasão a sangue-frio das Américas; com isso tentando chamar de "bem" o mal.

Mas no nosso próprio tempo, assistindo à destruição do Zimbábue pelo ditador Robert Mugabe, a ruína de Burma pelo ditador Than Shwe, o horror de colonizações no Haiti por invasores, e então a pilhagem repugnante pelos ditadores Papa Doc, Baby Doc Duvalier e sua ex-mulher Michèle Bennett, vendo em nosso próprio tempo outras terras e povos quase destruídos por completo – pudemos testemunhar, com olhos arregalados, de nossos lugares na primeira fila, que basta um punhado de brutamontes para dominar e prejudicar literalmente milhões.

Conhecendo dessa forma a realidade da "degradação mais baixa" da natureza humana, nós testemunhamos com nitidez, em nossos próprios tempos, as previsíveis artimanhas terroristas que os ditadores usam para esmagar e conquistar, seus assassinatos indiferentes de criaturas que tentam proteger a verdade e a inocência, sua inquestionada ganância de lucro e de escravizar seres humanos. As velhas histórias sobre os atos horrendos e os verdadeiros objetivos subjacentes à conquista das Américas devem permanecer de pé como um brutal conjunto de histórias que são chocantes e verdadeiras.

A redenção de erros graves não se dá com uma simples caiação da imundície, mas pelo içamento da força vital, içando-a para fora da lama, da dor e do sangue, para que ela possa de fato brilhar outra vez, para que seja louvada de modo adequado e reverente... sem que nada mais importe.

A Santa Mãe e o Povo Sagrado foram depostos na conquista, mas são vistos hoje em igrejas modernas por todos os cantos das Américas, só que com nomes novos, muitos diferentes dos nomes antigos. Quando cheguei a Cholula na década de 1960, muita gente lá, como em outros lugares, reconhecia a Mãe por nomes antigos, nomes novos – na realidade por qualquer nome, como a sua amada Mulher Sagrada. Eles a conheciam porque a *conhecem*, independentemente do rosto pintado nela, independentemente do apelido.

Existe outro método pelo qual o povo manteve a Mãe e o Povo Sagrado vivos na memória mesmo em meio à invasão. É estranho, mas a conquista apresenta uma característica específica em pequenos grupos agressivos determinados a subjugar um povo: costuma acontecer o desencadeamento de um "impulso insano de fazer construções". Os invasores tentam escrever por cima da cultura vigente, para que os ideais icônicos das pessoas sejam supostamente eliminados, "esquecidos" – e os valores dos conquistadores sejam os únicos a ser vistos.

Em nosso próprio tempo, já vimos isso em vários países – mais notadamente a azáfama de construção de prédios na Alemanha de Hitler, na Romênia de Ceausescu, na União Soviética no período posterior à Segunda Guerra Mundial. Em cada caso, um pequeno grupo ou uma pessoa isolada ordenava enormes destruições de meios de vida correntes naquela cultura, recorrendo a incêndios, represamento e inundação, desmantelamento de lugarejos, terras cultivadas e equipamentos, com o recolhimento forçado e o abate do gado.

Essas destruições forçam enormes migrações de povos rurais para cidades para morar em arranha-céus de concreto, sem nenhum poço central nem rio. Santuários veneráveis e belas formas construídas por culturas anteriores são derrubados e substituídos pelo que são consideradas as maiores construções "do Estado", destinadas a glorificar uma pessoa ou uma ideia estreita.

Além disso, os invasores do México e das Américas obrigaram os indígenas restantes a trabalhos forçados, fazendo-os demolir seus próprios templos sagrados, imagens, afrescos e estelas figurativas. Isso incluiu ordenar trabalhadores escravos a destruir milhões de santuários, templos, estátuas e imagens pintadas da Mãe, bem como as representações artísticas de suas inúmeras bênçãos a todos os seres humanos.

Em lugar deles, por cima daqueles exatos locais e antigos lugares sagrados, os trabalhadores muitas vezes recebiam ordens de construir os palácios e prédios extravagantes que agradavam aos invasores – e de criar estátuas que refletissem rostos europeus em vez dos rostos do povo.

Hoje, há nisso uma doce ironia que deve fazer a Mãe Abençoada dar um sorriso delicado. Por baixo da maioria das milhares de igrejas da época da conquista do México, construídas pelo trabalho escravo, dá para ver paredes de igrejas que sobem para o céu, sim. Mas as raízes, as próprias pedras dos alicerces – que com frequência estão a seis, nove ou mais metros acima do chão e têm metros de profundidade –, são exatamente as mesmas muralhas com alicerces de pedra assentados para a Mãe e sua Família, para seus templos e santuários.

Esses alicerces de muralhas de pedras foram assentados com primorosa precisão para o Povo Sagrado dos nauas, muito antes que os conquistadores chegassem atabalhoados às Américas.

Assim, por todos esses séculos desde a conquista, a Mãe permaneceu na base de centenas de milhares de igrejas construídas por todas as Américas: a Santa Mãe permanece como alicerce, como a própria raiz de não importa o que esteja por cima.

A maioria dos observadores não se dá conta de que, muito antes da conquista, os povos asteca, maia e inca, todos construíam pirâmides novas por cima de pirâmides mais velhas, um recurso de engenharia aparentemente lógico para a estabilidade de estruturas tão altas.

Só que os velhos com quem falei em certos locais revelaram que, apesar de também estar relacionado à engenharia, o verdadeiro propósito de construir por cima de construções, nos tempos de outrora, era prestar honras "aos pés". Em outras palavras, venerar aquilo sobre o qual o "novo" sempre está, a partir da raiz sagrada de onde cresce.

Assim, pode-se considerar que milhares de igrejas da conquista não estão exatamente "encobrindo", mas na verdade são sustentadas, são abraçadas pela Santa Mãe, por sua base acalentadora.

Talvez seja possível imaginar aquela pessoa que deu ordem para as novas construções, pensando que estava erradicando uma cultura considerada estranha, enquanto aqueles que realizavam a construção pensavam que Nossa Santa Mãe é vasta o suficiente, profunda o suficiente para sustentar essa nova edificação.

Talvez um antigo feitor indígena, embora também fosse um escravo, tivesse convencido um construtor espanhol a usar os velhos alicerces dos templos do Povo Sagrado. Talvez o construtor espanhol tivesse concordado, enxergando a vantagem evidente da estabilidade e o ideal subjacente – o de preservar os antigos valores e devoção à Mãe e sua gente, ao construir com a sustentação de sua força.

De qualquer maneira, o povo das Américas manteve a Santa Mãe viva nos alicerces por baixo das maiores edificações, pois o povo compreendia que, como acontece com uma planta viva, o mais importante é o enraizamento; fica debaixo da terra aquilo que realmente sustenta, nutre e apoia todo o restante.

Não importa o que ou quem mais tente obstruí-la, construa por cima dela, a feche por trás de uma parede: ela ainda está ali. Todos os que têm olhos para ver a veem. Todos os que têm ouvidos para ouvir a ouvem.

Abençoadamente, da forma exata como deveria ser.

A VELHA MÃE SEMPRE SONHA A SI MESMA OUTRA VEZ

Pode ser que sonhemos novos sonhos só para nós mesmos. Mas com certeza também sonhamos velhos sonhos, sonhos reciclados, sonhados por outros que viveram muito antes de termos nascido. Parece que, por esse aspecto, somos identicamente semelhantes a alguns de nossos próprios antepassados. Os dons e sonhos de nossos antepassados não morreram quando sua vida foi interrompida de modo horrendo, cedo demais ou ao fim de uma longa existência.

Entre nosso povo, não importa de que grupos tribais provenhamos (e há quem provenha de diversos grupos tribais ao mesmo tempo), entre todos os antepassados mais distantes que temos houve sonhadores que sonhavam o presente, o passado e o futuro.

As chuvas de centelhas, irradiadas por seus melhores sonhos e entendimentos, por alguma razão também estão em nós – em impulsos, inspirações repentinas, naquilo que às vezes parece irromper em nós com um fogo maior para fazer e ser... e trazendo a alma de volta de caminhadas pela terra dos mortos.

Muito embora uma geração passe e se vá desta Terra, de certa forma muitas de suas esperanças, ideias e sonhos parecem procurar enraizar-se em gerações seguintes. Mesmo que sejam destruídos ou enterrados, os melhores ideais ancestrais de cada geração chamam por nós através dos tempos, infiltrando-se até o solo moderno de nosso ser como alguma fonte artesiana inesgotável que sustenta nossa existência.

Assim também com a memória da Santa Mãe. Os antigos costumes e virtudes batem à nossa porta para poder entrar; e então podem ser transmitidos através de nós; e nós procuramos fazê-los funcionar de novas formas no nosso próprio tempo.

Qualquer bem que estejamos buscando também está nos buscando. Qualquer bem que um dia tenhamos conhecido em nossa família da espécie humana há de nos encontrar outra vez. A psique é um universo em si, no qual nada de bom realmente se perde. Quaisquer partes perdidas ou que estejam faltando ao Sagrado, nós voltaremos a sonhá-las de outro modo. Nós sempre sonharemos o Sagrado novamente.

Em quase todos os lugares por onde andei em Cholula e ao redor, nos pequenos *barrios*, fui convidada a entrar em casas que tinham apenas um aposento: três paredes com um chão limpo de terra batida. A quarta parede poderia ser um jacarandá-mimoso em violenta floração, ou uma trêmula montanha azul ao longe.

Em pequenos pátios, ao calor do meio-dia e diante de comida encharcada de limão, a refeição principal do dia, descobri até que ponto muitos eram devotos da Santa Mãe. Ali ela é conhecida, também, por narrativas apócrifas e reminiscências transmitidas na tradição oral ao longo de séculos.

Alguns ainda lembram a Mãe Abençoada como *Xilonen*, às vezes chamando-a de *Santa Xilonen, La Madre del Maíz, Madre Maízeles*, Mãe dos Milharais, alguns dizendo que ela é sua imagem de *La Nuestra Señora de Guadalupe*.

Asunción, minha doce guiazinha pelos campos e flores da terra por lá, disse-me que *La Morenita* (Nossa Senhorinha Morena) é *La Mujer Grande* (Mulher de Magnitude), pois sobreviveu à conquista mesmo quando tanta coisa e tantos seres humanos não sobreviveram.

Quando eu estava deitada uma noite num quarto de dormir "sob a árvore", tendo como teto um dossel folhoso pelo qual estrelas se infiltravam, ouvi Asunción e outras velhas e velhos "sonhar em voz alta", como eles chamavam, querendo dizer que estavam se lembrando de como "era no passado".

Uma das histórias de que mais gostei era sobre os ossos de Nossa Senhora de Guadalupe caminhando entre a gente em *barrios* diferentes, vestidos com diferentes trajes típicos, "fantasias", porque cada "vizinhança" reconhecia uma imagem diferente dela.

Desse modo, ao lado dessa estrada, ela usava *ytatls*, pompons de fio escarlate de cada lado da cabeça. Em outro povoado, mais abaixo de Cholula, ela usava véus para proteção contra tempestades de poeira que se formavam em campos recém-arados, onde era frequente que ela fosse vista girando em turbilhão logo acima da terra. Em outro, ela era raspada, totalmente depilada, como muitas pessoas eram por natureza, para mostrar que nada contaminado poderia grudar-se a ela.

Em outros locais, ela era vista como uma criança confiante na própria mãe, outro ente sagrado. Ainda em outra aldeia, ela usava cintos chocalhantes de carapaça de tartaruga. Em outra, era vestida de clematite, trepadeiras de botões-de-ouro e tagetes do laranja mais laranja. Em outra ainda, ela trazia perpetuamente no ventre O Pequenino, às vezes chamado de *El Mañuelito*, às vezes chamado de *Niño Jesús*, Menino Jesus.

Isso, pensava eu, fazia perfeito sentido para a alma: a Grande Mulher, Santa Maria, Mãe Mer, *La Nuestra Señora, La Mera Mera* (o sentido e causa final), apareceria, por sua misericórdia, decorada, trajada, caracterizada como cada criatura na terra iria, poderia, poderá... melhor entendê-la, a partir de suas inúmeras feições.

Imagens diferentes, arte diferente. Pessoas diferentes. De pele morena, olhos claros, olhos escuros, pele acobreada, olhos azuis, cabelos ruivos, pele branca, nariz grande, nariz pequeno, mas com uma constante: suas mãos, suas mãos sempre generosas.

A mesma Alma. A mesma bela alma, Nossa Mãe. A mesma Santa Mãe. A mesma.

SE ELA COM O TEMPO SE PERDESSE, NÓS A SONHARÍAMOS DE NOVO

Você sabe como os sonhos noturnos às vezes parecem oferecer informações surpreendentes? Sim. Isso ocorre com todos nós. Estivemos viajando, pensando, aprendendo ou lendo durante o dia. De repente nossos sonhos noturnos parecem mais nítidos do que de costume. É como se nosso inconsciente selecionasse algum pequeno detalhe no qual estivemos pensando ou que estivemos vendo com os olhos da mente, mas a verdade é que a alma sonha a visão maior para nós, não para que "saibamos" com exatidão algo para lá do óbvio, mas para que lembremos algo importante para a alma – às vezes a nossa própria alma, às vezes a alma de um ente querido; às vezes as almas da família ou tribo; às vezes, quem sabe?, a alma do universo.

Algo semelhante me ocorreu quando eu dirigia pela rodovia Pan-americana, de Denver, no Colorado, até a beira da selva de Darien no Panamá:

Eu vinha dirigindo havia muito tempo, parando, ficando em lugares, seguindo adiante. Na realidade, vinha me sentindo muito triste pelas semanas passadas ouvindo velhas histórias, tantas trazendo um profundo *leitmotiv* de morte grotesca pelas mãos dos conquistadores e daqueles que vieram com eles e depois deles para ocupar e escravizar.

Por isso, uma noite, dormindo bem na borda de milharais na periferia de Cholula, milharais com um cheiro de um verde tão forte, sonhei com outro nome de Xilonen, a Mãe do Maíz.

Não sei se na verdade esse era um nome antigo, que o fabricante de sonhos traduziu para o espanhol, ou um nome novo chegado agora à terra, ou um nome nenhum proveniente do etéreo. Sonhei que a Grande Mulher, a Mãe do Maíz, também se chamava *Las Sedas,* o que se traduziria como "Cabelos Sedosos".

Em meu sonho, eu via com que delicadeza *Las Sedas* enrolava seus lindos cabelos dourados e úmidos em toda a volta de cada espiga de milho, por dentro de suas folhas verdes. No sonho eu entendi que seus cabelos de seda eram benéficos para os tenros grãos do milho, protegendo-os. Ela estava mantendo os grãos à temperatura exata para eles poderem vicejar, em vez de morrerem torrados sob o sol escaldante.

Las Sedas, doce mãe de verdade para as menores formas de vida. Mãe carinhosa, que usava seu cabelo de seda para proteger o que era suculento, o que estava em crescimento, o que era inocente, os frutos "ainda não prontos", bem como aqueles prontos para uma colheita nutritiva.

Num momento de lucidez no sonho, pensei: *É igualzinho à terra onde cresci.* Um velho lavrador grisalho lá de onde eu morava deixava que nós, crianças, corrêssemos por seus milharais altos. Mas ele nos avisava, a nós, moleques, que não puxássemos nenhuma folha das espigas de milho, ou toda aquela braçada sairia prejudicada.

Em meu sonho, eu podia olhar para trás no tempo e ver milharais de minha infância – espigas usando seus casaquinhos verdes, com forro de seda amarela, para não serem queimadas pelo sol; sendo essa sua única proteção para não passarem de doces e macias a ressecadas e mortas.

Mas em seguida, em meu sonho, vi a doce Xilonen não tão doce assim, nem tão fácil de contemplar; mas tendo, sim, nos olhos alguma mistura de amor com uma ferocidade incendiária.

Ela estava com a mão estendida para me mostrar alguma coisa. Cheguei mais perto. Na palma de sua mão, havia uma beleza terrível, um grão dourado de milho, com sangue vermelho vivo gotejando.

Senti meu coração dar um salto de dor, de empolgação, as duas coisas. Comecei a entender o seguinte: de algum modo, muito embora milharais imensos fossem destruídos nas queimadas da conquista – neles incluídos os grãos de seres vivos que eram humanos e animais; e grãos que eram de plantas e flores –, muito embora todos esses fossem destruídos, desde que restasse um último grão de milho, esse último grão de milho seria nutrido pelo próprio sangue de pessoas abatidas injustificadamente.

Esse último grão de milho era de algum modo a Mãe, uma semente elemental que cairia na terra, seria pisoteada por soldados – e no entanto, a partir dela, dessa única semente, brotariam dez mil sementes; e essas dez mil semeariam, cada uma, dezenas de milhares mais. Essa multiplicação produtora de vida nova jamais cessaria.

O povo seria alimentado. O povo voltaria a vicejar. O que tinha sido morto voltaria em plenitude em formas dançantes, ondulantes, florescentes.

Tudo isso provindo de uma única semente nutrida pelo sangue dos assassinados.

Despertei, mal conseguindo me agarrar ao que achava que compreendia desse sonho. Em nossas feiras agrícolas, costumávamos ter concursos de contagem de sementes. Eu sabia, por minha criação rural, que cada espiga de milho contém de 700 a 800 grãos; até mesmo o menor milho anão tem no mínimo 400. Imagine o que resultaria de uma semente de milho que se enraizasse e produzisse no mínimo oito espigas, ou 64 mil sementes de milho de uma única planta em uma estação de plantio!

Eu não me esqueceria da história sangrenta, o que a própria terra carregava em Tlaxcala, Cholula, Puebla. Contudo, no sonho, a Mãe de tempos imemoriais disse que até mesmo a carnificina com a intenção de erradicar tudo o que for sagrado nutrirá essa semente milagrosa, que por sua vez nutrirá o povo.

De algum modo, eu podia ver a ideia aplicada aos lugares destruídos na minha própria vida, também. Ao mesmo tempo, eu refletia sobre o que aconteceria se todos nós pudéssemos ser um pouco como *Las Sedas*, protegendo, embalando com ternura o que restar de nós mesmos e de outros, depois de uma longa tribulação, mesmo que só reste uma mísera sementinha de nós, uma semente coberta de sangue, ainda por cima.

Como pode ser brilhante a atitude de dar as costas à ruína em algum momento bem justificado e focalizar a atenção no que restou ensanguentado! Pensei que *Las Sedas* também estava mostrando que o fundamental sobrevive, mesmo depois de derramamento de sangue, de corações partidos, incêndios, abandono, traição, de ser estraçalhado. Como alicerces de templos por cima dos quais igrejas foram construídas, sempre haverá as fundações; sempre haverá a última semente – pois ela representa Nossa Mãe, a Inextinguível.

Continuei a rezar, com perguntas: Não somos todos nós gente que em algum momento, em algum lugar, foi derrubada de uma forma ou de outra e, entretanto, conseguiu aguentar ser destruída, até restar somente um farrapo ensanguentado? Não existe "algum lugar" dentro de nós ou perto de nós, onde "algo" se ergue para abrigar aquela única última semente que resta em nossa alma?

No dia seguinte, falei a Asunción e às velhas suas amigas sobre meu sonho com *Las Sedas*. Elas ficaram tão caladas, tão sombrias, que por um instante pensei ter por acaso feito alguma ofensa, e que essa sua atitude era de censura.

Não era isso. Elas estavam espantadas. "Quem é você?", perguntaram. "Quem é você, de verdade?", e então trataram de nem sequer dar ouvidos à minha tentativa de resposta gaguejada a uma pergunta tão simples e tão difícil. Já estavam planejando um dia de festejos para *Las Sedas*.

Elas sabiam exatamente quais eram as comidas certas, milho verde cortado da espiga com uma faca afiada, suco de romã, um pouco de chocolate suave, uma gostosa iguaria semelhante a uma pamonha salgada, preparada com as folhas de *Las Sedas*.

Ao entardecer, elas já tinham me mandado a uma *oracionadora*, criadora de preces, para fazer uma prece para *La fiesta de Las Sedas*. A oração que criamos era mais ou menos assim: "Santa Sedas, queira ajudar-nos a ter orgulho e dignidade por sobreviver, não importa como nosso sangue tenha sido derramado; por ver com clareza a semente última e única. Queira ajudar-nos a multiplicar toda a virtude, toda a generosidade, todo o abrigo. Ajude-nos a proteger *a última coisa boa; que toda a doçura cresça a partir de uma semente para muitas, ajudando a todos nós.*"

VOLTEMOS AGORA AO PASSADO, PARA COMPREENDER MELHOR A INDESTRUTIBILIDADE DA MÃE

Eu me perguntava também se a única semente dourada coberta de sangue que *Las Sedas* trazia na palma da mão tinha sobrevivido a outra carnificina que não tivesse sido a da conquista, uma que se dizia ter ocorrido no coração do que alguns chamam de México anterior à conquista, no momento exato em que os invasores assassinos desembarcavam na costa leste do México.

Dizem que ocorreu um trágico derramamento de sangue imediatamente antes da invasão dos exércitos do Velho Mundo. Naquela época, os sonhos noturnos eram considerados informação sigilosa. Os sonhos noturnos, como vemos nos nossos tempos, também podem avisar, podem mostrar como se proteger. Entendia-se que os sonhos noturnos eram enviados pela Mãe e pelo Povo Sagrado, que ama seus filhos, de muitos tipos, tonalidades e pelagens. Essas mensagens seriam entregues quando os portões da alma estivessem totalmente abertos – durante o sono.

Essa lenda persistente fala de um acontecimento horrendo, desencadeado pelo Imperador do povo asteca, em pessoa, *el cacique*, o rei-imperador, Motecuzoma Xocoyotzin, também conhecido como Montezuma. Assim se desenrola a história: o líder principal dos astecas, em sua aflição, feriu a todos os filhos da Grande Mãe, cometendo violência contra os sonhos.

Ouça...

MASSACRE DOS SONHADORES

Há muito tempo, até onde era possível enxergar pelas planícies férteis, a velha terra do México era coberta com milharais verdes, uma antiga variedade de milho que transbordava com energia e força para o povo.

Muito tempo atrás, esse milho selvagem vinha em cores: dourado, vermelho, azul, branco, preto, às vezes grãos de muitas cores juntos, por baixo da mesma palha. Às vezes os grãos eram uniformes; às vezes tinham formas naturalmente irregulares.

Ao contrário dos invasores estrangeiros que ainda estavam por vir e julgariam os nativos "não aceitáveis", o *maíz* era considerado uma Grande Mãe que não fazia discriminação, mas sim amava e nutria todos os seus filhos – que, exatamente como ela, vinham em muitos tamanhos, formatos e cores.

Naquela época, a Mãe Maíz era conhecida entre algumas antigas tribos nauas (astecas) como Xilonen. Na tradição sagrada, Xilonen era a mulher de Tezcatlipoca, ícone da Memória. A Memória e a Mãe eram unidas como uma força, amadas pelos que conheciam suas histórias. Cada um sempre se *lembraria* de sua Mãe; a Mãe sempre se *lembraria* de seus filhos.

Naquela época, Montezuma, soberano da maior cidade no México, Tenochtitlán, vinha ouvindo rumores sobre guerreiros de pele clara, que desceriam fortemente armados, vindo da costa leste do México.

Sem saber o que fazer nem em que acreditar, Montezuma, perturbado, mandou chamar os sonhadores tribais de todas as aldeias dos quatro cantos do império.

Por terra, de centenas de quilômetros de distância, vieram os sonhadores, trajados com seus cintos, sinetas, couros, tecidos herdados da mãe, capas de plumas, trazendo suas cabaças, pedras de jade, quipos, cordões com nós para fazer contas, seus rolos de casca de árvore com orações, suas bengalas, cajados indicadores de autoridade, labretes perfurando seus lábios, a pele tatuada.

Esses viajantes musculosos – velhos, de meia-idade e muito jovens – vinham se derramando de cada vale, cada vulcão, cada gruta com leito pintado para curar sofrimentos, de cada fortaleza de pedra, de famílias de nobre linhagem, das aldeias mais pobres e empoeiradas. Todos portavam o espelho dos sonhos.

Assim vieram as legiões de sonhadores até Tenochtitlán, a cidade-ilha flutuante do império mexicano. Apresentaram-se a um Montezuma altamente interessado, que lhes ordenou que lhe contassem os sonhos que vinham tendo sobre a coisa mais misteriosa que se possa imaginar: o Futuro.

<hr />

No *curanderismo*, os antigos costumes de cura que constantemente acolhiam em sua malha quaisquer remédios de eficácia recém-descoberta, lado a lado com os antigos consagrados pelo tempo, o "Futuro" pode ser compreendido nos sonhos como uma vasta planície aberta a possibilidades. Pela preponderância de imagens semelhantes sonhadas repetidamente pelos sonhadores, entendia-se que uma ou outra trajetória bem poderia vir a ocorrer – a uma família, a um grupo, a uma nação inteira.

Os sonhadores tribais consideravam que sua vocação para sonhar "pelas pessoas deste mundo" era seu sério compromisso com o mais sagrado do Sagrado – cuidar da sabedoria das almas, educá-las e protegê-las, exatamente como sua Mãe os tinha ensinado a proteger a sabedoria das plantas e animais.

Os sonhadores tribais esforçavam-se por levar vidas de boa conduta, sem rancor nem vingança, por se manter límpidos em vez de nublados, para poder ouvir, sentir e ver as mensagens enviadas entre o céu e a terra, no espelho dos sonhos. Para poder cumprir sua promessa de ser mensageiros lúcidos.

Os sonhos: esse minúsculo mas poderoso conjunto de portais. As preces dos sonhadores ainda pediam à Origem mais sublime que a visão dos sonhos fosse concedida ao sonhador, associada a uma doçura de palavras para dizer a verdade e um coração imaculado para enxergar fundo – pois o coração é considerado uma enorme lente de claridade, capaz de pairar sobre o passado, o presente e o futuro, sobre o finito e o infinito. E por fim, por esse meio, os sonhadores pediam a graça de registrar com precisão que possibilidades eram vistas em sonhos.

Muito embora Montezuma já tivesse ouvido rumores de que mudanças imensas se abateriam sobre o império naua, diz-se que seu desejo profundo era receber informações diferentes.

Como um elitista no poder, ele desejava que o mundo que tinha construído, por meio de festas, ameaças, casamentos, guerras, jamais terminasse.

Mas os sonhadores tribais eram almas honestas. Não poderiam apoiar com falsidades a fantasia de Montezuma.

Em vez disso, os sonhadores permaneceram fiéis aos sonhos que lhes tinham sido concedidos por um poder maior. Diz-se que eles contaram a Montezuma que tinham sonhado com a queda dele – e de toda a Aztlán – com a explosão de incêndios enormes, com pedras imensas desabando sobre a Terra, com o sangue correndo, com a própria alma do México passando por tremendo sofrimento.

Ao ouvir isso, o que Montezuma ordenou que fosse feito talvez possa ser compreendido como uma decisão horrenda, tomada por um homem tornado ignóbil pelo medo, pela mágoa, pelo húbris. Não querendo ser deposto, ele pode ter tentado fazer algo que homem nenhum pode fazer: fingir ser o Criador... pois ele tentou parar o tempo, fazer o tempo retroceder.

Diz-se que seu plano era impedir que os sonhadores sonhassem o que ele não queria que sonhassem. Que, se ao menos pudesse impedir os sonhadores de abrir caminho para preparativos para essa enorme mudança que vinha rolando na direção de todos os grupos tribais, ele poderia impedir o fim do mundo como ele o conhecia.

Nas muitas histórias que ouvi sobre esse acontecimento, até encontrar seu próprio fim, Montezuma fez o impensável, com pleno conhecimento.

Ele ordenou a matança de todos os sonhadores.

Diz-se que Montezuma caminhou num lago de sangue entre os corpos dos sonhadores assassinados, chorando a perda de "meus lindos sonhadores".

Mas mortos eles já estavam, jazendo no sangue como delicadas pedras pardas decoradas, num rio de um vermelho vibrante. Mortos eles continuaram. Ele matou até o último sonhador que tinha relatado seu sonho em voz alta... e o fim de um império estava logo ali, um mundo muito mais impiedoso estava se abrindo, e o mundo atual que todos tinham conhecido seria esmagado.

Montezuma, último líder dos muitos povos do México, tinha feito com que o sangue vermelho de cada sonhador inocente, delicado, afundasse nas areias da cidade-ilha. Esse sangue dos sonhadores foi transportado para todos os cantos através do subsolo... Diz-se que ele escorreu e fluiu, levado pela chuva e por rios por centenas e milhares de quilômetros.

E não longe dali no tempo – não longe dali no espaço – vinham avançando a cavalo homens trajados com armaduras, feitas de baeta grossa de algodão com escamas de couro, portando bainhas que continham espadas com lâminas de aço de Toledo, com selas de couro rangentes, fivelas das esporas retinintes. "Os desconhecidos", os que Montezuma mais temia... De qualquer maneira, eles vinham avançando do leste.

Implacáveis.

O massacre dos sonhadores fez com que todas as aldeias do império inteiro perdessem seu sonhador, que sonhava não só para si, mas para a saúde da tribo, para todos.

Ao matar pessoas sagradas, Montezuma ajudou a silenciar as bibliotecas espirituais vivas, ambulantes, falantes, do império.

Grupos tribais inteiros perderam seus mensageiros, cuja vida era dedicada a postar-se como sacerdotes, entre o mundo terreno e o celestial – para transmitir imagens, arte, música, canções, ideias, poesia, bênçãos, cuidados, consideração pela conduta correta, remédios, doce mel em hóstias de milho para preces.

Como em outros lugares e tempos em nosso mundo, até mesmo agora, o líder não chegou a perceber que, ao assassinar seus sonhadores, ele de fato antecipou a morte para si mesmo e para seu império; pois agora não restava ninguém para sonhar a vida nova. E ninguém que ainda ousasse dizer que pertencia aos sonhadores da Mãe, almas que cresciam com raízes luminosas subindo direto da terra dos sonhos para o mundo real.

Foi o que acabou ocorrendo. Os conquistadores chegaram em traje completo de combate. Embora Montezuma lhes oferecesse ouro, banquetes, tesouros de objetos e mulheres, muito além de qualquer coisa que os conquistadores pudessem ter imaginado, os valentões-soldados-marinheiros se banquetearam, aceitaram todo o butim – e então abateram Montezuma ali mesmo onde estava, com a cabeça rolando pelo caminho.

O fim do mundo para muitos dos povos tribais do México começava em pleno terror.

O SANGUE SAGRADO DOS SONHADORES: A MÃE É NUTRIDA POR NÓS, E NOS NUTRE EM RETRIBUIÇÃO

Essa lenda pareceria somente melancólica, se não fosse pelo símbolo do sangue dos sonhadores a afundar na terra, a viajar por todas as partes.

Pois em gerações de mexicanos dali em diante, ainda a partir daqueles campos sangrentos, um povo tribal agora escravizado, mesmo assim continuou a se fortalecer ano após ano, década após década, direto do sangue no solo que se infiltrava para nutrir o *maíz*. O Grande Grão Guerreiro, a Grande Mulher Cereal continuaram a se erguer repetidamente.

Ainda que desumanizadas, as pessoas que cuidavam das lavouras até estarem maduras ainda se alimentavam daquelas mesmas lavouras nutridas pelo sangue de seus próprios sonhadores sagrados.

Montezuma achou que poderia matar o Futuro ao matar os sonhadores. Não seria o primeiro nem o último ditador a tentar fazer isso. Os conquistadores acharam que poderiam matar à vontade qualquer pessoa que se opusesse a eles. Os que vieram depois acharam que poderiam matar a Santa Mãe matando a alma do seu povo.

Na prática eles não perceberam que poderiam matar todas as pessoas à vista, mas não conseguiriam matar a Mãe que estava dentro do alimento básico mais comum de *los indios,* a semente da vida, o simples grão de milho.

Com isso, foi "o povo" que ficou com o verdadeiro ouro, o tipo de ouro que os conquistadores não conseguiam ver, não conseguiam adulterar, não conseguiam roubar, que na realidade não chegavam a desejar, que de fato deixavam totalmente de lado: o grão dourado, o *maíz*, a Mãe dourada que agora era nutrida pela chuva, misturada ao sangue derramado, misturada às lágrimas de Mãe por seus filhos. Assim, Xilonen não foi esquecida. A terra e o povo foram conquistados. A grande Mãe não se deixou conquistar.

Não importava o que qualquer outro fizesse para erradicá-la, os sonhos das pessoas com ela continuavam à noite, mesmo quando suas imagens, a própria ideia dela, com frequência estavam proibidas durante o dia.

Contudo, a pletora de sonhos acerca da Mãe de todos não se estancava; era mantida, compartilhada, compreendida, comentada, e com ela todos aprendiam. Os sonhos com a Mãe ligavam as pessoas a imagens que elas já tinham muito antes das investidas dos invasores; ou seja, as associadas ao antigo Imaculado Coração do Mundo, ao antigo Sagrado Coração, ambos reverenciados pelo povo como os sublimes Corações de Santidade Inestimável.

A partir do próprio chão, ela e seus sonhadores continuaram a retornar ao povo. Ela não parava de voltar e voltar ao povo incessantemente, multiplicando-se repetidas vezes, estação após estação para demonstrar a constância do seu amor – exatamente como um sonho protetor e visionário retorna muitas vezes para nos inocular com sua força.

Não existe agora na Terra uma pessoa viva que não tenha comido o *maíz* dos mártires, o *maíz* da Mãe, pois o milho, desde tempos antiquíssimos, é cultivado em todas as regiões da Terra, com exceção da Antártica, e talvez até mesmo lá antes de alguma mudança de eras glaciais muito remota.

Portanto, todos nós que já nos alimentamos dessa colheita dourada, nutrida pelo sangue inocente derramado para dentro da terra, talvez às vezes sejamos convocados a sonhar por outros além de nós mesmos: para ver o bem e o que não seja tão bom assim; para sonhar sonhos, ajudas, jeitos de entrar, jeitos de sair, esperanças que nutram as pessoas, que as preparem para o futuro e, principalmente, que apoiem suas almas, não importa o que ocorra.

Talvez tenha sido essa lenda, o Massacre dos Sonhadores, que surgiu no México pós-Cortez, que tenha aberto caminho para um dos que comeram do grão dourado, um dos primeiros milhares de novos sonhadores a vir à tona depois de décadas de guerra e destruição – o pequenino santo, Don Diego, sendo seu verdadeiro nome indígena Cuauhtlatoatzin, também conhecido como Cuauhtemoc, Águia Falante.

Ele foi um que se sonhou passando pelo monte de Tepeyac, onde no passado ficava o templo da Santa Mãe chamada pelo nome de Tonantzin, querendo dizer entre muitos outros nomes "Avó Venerada", "Raiz vital do Maíz" e "Mãe do Milho", "Sete Flores", "Mãe das Pedras Preciosas".

Lá, exatamente no mesmo monte, Don Diego Cuauhtemoc viu uma nova ideia, uma nova aparição da Grande Mulher, uma que se apresentou a ele com o nome de Guadalupe. Ele disse que ela o atraiu por meio de uma fragrância doce; e que, ao se aproximar dela, viu flores viçosas e pedras preciosas refulgir na terra. E a voz e as palavras dela eram belíssimas.

Há quem diga que a Mãe se sonhou para seu povo com tanta intensidade, que conseguiu de fato ser vista por um indiozinho pacato, um sobrevivente que tinha sido subjugado, mas se levantou de novo, um que vinha ele próprio comendo o grão dourado que cresceu a partir da própria carne dos sonhadores, dos mártires, fluindo e lustrando a carne de bela coloração da Mãe Santíssima.

ISSO VALE PARA NÓS TAMBÉM

Exatamente como nossa Mãe,
Mãe Maíz nos mostrou
o caminho de volta:
Plante
apenas
uma
semente.
Sabemos, sim, como plantar
a semente, por menor que seja, que nos resta...
pois somos os filhos dos sonhadores,
somos os filhos dos mártires,
somos os filhos de nossa Mãe, para sempre.
Somos aquela última semente
coberta de sangue...
sempre havemos de nos erguer

e voltar a viver...
sempre havemos de encontrar meios
para nos multiplicarmos,
para prosperar,
para voltar a viver na Terra,
enquanto giramos pelos céus...
nos braços de nossa Mãe.

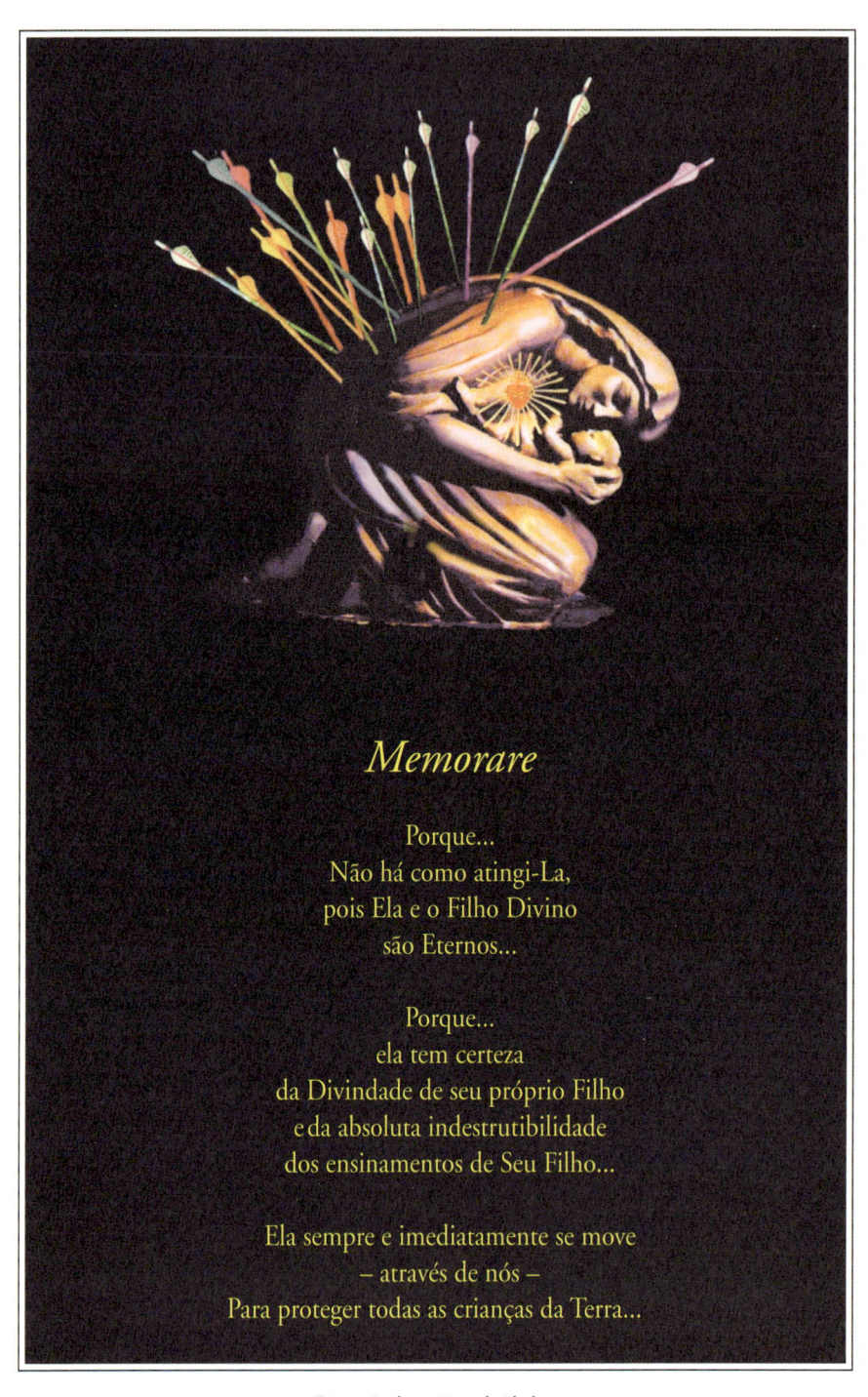

Memorare

Porque...
Não há como atingi-La,
pois Ela e o Filho Divino
são Eternos...

Porque...
ela tem certeza
da Divindade de seu próprio Filho
e da absoluta indestrutibilidade
dos ensinamentos de Seu Filho...

Ela sempre e imediatamente se move
– através de nós –
Para proteger todas as crianças da Terra...

*"Nossa Senhora, Veste de Flechas:
Ela ensina proteção aos vulneráveis – sem exceções."*

CAPÍTULO 6

*"Veste de flechas." Ela ensina proteção
aos vulneráveis: sem exceções*

O *Memorare,* Lembra!

Os fabricantes de arcos e os caçadores da Velha Pátria, no tempo de meu pai e de meus avós, tinham mãos ásperas do trabalho pesado e vozes fortes, grosseiras de gritar uns para os outros e para os cavalos do outro lado de penhascos ou de campos. As vozes eram temperadas por charutos, por vinho caseiro rascante ou por preces ancestrais – muitas vezes por dois ou mais deles em associação.

Os homens repetiam suas histórias transmissoras de sabedoria uns para os outros e para os jovens, muitas vezes. Como caçadores tarimbados, eles acreditavam na existência de diversos seres imortais que jamais poderiam ser mortos por flechas, entre os quais: o cervo branco, o Coração do Criador e o amor de um pai ou mãe por seu filho.

Além disso, os velhos tinham uma expressão a respeito de uma ideia ou de uma pessoa que tivesse sido injustamente insultada por céticos. Sobre uma pessoa dessas, eles diriam com admiração: "Ela usa a veste de flechas."

Isso significava que, nem mesmo quando uma pessoa tivesse sido atacada, fosse por alguém, fosse por qualquer coisa, não importava como ou por que motivo... não havia como atingir a alma eterna, pois a alma continuava a viver plenamente enquanto resistia – mesmo debaixo de uma veste toda perfurada por hastes e setas dilacerantes.

"A veste de flechas" era considerada uma armadura venerável, honorífica: o que é imortal não pode ser atingido por meros mortais, por mais estridentes que sejam, por mais insistentes, por mais que sejam amargos, fanáticos ou enlouquecidos pelo poder.

E assim também a Grande Mulher, que é a Protetora de todas as crianças. Também ela, pelas suas escapadas por um triz da cegueira, das perseguições e violências de seu tempo – não apenas contra ela, mas contra seu Filho –, ela sabe. *La que sabe*, ela é A Que Sabe. Também ela usa uma veste de flechas.

MEMORARE, A ANTIGA PRECE
À MÃE DO AMOR RADIANTE:
ANTECEDENTES

Foi-nos transmitida uma prece, uma prece antiga, que de modo tão notável continua a ressoar com sensibilidades humanas, literalmente ao longo de milênios, de milhares de lugares e povos. Ao contrário de discursos da moda, essa prece traz uma tamanha compreensão das necessidades mais profundas da alma, essa prece é tão desprovida de desdém pelas fraquezas e imperfeições humanas, tão generosa com seu abraço carinhoso a todos, que nunca se tornará antiquada. Creio que almas guerreiras continuarão a mantê-la viva ainda por milhares e milhares de anos.

Esta prece é um grito à Mãe Abençoada durante qualquer período em que flechas do mal voem em nossa direção, na direção dela, dos ensinamentos e atos de Amor eterno que seguimos e lutamos para cumprir ao pé da letra neste mundo. Nós, que aprendemos esta bela oração na infância, sabemos que ela é nosso sinal, com todo o nosso coração para a Santa Mãe, de que estamos fugindo de enorme perigo; e que, enquanto fugimos na direção dela, acreditamos que nosso clamor por proteção e auxílio – por meios humanos e de outros mundos – será ouvido.

Como crianças, compreendemos que, uma vez que fosse dado esse grito mortal, nós poderíamos em total confiança esperar que o auxílio espiritual e humano de algum modo viria a nós para estancar nosso sangramento, curar nosso coração assustado, proteger-nos com firmeza em termos palpáveis e colocar-se entre nós e o injusto.

LANÇANDO ESTA PRECE TÃO PEQUENA
"QUE DIZ TUDO", E ENTRETANTO...

Praticamente arranquei com minhas preces a tinta das paredes durante ocasiões de aflições e sofrimentos imensos em minha vida – e a serviço da vida de outros que lutam tanto, pessoas minhas conhecidas e totais desconhecidos, que percebo estarem em algum lugar do mundo implorando socorro e força. Quanto mais envelheço, mais sinto, menos falo, mais rezo – de uma infinidade de modos.

Contudo, não vou enganá-los. Apesar do fato de que o auxílio sempre, sempre, *sempre* veio da *stabat mater*, "a mãe que jamais abandonará seu posto", apesar de Nossa Mãe sempre estar de pé conosco para nos ajudar e para "nos ajudar a ajudar" os pobres, os chutados para a beira da estrada, apesar de o auxílio espiritual nos ter chegado para nos ajudar a proteger as verdadeiras belezas e o porte majestoso da natureza, de nossas almas, das belas bênçãos de nosso mundo corpóreo – às vezes seres humanos de verdade não cumpriram o que prometeram. Sua ajuda, sua doação a nós de proteção inequívoca não chegou a nós com substância. Em vez de serem testemunhas e ajudantes, eles nos deram as costas; ou nos ofereceram como lenitivo nada mais que o pó.

Talvez esse fenômeno ocorra porque, como espécie humana, ainda temos uma formação incompleta, ainda não despertamos, somos espertinhos demais na tentativa de nos "posicionarmos" acima dos outros, sem reconhecer a linha brilhante e nítida entre o amor sagrado pelos outros e o amor oco.

Embora vivamos no século XXI, talvez ainda estejamos lá em tempos antediluvianos, vivendo em algum bolsão escuro do cérebro, segundo o qual, como no início da parábola do bom samaritano, viajantes e prelados voltam as costas com frieza e passam para o outro lado da estrada para evitar a criatura espancada e quase morta, caída ensanguentada na ravina. Essa história antiquíssima relata a escolha apavorante de deixar morrer "aqueles que pertencem a uma tribo que não é a nossa" – de deixar os feridos debater-se e lutar sozinhos.

Talvez todos nós ainda portemos em excesso uma antiga característica animal, não questionada, pela qual, sem reflexão ou investigação, supostas criaturas alfa de um rebanho se isolam dos feridos – porque "o escalão superior de criaturas," não importa por que razão estranha, considera que os necessitados são inferiores ou "menos" ou ainda "perigosos para a hierarquia social" de algum modo significativo.

Talvez seja por isso também que, quando os humanos se elevam acima do instinto desprezível de apenas preservar a si mesmo e a "seus pares" numa hierarquia, e, em vez disso, se dedicam a reações e intervenções misericordiosas, curvando-se irrevogavelmente para consertar, defender e proteger os vulneráveis, ou levando-os adiante para local seguro, como fez o viajante de Samária – neste caso, essas almas e corações despertos parecem ainda mais milagrosos e muito mais evoluídos na realização do verdadeiro trabalho da alma na Terra.

O de estar desperto para as almas vivas, respirantes dos outros, todas as almas – não em primeiríssimo lugar para nosso pequeno rebanho, nem para a cultura do momento com seu metabolismo político caduco, mas para a alma viva carente de consolo, força e abrigo resistente.

Contudo, muito embora os humanos às vezes se decepcionem uns aos outros, mesmo assim o grito desta prece se derrama pelo universo afora, clamando pela plena consciência e pleno efeito para os que tiverem sido feridos. A crença subjacente à prece é a de que, se tivermos *esperanza y fe*, expectativa verdadeira de que o bem virá; e, se fizermos esta oração, dermos esse grito, lançarmos esta súplica de qualquer modo (não como criaturas patéticas, avarentas, mas como quem vocifera por causa de alguma injustiça), isso surtirá efeito, efeitos positivos e a partir de outros seres humanos. Mesmo que o chamado seja um grito pelo auxílio da Mãe, da mesma forma ele é um grito sincero para que também todas as pessoas ao redor sejam despertadas por seu som lancinante.

A ANTIGA PRECE EM SI

Em latim antigo, esta oração destina-se a partir o coração… a abri-lo. É um grito de ajuda, em louvor de nossa Mãe, que é nosso exemplo, um ato de fé de que podemos permanecer vivos no mundo terreno e no mistério, em ambos. A prece chama a todos para que despertem e tratem de agir como, pensar como, amar como a Santa Mãe – com plena consciência, plena iniciativa, insight muito mais pleno, determinação muito mais plena de lutar para ajudar a alma, na proporção humana mais brilhante e eficaz que pudermos reunir. Para termos muito menos frieza, muito mais afeto para com o eu e com os outros; muito mais insight, muito menos cegueira para com o que realmente importa para os céus. A prece chama-se *Memorare*, e significa *Lembra!* Ela diz o seguinte:

MEMORARE

Lembra, ó Virgem Maria cheia de graça, que nunca se ouviu dizer que alguém que fugisse em busca de tua proteção, que implorasse

> *tua ajuda ou procurasse tua intercessão tenha sido deixado desamparado.*
> *Inspirado por essa confiança, fujo para ti, ó Virgem das virgens,*
> *minha Mãe; a ti me dirijo; diante de ti me posto, pecador e pesaroso.*
> *Ó Mãe do Verbo Encarnado, não desconsideres minha súplica,*
> *mas em tua misericórdia ouve-me e responde-me.*
> *Amém.*

Esta palavra, *Memorare*, escolhida para ser a primeira palavra na primeira linha da prece, não significa olhar para trás em busca de alguma recordação insípida, de sentimento inconsistente. Não se trata de um débil esforço de lembrança.

Não, esse *Memorare* significa *Lembra! Desperta!* É uma ordem *da* alma para que se relembre de quem você é e de seus poderes inatos; de que você é filho, filha, da Mãe Abençoada. Esse *Memorare!* é um comando para que chamemos a ela, que daria a vida por um filho; a ela, que ensina, ajuda o espírito do filho, intercede por ele; a ela, que chama com clareza aqueles que têm ouvidos para ouvir e olhos para ver a necessidade do filho e as agonias do filho – bem como as intervenções necessárias para o bem do filho, com a maior rapidez possível, de poderes superiores, tanto na forma humana como na angelical, e a longo prazo. Ambas.

Mesmo enquanto a Grande Mulher está usando "a veste de flechas" jogada com violência sobre ela pela ridicularização, pela zombaria, pelo opróbrio da cultura dominante, por sua postura implacável na proteção de todas as almas vulneráveis da Terra – ela ainda assim continua a abrigar o espírito do filho em todas as almas, de qualquer idade, e a interceder por esse espírito.

Não há como atingi-la. Não há como atingir o que ela representa. Não há como atingir os ensinamentos de seu Filho Divino. Isso é uma pedra no sapato dos que acham que precisam investir contra esse ou aquele a fim de protegê-la. Ela não precisa de proteção. Ela é eterna.

Quem precisa de proteção, quem sempre precisará de proteção e justiça, são as almas de seus filhos terrenos, vulneráveis, independentemente do seu número de anos de vida. O próprio Filho da Grande Mulher disse com toda a clareza: *O que fazes ao mais pequenino de nós fazes a Mim.*

Dessa forma, a Mãe que usa a "veste de flechas" nos ensina que o lugar de todas as almas é debaixo da armadura de seu manto estrelado e aninhadas ao lado de seu precioso Menino. Ela se encarrega da proteção de *todos*.

Portanto, apesar das fraquezas humanas, nossas próprias e/ou dos outros, nós continuamos a entoar o *Memorare*, para que todos os providos de visão, os que veem parcialmente e os que ainda não veem, os que ouvem e os que não ouvem, os de coração sensível e os talvez não de coração insensível, mas – de modo mais correto – "os de coração ainda não sensível", sejam todos auxiliados em termos que os ajudem e nos ajudem a nos tornar novamente inteiros. Todos são considerados dignos de compreensão e misericórdia. Com a Mãe Abençoada, ninguém fica de fora.

APOJATURAS ACERCA DESSA ANTIGA SÚPLICA À SANTA MÃE

Eis também a prece em latim, no estilo antigo:

MEMORARE

Memorare, 0 piissima Virgo Maria, non esse auditum a saeculo, quemquam ad tua currentem praesidia, tua implorantem auxilia, tua petentem suffragia, esse derelictum. Ego tali animatus confidentia, ad te, Virgo Virginum, Mater, curro, ad te venio, coram te gemens peccator assisto. Noli, Mater Verbi, verba mea despicere; sed audi propitia et exaudi. Amen.

Memorare, em latim, significa não apenas lembrar vagamente, mas conhecer *de cor*, clamar *de cor*, concentrar-se na lembrança do espírito do filho humano e da *Mater Magna... de cor*.

Esse não é um brado à Mãe Abençoada para que se lembre de nós, mas um ditame a nós mesmos para que nos lembremos dela – de sua invencibilidade, de sua perseverança para conosco, de suas qualidades de guerreira protetora das crianças, da alma em qualquer um de nós que diga que a acompanhemos em mente, pensamento e obras... ela que é provada e se tem provado diariamente como a máxima protetora daqueles que não dispõem de nenhum guardião contra intromissões, malefícios e explorações.

"*Lembra!*" significa que lutamos para ser como ela, pois ela tem apenas estes objetivos supremos na vida: proteger e acompanhar o Filho Divino, além de estar ao seu lado e com ele, e aqueles na Terra que também são filhos dela, por mais velhos, por mais jovens que sejam. Ela permanece como um coração que escuta, uma conselheira confiável, um bálsamo de cura, mantenedora das normas justas da alma, sempre atuando como protetora dos atormentados.

Em latim, esta prece chama a Santa Mãe de *Virgo*. Isso não quer dizer meramente virginal, por algum aspecto vago, mas também que tem a qualidade de *virgultum*, a mente e forma ágeis encontradas nos ramos das árvores jovens, que sempre protegem os líderes, os troncos centrais das árvores.

A *virgultum* flexível é capaz de se curvar sem se quebrar, de se curvar para proteger, e voltar direto para a mente capaz e a forma dada pelo Criador mais uma vez, não importa o que aconteça. Nós também temos essa qualidade: Nossa Senhora tem *virgultum* em vasta escala; nós, em proporção humana – a capacidade de se dobrar para proteger e voltar de estalo, de *lembrar* o formato original de nossa alma.

Auditum aqui refere-se à ideia de que "nunca se ouviu dizer" que a Mãe nem aqueles que tentam valorizar sua essência protetora deixariam de atender aos necessitados. Mas também a palavra *audit*, em outro sentido, considerando-se que esta prece é uma súplica para em primeiro lugar ser ouvido, e em segundo, auxiliado e protegido. Não é um simples pedido de ser escutado, mas também de ser avaliado, vistoriado, ouvido com atenção em busca da pureza do tom, da clareza do grito; e, num sentido maior, ela ousa pedir proteção como um direito inato. *Audeo audere ausus sum*, ousar levar a si mesmo a pedir ajuda, com a total expectativa de recebê-la – já que a Mãe Maria é a mãe do perfeito Filho do Amor, que também precisava de proteção contra ladrões, exploradores e outros males espirituais.

Sua experiência conquistada a duras penas como Santa Mãe que protege o Filho do Amor é nossa experiência como mãezinhas para nossas vulnerabilidades interiores, para aquelas no interior dos outros e especialmente aquelas encontradas nos espíritos infantis, ingênuos, assustados, inexperientes, incapazes, de outros.

Desse modo, em razão de nossa lealdade a ela, aprendemos a ser mães protetoras em termos oportunos, como ela também, ainda que em forma humana.

Saeculum quer dizer "nunca no nosso tempo" ela nos recusou ajuda, nunca no *zeitgeist*, o espírito da época, até onde nossas pequenas mentes consigam se esforçar por imaginar nossa vida mais remota. Nunca a Santa Mãe deixou de carregar o estandarte para proteger os vulneráveis; na realidade, ela carrega, *suffragia-suffragatio*, ou seja, sempre vota a nosso favor, em apoio a nós, como se estivéssemos concorrendo a algum cargo e o dela fosse o único voto que contasse. É inquestionável que ela se põe *em defesa de* nós como almas dignas e preciosas.

A respeito do pecado, *peccatum* em latim significa cometer um erro, como, por exemplo, de avaliação, um equívoco, o de seguir pelo caminho errado por um acidente de percepção ou, como se considera muitas vezes, por escolha. O "pecado" é qualquer coisa que afasta uma pessoa dos princípios radiantes no centro da alma. Sem esses princípios no centro – o que muitos de nós chamamos de Criador – ficamos desvalidos em certo sentido, tendo perdido nosso radar e sonar sobre como proceder como uma alma num mundo que é traiçoeiro, porque as coisas nem sempre são o que aparentam ser. Por ainda não sermos seres aperfeiçoados, podemos cair num estado descentrado, talvez por nossa própria vontade, mas com maior frequência tendo ingenuamente sido persuadidos ou seduzidos a nos afastar do Amor Infinito em troca de algo falsificado, algo que, de modo desonesto, nos aloja numa posição muito menos que eterna em fundamento, e muito mais de artifício e foco no ego.

Portanto, eis o brado para a Santa Mãe, estamos descentrados e cheios de dor – dor, querendo dizer a sensação de profunda aflição, como a de um grande navio a adernar, com a proa quebrada, a água entrando. A dor e o pecado não são maldições, não são referendos que pressupõem um defeito de uma alma. Eles são, sim, sinais de que uma alma está ferida e precisa ser reerguida, realinhada. Eles querem dizer que essa alma que recebeu esses ferimentos, não importa de que modo, está necessitada de cuidados, purificação e auxílio. Por meio de um simples rito sagrado, e principalmente numa reafirmação amorosa da consciência com a "Origem sem origem", a alma volta a ser cravada como uma pedra preciosa no centro mais uma vez. A cura e o reequilíbrio podem então ocorrer – por parte dos que estão nos céus e dos que estão na Terra. Não esse ou aquele, mas todos.

Curro, neste cântico prece, *Memorare,* essa palavra significa cuidar de, prestar atenção a, preocupar-se com e por essa alma ferida até que a situação se resolva, até que a criatura assustada e prejudicada, a alma que passa por sofrimento tão profundo, seja recuperada. Ela pretende garantir que uma solução completa seja compreendida em termos espirituais e concretos, e seja aplicada até a restauração da integridade.

ANTECEDENTES DO SURGIMENTO DO *MEMORARE*: A MÃE ABENÇOADA COMO A "AMIGA DE QUEM NÃO TEM AMIGOS"

Seria possível perguntar por que e como uma prece conseguiu permanecer viva, com sua essência intacta em várias formas, por quase mil anos e talvez mais. É provável que o *Memorare* tenha surgido durante épocas de enorme aflição para os filhos, homens e mulheres que estavam desprotegidos por um lado ou outro, durante súbitas guerras e situações aterrorizantes deflagradas por reis, papas, sultões, chefes e líderes tribais.

Diz-se que partes do *Memorare* teriam sido registradas por Bernard de Clairvaux, um monge francês, que escreveu sua primeira obra em 1120. Diz-se ainda que o *Memorare* teria sido disseminado por outro monge, também chamado Bernard, padre Claude Bernard, que viveu no século XVII e que se dedicava a quem tivesse sido falsamente acusado e preso. Nessa aplicação ampla por parte de Bernard, a meu ver, o *Memorare* mostrava a Santa Mãe como a "amiga de quem não tem amigos", a leal e verdadeira amiga sempre desperta da alma.

Além disso, naqueles tempos remotos, quando o *Memorare* estava sendo montado em palavras por vários indivíduos na tradição oral e na escrita, grupos tribais indígenas por toda a Ásia, nos Urais europeus, nos Cárpatos e nos Alpes estavam sendo coagidos por várias facções políticas, federações de déspotas, papas e reis brutais a desarrear seus belos cavalos e a se acomodar no trabalho rural em relações do tipo servo/senhor de terras – tornando-se de fato uma mão de obra escrava, de homens, mulheres e crianças, fortalecidos pelas intempéries, a serviço dos ricos e privilegiados. Para muitas das pessoas dos campos e florestas, não houve escolha: ou se submetiam a uma nova ordem ou seriam massacradas.

Também durante essa época remota, foram empreendidas as cruzadas – o desencadeamento de nove guerras e guerras de retaliação, que provocaram a morte de uma enorme porção da população mundial.

Na virada do milênio, no ano 1000 d.C., à medida que fragmentos do *Memorare* estavam sendo registrados por escrito, havia também uma crença por parte de muitos e rumores espalhados por muitos outros de que o fim do mundo estava próximo. Essa fantasia predominou na mente de muitas pessoas por décadas antes e depois da virada do século.

Tudo isso junto representou sofrimento indizível para as pessoas da Terra. E esse é o primeiro plano em que o *Memorare* brotou como uma rosa a partir de pedras – uma prece que garantia que os princípios radiantes da proteção e do amor ainda existiam, mesmo no meio de tanto medo e tanta carnificina injustificada.

O RITMO DAS ERAS NO *MEMORARE*

Se pronunciarmos em voz alta as palavras do *Memorare,* é possível ouvir que não se trata de "apenas uma prece"; é um encantamento, o que significa que deve literalmente ser entoado. Existe uma forte cadência musical nas palavras em latim, em qualquer língua para a qual o *Memorare* seja traduzido, um som que é muito mais reminiscente de tempestades de areia, estribos balançando, selas de madeira rangendo. Tem um ritmo que é muito mais reminiscente do trote e do galope, do ondular das cortinas de tendas, do som daqueles que fogem, do que do som de alguém de passo firme, entrando e saindo de prédios, sem ser perturbado.

Assim, o *Memorare* é uma prece para tempos difíceis, para alguém que conhece de cor os tempos difíceis, um brado para aquela que usa a veste de flechas, aquela que leva no colo o Filho eterno, aquela que, em primeiríssimo lugar, tem um coração radiante de coragem... e de Amor, em igual proporção.

Aprendemos muito, tanto por quem vem em nosso auxílio como por quem não vem. Aprendemos que podemos nos manter alertas e leais com a Santa Mãe e dentro dela. Podemos nos esforçar para ir ajudar outros em suas aflições, especialmente para que tantos outros ao nosso alcance nunca venham a sofrer novamente as agonias que nós mesmos sofremos. Muito embora possamos ter ficado abandonados sem ajuda à beira da estrada, muito embora nós também tenhamos conquistado a veste de flechas (ou seja, o fato de termos sido feridos repetidamente e ainda descobrirmos meios de passar pela luz violeta que emana do ferimento), então, como Nossa Senhora, nós nos tornamos de uma perspicácia cada vez mais profunda, mais despertos, mais fortalecidos em nosso próprio coração sagrado, mais cheios de compreensão e amor – para com qualquer um, sempre que pudermos, da forma que pudermos.

VESTE DE FLECHAS

A Mãe Abençoada usa sua veste de flechas...
para mostrar que não há como atingi-la,
pois Ela e o Filho Divino são Eternos...

E, como ela tem certeza
da Divindade de seu próprio Filho,
e da absoluta imperecibilidade
dos ensinamentos do Filho...
ela sempre e prontamente atua
– através de nós –
para proteger cada criança na Terra...
e sem exceções.

Lutemos para Ver a nós mesmos e aos outros... como ela nos vê...
Para Ouvir a nós mesmos e aos outros... como ela nos ouve...
Falar com nós mesmos e com os outros... como ela fala conosco...
Abrigar nossa alma e a dos outros... como ela nos abriga...
Amar nossa alma e a dos outros... como ela nos ama...
para todo o sempre
Amém.
Amém.
Amém.

(E uma mulherzinha...)[1]

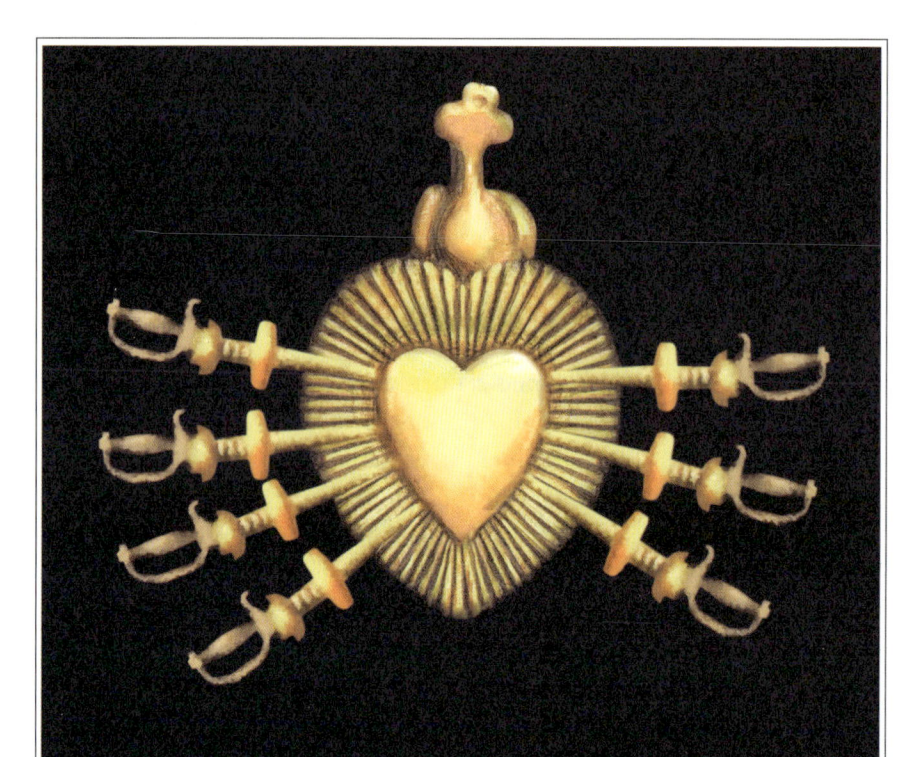

... Dizem as velhas da família que os punhos das espadas que perfuram o coração de Nossa Senhora... têm a forma das sépalas recurvas que protegem os botões de rosas... que, com orações e tempo, de cada punho de espada romperão sete rosas perfumadas, florescendo repetidamente, porque o sofrimento provoca uma chuva de lágrimas, porque a chuva de lágrimas irriga a terra, porque é garantido que a umidade na terra seca de nosso ser produzirá vida nova.

As lágrimas são um rio que nos leva a algum lugar... um lugar melhor, um lugar bom

Ex-voto: *"Definição de Força: Perfurado mas Feroz"*

CAPÍTULO 7

Os usos do coração partido: Mater Dolorosa *curva-se cada vez mais perto*

O uso do coração transpassado por sete espadas

❦

MATER DOLOROSA: O CORAÇÃO INCÓLUME[1]

As espadas que lhe atravessam o coração
não são as que causaram seus ferimentos,
mas sim essas poderosas espadas da Força,
foram adquiridas em suas lutas durante tempos difíceis.
Espada da Entrega: para suportar esse período de aprendizado.
Espada de Véus: para penetrar nos significados ocultos desse tempo.
Espada de Cura: para lancetar nossa própria agonia, amargura.
Espada de Nova Vida: para abrir caminho, soltar, plantar novamente.
Espada de Coragem: para fazer-se ouvir, seguir em frente, tocar os outros.
Espada de Força Vital: para recorrer a ela, depender dela, para purificar.
Espada de Amor: muitas vezes a mais pesada para erguer com constância;
ela nos afasta da guerra para, em vez disso,
cairmos nos braços da Força Imaculada.

Ó Imaculado Coração de Minha Mãe,
dá-me abrigo nas belas câmaras de teu coração.
Mantém-me forte, feroz, amoroso e capaz neste mundo.
Lembra-me diariamente que, apesar de minhas imperfeições,
meu coração se mantém
totalmente incólume.

"Este M representa a Mãe que salta por cima dos muros dos mundos."

CAPÍTULO 8

Muitos tipos de prisão:
A última mulher de pé

"Nossa Senhora Atrás da Parede"

Ocorre um enorme terremoto no coração e na alma quando uma mãe é mandada para a prisão, às vezes por um sistema de "justiça-injusta", e com isso é separada de seus filhos amados.

Há também o mesmo tipo de coração partido e terra abalada por baixo de nossa vida inteira, quando filhos queridos são presos, sendo assim separados de suas mães e pais, irmãos, irmãs e amigos, todos seres amorosos, que nada podem fazer.

Quando um membro da família é preso, a família inteira e todos os entes queridos também são de certo modo mandados para a prisão. E assim todos são forçados a seguir por um caminho de aflição. Pelo tempo que durar a sentença, os corações, mentes e almas de todos os que se amam estarão juntos na prisão – todos em peregrinação juntos.

Contudo, é também frequente que anjos estranhos surjam do lado da estrada para dar momentos de auxílio, o suficiente para que o prisioneiro percorra mais alguns quilômetros. Esse conjunto de almas conseguirá fazer essa travessia. Eles manterão a cabeça erguida, mesmo quando estiverem sem ânimo no coração. Nossa Senhora caminha com todos. Nossa Senhora não se esquece de ninguém, mesmo que não possa ser vista. Ela está ali, protegendo e amando a todos. Ela tem as palavras que são as mais importantes para a alma abandonada: *Eu permanecerei com você.*

Estar preso, muito embora fique faltando por muito tempo a visão dos outros e o contato com eles, já que parentes que visitam a prisão costumam ter um carro com o motor enguiçado, além de ter gastado o dinheiro com o aluguel em vez de na passagem de trem; e esses amados encarcerados, de modo inexplicável, muitas vezes são mandados para prisões a centenas de quilômetros do consolo e apoio por uma vida melhor que provêm do afeto de suas próprias famílias. Às vezes, o ente querido é transferido de um presídio para outro, como se privar uma pessoa de um pouso, um canto para chamar de seu, como se atormentar os encarcerados com frases de duplo sentido, forçá-los a tentar sempre se adaptar a novos rostos, novas normas, comida diferente, como se tudo isso fosse destinado a ser uma punição desencorajadora, em vez de esse ser um tempo de testemunho e trabalho bem pensados.

No entanto, mesmo nessa dificuldade para todos, a alma é a *única* que ama, ama e ama, sem esmorecer. Como *La Señora,* Nossa Senhora. A alma é a única que não diminui seu anseio pelo amado. Nem Nossa Senhora reduz suas atenções. As almas leais são as que se comprometem a visitar o ser amado, dar-lhe consolo e permanecer por perto, sempre. Nossa Senhora é a líder nisso: ela dará todo o apoio, ela lhes emprestará seu alento quando eles estiverem sem fôlego, oferecerá seu remédio de amor e compreensão quando estiverem feridos.

E assim é – esta oração para Nossa Senhora, que entende muito bem o que significa ver seu ente querido, seu belo Filho, ser espancado, torturado, ser julgado de modo injusto e ser ferido. E ainda assim a Mãe Abençoada também permaneceu com seu Filho. O tempo todo, como as mães e pais de prisioneiros no mundo inteiro, como os filhos de pais que estão na prisão no mundo inteiro, como os irmãos, irmãs, amigos dos que estão "detidos" – a Mãe Abençoada permaneceu ao lado do seu Ser Amado, que sofria. E a Santa Mãe também se posta ao lado de todos os que estão presos, não importa de que modo. A Santa Mãe está aqui para ajudar a acalmar o coração para que todos possam prosseguir com a máxima força.

A ORAÇÃO DA CONTAGEM:
PARA OS QUE AMAM
UMA CRIATURA PRISIONEIRA

Santa Mãe:
Sinto dor, muita dor,
por mim e
pelos meus.

Mãe Caríssima,
põe por favor tua mão
tranquilizadora em minha mão
sobre meu coração assustado.

Conta comigo,
Minha Senhora, conta devagar
1...2...3...e...4,
1...2...3...e...4,

até meu coração desacelerar,
até o mesmo ritmo firme
de teu próprio
Coração Imaculado.

Teu doce e sereno Coração
está adornado de flores brancas
apesar de qualquer tristeza.
Deixa-me aprender contigo.

Deixa-me ser como és, Mãe Querida.
Lembra-me de que meu coração se acalma,
não pela lembrança das aflições,
mas pela lembrança do Amor.

Ajuda-me a seguir com calma,
como seguiste;

com cicatrizes, mas forte mesmo assim,
como fizeste.

Esse é meu desejo
para minha própria alma
e para a alma
de meu ente querido que está preso.

Contigo, todos somos livres.
Contigo, não há grades de ferro, nem muros,
nem desesperança de nenhum tipo...
só o Amor, e mais Amor.

Mãe Caríssima,
põe por favor tua mão
tranquilizadora em minha mão
sobre meu coração assustado.

Conta comigo,
Minha Senhora, conta devagar
comigo, por favor...
Sincroniza meu coração com o teu,
1...2...3...e...4,
1...2...3...e...4...

Amém, amém, amém.
Que seja assim, que assim seja.
Por favor, acerta minhas pulsações com as tuas,
1...2...3...e...4,
1...2...3...e...4...

UM CASO DE NOSSA SENHORA APREENDIDA, PERDIDA E DEPOIS LIBERTADA

Ao longo dos séculos, não apenas os inocentes e os pobres, os iletrados e os Justos, os líderes de uma nova vida; não apenas aqueles que tinham cometido erros não letais mas foram trancafiados do mesmo jeito; mas também imagens da Santa Mãe foram agredidas e trancadas atrás de grades e muros.

Essa ocultação e aprisionamento de imagens da Santa Mãe ocorreram em todas as nações invadidas ou ocupadas por ditadores – em terras antigas e modernas que agora são conhecidas como a República Tcheca, a Eslováquia, a Hungria, a França, a Romênia, a Rússia, vastos territórios no Oriente Médio e Próximo, em toda a Ásia, África, nas nações em ilhas, nações em montanhas, nações oceânicas, nos países do Norte. Em qualquer lugar onde houvesse gente e terra, os ícones e obras de arte da Santa Mãe foram profanados, encobertos, pregados no interior de paredes, rasgados, danificados de propósito, derrubados, arrasados, tornados ilegais por ditadores.

Por vezes, ícones da Mãe Abençoada foram escondidos dentro de paredes, aparentemente para proteger de vândalos as imagens sagradas, como me contaram algumas velhas polonesas imigrantes que conheci quando criança, a respeito de Nossa Senhora de Czéstochowa. Havia muita especulação sobre o belo ícone de Nossa Senhora de Czéstochowa, uma pintura com a tez cor de mel escuro. Dizia-se que sua face tinha sido cortada pela espada de um hussita em priscas eras. Ele teria procurado fugir a galope, carregando a imagem em sua moldura dourada. Mas o cavalo, de repente, empacou, sem querer se mexer, como se tivesse criado raízes. Com isso, o soldado atirou o ícone da Santa Mãe e seu Filho ao chão, golpeando-o furioso com a espada.

Há quem diga que sua imagem ferida foi então levada em segredo. Ninguém sabe exatamente para onde. Alguns dizem que foi encerrada atrás de uma parede, ou que o ícone foi pendurado com cordas dentro de um poço. Em todo caso, não importa como tenha sido sua estada na clandestinidade em um ou outro tipo de "prisão" – nem se essa ocultação foi realizada pelos que execravam sua imagem, ou pelos que queriam honrar a força sagrada que se posta por trás da imagem – não sabemos ao certo. Existem, porém, muitas versões de histórias sobre os séculos em que ela "viajou" misteriosamente entre o povo do campo.

E assim o tempo passou. Todas as velhas Babcias e Dziadzias, todas as avós e avôs, se inclinavam para frente e sussurravam para mim: diziam que seu belo ícone de repente foi descoberto por milagre por pessoas virtuosas. Desse modo, no caso de Nossa Senhora de Czéstochowa, com uma cicatriz de corte de espada de um lado a outro da face e, dizem alguns, ferida também por uma flecha no pescoço, sua imagem está agora protegida num santuário na cidade de seu nome. Em meados do século XVII, o Rei Casimir designou-a Mãe Abençoada de toda a Polônia.

Acerca de Nossa Senhora de Częstochowa, as mesmas velhas avós polonesas também diziam, na mitologia daqueles tempos, que quem destruísse ícones sagrados em qualquer lugar muitas vezes acabava sendo vítima de destruição semelhante que atingiria aquilo que eles mesmos prezassem muito, incluída a própria vida.

Essas antigas superstições parecem ser lendas, em vez de verdades verificáveis, mas sabe-se que "tentar assustar" é às vezes considerado um "dever" pelas mulheres muito velhas, com o objetivo de ensinar certos "valores de família". Desse modo, as velhas Babcias contavam que o soldado que cortou o quadro de Nossa Senhora de Częstochowa morreu ao cair de um parapeito em cima dos afiados portões de ferro de um castelo – porque ele tinha "ofendido o ferro" ao usá-lo para fazer mal a uma imagem sagrada.

Elas diziam que as pessoas que usaram pólvora para destruir determinada estátua da Mulher Sagrada, esculpida num monte rochoso, acabaram por ser esmagadas, pois tinham feito "das rochas suas inimigas".

As histórias da Velha Pátria na Europa, como as histórias mexicanas sobre a assustadora *La Llorona,* em busca de outros para afogar, eram usadas para assustar as crianças, afastando-as dos rios; e assustar homens, afastando-os da traição. Do mesmo modo, as lendas de "olho por olho" de muitas contadoras de histórias da Velha Pátria representam um meio de transmitir avisos inteligentes para a geração seguinte: ninguém deve ousar profanar o que outros consideram sagrado – seja a sagrada gente inocente, crianças ingênuas, viajantes humildes, sejam imagens sagradas... só para não acontecer de "o que você fizer a outros também ser feito a você".

> FATORES EXTRAORDINÁRIOS DE ANALOGIA:
> "APAGAR O SAGRADO", SEJA NUMA NAÇÃO
> INTEIRA, SEJA NUM ÚNICO ADULTO OU
> CRIANÇA, SEGUE A MESMA TRAJETÓRIA...
> E SÃO SEMELHANTES OS CAMINHOS PARA
> CURAR OS FERIMENTOS DECORRENTES.

Como filha de imigrantes e refugiados, fui criada com todos os traumas, anseios, clamores de dor e esperança de minhas famílias numerosas, durante as décadas posteriores à Segunda Guerra Mundial. Eram pessoas ternas, ásperas, doces e com traumas profundos. O efeito que tiveram sobre meu coração e minha alma foi marcante. Gostaria de lhes oferecer uma pequena visão psicológica disso, mantendo em mente que, por mais estranho e clamoroso que seja, o modo para erradicar a Santa Mãe de um povo consiste nas mesmas estratégias empregadas para abusar de uma criança. Ou seja, privá-los do conceito interno da Mãe Sagrada, substituindo-o pelo conceito de "monstros por toda parte" e "paz a qualquer preço".

Praticar esse tipo de abuso efetivamente esvazia o eu e choca a alma. Isso impede a pessoa de falar a partir do verdadeiro eu e da verdadeira alma, enquanto ela não conseguir restaurar à sua vida a sagrada essência interior. Na minha experiência clínica, isso costuma significar o reaprendizado de que ela é uma alma preciosa e única, com um destino por viver e criar, que ela nasceu com uma bênção, não com uma espada, pairando sobre sua cabeça. Que, em vez de pelo medo manter intacto um eu-mãe interior prejudicial... que ela tenha, sim, uma voz-mãe que lhe conte seu destino: eu não devo viver me encolhendo, mas viver e criar de novo, todos os dias, livremente.

Que vocês também vejam os caminhos para a liberdade, a recuperação e a vida plena mais uma vez, quer como uma cultura, como uma pessoa que vivenciou uma devastação de guerra e luta pela vida, quer a cultura, o grupo ou a pessoa estejam, por outros meios, entre os feridos que conseguem andar. Os ferimentos da guerra e do abuso são semelhantes, e a cura é semelhante: a restauração da cura e do Sagrado, quaisquer que sejam seus modos de apreendê-los, também é muito semelhante.

É possível efetuar a cura fazendo literalmente uma lista de todas as liberdades negadas e então, trabalhando a partir delas, para trás, retomar todas as liberdades frustradas, especialmente as que trazem de volta à consciência a bondade para o eu e para o mundo, reinstalando toda ação e pensamento no centro sagrado, incluído o direito de agir, movimentar-se, criar, ser, prosperar plenamente. Esses direitos recriam na psique central de uma nação e de uma pessoa uma lembrança ainda mais forte da Mãe Misericordiosa, que não é nenhuma mulherzinha, mas sim uma Mulher feroz e atuante em nome do amor, da paz e da honra.

Eis alguns passos decisivos para destruir ideias e imagens Santas, bem como as forças sagradas que elas representam. Essa erradicação violenta e proposital do Sagrado estimado pelas pessoas vem devastando o mundo inteiro já há séculos, pois de algum modo os invasores percebem que, embora para muitos a essência do sagrado e do santo com frequência pareça ser invisível, a alma da cultura, a alma das pessoas consegue muitas vezes sentir o sagrado em termos palpáveis; e que essa força oculta psíquica, espiritual, religiosa, psicológica e incorporada dá enorme sustento às almas ao longo de desafios, aflições e revoluções. Os invasores dizem que essas são razões ainda mais fortes para destruir aqueles aspectos sagrados com que as pessoas se fortalecem e que valorizam intrinsecamente.

Vejamos como a Santa Mãe foi atacada como ideia, conceito e realidade, tendo em mente que a pilhagem e a destruição podem ser ordenadas para arrasar um povo inocente, vulnerável e ingênuo, pela determinação de um único indivíduo, de um pequeno grupo ou de um exército enorme. Eis algumas das formas principais como isso foi feito desde tempos imemoriais:

- Esses interesses e sentidos do sagrado costumam ser os primeiros a ser atacados por saqueadores desejosos de ferir o ânimo do povo, e com isso diminuir a noção do "eu verdadeiro" em cada ser humano.

- À medida que pesquiso tentativas históricas por parte de invasores-saqueadores para "erradicar Nossa Senhora", parece-me que a brutalidade dos invasores não era um esforço para "erradicar Nossa Senhora" exatamente. Em muitos casos, seus esforços parecem muito mais astutos e concretos.

- Mais que isso, a "erradicação de Nossa Senhora" parece ter a intenção fria e calculista, creio eu, de em última análise "erradicar seu povo". Ao desencorajar os que a amavam, contavam com ela, tiravam seu sustento concreto dela e/ou de seu Filho radiante, consegue-se reduzir cada vez mais, com o passar do tempo, o "verdadeiro eu" de uma pessoa ou de um povo. A âncora e o leme espiritual que mantém o curso, mesmo com vendavais violentos, foram destroçados, perdidos.

- Esta é uma história velhíssima. Extermina-se um povo e sua resistência ao saqueador, fazendo desaparecer as imagens sagradas que o fortaleceram em termos inestimáveis por longos períodos, que fortificaram profundamente suas almas para suportar, resistir, firmar posição e se unir a outros na resistência.

- Para que se efetue a erradicação de um povo, pelo menos na superfície, basta incapacitar o povo espiritualmente e depois ditar que tipo de "espírito" de definição estrita esse povo agora deve seguir, "senão"... O coração, o espírito e a alma do povo mergulham então nas profundezas e tentam obter sua subsistência lá.

- Assim, para conquistar um povo ou até uma pessoa, um invasor tinha de privar esse povo de sua Mãe. A Santa Mãe é fortificante, guia e *inspiratrice* do povo. Nela, o povo sabe que sua vida é sagrada. Nela, o povo sabe que pode se erguer e se manifestar. Nela, os do povo não se rebaixam, mas se sentem, sim, cheios de graça e por isso capazes de falar, fazer, reunir-se, movimentar-se e viver. Por isso, ela é uma força feminina extremamente perigosa.

- Em algumas partes do mundo, os invasores tipicamente tomam todas as medidas que conseguem imaginar para fazer com que aqueles que eles pretendem dominar se sintam indignos da própria vida. Considere-se o aviltamento da mensagem antiquíssima da Mãe Abençoada e de seu Filho no sentido do cuidado misericordioso para com os mais humildes.

- Se os que invadem e praticam abusos conseguirem enterrar essa bela mensagem refulgente, vivificante – de que o cuidado misericordioso é uma vocação sagrada pela qual todos devem se esforçar –, os invasores poderão se sentir livres para brutalizar toda e qualquer pessoa, a seu bel-prazer.

- Com a eliminação dos indícios, das conversas, das cerimônias, do conhecimento, das caminhadas, de tudo o que envolva a Santa Mãe e o Pequenino Deus de Amor, não haveria nenhuma autoridade superior nem mais sublime para manter no alto o "padrão de decência". Em seu lugar, haveria apenas qualquer "liberdade" baixa e interesseira para "ferir os outros", instituída pelos próprios invasores.

- Na história, os saqueadores tratavam de esmagar resistências grandes e insignificantes, por qualquer ato de rebeldia, ou pela expressão momentaneamente descuidada em algum rosto. Qualquer coisa poderia deixar um invasor furioso. Esta é uma forma de terrorismo físico e espiritual: deixar as pessoas com medo de expressar sentimentos abertamente, sem ser punidas e prejudicadas de modo decisivo.

- E ainda assim foi pior. Os invasores faziam forte pressão para confiscar e explorar um enorme "recurso" das pessoas – um que não costuma ser registrado nos livros de história. Eles usurparam a matéria-prima mais cara, o que significa a essência mais fundamental da Mãe, ou seja, a própria alma de cada pessoa.

- Os conquistadores não pretendiam apenas usar o corpo dos prisioneiros – os invasores eram também devoradores de almas que procuravam extinguir o livre-arbítrio. Eles impunham um domínio absoluto sobre outras criaturas, exigindo obediência sem questionamento, não importava o quanto uma criatura sofresse, não importava o quanto uma criatura clamasse por justiça e auxílio humanitário.

- Segue-se portanto que, para fazer isso em cada era da história de um invasor, saqueadores frenéticos precisavam correr para lá e para cá destruindo, desfigurando, subvertendo, enterrando, esmagando, deturpando, encobrindo as imagens sagradas. Pois é o sagrado que, para grande parte das pessoas no mundo, derrama e continua a derramar, com delicadeza e ternura, o sentido de "identidade verdadeira" que permite a todos nós uma ascensão à melhor humanidade e humildade, à melhor visão factual e resistência feroz por nós mesmos e uns pelos outros. A humildade significando a colocação da "Origem sem origem" no centro de nossas vidas.

- Contudo, quando se foi capturado em termos tão profundos e não se consegue escapar por um tempo, quando se é literalmente proibido de manifestar apego à Mãe Misericordiosa, como cada alma a compreende como uma força interior ou exterior vital, vê-se que esse desencorajamento espiritual de um povo com muita frequência causa o surgimento de um conjunto de reações irracionais nos cativos com relação a seus próprios opressores.

- O povo inocente torna-se temeroso de exigir justiça para si mesmo ao mesmo tempo que age diante de seus opressores com uma gratidão servil por ter permissão para viver.

> COMO O FATO DE TODA UMA GERAÇÃO
> SOFRER AO SER DESTITUÍDA DA MÃE FAZ
> COM QUE GERAÇÕES SUBSEQUENTES VIVAM
> ENCURVADAS COMO SE AINDA ESTIVESSEM
> SENDO ESMAGADAS, MESMO QUANDO
> NA VERDADE AGORA ESTÃO LIVRES

Em termos clínicos, bem como em termos pessoais, costumo descobrir, em quem viveu duas ou até mesmo dez ou mais gerações afastado de uma conquista ou guerra brutal que devastou sua família, que essas pessoas podem também apresentar um comportamento excessivamente grato e muitas vezes subserviente para com os que restam dos conquistadores, muito embora essa específica geração não tenha participado de nenhum combate de vida ou morte em absolutamente nenhuma guerra.

Parece manifestar-se intensamente nos filhos dos conquistados o que eu chamaria de "ferimento de gerações", que é transmitido de uma geração a outra por aqueles que um dia, muito tempo atrás, foram assim feridos, e por sua vez prendem os filhos agora a si, detendo-se nos ferimentos não curados que tinham recebido naquela época. Em meio a um povo inocente, de quem tanto tinha sido tirado, o pai para com o filho ainda age como se devesse honra e lealdade àqueles que não lhes tiraram a vida, apesar de mal lhes permitirem viver.

Com o coraçãozinho mais radiante e compassivo que se possa imaginar, os filhos costumam assumir o ferimento não curado dos pais. Eles querem apoiar os próprios pais, amá-los, ajudá-los, curá-los, firmar posição com eles. Mas a verdade é que o filho, para compartilhar o fardo, precisa também carregar o ferimento da família. Assim, pode ser que eles continuem a agir como os pais, os avôs, bisavôs, trisavôs, tetravôs agiam e continuam a agir para com o invasor.

Mesmo que um dia se tenha sofrido sob uma brutal ocupação durante uma guerra, mesmo que agora seja possível ser livre, em vez disso se vive procurando não questionar, manter silêncio, fazer reverência e hesitar, ser excessivamente respeitoso, prestando um respeito obsequioso a quem não conquistou esse respeito, sendo incapaz de expressar indignação diante da verdadeira injustiça.

Por estranho que seja, a mesma pessoa que por medo se curva perante as autoridades pode, no seio da família, ralhar com aqueles familiares que são extremamente inocentes em comparação com os invasores, mas que ainda se dispõem a se defender e tentam defender a família.

Considera-se que esse ferimento básico portado pelos mais velhos representa o perigo máximo para o eu e a família, pois esses mais velhos estão morando nos fundos da psique, onde os saqueadores do passado ainda dominam, com armas e espadas. Desse modo, feridos e complacentes em público, mas no íntimo furiosos com sua própria impotência, têm uma reação na realidade saudável à opressão, mas no caso dirigida às pessoas erradas.

Na minha própria família, os invasores instalaram imagens fortes, horríveis, nos corações e mentes dos camponeses que dominaram. A total destruição do sagrado por parte dos invasores esfrangalhou o belo laço entre o espírito e o sagrado, entre a alma e a psique; e assim, em vez de ver a terra que lhes tinha dado realização e criado belos quadros sagrados entre o povo, eles agora viam imagens em suas mentes, marcas em seus corpos, em seu chão sagrado onde o inimigo literalmente espalhou sal para que nada ali crescesse.

Agora, em vez de elevarem os corações para ver os animais, os pássaros e a natureza, considerados sagrados pelo povo, tanto assim que as cerimônias e rituais eram eventos quase semanais em agradecimento, esperança e cuidado pelo que eles viam como o mundo sagrado ao seu redor, depois de invasões brutais que destruíram a essência da Mãe do Mundo, as pessoas se sentem fisicamente "eletrocutadas" ao se lembrar de bandos inteiros de suas sagradas cegonhas brancas chacinadas pelo avanço do Exército Vermelho de Stalin; suas florestas sagradas queimadas, arrasadas, para privar as pessoas de suas gigantescas árvores guardiãs, de sua vegetação baixa que lhes dava lenha para cozinhar e para se aquecer, de lugares onde pudessem esconder-se do inimigo. Suas mentes puras estão agora recobertas com a dor do vidro estilhaçado, do bronze esmagado, do ferro quebrado, da profanação de crianças, mulheres, idosos, famílias.

Suas imagens sagradas foram queimadas. Destroçadas, estátuas sagradas que no passado tinham sido levadas a pé, como um bebê num cobertor, e instaladas como guardiãs do povoado. Houve o dilaceramento do tecido simbólico, a conspurcação dos santuários das minúsculas igrejas de povoados, construídas à mão pelos ferreiros, carroceiros e marceneiros locais. Houve a destruição das centenas de milhares de santuários dedicados à Santa Mãe e aos Santos à beira das estradas...

Todas essas destruições planejadas e intencionais tiraram a Santa Mãe de vista, como se ela tivesse sido mandada para uma prisão subterrânea, longe dos olhos do povo que tanto a amava. Os saqueadores a arrancaram dos braços e dos olhos do povo. Muitas vezes, os pintores de ícones dos povoados eram mortos a tiros de pronto, ou arrastados do lugar para nunca mais serem vistos. Os saqueadores estavam tão determinados a erradicá-la, a expurgar qualquer traço de sua memória dos próprios corações e corpos do povo, que, segundo nossa família, esconder até uma pequena imagem esculpida que representasse a essência dela significava a morte imediata. Os camponeses, que moravam nos confins do mundo, não deveriam receber uma gota de consolo nem fortalecimento espiritual. Só lhes cabia "obedecer ou morrer".

Desse modo, os saqueadores tentavam colocar-se como os deuses do povo, ao destruir tudo o que fosse de santa magnitude que o povo seguisse e considerasse amado. Assim, sob ameaça de assassinato muito real e súbito, bem ali mesmo, tornou-se necessário que o fenômeno de comportar-se obsequiosamente para com os saqueadores substituísse a reverência feliz diante de nosso Criador.

"Privar o povo de sua mãe", pondo no seu lugar o "dever de obedecer", afetou os esforçados ceifadores do trigo dourado, os cavaleiros e amazonas que cavalgavam velozes como o vento, em suas capas e botas de cano alto, com os trajes tribais bordados com os símbolos de seus clãs... tornando-os um povo ainda altivo, mas agora temeroso: temeroso por si mesmo, por seus filhos, seus animais, sua terra, que eles todos viam como sua família direta, partes de um todo.

Sei que dá para ver a analogia com o abuso de qualquer nação, grupo ou indivíduo.

―※―

No atendimento pós-trauma, às vezes nos referimos àqueles que temem e elogiam seus opressores como portadores da "síndrome de Estocolmo" (por uma brutal situação de reféns na Suécia em 1973, na qual as vítimas, sendo ameaçadas de morte, começaram a acreditar irracionalmente, porque suas mentes estavam retesadas ao máximo, que seus captores de fato estavam sendo gentis com elas por não as matarem).

Não importa quais sejam os mecanismos de sobrevivência que um grupo ou um indivíduo vítima de abuso aprendeu para se manter vivo sob condições de extrema coação: se depois não for prestado um cuidado sério para reparar o "eu verdadeiro" e restaurar o sagrado, como cada um o entende, é frequente que também seus descendentes aprendam o comportamento anormalmente obsequioso. É comum que lhes seja dito que não falem desses assuntos, pois o trauma original ainda não foi resolvido em profundidade. Nos pais, ainda não foi empreendido nem cumprido o retorno ao pleno sentido do eu. "O verdadeiro eu" é aquele que não tem medo de outros seres humanos, mas tem medo, sim, de não escutar nem honrar sua própria alma e seus próprios sentidos do sagrado, do impulso criador e de seus próprios Santos.

E entretanto o ferimento de ser privado da imago santa do "sentido sagrado da mãe dentro de si" e também como uma enorme força de cura neste mundo, sendo a Santa Mãe aquela que é capaz de ajudar a todos e cuidar de todos sem tentar inferiorizá-los – bem, alguns ferimentos podem ser como um fosso com lados muito íngremes. É preciso ajuda. É necessário que se tragam escadas. Vozes de incentivo, "Você vai conseguir". Mãos para auxiliar. É necessário contar com uma pessoa que simplesmente tenha um toque de muita coisa sagrada, para iniciar as aleluias à medida que a pessoa aos poucos volte a seu "verdadeiro eu".

Desse modo, para muitos, alguma ajuda e, para outros, uma parte significativa daquela ajuda que vai restaurar a Mãe à psique, onde seu santuário foi destruído por bombas, derivam de ser ressacralizado na comunidade, na cultura e em si mesmo, ou seja, reconsagrado àquilo que é santo. Isso pode ocorrer como um ritual da própria escolha da pessoa. O objetivo desse ritual seria tal, que a pessoa não visse apenas com os olhos mundanos, mas novamente com a visão sacra, novamente com a audição sacra, com o toque sacro, o canto sacro, as sacras fragrâncias, o sacro empenho, as cores sacras, as sacras palavras, as sacras obras... toda a mansidão e força que vêm do Sagrado, agora praticadas diariamente e restauradas aos poucos.

O comportamento irracional de enaltecer os invasores e temer manifestar-se pelo verdadeiro eu pode continuar a transmitir o "ferimento através de gerações", é verdade. Mas basta um filho ou um pai, uma criatura em qualquer geração, para interromper essa transmissão e recuperar, de modos novos e antigos, o restaurado aspecto sagrado, e então transmiti-lo adiante. Essa pessoa será aquela que tem só um pouquinho mais de consciência do que outros na família, alguém que com brandura e resolução se recuse a assumir o ferimento da família, sem curá-lo de uma vez por todas. Ela será aquela que se posta, pela primeira vez em gerações, com a plena voz da justiça, com o pleno coração amoroso, com a alma plena, generosa e sábia, sem se encolher, com a firme certeza de que o que é Sagrado é um direito inato de todos – e que ensina seus filhos a agir da mesma forma. Os rituais para tanto são concomitantes com a afirmação de belas verdades, os rituais de purificação, os rituais de reconsagração; e muitos acrescentam a esses seus próprios ornamentos, palavras e atos cheios de inspiração, que são significativos para eles.

Com a restauração do sentido do sagrado, o que há de acontecer e poderá acontecer para os que o buscarem com o coração sincero, torna-se possível toda a recuperação da Santa Mãe das formas que cada um melhor a compreender e dos modos mais despretensiosos e mais transformadores da vida. Como começar então? Aprofunde-se no seu trabalho; insista nele. Trabalhe lado a lado com quem conheça você, importe-se com você e mantenha a Santa Mãe por perto. Persista. E quanto àqueles que querem exterminar a Santa Mãe? Eu sugeriria que, sempre que alguém lhe perguntar para quem você trabalha, você diga: "Trabalho para a Santa Mãe." Se lhe perguntarem em que companhia você está, que você levante uma sobrancelha, dê um sorriso de beatitude e diga: "Estou com Ela."

Eis também uma precezinha, uma pequena prece-bênção que digo a você agora, uma precezinha que criei anos atrás em meio a alguns dos desafios mais difíceis de minha vida. Eu a ofereço a você como cura, não importa que muros cerquem você ou seus entes queridos, não importa que devastações tenham ocorrido, não importa para que prisões você tenha sido arrastado, não importa onde seus entes queridos estejam em cativeiro, qualquer que seja a situação.

É esta a prece, e eu colocaria você no interior do círculo da guirlanda de Nossa Senhora, feita de folhas verdes e flores brancas em torno de seu Coração Imaculado, e então simplesmente diria estas palavras sobre seu coração talvez cansado, seu espírito enlameado, mas sua alma sincera e de uma resistência luminosa: lembre-se, nenhuma muralha contra o Sagrado consegue nos manter afastados do Sagrado.

Somente as coisas lembradas
com Amor
são Reais.

> Somente os atos lembrados
> com Amor
> são Reais.
> Somente as Almas lembradas
> com Amor
> são Reais.

EMPAREDANDO A SANTA MÃE: TENTATIVAS DE ERRADICAR IDEIAS E IMAGENS SANTAS, DESDE TEMPOS IMEMORIAIS

Há outros meios para "dar sumiço" à Santa Mãe. Às vezes, por falta de previsão e senso comum, cometem-se erros, e iconografias e relíquias históricas, por exemplo, são perdidas porque alguém não refletiu com cuidado sobre alguma questão com antecedência.

Mas também, em toda a história do planeta, a profanação e encobrimento proposital de imagens de Nossa Senhora foram executados em massa, com a intenção real de privar os fiéis de sua "história natural" de lutas e triunfos, por permanecerem próximos da Santa Mãe. Era preciso que ela fosse tirada do caminho para a ascensão de um grupo de novos governantes humanos por venerar em lugar dela.

A Santa Mãe foi literalmente declarada ilegal no comunismo antiquado dos séculos XX e XXI, por exemplo. As ambições totalitárias foram velozes em tratar, em primeiríssimo lugar, de erradicar as poderosas imagens sacras que inspiravam as almas a lutar, não pelo Estado, não por qualquer organização, mas pelo valor da alma, perante o Criador, perante a gentileza, a sobrevivência, a percepção, a enorme criatividade, a bondade e o amor verdadeiro.

O ideal original do comunismo parecia ser levantar os pobres, tirando-os da opressão dos outros, para que houvesse trabalho para todos, alimentos para todos, progresso e prosperidade para todos. No entanto, grande parte da implantação real do comunismo em muitas partes do mundo apenas substituiu um conjunto de botas ferradas por outro conjunto de botas ferradas. Com isso, os regimes trataram de extirpar de modo ainda mais meticuloso o Sagrado que ainda restasse de regimes anteriores também antagônicos ao Sagrado.

Essa metodologia deturpada de "sobrescrever" uma velha cultura, recorrendo à guerra, a ameaças, intimidações e destruição para aniquilar as práticas e crenças mais sagradas de um povo – mesmo que o novo regime tenha começado em termos idealistas e cheio de verdadeira esperança e honestidade –, costuma ser o resultado previsível para organizações com excesso de ênfase no comando, que desenvolvem muitas fileiras de dentes para garantir o poder, e depois trocam a generosidade e a inclusão pelo controle ditatorial e pela "exibição" de outros, mostrando quantos milhões de pessoas obedecem a suas ordens – com isso, eliminando o livre-arbítrio, a liberdade de pensamento, a liberdade de movimentação para todas as pessoas, com exceção daqueles que ocupam os tronos salientes no alto da pirâmide do poder.

Assim, na versão do comunismo da antiga União Soviética, com o tempo, as forças recém-chegadas, decididas a derrubar a ordem anterior, afastaram-se de seu ideal original de valor para todos, e em vez disso tornaram o Estado e os homens que regiam o Estado aqueles a quem todas as criaturas deveriam agora se submeter. As pessoas inocentes deveriam jurar a lealdade de sua alma – não aos Seres Santos, como multidões faziam e tinham feito havia séculos – nem mesmo ao conceito do comunismo – mas sim defender, apoiar e entrar em conformidade com os meros seres humanos que se instalaram como uma cadeia de comando violenta e ditatorial acima de todas as outras criaturas.

Meu pai costumava dizer que, se homens tomassem o poder com a finalidade de corrigir transgressões, seria raríssimo o homem que também visse as transgressões em seu próprio estilo de poder e naquele de seus seguidores. Que somente um homem santo teria a bravura de agir para conter a si mesmo e a seus seguidores, para impedir todos os seus de ferir outros – que um homem santo não conseguiria viver como um coração santo sem corrigir todas as transgressões, em nome de todas as pessoas, para que as pessoas não continuassem a sofrer "no mesmo calabouço de antes, só que agora recém-pintado e sob nova direção".

LEMBRE-SE DISSO. LEMBRE-SE. LEMBRE-SE.
COMO ACONTECIA ANTIGAMENTE E AGORA...
SEMPRE QUE SÃO ATACADOS OS CONHECIMENTOS
E CRENÇAS SAGRADAS DO POVO, QUE É A BONDADE
EM SI, A TÁTICA USADA É A MESMA. MESMA. MESMA.

"*Lembre-se disso. Lembre. Lembre. Quando o próprio Sagrado está sob ataque, a tática que eles usam é a mesma. Mesma. Mesma.*" Era isso o que meu pai dizia depois de uma longa noite de festejos e choro, com todos os velhos parentes que tinham sido feridos em termos tão terríveis na Segunda Guerra Mundial. Eles costumavam se sentar juntos à mesa azul da cozinha até tarde da noite, como se não pudessem parar com as histórias que mal conseguiam suportar ouvir e contar. Esses velhos camponeses ficavam sentados como velhos ursos machucados em nossas cadeirinhas de plástico e cromado, recontando as histórias de tormento e perda. Eles tomavam doses incontáveis de aguardente antes, no meio e depois de cada história. E cada história parecia pior que a última, com perdas de filhos, assassinato de animais de estimação, mutilação de amigos, enceguecimentos propositais, marcações a ferro quente e outros horrores revoltantes que se desenrolavam diante de seus olhos.

Qualquer grupo de saqueadores determinado a dominar e escravizar almas recorre às mesmas táticas, apenas com alguma diferença nos detalhes medonhos. Foi assim que aprendi que aqueles que privam o outro do Sagrado sentido da identidade, das imagens sagradas e de toda a magnitude que se coloca por trás delas... todos eles usam a mesma tática. A mesma. A mesma.

Pode-se escolher entre muitas incursões, mas vamos detalhar aqui a tática de uma em particular, pois ela ocorreu em grande parte do globo terrestre em nosso próprio tempo. Caso se queira saber o que aconteceu com as tribos de antanho, com grupos-nações inteiros que desapareceram ou foram dizimados, creio que basta olhar para como isso ocorre agora mesmo em nosso próprio tempo. A dominação de povos e terras sem sua permissão é um processo arquetípico, ao que parece, e assim ela segue certos caminhos previsíveis.

Desse modo, no início e em meados do século XX, muitas regiões comunistas do mundo fizeram das ideias sagradas reféns sem resgate.

Começaram por atacar o barro, o barro que fazia tijolos para construir os pequenos e grandes espaços de refúgios e santuários sagrados em muitas terras. Foi assim que os soviéticos a princípio declararam que os prédios sacros de todas as crenças seriam imediatamente transformados em escritórios do governo, cheios de escrivaninhas, ou seriam usados para armazenagem de diversos tipos de mercadorias. Remanejamentos insossos foram feitos, chamando de "museus" os antigos locais de reunião de fiéis, onde agora guias turísticos ressaltavam as falácias do pensamento não ateísta.

Ou ainda, os locais votivos foram arrasados por motoniveladoras porque, sem quê nem para quê, era necessário fazer melhoramentos urgentes e essenciais. Fiéis que tentassem visitar os lugares sagrados eram atacados e às vezes assassinados onde estavam recitando suas preces ou orando de joelhos. Recintos sagrados, cujas portas no passado ficavam abertas para pássaros e pessoas literalmente havia séculos, agora estavam trancados a cadeado. Outros lugares santos, onde pequenos povoados inteiros tinham sido "limpos", ou seja, onde a população tinha sido chacinada e abandonada sem ser enterrada, foram deixados para cair em ruínas. Pequenos locais sagrados de reunião foram incinerados com as famílias vivas de camponeses trancadas ali dentro. O povo querido que um dia obteve consolo e força ali foi abatido em seus próprios refúgios sagrados.

Em todos os casos, os que estavam "no comando" proibiam as pessoas de pronunciar em voz alta os nomes dos Santos e do seu Criador. Elas foram proibidas de cumprir os antigos rituais, muito embora os tivessem entoado e cantado por décadas, por tempos imemoriais. O povo e seus Santos foram obrigados pela junta no governo a viver aprisionados o restante de sua vida – todos os amorosos corações humanos mantidos afastados de todos os amorosos corações Sagrados.

Embora muitos desses regimes ditatoriais com o tempo entrassem em colapso e no século XX fossem derrubados, como deve ocorrer e ocorrerá com todas as potências totalitárias, essa proibição e esse encarceramento do Sagrado por quase sessenta anos foram impostos a uma enorme faixa de terras e povos, como, por exemplo, no Norte da Ásia, na Europa Oriental, na Rússia e em seus numerosos países anteriormente independentes. Esse tratamento agressivo e assassino das crenças religiosas e espirituais do povo continuou, apesar de uma oposição comum – uma que costuma resultar da ditadura totalitária. Quer dizer, suas iniciativas de demonstrar como se importava com o povo – implementando certos programas para ajudar *parte* do povo, melhorando a vida de *parte* do povo, isto é, aqueles que as mentes governantes consideravam dignos – leia-se: "leais" não ao Criador, não à Mãe, não ao Filho, mas ao partido.

Ao longo da história, ocorreu o esquema previsível usado pelos conquistadores de dar emprego e regalias a um restrito círculo fechado da população conquistada, muitas vezes também dando-lhes armas, com a intenção de manter o poder. Aqueles que poderiam ser convidados a aceitar esse conforto, e talvez com bravura tivessem se recusado a participar de um império doente, foram fuzilados. Como meu pai costumava dizer, um homem realmente puro considera o alimento da verdade crua muito mais nutritivo que um pão rançoso fornecido de modo mecânico.

Principalmente desse modo, durante aquelas décadas do comunismo, nenhuma passagem segura foi concedida para nada que estivesse relacionado à prática do Sagrado, a menos que pudesse ser usado para manipular alguém levando-o a fazer ou a não fazer alguma coisa. Como, por exemplo, atirar para uma velha seu pequeno ícone de madeira da Santa Mãe, para depois disso o comissário do local fazer uma emboscada e arrastar dali sua neta. Como permitir que um pobre rabino mantivesse suas velas para o sabá, mas organizar uma papelada para usurpar o pequeno sítio do rabino, sua mulher e seus filhos – com nenhuma outra finalidade além de enriquecer o policial ou vigia mesquinho que trabalhava para o partido.

Contudo, principalmente porque eram mantidos afastados de seus Santos pela ameaça de morte ou exílio para prisões cinzentas e áridas de trabalhos forçados, milhares e milhares de criaturas fugiam no meio da noite, procurando cruzar a fronteira para a liberdade – a liberdade de uma vida sem ameaças, liberdade para desenvolver talentos e oportunidades, bem como para resgatar da escuridão a veneração ao Sagrado que tinha sustentado tantos por gerações e mais gerações.

No entanto, para impedir que as pessoas escapassem para ter a liberdade da alma, da mente, do coração, do corpo e do espírito, foi então que os comunistas decidiram construir, contra seu próprio povo, "o Muro".

CONSTRUIR O MURO PARA PRENDER PESSOAS DENTRO E PARA IMPEDIR A ENTRADA DE PESSOAS LIVRES

Quando é impedido o livre acesso das pessoas a suas próprias crenças de sustentação, suas imagens e ideias sagradas, e quando aqueles que valorizam o Sagrado são declarados "errados, confusos, atrapalhados, mal informados, anátemas, ameaçadores, perigosos, incultos, arrogantes", por quererem seguir seu próprio estilo de vida, que sempre lhes foi conveniente, nesse caso também se torna mais fácil semear a divisão entre as pessoas pelas ordens do regime. Haverá então aqueles que ainda professam sua crença. E haverá os que alegam já não ter crença alguma em nada que seja sagrado, mas que de fato se agarram a essa crença – de forma oculta e clandestina. Daí a divisão. O regime conta com isso: com o fato de que os dois grupos temem se posicionar juntos como uma força para sempre, pois um procura em primeiro lugar preservar o eu, e os dois receiam, acima de tudo, que eles mesmos, suas famílias e amigos sejam atingidos. O regime conta com esse esvaziamento de força. O poder governante quer que as pessoas não se unam abertamente e com vigor para resistir ao regime.

Essa é mais uma velha forma de subverter o que no passado unia as pessoas livres – quer dizer, a capacidade das pessoas de se reunir em seus locais e espaços sagrados, para se encontrarem e planejarem sem medo de consequências nefastas provenientes "do alto".

Um regime dedicado a permanecer no poder, não *com* o povo, mas *por sobre* o povo, gosta de impedir as pessoas de se reunir em seu local mais sagrado, com isso novamente privando as pessoas da força que surge diretamente de anos de dedicação e santidade mantidas em qualquer local sagrado por décadas e às vezes por eras.

Ao fechar os sagrados locais de reunião, o regime cria para as pessoas uma constante sensação de estado de sítio: exatamente adequado para os que desejam controlar as massas. As pessoas então precisam se tornar como beduínos, sempre mudando de lugar suas tendas, procurando um ou outro abrigo para se encontrar onde for possível. É inevitável que alguns dos que não têm uma percepção tão boa comecem a se afastar e a dizer: "Mas pode ser que nossos senhores tenham razão de nos tratar tão mal. Não seria melhor se fôssemos mais agradáveis, mais conciliadores, mesmo que nossos senhores não o sejam?" Quando as pessoas sob o domínio de senhores começam a ter medo, a se desagradar, a ter suspeitas umas das outras, isso separa irmão de irmão, irmã de irmã. Essa falta de solidariedade e de coalizão é promissora para que a ditadura se mantenha no poder.

⁓❦⁓

Por estranho que pareça, essa divisão do povo para que não haja consenso, para que não haja pontos de reunião em busca de condições melhores ou mais puras, também é imposta por aqueles que estão no poder em muitas prisões úmidas pelo mundo afora. Na prisão, as pessoas são mantidas separadas umas das outras, sem que lhes seja permitido um convívio social por mais que alguns minutos a cada vez. Elas são mantidas isoladas para desestimular a comunicação que importa, para abafar a conversa sobre liberdade que significa justiça, em vez de apenas uma recitação de algumas palavras decoradas.

No caso do comunismo, apesar de o poder vigente não parar de proclamar como todos eram livres e felizes por toda a Europa e Ásia, sem a irritação de devoções religiosas de muitas naturezas, essa ditadura militar construiu muros gigantescos com arame farpado, blocos de concreto e tijolos, para poder manter toda aquela gente livre e feliz de seu regime opressor dentro de seu garrote de influência.

Eles ordenaram a construção de um muro específico, chamado Muro de Berlim, que teria mais de 3,60m de altura e mais de 160km de extensão, para separar pessoas de outras pessoas. Esse muro imenso foi construído para que ninguém tivesse autorização de livre passagem para entrar; e, o que era ainda mais especial, ninguém tinha permissão para sair, sob a ameaça de ser evitado e humilhado de um lado, e punido com a morte do outro lado. Não era permitido a ninguém sair para outro lugar no mundo.

Aquele muro, com o dobro da altura média de um homem e quatro vezes a altura de uma criança pequena, tinha a finalidade de separar o povo mais livre do povo totalmente preso. O muro e os portões de fronteira eram patrulhados por soldados, com armas de fogo, que tinham ordens de atirar para matar qualquer um que tentasse irromper pelos portões ou que tentasse escalar, saltar, fugir ou passar voando por cima do muro, na direção da liberdade. Com o tempo, os corpos de pequenas famílias inteiras jaziam junto às sapatas do muro.

Os corpos de patriotas, pintores, dançarinos, músicos, camponeses, professores, floristas, sapateiros, seleiros, de cada homem, cada mulher, cada criança que tentou transpor o muro na calada da noite – tentando distrair os soldados, tentando passar velozes num carrinho minúsculo lotado de criaturas determinadas a respirar o ar da liberdade, até mesmo tentando passar voando por cima dele num aviãozinho construído em casa –, todas essas criaturas com a liberdade ardendo no sangue jaziam mortas junto ao muro patrulhado implacavelmente. Todos eram criaturas "com perfeito uso da razão", que ansiavam pela Verdade Sagrada, e morreram literalmente tentando transpor o muro, de mais de uma forma.

Com rumores de ter-se inspirado em parte em *Szent István*, Santo Estêvão, na Santa Mãe e em seu Filho, em 1956 irmãos e irmãs se reuniram realmente em solidariedade numa Revolução Húngara confrangedora, uma insurreição contra a URSS, que mantinha a todos eles cativos dentro das muralhas soviéticas. Quando a polícia tentou esmagar os manifestantes, os militares húngaros se juntaram aos rebeldes e lutaram lado a lado com seus irmãos e irmãs, contra as tropas soviéticas. Mas a URSS voltou, com tanques russos, e os húngaros combateram os tanques nas ruas, usando apenas pedras e suas mãos desarmadas.

Apelos patéticos foram transmitidos por rádio do interior da Hungria, implorando que as tropas da OTAN interviessem. Mas não era para ser. Os combatentes pela liberdade foram esmagados; seus líderes, assassinados. Os húngaros e outras pessoas valentes de todos os países soviéticos continuaram a lutar por mais 33 longos anos pela liberdade, que finalmente alcançaram com o fim da União Soviética em 1989.

Neste caso também está o que nossos mais velhos diziam: os que se ergueram para lutar contra os tanques negros foram conduzidos não pelo ateísmo, não por um ser humano, não por nenhum pensamento deste mundo. Eles foram guiados por suas crenças mais antigas, aquelas que estavam em sua medula quando eles nasceram, que se identificam com a Mãe, a Santa, com o mundo além deste mundo, onde todas as coisas, todos os milagres são possíveis. Meu pai e meus tios costumavam repetir várias versões deste pensamento imediato: *Pode-se aprisionar um homem, mas não existe cadeia que prenda a mente de um homem, ou seu coração. Sua alma, seu espírito, sua mente, seu coração escapulirão por entre as grades porque todos eles nasceram com asas.*

Essa enorme muralha contra a livre movimentação das pessoas, contra a liberdade de considerar o Sagrado com toda a esperança, era chamada de "Cortina de Ferro". Ao longo de muitas décadas, muitas pessoas proeminentes tentaram de dentro, e às vezes de fora do muro, soltar seus tijolos. Cada um ajudou a abalar o muro. Mas ele continuava firme, oprimindo tantos povos por uma região tão vasta da Terra. Até que, finalmente, um dia, num momento do tempo, de um lado a outro de tantas das nações capturadas por trás do muro, a chamada gente do povo se ergueu para reivindicar todas as liberdades, também a da Santa Mãe.

A REVOLUÇÃO PACÍFICA VEIO MESMO

Havia décadas, a autointitulada elite do comunismo vinha descumprindo suas promessas de dar a todos os lares alimento e sustento mais do que suficientes em proporções iguais, prometendo uma vida muito melhor que antes.

Contudo, eles não conseguiram, com a realidade, alcançar o sonho que tinham exibido ao povo. De modo igualmente intolerável, os que estavam no topo da hierarquia e do setor militar tinham ficado com a parte do leão de todas as coisas que lhes estavam disponíveis, numa ganância e indolência abjetas, refestelando-se, por exemplo, em mansões, sendo levados para lá e para cá em grandes limusines, tirando férias em palácios, ficando com todos os alimentos, as vantagens, o reconhecimento, os criados e um poder tribal desproporcional sobre os outros.

Como o regime tinha destruído terras cultiváveis, represado e poluído rios que antes davam o sustento ao povo, derrubado as florestas acolhedoras, onde viviam todos os animais, bem como os milhões de santos em suas casinhas de telhado de madeira ao longo das estradas por toda parte, as pessoas já não acreditavam que o regime realmente desejasse atender ao seu melhor interesse.

Por ironia, era frequente que os comunistas proporcionassem instrução aos ex-camponeses, em sua essência lavradores. E, quanto mais eles instruíam as pessoas, sem contar toda a propaganda, mais as pessoas podiam ver que os únicos que prosperavam e tinham todas as necessidades atendidas eram aqueles pouquíssimos que estavam no primeiro escalão.

Para piorar as coisas, às chamadas "faltas" de medicamentos e itens essenciais, como, por exemplo, casacos pesados e botas para o inverno, somavam-se a falta de energia elétrica suficiente para as pessoas conseguirem trabalhar, os galões de sabão talhado que não limpava nada, e tantas outras coisas, entre as quais a mais importante era o "desaparecimento de pessoas", que aterrorizava grande parte da população.

Além disso, a inovação e a criatividade cheia de vida eram proibidas, a menos que a pessoa recebesse "aprovação" de um conselho de mentalidade enfadonha, composto de 50 pessoas, cuja verdadeira função era reprimir, suprimir o vento de Ruach, a Shekinah da criatividade impulsiva, o Espírito Santo, que é *el duende,* o espírito de criatividade que se origina de algo mais que o mero humano e é conhecido pelo mundo afora por um milhão de nomes. Especialmente este último era proibido. Porque não é racional. Nem é irracional. Na realidade, ele é o Sagrado sublime que vem habitar a pequena igreja vermelha do coração. E só isso já causa todo tipo de ideia exuberante e deliciosa na maioria das pessoas.

As constantes "faltas" de combustível, de medicamentos, que dificultavam os modos naturais de trabalhar dos outros, e, em seu lugar, a insistência em que todo trabalho fosse feito da mesma forma, mesmo que essa forma fosse insensata e esbanjadora, essa ausência de simples compreensão e bondade exacerbou a enorme sensação que as pessoas tinham da perda de suas terras negras, que tinham sido tomadas por represas e por barulhentas fazendas mecanizadas de propriedade do governo, ali onde antes havia um silêncio tranquilo, apenas com libélulas e pássaros cantando. As pessoas ainda tinham na memória do coração como doía perder o crescimento das lavouras, a chuva caindo, o belo verde interminável das florestas, as vastas planícies, as montanhas e todos os povos que tinham residido ali havia séculos, na biosfera, num meio ambiente de sua preferência.

As perdas das pessoas eram tão dolorosas porque toda a natureza era considerada parte integrante da vida que luta na direção da santidade também. Ver militares acampados nas planícies sagradas, ver os lavradores, os cavaleiros e amazonas sofrer intromissões, ser proibidos de seguir suas centenas de rituais pequenos e importantes que vinculavam as pessoas ao sagrado e à terra – isso era intolerável para a maioria, era intolerável que tudo isso fosse feito em nome de "uma teoria".

E mais: "a teoria" do ateísmo forçado e imposto tinha causado grande desânimo nos jovens, pois muitos foram criados *não* aprendendo que promessas carinhosas feitas a crianças sempre devem ser cumpridas, mas sim que qualquer promessa feita por um governo inflexível deixaria de início enlevados os que recebessem a promessa, mas depois acabaria por não ser cumprida – repetidamente. Assim, o povo fiel se insurgiu muitas vezes. Com sucesso, sem sucesso, ele se sublevou e não parou de se sublevar em números suficientes, mentes e corações corajosos, recusando-se a continuar a apoiar seus opressores.

O que ele acabou fazendo foi apresentar uma das reações mais delicadas, aguçadas e poderosas que poderia mostrar. Entre outros atos, como havia muito tempo que não recebiam seus salários em termos confiáveis e estavam tentando sobreviver de modos quase impossíveis, multidões literalmente pararam de comparecer a seu trabalho designado, interrompendo as cadeias de abastecimento de produtos do trabalho e de moeda, por milhares de quilômetros de milhares de povoados e cidades.

Assim, o muro cruel que tinha vindo a representar tudo o que era impuro começou a oscilar. Assim, o muro começou a rachar nos seus pontos de articulação filosófica. Assim, o muro tombou com o próprio peso medonho de seus assassinatos numa extremidade; e, na outra, com a falta arraigada até da simples reação ou preocupação humanitária com os corações, mentes e corpos das pessoas.

⁓※⁓

Aconteceu com esse regime o mesmo que anteriormente acontecera aos vastos impérios de Roma, ao império britânico, ao império egípcio, a Gêngis Khan, aos reis da Espanha, a todos os que se apossaram de tanta terra e dominaram tanta gente, e os que designaram a si mesmos reis do regime já não conseguiam supervisionar, tributar, usar, explorar, controlar todas as milhões de mentes que se espalhavam por milhares e mais milhares de quilômetros quadrados, pois era muito menor o número das "autoridades" do que o número de pessoas.

Desse modo, esse tipo de "comunismo" também tinha se tornado como qualquer regime ditatorial: como o corvo nas fábulas de Esopo, que enfiou o bico comprido numa garrafa de vidro e, guloso, apanhou o maior número possível de uvas. Mas com isso sua boca estava tão cheia e arreganhada, que o corvo não conseguia tirar o bico nem as uvas da garrafa, sem largar a maior parte das uvas para poder fechar o bico outra vez. Foi isso o que aconteceu com esse regime.

A ditadura, já mutilada emocionalmente havia décadas, de coração endurecido, distribuindo injustamente privilégios e favores apenas para seu círculo fechado, fazendo para turistas apresentações com crianças a oferecer flores e a cantar velhas músicas folclóricas, enquanto outros recebiam ordens de continuar a violar as florestas, os rios, as terras agricultáveis e o próprio ar no céu; e todo esse tempo prendendo, afastando, livrando-se de qualquer criatura que dissesse a verdade – até abrandando-se um pouco, mais para o final, mas tarde demais para que disso resultasse continuidade –, foi assim que o regime se tornou mutilado em termos econômicos também.

Quando o regime caiu, o muro caiu com ele.

⁓※⁓

E o povo, embora empobrecido por certos aspectos antes, durante e depois da queda do muro e do governo central, também enriqueceu outra vez, de modo totalmente diferente, em liberdades potenciais. Houve quem dissesse que alguns que tinham participado do regime abraçaram novamente a liberdade, e refizeram seu jeito de ser para tentar encontrar para si um lugar na nova sociedade, onde pudessem ajudar em vez de atrapalhar.

Diz-se que muitos eram sagrados em si, e esses aos poucos começaram a estimular e defender esse aspecto sagrado em outros. Tornou-se claro que poderia haver um lugar para praticamente todos prosperarem, pois muitos dos que se encontravam por trás da muralha, a chamada "cortina de ferro", levavam duas vidas: a bondade de um lado, a decência do outro; a bondade de um lado, o mal do outro; o mal de um lado e o mal do outro.

E, depois que o muro caiu, muitos encontraram a redenção, reconciliados de muitas formas com os outros. Outros ainda estão vivendo na fantasia de uma glória anterior, que foi muito mais dolorosa e sangrenta do que jamais chegou a ser gloriosa. Mas também muitos outros, como as pessoas dos dois lados do muro, se reunificaram intimamente, aos poucos, com o passar do tempo, chegando a um acordo, procurando remediar situações na medida do possível, prosseguindo com a vida e ajudando outros a viver também.

Depois da queda do muro, os milhões de pessoas que por tanto tempo foram mantidos afastados de entes queridos "do outro lado do muro" afluíram através das suas brechas – como água represada de repente jorrando e saltando através de um dique derrubado e detestado. Meu pai, que pertencia à minoria danubiana da tribo dos suábios do Sul da Hungria, nos disse que uma carta tinha chegado. Pelo telefone, o leitor da carta disse que as velhas da tribo na periferia de muitos povoados do Sul da Hungria tinham ouvido falar da "queda do muro" ou a tinham visto com seus próprios olhos enquanto estavam reunidas na casa de um vizinho para assistir, pasmas, na televisão... enquanto jovens e velhos se postavam de pé no alto do concreto do enorme muro da morte que tinha dividido Berlim e toda a Alemanha por quase três décadas.

Nós também assistimos: meu pai, já um velho encurvado, com seus oitenta e muitos anos. Ficamos de mãos dadas, olhando assombrados, enquanto naquela noite, iluminadas pelos holofotes de milhares e milhares de câmeras de reportagem, de todos os cantos do planeta Terra, as pessoas no alto do muro usavam martelos e marretas para literalmente demolir o muro, derrubá-lo de uma vez por todas. Seu ódio à opressão que tinham sofrido havia tempo demais e sua alegria por finalmente a liberdade ter chegado estavam combinados em proporções diferentes em cada alma.

E a carta que tínhamos recebido da Velha Pátria nos disse que as pouquíssimas anciãs que ainda estavam de pé depois de tantas décadas de proibição de acesso a seu campo santo, aos locais sagrados para a Santa Mãe, a Sagrada

Família e os Santos, que naquela noite, depois da queda do muro, as velhas choravam enquanto rasgavam a bainha de seus longos vestidos pretos, onde tinham escondido seus velhos rosários – rosários feitos de contas de cerejeira, dos galhos caídos das árvores de seus próprios pomares que tinham existido naquele tempo antigo em que todas as pessoas ainda tinham permissão para morar e trabalhar na sua terra querida.

Sob o domínio do comunismo, eram esses mesmos rosários que as velhas tinham escondido nas costuras e bainhas das roupas durante todas aquelas décadas – sendo muitas vezes esses rosários a única coisa que restava de seus povoados rurais, onde as árvores sussurravam ao vento, os ramos floresciam com tanto perfume, e depois produziam cerejas e peras tão deliciosas. Como minha avó Katerin dizia, as fruteiras todos os anos reservavam uma porção de sua madeira para ser transformada em contas para os rosários da Santa Mãe.

Agora, todas essas décadas depois da infância, até a vida jovem de moça, passando pelos anos da meia-idade, e agora na idade dos cabelos brancos e dos ombros encurvados, as velhas, sob o ditame do comunismo de que todos fossem ateus, tinham preferido rezar diariamente o rosário com Nossa Senhora. Elas faziam isso segurando às escondidas a bainha de seus vestidos. E, enquanto seguravam, rezavam o rosário apalpando as contas através da bainha das saias volumosas, contando as contas, orando e orando, em silêncio. Em total desafio.

Este ainda é um mantra em minha família: *É preciso cavar fundo para enterrar Nossa Senhora.*

A PEQUENA CAPELA SISTINA DE NOSSA SENHORA DE GUADALUPE

Portanto, lá na antiga URSS, vimos a insensatez e o fracasso de tentar encobrir imagens sagradas para muitos, que costumavam preferir entrar na clandestinidade com elas e por elas. Muitos dos jovens, também, em vez de serem bons ateus, eram com frequência convocados pelo Sagrado, junto com aqueles que ainda se sentiam intensamente vivos em vez de amortecidos em espírito, independentemente de tanta coisa ter sido proibida e encoberta. Talvez não haja convocação maior por parte do Sagrado do que o fato de ele agora não ser algo frequente, mas sim proibido, e por isso mesmo percebido como um exótico tesouro escondido.

Hoje nós ainda vemos a perda do Sagrado, a literal proibição, o ocultamento do Sagrado. Vemos que agir desse modo pode também estreitar a visão e amortecer a imaginação e a dedicação de uma geração inteira de jovens em extensas regiões do mundo. Banir o Sagrado fere o espírito de engenhosidade e criatividade dos jovens. É algo que desanima aqueles que têm inata a fagulha de anseio pelos Santos.

Queremos que tenha sido aprendida a lição de, no nosso tempo, termos visto quase seis décadas, sem interferência, de aprisionamento ideológico e político da Mãe, do Criador e dos Santos – bem como de todos os que a acompanhavam. Todo esse encarceramento não foi feito para cuidar das almas de todos; mas sim para destituir, dividir, apossar-se do poder, das riquezas, de eleições, enaltecimento, nomeações para posições percebidas como detentoras de poder, por meio da gravação de sua própria arrogância anexionista por sobre a cultura popular e os seguidores do Sagrado.

É assim que ocorre, e até hoje às vezes pessoas bem-intencionadas, mas sem reflexão suficiente, ou que pretendem fazer o bem mas sem considerar consequências imprevistas, ou outros por acaso ou por ressentimento e ira, ainda agem de um modo que isola a consolação da Santa Mãe e do Filho do Amor de seu povo, que somos todos nós.

A paróquia de Nossa Senhora de Guadalupe em North Denver é há décadas um reduto de latinos[1] cuja linhagem na maior parte dos casos provém do México e da América Central. Esses e os que vieram depois, também das Américas, são filhos vigorosos de *La Señora* de Guadalupe, pois ela entre outros nomes também é chamada de *La Conquista,* Nossa Senhora da Conquista, nome muitas vezes interpretado como Aquela que conquistou pelo coração aqueles que tinham sido conquistados por simples homens. *La Señora* de Guadalupe é também conhecida como a Mãe dos que sofreram para atravessar desertos e montanhas, que enfrentaram o frio do clima e da cultura, para tentar ser livres.

Essa pequena igreja de paróquia é patrimônio histórico e já foi o que eu chamaria de "oásis no meio do caos" para os que a mantiveram ao longo das comoções das décadas de 1960, 1970, 1980, 1990 e ainda hoje – começando na época em que eram tão difíceis e ferozes as lutas pela paridade entre minorias, iguais às lutas existentes na cultura mais ampla; lutas por ser reconhecido como um grupo de pessoas de emoções profundas tão dignas quanto as pessoas de qualquer outro grupo. Entre os desafios cruéis daquela época, estava a permissão de ter acesso igual à moradia, a empréstimos, a oportunidades de emprego, à educação de qualidade equivalente, e subjacente a tudo isso à mera perspectiva de ser convidado e incluído em oportunidades, de ter *status* igual para ser consultado, para ter voz atuante sobre como mentes, almas e espíritos eram afetados pelas decisões de outros que eram mais poderosos.

Era preciso presenciar ao vivo, para compreender aquela santa *lucha,* aquele esforço ao longo de décadas para caminhar com liberdade, andar ereto – em vez de ser relegado à casta inferior nos tempos modernos. A esperança nessa igrejinha, como um "oásis no meio do caos", era a de não ter de continuar a implorar para ser considerado digno; e a de não sermos vistos como alguém de valor *somente* se fôssemos forçados a esgotar todo o nosso esqueleto, nossas costas e nosso sangue em trabalhos braçais para os que estavam por cima. Ter permissão para "empreender o trabalho mais pesado", mas sem a plena concordância e o pleno tratamento humanitário em termos espirituais, mentais, sociais, emocionais, econômicos, religiosos, era uma das muitas questões enfrentadas de muitas formas diferentes, essencialmente por um povo que tinha sido ele próprio conquistado e tinha sido ensinado a não insistir em buscar a paridade, mas sim a ser grato por ter permissão para viver. A luta foi longa e há de continuar até que a alma de cada pessoa, independentemente de qualquer outro fator, seja tratada com cortesia, com decência, com consideração, com inclusão.

Desde sempre Nossa Senhora de Guadalupe é vista como "A Que Compreende" por testemunho pessoal – as atribulações e servidão forçada dos pobres e dos que lutam – não importa se aqueles que adotaram atitudes duras para com as minorias residam em igrejas, governos, ou em nossa própria família. Por isso, *La Lupita,* como Nossa Senhora de Guadalupe é às vezes chamada carinhosamente por nós, é considerada a grande Mãe da Libertação, a que traz liberdade para seus filhos poderem "andar livres, andar altivos e não temer ninguém".

Recentemente, porém, alguém no "pequeno oásis" da paróquia de Nossa Senhora de Guadalupe decidiu, em nome de uma "reforma", que o mural histórico e sagrado, de 35 anos de idade, pintado pela renomada muralista Carlota EspinoZa, mostrando Nossa Senhora de Guadalupe, São Juan Diego,

Mural de Nossa Senhora de Guadalupe, Antes

O mural sagrado de Nossa Senhora mostrando sua bela imagem, São Juan Diego e Os Anjos, pintado e vivendo em plenitude de 1975 a 2009. Esse belo mural de arte folclórica histórica foi pintado pela renomada muralista Carlota EspinoZa. A igreja tem o nome de Paróquia de Nossa Senhora de Guadalupe. As cadeiras do tipo da sala de jantar de avós estão à esquerda. Existe também quanto ao mural uma lenda que foi crescendo com o tempo: algo que está "escondido aos olhos de todos", e alguns dizem que foram abençoados por enxergar ali também uma imagem que para eles parece ser "O Rosto de Deus"... os anjinhos são os olhos; a Santa Mãe, o nariz e a testa; e os pequenos vitrais redondos de cada lado, as orelhas do Criador Todo-Misericordioso que tudo ouve, escutando as pessoas.

os enormes anjos da guarda de *La Señora,* seus bebês querubins, deveria ser encoberto do chão até o teto por uma divisória branca de gesso.

Essa parede divisória escondeu de vista o mural de mais de 14,3m de largura por 3,6m de altura, da Mãe misericordiosa, Guadalupe, e daquele que, mesmo depois de conquistado, ainda permanecia em santidade: São Juan Diego. Uma passagem para calefação foi perfurada perto das vestes pintadas da Santa Mãe. Como a nova parede branca ficava a cerca de 90cm do mural sagrado, ela de fato prendia a imagem de Nossa Senhora no equivalente a um estreito quarto de guardar vassouras, onde eram postos baldes e outros pertences da igreja.

Durante aproximadamente doze meses, depois que a parede foi levantada de repente, telefonemas e cartas respeitosas de várias pessoas preocupadas com o encobrimento do mural de Nossa Senhora de Guadalupe chegaram à paróquia e à arquidiocese. Entretanto, pedidos de informações exatas sobre como se deu essa súbita obliteração do mural de Nossa Senhora ficaram sem resposta. Não houve ligações para dar uma satisfação; com o tempo houve poucas cartas de resposta, e essas pareciam não dar atenção às preocupações dos outros e não traziam nenhum conteúdo que pudesse esclarecer como aquilo foi concebido, que pessoas tinham tomado a decisão, e por que motivo a decisão foi tomada sem que a comunidade inteira fosse consultada... e, principalmente, se seria possível desfazer por favor a reforma: Derrubar a divisória.

Numa comunidade de minorias que são conhecidas por sua criatividade, seu vigoroso amor pela cor e, especialmente, seus fortes laços de sangue (costumamos ter certeza de que todo o mundo de algum modo é nosso primo, mesmo que nunca tenhamos nos visto), que esse enorme mural histórico fosse ocultado sem consulta à comunidade inteira, que o instalou e cuidou dele ao longo dos anos, não era uma atitude de família. Parecia ser alguma determinação de outro tipo, que se colocava de fora da *cultura cura* de nossas tradições. *Cultura cura* é algo altamente valorizado em nosso grupo. A cultura cura, ou seja, o que está na cultura que fazemos juntos pode nos curar com todo o amor.

Muitos temiam que esse encobrimento do mural de Nossa Senhora indicasse profanação e blasfêmia. Eles estavam verdadeiramente confusos. Seus pedidos corteses de que lhes fosse contada toda a história de como isso poderia acontecer, que fosse identificada a pessoa responsável por aquilo, que lhes dessem os motivos para aquilo ter sido feito, como seria possível desfazê-lo, continuavam a ser deixados de lado.

Mural de Nossa Senhora de Guadalupe, Depois

A Parede Erguida para Esconder o mural de 13,7m de largura por 4,6m de altura de Nossa Senhora de Guadalupe, São Juan Diego e todos os Anjos. O encobrimento do mural sacro ocorreu em fins de 2009. Agora as paredes são uniformes, de um branco levemente amarelado. O novo assento de pedra cinza semelhante a um trono, mais alto que o altar, está na extrema direita.

Por estranho que pareça, no círculo do Sagrado, quando se faz um vazio de silêncio, o Espírito Santo chega estrondoso, para preenchê-lo com cor e ação audaz. Assim, procissões e protestos pacíficos começaram a se realizar a respeito do encobrimento do mural da aparição da Mãe Guadalupe a São Juan Diego (que apenas recentemente foi santificado, 500 longos anos depois que Nossa Senhora de Guadalupe lhe apareceu). Um grupo de paroquianos preocupados e de ex-paroquianos, líderes da comunidade, freiras e outras partes interessadas acabaram se unindo, por conta de suas petições, que agora já somavam 1.400 assinaturas da comunidade de *la gente,* formando um grupo substancial chamado *Fieles Unidos,* Fiéis Unidos.

Apelos aos prelados que detinham o poder para derrubar a parede, para que por favor o fizessem, pareciam não ser ouvidos. Desse modo, entre outros eventos constantes, o grupo realizou protestos na igreja. Estavam presentes "as senhoras de branco", devotas de longa data de Nossa Senhora de Guadalupe, junto com meninos e meninas também vestidos de branco, e todos muito sérios e pacientes, em firme lealdade a Nossa Senhora e à sua arte sacra. Foi enternecedor ver a sinceridade de coração que *los viejos y los jóvenes* demonstravam por *La Señora,* aquela que, pela ordem de alguém, estava definhando por trás de uma parede branca e plana.

Mesmo assim continuou a haver resistência a pedidos comovidos em busca de informações sobre como esse grande mural histórico tinha sido coberto e emparedado, além da inferência de que "é assim que as coisas são". Meu pai costumava dizer que os vassalos na Velha Pátria costumavam ignorar os apelos dos servos; e que, se havia uma coisa que um servo sabia, era a diferença entre um silêncio que indica que o superior está pensando bem, e o silêncio que é uma esperança de que o problema simplesmente desapareça, se nunca receber atenção. Meu pai dizia que um homem verdadeiramente santo só fica em silêncio quando está pensando em como resolver um problema.

Houve uma tentativa de reunião com algumas pessoas do grupo administrativo do padre da paróquia, mas não foram oferecidas informações sobre o motivo pelo qual não houve nenhuma chamada cortês para um diálogo com as partes da comunidade que tinham criado o mural de Nossa Senhora, antes que o fato ocorresse. Nem foi dada nenhuma explicação sobre o encobrimento repentino de todas as imagens sacras.

Parecia que nenhum cuidado pastoral seria oferecido a nenhum daqueles que pediam a restauração do mural de Nossa Senhora, ou seja, àqueles que tinham realizado os batismos e funerais, casamentos e missas de ação de graças de sua família ali ao alcance dos braços de Nossa Senhora. As pessoas continuavam perplexas por ela ter sido emparedada sem que fossem consultadas exatamente aquelas pessoas, os próprios filhos e filhas dos que a tinham trazido para ali em seus corações amorosos, tanto tempo atrás, aqueles que concederam a tela em branco das paredes da igreja para a melhor muralista que a comunidade conseguiu encontrar, que doou seu trabalho carinhoso, aquelas pessoas que cuidaram do mural de Nossa Senhora por todos aqueles anos, cuidadosamente conservando, protegendo, tirando o pó, limpando, permanecendo perto desse conjunto de imagens sacras que tanta consolação deu a tantos por tantas décadas.

TENTANDO SER OUVIDOS MAIS UMA VEZ: O PROTESTO NÃO VIOLENTO

As "mulheres de branco" e os *Fieles Unidos,* ainda tentando ser ouvidos e recebidos com cordialidade para ajudar a restaurar o mural de Nossa Senhora, reservaram um dia útil – um dia nada fácil para os numerosos membros da classe trabalhadora conseguirem um tempo de folga. Mas eles conseguiram e assim marcharam juntos até a suntuosa residência do arcebispo local para ler em voz alta uma carta humilde na qual pessoas de bom coração trabalharam dias seguidos, tentando escolher exatamente as palavras certas, de conciliação, mas também eficazes, pedindo que a parede fosse derrubada e o mural restaurado, em consonância com os ensinamentos mais sagrados da Igreja referentes à não profanação da arte sacra, não permitindo uma blasfêmia e um sacrilégio para com a presença sagrada que se encontra por trás daquele mural santo.

Nosso grupo de La Sociedad de Guadalupe, fundado vinte anos atrás para ajudar na alfabetização, e também na alfabetização sobre o Sagrado, juntou-se à procissão, na qual nós, mulheres e homens de idade, caminhamos pacificamente com nossas *comadres* e *compadres,* com os longos xales franjados das velhas ondulando ao vento, com os rosários de todos balançando, e nossas preces sendo proferidas em espanhol e em inglês.

Nossos *viejos y viejas* tão humildes, em seus melhores chapéus de vaqueiro e suas mantilhas puídas, avançavam com esforço, com bengalas e em cadeiras de rodas. Nossos velhos não ficavam para trás, com os longos cabelos prateados soprando ao vento, e seus trajes *mejicanos* bordados e em cores fortes, faiscando ao sol. Tão belos, e todos pedindo também que os homens no poder permitissem aos que amavam a obra de arte sacra de Nossa Senhora havia tanto tempo vê-la novamente. Em sua plenitude. Sem proibições. E sem paredes.

Mas não, a petição não foi concedida. O arcebispo disse que cabia ao padre da paróquia agir como bem entendesse. Que se tratava de uma "questão da paróquia". E o padre disse ter a aprovação do arcebispo. E desse modo um apoiava o outro, mas não apareciam respostas para as perguntas do povo. Assim, muitos continuaram a não compreender as decisões e razões que levaram à parede. Naquele dia, a mídia estava presente com suas câmeras e repórteres, mas eles foram impedidos de entrar na residência do arcebispo pelo pessoal administrativo da diocese. O arcebispo tinha enviado uma carta aos manifestantes pacíficos, dizendo que o fato de procurarem a imprensa não favorecia suas petições. Mas/E as câmeras filmaram do outro lado das cercas, e os repórteres entrevistaram muitos dos idosos na calçada mais tarde.[2] E ainda aqueles que amavam o mural sacro de Nossa Senhora estavam abalados e profundamente intrigados sobre os motivos pelos quais ninguém parecia se importar com o fato de *La Señora* estar agora atrás de uma parede construída por homens.

Por estranho que pareça, além de aprisionar a Santa Mãe, fosse essa ou não a intenção consciente, a reforma da área do altar também exigiu que de repente fosse adquirido um grande trono de pedra cinza para o padre poder se sentar durante a missa, enquanto anteriormente por muitas décadas havia apenas as cadeiras de espaldar reto da sala de jantar da avó de alguém, que eram mantidas limpas e arrumadas com todo o carinho – essas em harmonia com a característica artesanal do que os fiéis que tanto amavam a Santa Mãe muitas vezes chamavam de "Pequena Capela Sistina da Igreja de Nossa Senhora de Guadalupe em North Denver".

A reforma também tinha determinado que fosse pregada uma divisória de gesso, do piso ao teto, encobrindo os enormes Anjos da Guarda de asas brancas, de tamanho maior que o natural, pintados à mão nas duas paredes laterais do altar. Também foi dada ordem para pregar a parede de gesso por cima dos pequenos querubins que a muralista tinha pintado amorosamente em torno das entradas da calefação bem no alto de cada lado do nicho do altar, e assim para encobrir a pintura tão primorosa que parecia quase real: os longos e exuberantes canteiros de rosas vermelhas de Nossa Senhora.

Era desconcertante, e muita gente parecia usar uma quantidade de palavras começadas com "d" para descrever a "reforma": degradante, destrutiva, desrespeitosa. Dizia-se que tudo isso ocorrera porque "alguém" tinha se queixado de que o mural de Nossa Senhora era um "desvio" do "verdadeiro sentido" do cristianismo. E, como que para ressaltar este ponto, durante um protesto pacífico dos *Fieles Unidos* um paroquiano furioso investiu contra as "mulheres de branco" que oravam e somente queriam que a parede fosse derrubada para elas poderem se sentar e rezar, voltando a estar perto da sua conhecida e amada Mãe de Deus. O homem berrou para as mulheres em prece: "O único lugar para Maria é de joelhos, ao pé da Cruz!!"

Naquele dia, talvez o milagre menor tenha sido o de não ter ocorrido um tumulto em consequência desse insulto, não apenas a Nossa Senhora, mas a todos nós, *mestizos,* cujos antepassados, homens e mulheres, foram forçados a se ajoelhar pelos prelados e conquistadores governantes, que também forçavam os povos tribais de um lado a outro das Américas a enfrentar décadas e mais décadas de trabalho escravo brutal… obrigando literalmente milhões a se ajoelhar aos pés de uma cruz por mais de 500 anos – não uma cruz que pertencesse ao Deus de Amor, *El Cristo Rey*, mas uma cruz feita da ganância, avareza, crueldade abjeta e destruição da cultura popular das pessoas, para afirmar os valores falsos dos invasores violentos. Naquele dia, ao ouvirem o homem gritar que Maria deveria estar de joelhos, muitos acharam que estavam vendo a profecia de Santayana reviver nas palavras daquele que gritava: "*Quem não se recorda de sua história está condenado a repeti-la.*"[3]

Contudo, ocorre um fenômeno estranho: uma grande paixão espiritual muitas vezes se ergue a partir de um reversão de expectativa.

Alguma coisa daquele dia fez com que eu me lembrasse de meu ministério em prisões ao longo de décadas. Dei-me conta de que não só Nossa Senhora estava realmente numa prisão feita de ripas, gesso, pregos e reboco aplicados por trabalhadores contratados, mas também era de pensar se a própria ideia de obliterar uma obra tão bela de arte sacra não estava também de algum modo numa prisão particular, uma de luta para ser fiel com certeza, mas ainda sem um coração aberto à força e aumentado o suficiente para incluir todas as criaturas, não apenas algumas criaturas. Angelus Silesius, numa belíssima prece, implora ao Criador que o destrua, que arrebente seu coração, para que ele pudesse levar mais do Ser por toda parte, a todos, na direção de todos. Que seja assim também para todos nós.

Contudo, como já vimos repetidamente ao longo da história, nenhuma pessoa, nenhum evento consegue destruir por muito tempo os chamados enviados à alma das pessoas pelos santos, pelo Criador e pela Santa Mãe. Não importa o que seja que qualquer um faça, as pessoas continuam a ansiar pela Mãe e por tudo o que for Sagrado e Divino. Como vemos pelas eras afora, os ditadores também não conseguem remover nem destruir as lembranças do sagrado da mente dos jovens, dos de meia-idade, dos idosos; lembranças que, todas elas, serão transmitidas para seus filhos e netos... que hão de se lembrar de como seus pais e avós foram tratados – ou maltratados ao longo do tempo – no que dizia respeito a todas as questões de humanidade e decência.

Entretanto, levando-se em conta toda a história de subversão de manifestações do Espírito Santo, que irrompe com novas ideias, nova vitalidade e nova vida, apesar de quaisquer cortes equivocados ou até cruéis de relacionamentos de longa data, sublevações meticulosamente planejadas, disfarces e encobrimentos de significado, divisão da comunidade em vez de seu entrelaçamento com a intenção de curá-la, fazendo tudo brilhar... apesar de quaisquer corrosões aplicadas sobre uma comunidade agora dividida, o problema para os conquistadores foi sempre o seguinte: não importa quem eles removam, silenciem, envergonhem ou encubram, alterem, acrescentem para deturpar, atraiam, assustem ou assassinem... eles não têm como destruir as lembranças amorosas que as pessoas vivas têm do Sagrado.

OS QUE SE LEMBRAM

Pois lembrem-se: muito embora o assassino Iosif Stalin e seu dedicado círculo fechado de capangas, por exemplo, tentassem erradicar ao máximo possível a Santa Mãe por tamanha área da Ásia e da Rússia e pela maior parte da Europa Oriental, exatamente como os talibãs no Afeganistão tentaram apagar com o uso de explosivos os antigos Budas de pedra esculpidos nas montanhas em Bamiyan, destruindo as enormes esculturas, mas estranhamente deixando os contornos veneráveis dos Budas intactos na encosta da montanha: sem nenhum Buda, agora apenas o contorno do Buda, ainda mais misterioso e irresistível do que nunca; lembrem-se, como mencionei antes, e mais uma vez se revela verdadeiro: quando o Sagrado é enterrado, em vez de estar vivo a céu aberto, ele costuma ser ainda mais irresistível, pois o Sagrado é então visto como tesouro enterrado.

E, desse modo, esforços para esconder Nossa Senhora continuam pelo mundo afora. Muito embora, em tantas culturas, tenham sido, e sejam, feitas tentativas de pulverizar a veneração àquilo que está por trás de quadros, murais, estatuária, gravuras rupestres, monumentos funerários, cavernas musicais, altares de pedras... a força estupenda de Nossa Mãe, o Sagrado, continua assim mesmo.

E, ainda mais onde quer que ela tenha sido esmagada, sequestrada, apagada, encoberta, ela, como os outros seres Sagrados, mergulha no subsolo, tornando-se ainda mais forte, como um rio que vem roncando, descendo num terreno íngreme e então, no poço na parte mais baixa das corredeiras classe IV, jorra com violência quando volta mais uma vez à superfície, com ainda mais força, com ainda mais vitalidade do que nunca antes.

É preciso cavar fundo para enterrar a Santa Mãe. Nem mesmo a distância que descesse atravessando o centro da Terra para sair do outro lado do planeta seria funda o suficiente para enterrá-la, nem para fazer com que as pessoas se esquecessem dela, um templo ambulante de devotos que passaram décadas, milênios sendo reconfortados por ela e por tudo o que está consagrado a ela, com ela e por ela.

A VISITA AOS PRISIONEIROS: O QUE A PAREDE NA FRENTE DE NOSSA SENHORA CAUSOU EM SANTA VIGÍLIA, COMO NOS DIAS DE OUTRORA

E assim, por ironia, nos tempos antigos, como nos dias de hoje, para os que estão na prisão, para os que estão livres, independentemente do que for destruído, demolido, subvertido, os que amam continuam a se arriscar, a seu próprio modo, em peregrinações comoventes quando podem, onde podem, de qualquer maneira possível.

Na questão da construção de uma parede escondendo o heroico mural de Nossa Senhora de Guadalupe, em certo sentido mandando Nossa Senhora para uma prisão – neste caso também, como os que amam seus entes queridos levados para penitenciárias de verdade, trancados em instituições, prisões federais, cadeias municipais, os que os amam, que os amam realmente... é necessário que todas essas pessoas, por seu dever como almas leais e espíritos amorosos, vão visitar os que estão presos.

O mesmo vale para Nossa Senhora. Consideramos visitar os enfermos ou os presos uma alta promessa espiritual feita, uma promessa cumprida. Até recentemente, quando as visitas passaram a ser proibidas pelos administradores da igreja, os fiéis que ansiavam por vê-la vinham visitá-la com frequência, trazendo-lhe sustento, fazendo-lhe companhia na sua solidão. Dessa forma, o gigantesco espírito da Santa Mãe Atrás da Parede recebia o mesmo tratamento das visitas feitas por parentes e amigos a seus entes queridos na prisão. Esta é a velha tradição entre os latinos e outros velhos fiéis: nunca abandonar criaturas que estão aprisionadas.

Por um período muito curto, os administradores da paróquia informaram, ironicamente, do mesmo modo como os guardas costumam dizer à família e aos amigos de presos, que poderíamos "vir ver" Nossa Senhora Atrás da Parede. Mas somente de vez em quando, e não quando quiséssemos, não quando conseguíssemos nos programar em meio aos cuidados aos filhos, netos, idosos, a manter um emprego e tentar usar roupas relativamente limpas, pentear o cabelo e parecer razoavelmente lúcidos. Não, somente quando os que estavam no comando dissessem que podíamos vir. Só nessa hora poderíamos fazer visitas durante os períodos aleatórios em que eram permitidas.

Portanto, não era só Nossa Senhora que estava aprisionada. Não é só o prisioneiro em si que cumpre a pena na prisão. A família do ente querido é algemada e sofre restrições. Venham somente quando dissermos que sim. Não quando vocês quiserem. Façam o que ordenamos, não o que ordenam seu coração e sua alma. Vocês amam seu ente querido? Bem, somente terão permissão para demonstrar esse amor quando nós dissermos que sim.

Nós, os antigos fiéis, estávamos acostumados, havia décadas, a ser bem-vindos para vir sentar com *El Cristo, Santo Niño,* a Sagrada Família, Nossa Senhora, a qualquer hora. Nós éramos sempre bem-vindos, e as igrejas estavam sempre abertas para qualquer dor, qualquer necessidade de auxílio do Criador e dos *santitos*. Mas agora, embora até esse momento nos fosse possível visitar Nossa Senhora, como é nosso antigo costume visitar os prisioneiros, antes de sermos totalmente proibidos, somente nos eram concedidos períodos curtíssimos. E não era permitido que se levasse uma câmera para tirar uma foto de Nossa Senhora, como uma lembrança. Isso era também proibido. Não se podia deixar flores para ela atrás da parede/armário. Com o tempo, isso também foi proibido. Não se podia ficar em pé ali e ler uma carta para ela, nem lhe mostrar uma obra de arte que uma criança tinha feito para lhe fazer companhia. Também não tínhamos permissão de tocar nela. Só olhar, como se estivéssemos por trás de uma proteção de plástico. Como na prisão.

Naquele lúgubre armário de vassouras, não se podia tocar nela. Nós, a gente da antiga tradição da Igreja: o *Pésame,* dar consolação e condolências à Mãe Abençoada. Isso foi impedido a nós, fiéis antigos. Entretanto, como a família e os visitantes a um ser humano na prisão, nós ainda ansiávamos por pelo menos estender a palma da mão na direção de seu ombro, na direção de seu rosto, e pôr nossas mãos nos ombros de São Juan Diego. Mas, de novo, isso também não era permitido.

E, quando conseguíamos fazer uma visita curtíssima, e esse breve período terminava, aparentemente determinado por como o funcionário estava se sentindo naquele dia, tínhamos de ir embora. E Nossa Senhora ficava sozinha de novo. No armário escuro. Sem luz. Sem ar. Sem ninguém com quem conversar. Esse isolamento da Mãe vai contra o coração sagrado de cada latino. Vai contra o coração sagrado de quem ama a Santa Mãe.

E, para os amados que vão visitar parentes em prisões estaduais e federais, é assim também. A hora da visita é a necessidade vital do amor e de permanecer junto do outro. Sem a visita, todos nós definhamos. Com ela, no "recinto de visitas" na prisão, tudo costuma ser rápido demais, com restrições demais e desnecessariamente austero. E, mais tarde, todos estão felizes por terem vindo, mas, por um aspecto, sentem mais anseios do que antes.

E assim acontece lá. E assim acontece aqui também. Mesmo com Nossa Senhora, e seus filhos e filhas ansiando por ela, é a mesma coisa... Há milhões de seres humanos no mundo inteiro que estão percorrendo um caminho difícil para ver seus entes queridos na prisão agora mesmo, em sonhos e na realidade. E eles são fiéis também, mesmo que mantidos longe uns dos outros, privados da possibilidade de abraçar o outro, segurando-se com carinho, nutrindo-se mutuamente em comunhão, através dos sentidos tão sagrados de amar e ser amado: os sentidos do olfato, o cheiro conhecido; a contemplação do ser precioso através da visão; a capacidade de escutar o tom e timbre familiar de uma voz amada; e, principalmente, receber a eletricidade que é preciosa para a pele, ou seja, a dádiva da calma e da identidade que vem do toque amoroso.

O LUGAR CERTO PARA NOSSA SANTA MÃE É...
POR TODA PARTE, ASSIM COMO
O LUGAR CERTO PARA O AMOR É...
POR TODA PARTE, INCLUINDO OS QUE ESTÃO
PRISIONEIROS E OS QUE ESTÃO LIVRES

No caso de a Mãe Abençoada ser "um desvio", queixa que teria ouvido pelo menos uma pessoa que tinha planejado a "reforma", só para ressaltar o contraste, existem no mundo mais de *cinco mil* enormes basílicas, catedrais, igrejas de portes médio e pequeno, veneráveis e consagradas pelo tempo, onde *La María*, a Santa Mãe, Mãe de Deus, está em posição central no altar. Sua imagem está exatamente no centro, bem no altar ou abrigada num ressalto decorativo, numa cadeira humilde ou numa cúpula elaborada, acima do altar inteiro, como a figura mais alta e mais central.

Uma dessas basílicas fica em Roma, a uma pequena distância do Vaticano, sendo uma de apenas quatro basílicas papais. É a venerável Basilica di Santa Maria Maggiore, na qual a Mãe de Deus, como foi designada em conformidade com o decreto emitido pelo Concílio de Éfeso em 431 d.C., é apenas um desses exemplos de Maria, Mary, Mir-yam, bem no meio, não somente da igreja, mas no meio de seu povo – e sua colocação no centro foi endossada e apoiada por papas e mais papas, bispos e cardeais há quase 1.580 anos, todo o tempo até o presente.

Uma origem e tanto. Um firme precedente para Maria ocupar o centro, e não ser um desvio, mas sim o foco de reunião, trazendo os Sagrados Corações de todos para o centro. Se considerarmos esses exemplos do mundo inteiro da Santa Mãe sendo aprovada em seus muitos lugares, parece estranho que a Mãe Abençoada seja encoberta numa igreja católica em aparente oposição a padrões consagrados estabelecidos pelo próprio papado. Continuo a me perguntar onde estão todos os fatos do que ocorreu, o verdadeiro pensamento ou talvez acidente de pensamento por trás disso tudo.

A igreja de Nossa Senhora de Guadalupe em North Denver foi formada por aqueles que vêm da opressão, de ser *los desaparecidos*, eles mesmos encobertos por não serem vistos como valiosos pela cultura dominante. Mais uma vez, como filha de refugiados e imigrantes, compreendo muitas camadas de *la lucha*, a luta, porque fui impregnada das crenças tribais de minhas famílias, que se sobrepunham às crenças religiosas, e ainda do fato de eles serem disper-

*Quando se contempla o altar principal na Igreja da Medalha Milagrosa,
Notre Dame de la rue du Bac, vê-se o tremendo amor pela Santa Mãe nos detalhes
primorosamente trabalhados nas muitas obras de arte em si, para não mencionar o pleno
sentimento da força abençoada que se posta por trás dessas imagens de Maria.
O mural sacro de Nossa Senhora e Seus Anjos acima do altar é feito de minúsculos quadrados
de mosaico. Maria, Marie, Mary, Mir-yam está acima e no centro do altar,
com o grande crucifixo aos seus pés, onde ela pode ver o Filho, como qualquer mãe
que cuida de todos, inclusive do Sagrado, dos peregrinos e dos suplicantes
que vêm a ela em busca de ajuda, cura e misericórdia.*

sados por terem sido chacinados, mutilados e desbaratados por dois exércitos contrários durante a "longa guerra negra".

Também vejo aqui um paralelo com famílias que têm um parente na prisão, pois costuma ser igual. Quando alguém lidera, alguém com o fogo verdadeiro do Espírito Santo aceso na cabeça, quando essa pessoa, ou mais, se ergue em esforço diário para ter disciplina e para praticar um autoexame espiritual, quando ela se posta diante de todos e diz: Em nome de tudo quanto é Sagrado, não agora, não outra vez, não jamais, nunca mais! Então pode acontecer alguma coisa, é despertada alguma coisa decente, que tinha sido acidental ou equivocadamente posta a dormir, havia muito ou havia pouco tempo.

Sei também que, assim como o sistema prisional pode oferecer reações humanitárias em vez de negligentes ou severas demais aos encarcerados, assim também quem quer que seja que ordenou a obliteração do mural sacro de Nossa Senhora pode a qualquer momento voltar-se e oferecer uma reação amorosa ao povo que ama Nossa Senhora e seu Filho, o Salvador, os anjos e os santos. Qualquer um sem uma visão lúcida e/ou qualquer um que tenha ordenado a destruição pode também ordenar a restauração. Isso eu sei.

E por isso manifesto minha esperança: pelo descobrimento do mural de Nossa Senhora, pelos reparos necessários que possam ocorrer e, por meio disso, pela boa vontade, pela verdadeira compreensão de peito aberto para com todos, para avançarmos juntos em comemoração por todos os envolvidos, entrelaçados *juntos*, ninguém de cara amarrada, mas todos unidos outra vez na pureza de seu Imaculado Coração, lembrando-nos de nossa linhagem de *Nuestra Madre*, Nossa Mãe, e seu Filho Divino, que não trouxe para este mundo a luta, mas a aceitação do "menor dos menores", o amor por mulheres e crianças, a proteção por aqueles que se esforçam por amar. É por isso que rezo.

Porque tenho certeza de que muitos padres e prelados são eles mesmos mães. Eles querem amar e ajudar muito mais do que levantar barricadas ou dividir. Como mães de verdade, eles saem todos os dias levando os ouvidos para auscultar as batidas do coração da família, sempre verificando como todos estão. Os que conduzem famílias de fiéis não se esquecem das dores de cabeça, dos corações doloridos e do afeto da vida diária da família paroquiana.

E nós, como mães de família, sabemos também: a mãe determina o tom da mesa de jantar inteira. A mãe estabelece o tom para a família toda. Se ela for de opiniões amenas; ou se for amarga e ressentida; se estiver tão ocupada tentando subir na carreira em vez de permanecer perto dos filhos; se for solícita em vez de cheia de ódio; se for solidária e prestativa, em termos reais, com alegria; ou se for cheia de chavões, promessas desfeitas, repetição de clichês de "estou de mãos amarradas", em vez de realmente resolver problemas com o coração partido e sábio na vanguarda; se ela agir com amor, sempre com amor, não simplesmente pronunciando a palavra "amor" para manipular os outros; se ela tiver em si uma ferocidade mansa, se não tiver crises de irritação, porque insiste em lembrar-se de pôr a alma de todos ao seu redor em primeiro lugar, incluindo o cuidado para com sua própria alma; se ela se dedicar a aprender e ensinar em vez de repreender e punir, que são formas garantidas para proclamar que os outros são "inferiores"; se uma mãe tornar sua mesa acolhedora – é mais provável que seus filhos cresçam e ajudem outros a crescer, que se nutram e nutram outros, que sejam aceitos e saibam aceitar, que sejam leais, amorosos e fiéis ao que houver de mais sagrado em si mesmos e nos outros.

Entretanto, se não for assim, como ao longo da história, testemunhamos que esforços para apagar verdadeiros seres humanos amados, desfazendo do sagrado e encobrindo-o em "sepulturas anônimas", apenas fizeram com que mães e pais, irmãos e irmãs, amores e amigos dos desaparecidos procurassem de modo implacável seu próprio povo Santo, sem cessar. Nos quatro cantos do mundo, é um imperativo da psique levar esse tipo de lealdade de sangue aos amados e aos amados Santos. Sentenças, decretos e ordens contra o sagrado não têm como subverter esse tipo de pureza conferida por uma Força Maior, esse tipo de "nunca houve um amor maior". Nem mesmo muros e prisões podem impedir as pessoas de amar o Sagrado e de segui-lo; nem podem impedir o Sagrado de amar e conduzir as pessoas.

PROTEÇÃO ÀS OBRAS SACRAS, A DETERMINAÇÃO DO PAPA ACERCA DOS SANTOS

A retirada de lugar, a destruição e a agressão a imagens que são o sagrado sangue vital das pessoas – fatos que ocorreram tantas vezes ao longo dos séculos, que muito tempo atrás o Papa Leão e outros papas escreveram normas para proteger as obras de arte pelas quais as pessoas sentiam uma devoção espiritual de vida ou morte, não importava em que cabana, povoado, reino ou beira de estrada, não importava em que camada social, tribo ou afiliação a pessoa tivesse origem.

A ideia era não manter as imagens sacras longe das pessoas, nem danificá-las, nem impedir que as pessoas tivessem acesso a elas de modo algum, pois as pessoas amavam as forças sagradas *por trás* das imagens. Assim, manter em especial a força da Mãe de Deus longe de seus filhos, mutilá-la ou aprisioná-la foi declarado ilegal por decreto papal.

Declarações e encíclicas papais, bem como Concílios Ecumênicos desde o século VIII até os tempos atuais, trataram da questão sem nenhuma ambiguidade. É clara a proteção daquilo que é sagrado para a família de fiéis, tendo sido o seguinte um pronunciamento feito no Segundo Concílio de Niceia, no ano de 787 d.C.:

> "... decretamos com plena exatidão e cuidado que, como a figura da cruz venerada e promotora de vida, as imagens reverenciadas e santas, sejam pintadas, feitas de mosaico, ou de outros materiais adequados, devem ser expostas nas santas igrejas de Deus, em instrumentos e vestimentas sagradas, *em paredes e painéis,* em casas e ao longo de vias públicas. Essas são as imagens de Nosso Senhor, Deus e Salvador, Jesus Cristo, e de Nossa Senhora Imaculada, a santa mãe de Deus, bem como dos venerados anjos e de qualquer um dos virtuosos santos. Quanto mais eles forem vistos em arte figurativa, tanto mais os que os virem serão levados a lembrar-se deles e a ansiar por aqueles que servem como modelo, além de prestar a essas imagens o tributo de saudação e respeitosa veneração..."

Existem outros concílios papais e mais proteções para "... pinturas de Cristo, da Abençoada Virgem Maria e dos Santos", com pleno reconhecimento da existência daqueles "que fizeram [destruição] em tempos passados nesta nossa cidade real atacando as imagens veneráveis", de como os que "reinaram imediatamente antes de nós as destruíram e as submeteram a desonra e insultos: que sejam anátema todos os que não veneram o sagrado e as imagens veneráveis!"

Além disso, no ano passado, o Papa Bento XVI convidou artistas de todas as modalidades ao Vaticano, pedindo-lhes que criassem novos e maravilhosos quadros e esculturas para a Madre Igreja. Na belíssima Capela Sistina, ele manifestou a necessidade de obras de arte inspiradoras para os locais de adoração. Cercado pelos extraordinários afrescos de Michelangelo, disse o Papa em seu discurso: *"Graças a seu talento, vocês têm a oportunidade de se dirigir ao coração da humanidade, de tocar sensibilidades individuais e coletivas, de evocar sonhos e esperanças, de ampliar os horizontes do conhecimento e do empenho humano."*

Por ironia, porém, ao mesmo tempo que o papa Bento falava com artistas, o mural de Nossa Senhora, São Juan Diego, *Los Ángeles* e os anjos da guarda estava sendo aprisionado em tinta espessa e por trás de paredes de gesso. *"Evocar sonhos e esperanças, ampliar os horizontes do conhecimento e do empenho humano."*

Embora o mural de Nossa Senhora tivesse sido, havia décadas, testemunha e participante, como qualquer grupo de queridos membros da família, do Natal, do *Cristo nació,* nascimento do Salvador; da Páscoa, da Ressurreição de Cristo; de casamentos, festejos e missas acompanhadas por *mariachis,* primeiras comunhões, confirmações, batizados de pequenos bebês, dos últimos ritos para os entes queridos que tinham passado deste mundo, talvez alguns tivessem se esquecido de que o mural de Nossa Senhora, creio eu, teria merecido um sorriso do papado, pois retratava um acontecimento espantoso – o fato de Nossa Senhora ter aparecido para um homenzinho indígena, de pele bem escura, que era do grupo mais desprezado pelos conquistadores... todo esse "ponto decisivo da história das raças", esse acontecimento sagrado foi um foco inspirador de devoção, o orgulho de milhares de paroquianos daquela paróquia ao longo das décadas, assim como de muitos visitantes do mundo inteiro que vinham ver o belo mural de *La Señora* de Guadalupe nessa igrejinha. *"... vocês têm a oportunidade de se dirigir ao coração da humanidade..."*

Em particular, a comunidade de latinos que tinha lutado por décadas em busca de verdadeira aceitação e respeito pela instituição da Igreja, incluindo o fato relatado por um sacerdote de que foi somente a partir de 1970 que houve permissão para homens latinos entrarem para o seminário de padres no Colorado. Caso seja mesmo verdade, isso representa uma discriminação generalizada e uma imposição de uma falsa inferioridade sobre grupos de outros legados culturais, por aqueles que tinham influência sobre essas questões na época. Esse mural nessa igreja era uma libertação de toda aquela agressão cultural a pessoas que só por acaso pertenciam à cultura mexicana, aos indígenas americanos, da América Central, da América do Sul, e a outras heranças culturais de línguas latinas, mas na realidade pertenciam à eterna família das Almas.

Veem-se conflitos semelhantes com famílias de presidiários a quem a lei promete certas proteções e certas acomodações para elas e para seus entes queridos na prisão. Mas a verdade é que, infelizmente com enorme frequência, as autoridades locais contestam o que foi determinado por uma autoridade mais sensata. Isso é doloroso para as famílias; e parece uma armação totalmente enlouquecedora fazer promessas de ajuda e depois não cumpri-las. Nesse tipo de emaranhado institucional, às vezes pede-se em orações que todos os adultos racionais, providos de coração, voltem a pôr os pés no chão, de imediato. Às vezes, pode-se fazer a mesma prece perpetuamente a respeito do mundo fora dos muros também.

REVOLUÇÃO SIGNIFICA CRIAÇÃO! ALMA SELVAGEM INTACTA: CRIAR, CRIAR, CRIAR! O MODO DE BÊNÇÃO PROSSEGUE, MESMO POR TRÁS DE GRADES E MURALHAS

No entanto, percebi outra coisa nessa colocação forçada de Nossa Senhora atrás da parede branca, algo que costumava ver nos corações e mentes corajosos das famílias com entes queridos na prisão: ou seja, o enorme derramamento de arte que jorra direto do coração ferido.

Desde que o mural de Nossa Senhora foi forçado a ficar por trás de uma parede, toda aquela "reforma" inspirou solenidades, algo que faz tanta falta à espiritualidade moderna em muitos lugares. Não a pompa. Mas sim o ritual, tornar visível o amor das pessoas pelo Sagrado.

No que diz respeito ao encobrimento do mural de Nossa Senhora, as pessoas começaram literalmente a fazer procissões e marchas: peregrinações. Jovens e velhos reuniam-se para rezar novenas, antigos costumes que muitas vezes se perderam em nossos tempos modernos, porque os líderes com frequência estão legitimamente "ocupados", ou não viveram tempo suficiente para se lembrar dos "costumes antigos", ou às vezes lhes falta o talento para aglutinar as pessoas de modo significativo, com amor e carinho umas para com as outras, em torno desses queridos rituais. Raramente por falta de afeto ou falta de energia.

Nossa Senhora, no que alguns agora chamam de "prisão do armário de vassouras", inspirou um website no endereço wouldjesushidehismother. com [Jesus esconderia sua mãe?] que relata os esforços dos *Fieles Unidos* por trazer Nossa Senhora de volta literalmente aos olhos de todos. O episódio de "Nossa Senhora Atrás da Parede" inspirou poesia e diários. Uma peça foi escrita e será lida. Quadros foram pintados, alguns sacros, alguns em tom de sátira e alguns com esses dois aspectos. A parede atraiu o interesse de um documentarista. Nossa Senhora Atrás da Parede atraiu noticiários, ativistas, religiosos. Para muitos ela trouxe o antigo fogo dos dias de luta com Cesar Chavez e outros que são heróis locais: não desistir, não ir embora, mas sim continuar com todo o amor feroz, até vencer. E em tudo, mais do que qualquer outra coisa, está sendo portado um coração de amor pela prisioneira. Meu pai dizia que as batalhas que valia a pena travar são as que se travam *por*, não *contra*. Ele queria dizer lutar *não* contra outras criaturas, mas lutar por reunir o maior número possível de almas sob a "tenda da bênção" de Nossa Senhora.

Como é semelhante esse extravasamento de arte por e para os prisioneiros no mundo lá fora. Os grupos de mães, pais e filhos de presidiários de fato têm uma abundância de poesia escrita à mão, pinturas e ex-votos em placas, orações recém-cunhadas, ativismo, movimentos de base, comunidades de apoio on-line, busca de atenção da mídia, aliciamento de produtores de filmes e fotógrafos, troca de alimentos entre si, ajuda mútua para dar apoio à alma de todos, consolação dos aflitos, auxílio para os exaustos se levantarem, entre muitas outras coisas.

O mesmo, mas diferente. Mas o mesmo. As famílias dos presidiários entendem que a dor costuma causar a arte. Seu imenso extravasamento, não só de dor, mas de vida nova, é semelhante à situação onde quer que o Sagrado esteja encarcerado. Em North Denver, na Pequena Capela Sistina da Paróquia de Nossa Senhora de Guadalupe, muito embora a Santa Mãe ainda esteja atrás da parede, a revolução cresce a partir do aprisionamento.

Mais que qualquer outra coisa, vejo que a Revolução significa criar, continuar a criar mesmo enquanto se está contido, mesmo aprisionado. Se não pode dizer algo, escreva; se não pode escrever, cante; se não pode cantar, sussurre; se não pode sussurrar, sonhe e continue sonhando até que um belo dia...

Cria-se não para manter o *status quo*, mas para realmente enxergar além deste tempo e deste mundo, e então para liberar uma nova visão. "... *ampliar os horizontes do conhecimento e do empenho humano.*"

O comunismo foi derrubado pela interrupção do fornecimento de dinheiro, pela paralisação da cadeia de abastecimento, especialmente serviços, fosse a mineração, a queima, o transporte, a elevação, o içamento, fosse a fabricação.

Isso foi feito por pessoas que ansiavam pela liberdade. Nossa Senhora de Czéstochowa ficou escondida por um período, e então foi procurada e posta novamente em exposição pelos que a amam. Outros entraram na clandestinidade e ainda outros, mesmo em circunstâncias banais... aqueles que equivocadamente tentaram apagar as fontes de orgulho sagrado e amoroso da Santa Mãe com muita frequência encontraram meios para se reconciliar com verdadeira honra, com paridade para todos.

Para criar a Revolução, porém, o que os agentes da mudança não fizeram foi tão importante quanto o que eles realmente fizeram: eles não ficaram parados em silêncio, nem ficaram sentados sem se mexer. Eles pensaram muito, reuniram-se em grupos grandes e pequenos, não permaneceram apenas em seu local, tornaram-se globais pelo seu tempo, aliaram-se uns aos outros; avançaram; seguiram preparados para algumas vitórias, algumas derrotas; compreenderam que a solidariedade era estarem unidos num único princípio e manterem-se fiéis a ele com verdadeiro Amor, deixando que todos os outros itens de concórdia ou discórdia desaparecessem; para continuar sempre avançando.

Mesmo quem está encarcerado por suas visões, seus entendimentos, seus conhecimentos, cria de modo impressionante. Vemos pelos diários espirituais de homens e mulheres que escrevem da prisão que muitas vezes o fato de ser preso também se tornou parte do caminho espiritual da pessoa, com o objetivo de criar mensagens de liberdade e bravura não apenas para a própria sanidade, mas para o mundo. Nesse sentido, se fôssemos olhar por esse prisma, a prisão pode às vezes ser uma súbita verdade espiritual, ainda mais realçada talvez do que quando uma pessoa estivesse livre, mas com um foco mais difuso.

Embora muitos atribuam a revolução a batalhas, discursos e estratégias, muito mais que isso, de longe muito mais que isso, a formação de alianças verdadeiras e sinceras é provocada pela criatividade impressionante em todas os seus milhões de variações. Uma dessas criaturas de imensa criatividade foi o reverendo Martin Luther King, que pôs o que chamo de "quatro passos para a revolução criativa" em sua *Carta da prisão de Birmingham,* onde tinha ficado preso. Para mim, não existe conjunto de princípios mais concisos, mais profundos, mais verdadeiros, para a revolução pacífica:

"Em qualquer campanha não violenta, há quatro passos fundamentais: coleta dos fatos para determinar se existem injustiças; negociação; purificação do eu; e ação direta."[4]

O reverendo King está falando sobre caixas estanques sendo empurradas bem fundo abaixo da linha de flutuação para que o criativo "Ser do ser" se posicione em pé em ação íntegra. Ele não está falando de *chisme*, fofocas; mas de que fatos devem ser coletados; de que a pessoa deve estar aberta a negociações; aliar-se a outros pacifistas e grupos de influência e força; proceder a um autoexame espiritual quando se preparar para o enfrentamento, para que se esteja ao máximo possível na aura do amor; e então avançar em protesto não violento por muito, muito, muito tempo – pelo tempo que for necessário.

As pessoas vêm e vão. Para lá e para cá. Mesmo assim, em frente. Sempre avante. Nunca esquecendo o passado, sempre perdoando todas as pequenas fraquezas e fragilidades humanas, avançando a serviço da Mulher que nunca nos deixou sozinhos na prisão, Nossa Senhora.[5]

PIORANDO AS COISAS, MAS/E VEJAMOS, VEJAMOS DE VERDADE

Não sabemos o fim da história do mural de Nossa Senhora na Pequena Capela Sistina da Paróquia de Nossa Senhora de Guadalupe em North Denver. *Ainda* não conhecemos o fim da história. Mas sabemos mais uma página. Depois que a parede foi construída, alguém cometeu o triste ato de vandalizar o mural de Nossa Senhora de Guadalupe na prisão no armário. Parece que apenas duas pessoas tinham as chaves da porta que dava para o armário onde Nossa Senhora agora vive com São Juan Diego. Alguém entrou ali com uma lata de spray e escreveu de um lado a outro dela "*¡Ya Basta!*" e "*¡No Más!*". "*¡Ya Basta!*" significa "Chega!". "*¡No Más!*" significa "Não mais". Os que querem que a parede oculte Nossa Senhora talvez estejam pensando: "É, isso mesmo. Vão embora vocês, que querem a restauração do mural de Nossa Senhora. Estamos fartos de vocês." A maioria está confusa, sem entender por que a paróquia e a arquidiocese impediram que a polícia investigasse quem cometeu esse vandalismo. A paróquia diz que a igreja não tomará providências legais. As pessoas que se importam não entendem por quê.

Seja como for, muitos continuam a ter sentimentos ainda mais fortes que antes, no sentido de que não conseguem excluir esse belo mural das lembranças de seu coração, pois, além da Mãe e do Filho Divino, o mural da Santa Mãe representa sua gente, seus amados pais, avós e bisavós, que construíram esse lugar com as moedas ofertadas, com os dólares amassados nas bolsinhas de moedas, com seus dízimos honestos tirados dos salários-mínimos semanais, com seu dinheiro ganho a duras penas, doado com verdadeiro amor, a partir de seus ossos e seu sangue. O mural representa o testemunho da Mãe de casamentos entre os muito jovens, de batizados de bebês pequeninos, agitando os bracinhos, das últimas despedidas aos mortos queridos nas missas pelos mortos.

E assim a Santa Mãe estava em todas as festas de casamento, exatamente como nos tempos de outrora. Ela era a testemunha de todas as ocasiões de dar bênçãos aos jovens que confirmavam sua fé, exatamente como muito tempo atrás. Ela era A Mãe, que nos sustentava com ternura durante a unção dos enfermos a nossos entes queridos, muitos que se foram antes de ter muita oportunidade de viver. Ela estava sempre lá, vibrante, vasta e amorosa, pois é nossa *familiar,* nossa parente. Sempre presente com tanta energia. Sempre fiel a nós; e nós a ela.

E tudo isso está no interior dos próprios átomos do belo mural. Tudo isso está nas próprias pedras dessa igreja. Todo o coração valente do povo que resistiu está nesse local sagrado... pois esse lugar santo que contém o mural foi construído à mão, pintado à mão e mantido com o coração de pessoas que amam. E o mural de Nossa Senhora está vivo por décadas a fio, muito antes de qualquer um chegar a pensar em cobrir a Pequena Capela Sistina de Nossa Senhora de Guadalupe.

―※―

Por mais numerosos que tenham sido os desdobramentos dessa "reforma", como ex-paroquiana ainda creio que essa questão não se restringe a nenhuma decisão do tipo "os incomodados que se mudem" por parte de algum padre ou prelado. Existe outro caminho por seguir. Ele se chama "O Caminho", do qual *El Cristo Rey* nos falou. "O Caminho" não exclui a arte sacra nem as pessoas de plena emoção, nem Sua Mãe, nem os filhos dela que a amam exatamente como ela era. Ele inclui todas as almas. Ele inclui *ver* todas as almas. Inclui líderes que proporcionam cura e ajuda. E é por esse resultado, esse tipo de restauração, ainda mais que pelo próprio mural em si, que eu rezo... todos podemos nos unir nessa prece de restauração de todos nós e por todos nós, creio eu.

No momento em que escrevo, a paróquia ainda não atende a telefonemas que pedem e às vezes imploram uma visita a Nossa Senhora Atrás da Parede, pois não nos esquecemos de quem está só. Entretanto, a maioria de nós cresceu ouvindo estas palavras do manso Jesus, Filho de Maria, escritas pelo jovem escriba Mateus em tempos antigos. O Menino de Maria diz a Seus seguidores:

> Tive fome, e não me destes de comer;
> Tive sede, e não me destes de beber;
> Era peregrino, e não me acolhestes;
> Estava nu, e não me vestistes;
> Enfermo e na prisão, e não me visitastes.

Ele está tentando ensinar a Seus seguidores um modo de vida de devoção ao Criador e também às vidas das criaturas na Terra do jeito mais maternal de todos. Mas Seus seguidores não O compreendem e perguntam: "Mas, Senhor, quando foi que te vimos com fome, com sede, peregrino, ou nu, ou enfermo, ou na prisão, e não te socorremos?"

E o bondoso Jesus, Filho de Maria, responde:

> "Em verdade eu vos declaro:
> todas as vezes que deixastes de fazer essas coisas
> a um desses pequeninos,
> foi a mim que o deixastes de fazer."

O Filho de Maria quer dizer que, se não fizermos essas bondades a todos... se não nutrirmos os outros em termos espirituais e com delicadeza, se não saciarmos sua sede espiritual, se não aquecermos o que se arrefeceu em espírito, se não curarmos o coração, se não nos mantivermos próximos do espírito aprisionado... não tem importância se tivermos socorrido apenas a Jesus em seu sofrimento. Só tem importância quando oferecemos ajuda não aos reconhecidos, ao círculo fechado, mas sim aos famintos, aos sedentos, aos peregrinos, aos desprovidos de roupas, aos enfermos, aos prisioneiros, quer os conheçamos quer não, quer os compreendamos quer não, quer os tenhamos em alta estima quer não.

Assim, todos os desdobramentos da questão de Nossa Senhora Atrás da Parede na prisão ainda estão por surgir. Mas/E, se uma pessoa pode dar a ordem para encobri-la, acredito do fundo do coração que pelo menos uma pessoa pode dar a ordem para revelá-la outra vez.

Enquanto isso, Nossa Senhora revela-se plenamente em nossos corações e almas, pois, como o amor entre aqueles que têm parentes na prisão, nenhuma parede consegue separar o amor do Amor.

Sabemos onde ela está, tal como o radar do coração entre os que se encontram presos ao mesmo tempo, um por trás das grades e os outros mantidos afastados por circunstâncias fora de seu controle... Sempre sabemos onde Nossa Senhora está. Como o próprio Amor, ela não pode ser contida por grades nem por paredes. No momento atual, ela está subterrânea, acumulando energia, e está transbordando por toda parte... através de nós. Por toda parte, ela está se dispondo a alimentar outros espiritualmente, a saciar a sede espiritual de almas humanas, curvando-se para aquecer os que se arrefeceram em espírito, a curar o coração, a manter-se próxima do espírito encarcerado, incluindo em especial aqueles com os quais ela compartilha agora um destino: aquelas criaturas em prisões de verdade.

Ela é com isso Nossa Mãe, e Mãe de todos os Cativos. É Mãe dos Livres. É a Mãe Atrás da Parede, e ainda assim continua a ser a Mãe Invencível de Todos.

SANTA MÃE ATRÁS DA PAREDE

Pode-se construir uma parede, tentar subvertê-la,
Desqualificá-la,
Dizer que esta imagem dela,
ou aquela, é melhor;
dizer que esta é a única autêntica
qualquer coisa.

Mas o que me ocorre é que o
Criador,
a Origem sem origem,
não fez apenas um tipo de pássaro canoro,
não pôs aquele anjo alado
num céu que nunca muda,
que o Criador não dispôs que houvesse apenas
um tipo de filhos;
não criou todos os ovos sarapintados
exatamente iguais a todos os outros ovos sarapintados.

Está claro que se pode desfazer a parede por cima de Nossa Senhora,
E ao longo da história muitos o fizeram.
Mas não se pode,
mesmo que se quisesse encobri-la com tinta,
mesmo que se quisesse encobri-la com reboco,
mesmo que se quisesse arrancar a própria armação de sarrafos
e os parafusos,
mesmo que se usasse uma britadeira,
enquanto se sustentasse o teto com centenas de tábuas;
mesmo que se tentasse arrancar a parede inteira,
ela ainda estaria na poeira da parede anterior.
Ela ainda estaria nos átomos.
Ainda estaria pairando no ar ali.
Pois ela é indestrutível...
Na prisão.
Fora da prisão.
Ela é inteira e não pode ser apagada
porque é nossa.
E nós, você e eu,
com a maior certeza somos dela.
Todos nós.
Todos.

Contigo, Santa Mãe Atrás da Parede,
mesmo assim, todos caminhamos juntos, livres.

Contigo, Santa Mãe Atrás da Parede,
não há grades de ferro, não há paredes de barro.

Contigo, Santa Mãe,
não há ator ruim, somente o ato.

Contigo, não há condenação de natureza alguma...
Apenas a sentença perpétua...
Uma longa vida de Amor
e de ainda mais Amor,
contigo para sempre, Santa Mãe.

Amém, amém, amém.
Que assim seja,
assim seja,
assim seja agora,
que permaneçamos juntos,
siempre, sempre.

Ex-voto: "Nossa Senhora que refulge no escuro"

CAPÍTULO 9

Portando o nome da Mãe

Um homem chamado Maria

O nome do meio do tio Tovar era *Marushka*, Maria.

Como foi acontecer um homem com um nome de menina, Maria?
Na Velha Pátria, as pessoas não costumavam ter um nome do meio.
Mas Tovar adotou esse nome especial
por ter estado perto da Mãe Abençoada.
De um modo muito fora do comum.
Ele disse que adotou o nome de mulher por gratidão.
Prometeu que usaria o nome feminino com orgulho
enquanto vivesse...

Muito tempo atrás, durante uma guerra terrível que tinha cruzado e dizimado seu pequeno lugarejo, Tovar fugiu para se esconder na floresta. Os nazistas vinham em motocicletas e em carros abertos. Eles invadiam os povoados rurais, nas velhas estradas de terra batida, cada um com mais ou menos quarenta famílias.

Os aldeões não tinham automóveis, e seus cavalos ficaram de olhos apavorados com os roncos estridentes dos motores. Os velhos seguravam as rédeas dos cavalos, tentando acalmá-los, enquanto faziam gestos em silêncio para que os jovens fugissem correndo para os bosques...

As garotas num esforço muitas vezes vão de protegê-las do estupro, e os rapazes porque os nazistas tinham vindo para levá-los embora, para onde eles nunca mais fossem vistos outra vez.

Os nazistas já tinham raptado muitos rapazes de outros povoados, forçando-os a lutar por eles – ou seriam executados de uma vez.

Tovar estava no celeiro no alto da ribanceira, quando os aldeões ouviram os motores vir na sua direção, trovejantes. Alguns soldados nazistas já tinham vindo a seu povoado "no fim do mundo" algumas semanas antes para matar suas vacas e carneiros, para alimentar suas unidades. Por isso, as crianças, os idosos e os enfermos do povoado agora estavam aos poucos morrendo de fome.

Meu tio fugiu subindo o morro por trás do celeiro, com uma manta de cavalo jogada sobre os ombros, uma manta que ele próprio tinha tecido com a grossa lã vermelha, preta e branca que sua mãe tinha cardado à mão, fiado e tingido.

Meu tio escondeu-se no bosque. Esperou e esperou, pois ainda era dia, e não se atrevia a atravessar nenhuma estrada de terra batida.

Subitamente meu tio ouviu o forte guincho de um motor. Ele disse que se sentiu mal de repente, como no dia em que tinha ido a uma feira e por lá passou um circo ambulante, com um homem tão forte que conseguia fazer girar as crianças em torno de si minutos a fio pelo preço de um centavo.

Meu tio, com o coração batendo forte de medo, viu dois soldados nazistas parar o carro para se aliviar no bosque.

Meu tio dizia que todos nós sabemos quando começamos a morrer antes de morrer, pois de repente ele já não conseguia sentir suas pernas e suas mãos. Talvez eles já tenham atirado em mim, pensou ele, e o sangue ainda não tenha aparecido.

Ele começou a rezar e rezar para Nossa Senhora, com tanta intensidade que era como se estivesse "fazendo fumaça" para ela poder ver e vir ajudá-lo. Sua prece era de "pequenas palavras" mais ou menos assim:

Socorre-me, Marushka,
Socorre-me
Socorre-me
Por caridade, socorre-me
Por caridade, Marushka, Nossa Senhora...
Socorre-me!

Então, um soldado, segurando o pênis com uma das mãos
e apontando com a outra,

olhou direto para Tovar, dizendo:
"Olha que beleza aquelas rosas silvestres logo ali."
Meu tio teve certeza de que iria morrer naquele instante
– pois naquela direção só havia ele, magricela,
por trás de uma tora, e tão cheio de medo,
na sua manta de cavalo, vermelha, preta e branca.
Meu tio estava tão encurvado,
que seu nariz tocava o chão.

O outro soldado sacudiu o próprio pênis,
abriu as pernas,
dobrando um pouco os joelhos,
e o guardou de volta.
Abotoou as calças, dizendo:
"Não temos tempo para rosas agora."

E lá foram embora os soldados totalmente armados.
Numa leve neve de dezembro.
No auge do inverno de 1944.

Entre as tribos magiar e suábia,
E também entre alguns dos romanis...
seu nome é Tovar Marushka.
Entre nossos parentes do espanhol mexicano,
seu nome é Tovaro-María.
Nos EUA, seu nome é Tovar Mary.

Vai ser sempre assim,
pois meu tio é um fiel à moda antiga,
e na Velha Pátria
era um dever sagrado dar a uma criança o nome
da parteira
que não só trouxe a vida do bebê
de volta do Portão da Morte,
mas quem quer que fosse que com isso fez com que a criança se tornasse
uma das abençoadas, uma das que nasceram duas vezes.

*A Senhora Marushka foi a parteira
que provocou o renascimento de Tovar.*

*Naqueles tempos de guerra, disse Tovar, muitos rapazes
adotaram o nome de Maria quando tinham idade suficiente,
porque puderam ver que um homem podia ter músculos
e força, mas da Mãe Abençoada
eles às vezes conseguiam
o manto da invisibilidade.*

*Assim, por sua graça, aprendendo com ela
o cuidado pelos outros e seu amor pela humanidade,
eles tinham renascido.*

*E andam por este mundo com o nome de sua Parteira:
Maria,
Mary,
Marushka.*

ELA

CARREGA

A BRASA ACESA

POR TODA ESCURIDÃO

Ex-voto: "Ela que não pode ser apagada"

CAPÍTULO 10

Forjada na fornalha acesa
A Madona Negra

A Madona Negra costuma ser considerada misteriosa, talvez porque os que a contemplam não se lembrem bem de como seus próprios antepassados também criaram representações da Grande Mulher para a luz do dia e para a noite, como parte de seu próprio *zeitgeist* tribal. Assim, de um lado a outro do mundo, existe uma Santa Mulher Negra e a Divindade Negra também.... muito embora, em sua maioria, essas culturas afastadas, com uma memória tão ancestral da Madona Negra, pareçam não ter se influenciado umas às outras diretamente.

Às vezes, em nossos dias, se queremos compreender um misterioso ritual ou devoção de locais remotos, podemos examinar resquícios semelhantes encontrados em práticas modernas e ver a pulsação de significado nos rituais antigos ainda em pleno vigor nos tempos modernos.

Desse modo, minha avó Katerin mantinha rituais de sua formação tribal da etnia suábia, que "procuravam" a Madona Negra exatamente ali onde ela morava, fosse na Velha Pátria, como camponesa, lavradora-tecelã, fosse no Novo Mundo, como refugiada e imigrante. Eis como ela procurava pela Santa Mãe Que Resistia ao Fogo.

Quando eu era criança, nas casinhas dos velhos, de sarrafos ou de tábuas, nos pomares e florestas da região dos Lagos, havia dois fogos a lenha acesos; e às vezes também um terceiro. Um era o do fogão para cozinhar, e o outro o da enorme caldeira prateada que servia como uma fornalha primitiva para o aquecimento durante os meses de frio. E, se houvesse um fumeiro, dentro de casa ou lá fora num galpão alto ou puxado, para defumar carne de caça e outros alimentos, também haveria um terceiro fogo, preparado com ramos de árvores frutíferas, que emprestariam seu sabor de damasco, pêssego, cereja ou ameixa aos víveres que estivessem sendo defumados, por dias a fio.

Desse modo, minha avó tinha muito lugar para procurar suas queridas Madonas Negras, pois, depois que cada fogo tivesse queimado a maior parte das achas de lenha dura e macia, os galhos das árvores frutíferas, a madeira de sobra de construção, minha avó costumava perguntar: "Será que há alguma Virgem ali dentro?" Ela revirava as cinzas brancas e os restos enegrecidos das achas, levantando salpicos de centelhas laranja, sem parar de perguntar: "Alguma Maria da Noite aí dentro?"

Ela queria saber se restava algum pedaço de madeira queimada e enegrecida, de formato oval, que se assemelhasse de modo espantoso à forma corpórea da Mãe Abençoada, arredondada na cabeça, descendo harmoniosa, mais larga no meio, com um caimento mais para baixo, numa forma que mais ou menos representava o feminino e o materno – havia algum resto de lenha no borralho que ainda lançasse pequenas chamas?

E, sim, muitas vezes, eu a vi empurrar a ponta de uma acha queimada, com os polegares engrossados e rachados, enquanto dava gritinhos com o calor. Muitas vezes, eu a ajudei, usando atiçadores de ferro, não comprados em lojas, mas feitos por nosso tio ferreiro, para puxar os restos de achas pelo meio das cinzas, como uma mãe águia passando as garras pelos ovos para virá-los com delicadeza como uma forma de estimular os filhotes a nascer. E ali estava nossa *Omah* velhinha, agigantando-se sobre o fogo e as cinzas em seu vestido preto, lenço preto na cabeça e meias grossas de lã preta, tricotadas à mão – revirando os ovos negros das achas como se fosse uma mãe águia, acreditando que uma Mãe Maria pudesse nascer deles.

E com frequência lá estava a Grande Mulher, bem ali no fogo, uma pequena Madona Negra, às vezes descaracterizada, outras vezes com nítidas feições faciais. A velha Katerin dizia que essa Santa Mãe Negra possuía sabedoria, conhecimento e compreensão de como reparar a terra e fazer crescer as plantas. Essa pequena Santa Mãe de madeira negra, uma vez que esfriasse, seria a portadora de orações *dos Céus para a Terra*. É, dos Céus para a Terra, rezando para que nós agíssemos, imaginássemos, pensássemos, amássemos a serviço do bem e do fogo do Espírito por este mundo, estes povos.

E assim, ao encontrar uma, às vezes duas, num mês de fogos, ela levava as pequenas Madonas queimadas, tão pretas, rachadas e marcadas, lá fora para o campo. E logo havia uma verdadeira cerquinha de Madonas Negras meio enterradas, ao longo da divisão entre sua horta e seu trigal, bem ao longo da separação entre a lavoura e seu enorme jardim de flores e seu pomar.

Isso foi na época em que talvez os padres de pequenas cidades não tivessem recebido uma formação completa, parecendo não ter conhecimento das afirmações dos Papas de que os valores étnicos da Velha Pátria das pessoas deveriam ser incorporados ao catolicismo; na verdade, deveriam ser entremeados com os festejos, os jejuns, os rituais e as exibições coloridas, sempre que possível, para incluir todos e não excluir ninguém.

Mas, no tempo da velha Katerin, o padre da paróquia – que com uma frequência de levantar suspeitas aparecia "para fazer uma visita inesperada" sempre que havia na mesa um fumegante almoço de domingo que era só um pouco mais caprichado do que a comida de todo dia – criticava a velha Katerin pelas numerosas madonas de madeira queimada em seu campo. Ele dizia que aquilo não passava de "superstição" e queria que ela se desse conta de que a Virgem na realidade tinha cabelos dourados e cacheados, a pele como porcelana e trajes de seda de cores vivas.

Certa ocasião, a velha Katerin respondeu simplesmente que aquelas pequenas madonas protegiam seus campos e faziam suas plantas crescer mais. E o jovem padre passou os olhos pelas fileiras e mais fileiras de Katerin, com pimentões e pimentas de dez variedades e cores: seus belos pimentões verdes, amarelos e vermelhos; seus pés de pimenta-malagueta e pimentões para fazer páprica; seus longos pimentões amarelos, que se estendiam pelos campos. Olhou para as folhagens verdes das cenouras, semelhantes a samambaias, e para as espadas verdes das cebolas, que se erguiam da terra. Então, salientou, com ar de superioridade, que era evidente que as Madonas Negras "não estavam funcionando", porque as plantas estavam apenas com o tamanho normal. E não só isso: os tomateiros pareciam estar com algumas folhas murchas, por causa do sol forte.

Katerin só ficou ali parada, com seus sapatos enlameados e seu enorme e pesado regador de zinco. Ela apenas fez que sim. "O senhor tem razão, Padre." E deixou para lá. E continuou a vida inteira a procurar e encontrar Madonas Negras no fogo.

E... naquele fim de verão, nós rimos, rimos muito, porque o padre não se deu conta de que todas as madonas fincadas na terra não estavam voltadas para a horta, mas para o jardim de flores e para o pomar. As peras já estavam do tamanho de bolas de *softball*, e as ameixas do tamanho de limões grandes. E as dálias da velha Katerin ganharam o segundo lugar na festa da colheita do povoado naquele ano, por serem quase as maiores que já tinham sido registradas. Salvo essa outra senhora, que ganhou o primeiro lugar com suas dálias, que tinham o diâmetro apenas ligeiramente maior do que as de Katerin... do tamanho de pratos grandes.

A outra senhora que ganhou o primeiro lugar era a filha da velha Katerin, Kathe, minha tia tricoteira maluca, rainha do crochê, da Velha Pátria também, e a quem minha avó tinha dado algumas de suas Madonas Negras "forjadas no fogo" para plantar voltadas para o próprio campo de flores de Kathe... a oito quilômetros de distância.

A Madona Negra não precisa ser uma obra de arte criada por alguém de longe, do outro lado do mundo e dos oceanos. A Madona Negra é obra de arte no Havaí, feita de pedra oceânica; no México, de um tipo de pedra-pomes negra, entre o grupo tribal k'iche' dos maias na Guatemala; e mais de quinhentos santuários e igrejas da Madona Negra existem hoje só na França, e mais na Suíça, na África, na Ásia e por todas as partes do mundo.

Ela também pode ser um pedaço de carvalho, de freixo ou pinheiro que foi queimado no fogo. A velha Katerin costumava dizer que esse era o ponto principal das Madonas Negras tiradas do fogo... e o nosso também: a Mãe Abençoada pequenina e escura tinha sido queimada, mas não se consumiu. Ela ainda está aqui. Nós ainda estamos aqui. Ainda mantemos nossa forma sagrada, não importa por que fogo tenhamos passado. A Madona Negra diz: "Contemple meu rosto escuro, meu corpo queimado, e cresça, cresça, floresça, floresça. Não deixe que nada o detenha."

A Madona Negra, forjada no fogo, ensina o caminho.

MÃE DE PELE NEGRA:
SUA BELEZA, MENOSPREZO, CONTINUIDADE

"A mãe da pele." Em nossas famílias étnicas, estes eram alguns de seus nomes: *bor édesanya* e *la madre de la piel*, mãe da pele, alguns entre os muitos dados em homenagem à mãe natal, a mãe com a relação mais íntima de "não separação" de seu corpo, espírito, alma, mente e coração de seus filhos, nem no caso de seu "pequeno e amado prisioneiro", no interior de seu ventre, seu bebê em gestação. E essa é uma descrição adequada, um jeito sem rebuscamentos de compreender nossa relação com a Santa Mãe: nós também estamos presos, levados para lá e para cá no oceano vermelho que nos nutre e na escuridão florescente no interior dela.

Assim também é o nome da Santa Mãe nas tradições magiar e latina: *Egy sötét boru no* e *La Morena*, "a bela de pele escura". Costuma-se também encontrar essa denominação sendo usada em lugarejos onde há pessoas de origem romani, mourisca, africana, indígena, espanhola, bem como de outras tradições.

Além disso, a Mãe Abençoada é às vezes chamada de *Szuzanyám fekete* e também de *La Virgen Negra*, querendo dizer aquela que é desde um pouquinho até muito mais escura que outras Madonas, que muitas vezes são retratadas com cabelo claro, olhos maravilhosamente claros e uma linda pele pálida. Nossos mais velhos ressaltavam que a Mãe Abençoada, a Negra, tinha estado ao ar livre, em vez de dentro de casa. Por estar exposta ao sol e ao ar, ela foi beijada pelo sol. Assim, ela se torna ainda mais bonita com sua pele bronzeada e enegrecida.

Tem-se a impressão de que a Mulher Negra de Santa Beleza era mencionada em palavras sagradas muito antes que soubéssemos das muitas estátuas e imagens das Madonas Escuras colocadas em igrejas, catedrais, basílicas, templos e grutas no mundo inteiro. Muito tempo antes, ela já era mencionada no "Cântico dos Cânticos" de Salomão – um belo poema de dois amantes que falam um ao outro sobre como veem a beleza física, sexual, mas ainda mais a espiritual, um do outro, todas entrelaçadas, não uma separada das outras:

A esposa é morena
queimada por ter labutado
nas vinhas.

Diz-se que essa esposa, essa esposa formosa, com a cor negra azulada do crepúsculo, tem seios como dois filhotes de gazela – em outras palavras, seios com olhos doces como os cervos. Essa linda esposa é "morena" por trabalhar ao ar livre, ao sol, nas vinhas. O vinho que for feito a partir desse trabalho dará muito relaxamento, paz e harmonia à vida. Essa esposa de outrora não é folheada a ouro. Ela não é verde, vermelha, marrom, amarela, rosa, roxa. Essa esposa é negra. Ela trabalha com as mãos. Ela se curva para cuidar da parreira verde e viva. Ela toca a terra preta, as folhas verdes e as flores e frutos coloridos em ciclos, repetidamente. Ela caminha ao mesmo tempo nas terras incultas e nos espaços deliberadamente cultivados. Tentei entendê-la caminhando em dois mundos:

NEGRA

Negra porque
foi beijada
pelo sol.
Nossa Senhora é tanto o sol
que beija,
como a que é beijada.

Nossa Senhora atende por muitos nomes:
"Ela Que é Abençoada pelo Sol."
"Mulher Vestida de Sol."

Assim, começamos a ver todos os muitos aspectos pelos quais as pessoas imaginaram a Mãe Abençoada ao longo de toda a história, não importa em que parte do mundo vivam, não importa a crença religiosa que sigam: de um ouro rosa e luminosa, nativa da terra na qual e da qual vive, negra como a noite estrelada, vermelha como o barro da terra, verde como as folhas na primavera, começando a surgir do solo negro, dourada como o sol, e do roxo mais forte como se encontra nas flores que são chamadas de "tulipas negras".

Existem, porém, detratores da escuridão de *La Virgen*. Em escritos antiquíssimos ainda registrados, vemos as feições e a cor da pele da Virgem Negra ser atacados. Em livros de fins do século XIX e ao longo de todo o século XX, vemos que alguns observadores ficam desconcertados com essas imagens, ideias e seres humanos reais de pele escura que eram de uma classe social diferente, de um grupo racial diferente daquele dos escritores.

Num livro publicado em 1881, *Legends of the Madonna: As Represented in the Fine Arts* [Lendas da Madona: como representada nas belas-artes], de autoria da sra. Anna Jameson, de Boston (Houghton, Mifflin And Company), a autora mostra-nos os preconceitos antiquíssimos de alguns que tentaram petrificar *La Virgen,* amarrá-la, mantê-la sob um estreito facho de luz apenas, fazer qualquer coisa menos permitir que ela fosse definida em sua plena magnitude. Pelo contrário, era para ela ser retalhada e tornada "adequada" para combinar com os filtros humanos restritivos que fossem atirados sobre ela.

Seja como for, a sra. Jameson do século XIX esclarece que sua cultura da década de 1880 – através de lentes sociais borradas – não consegue perceber a Virgem Mãe de pele negra como bela ou aceitável. Ela lamenta e especula que as figuras artísticas mais antigas da Madona, de aparência toda dourada e luminosa, estejam aparentemente próximas demais dos seres humanos "normais"

"... para satisfazer a fé. [Pelo contrário] São as feias madonas antigas gregas, de pele morena... que o tempo todo recebiam o crédito por serem milagrosas; e "até os dias de hoje", diz Kugler, "o vendedor de limonada napolitano não permite em sua banca a instalação de nenhuma outra que não seja a formal Madona grega, de tez azeitonada e cabeça coberta por véu".

"O mesmo ocorre na Rússia. Essas imagens, nas quais não há o menor esforço de representação [do] real ou ideal... A mais adorável Madona de Rafael ou Ticiano não surtiria o mesmo efeito. Guido, que pintou ele mesmo lindas Virgens, ia todos os sábados rezar diante da pequena e negra *Madonna della Guardia*; e, como nos garantem, tinha uma devota veneração por essa antiga relíquia oriental."

E do mesmo modo houve padres, freiras e outras almas devotas por todas as Américas, por toda a África, por toda a Ásia, por toda a Polinésia e por toda a Europa que também iam cumprir seu trabalho diário, mas só depois de rezar diante da Madona Negra de seus antepassados remotos matrilineares ou patrilineares.

Depois de rotular de "feia" a Madona Negra, a sra. Jameson prossegue:

"Como algumas pinturas e imagens esculpidas gregas tinham enegrecido por causa da extrema antiguidade, alguns escritores devotos alegaram que a própria Virgem devia ter tido uma tez muito escura; e para corroborar essa ideia eles citavam este trecho dos Cânticos: 'Sou morena, mas sou formosa, ó filhas de Jerusalém.' Outros dizem, porém, que sua tez se tornou escura somente durante sua passagem pelo Egito. Seja como for, embora o fato de serem negras essas imagens devesse supostamente aumentar sua santidade, disso nunca houve imitação nas belas-artes; e está em total oposição à descrição de Nicéforo, a autoridade mais antiga, e que é seguida na escola grega."

"Cânticos" é outro nome para o "Cântico dos Cânticos". Em seguida, a sra. Jameson passa a citar o que, na sua época, é considerado o único modo correto de retratar a Santa Mãe:

"O traje correto da Virgem é uma túnica vermelha justa, de mangas compridas... e por cima dela uma capa ou manto azul. Nos primeiros quadros, as cores são pálidas e delicadas. A cabeça deveria estar coberta com um véu. Os Padres da Igreja primitiva, em particular Tertuliano, dão enorme importância ao véu de recato usado pelas donzelas cristãs; e, em todos os primeiros quadros, a Virgem está com véu. A Virgem entronizada, sem véu, com longas madeixas caindo de cada lado do corpo, foi uma inovação introduzida por volta de fins do século XV; começando, creio eu, com a escola de Milão, e daí em diante sendo adotada nas escolas alemãs e nas do Norte da Itália. As Madonas alemãs do tempo de Albrecht Dürer costumam ter cabeleiras magníficas e exuberantes, que se enroscam em cachos, ou descem até a cintura em belas ondas, sempre louras. As Madonas de cabelo escuro aparecem pela primeira vez na escola espanhola e, depois, na italiana."

A sra. Jameson tem mais a dizer sobre o fato de que a Mãe Abençoada jamais deveria mostrar o seio. (Receio que a sra. Jameson tenha se atrasado na advertência, pois uma das mais remotas pinturas rupestres da Santa Mãe a mostra amamentando o Menino Jesus, e com todo o assombro e beleza. Ela revela a santa simbiose entre a mãe e o filho. Alguns desses quadros que retratam a Mãe amamentando o Menino têm mais de mil anos de idade. Às vezes eles são intitulados, numa tradução do latim, "A Santa Lactação". Isso mesmo.)

A sra. Jameson também ressalta que os pés descalços de *La Virgen* jamais deveriam aparecer, mas sempre estar calçados com botas ou sapatos. E assim por diante. Tudo isso, sem dúvida, parecendo abafar o conceito tão humanitário da "mãe da pele", a amorosa Mãe que deu à luz seu Santo Menino, e a todos nós também.

Considero, porém, que os escritos da sra. Jameson têm valor, pois abrem uma janela que revela como os escritos de qualquer época podem sugar o sangue da santidade viva, prendendo e refreando tudo, em vez de permitir que a Santidade respire luminosa por si só.

Entre as velhas devotas em nossa família, há um ditado que diz: "*Não empurre tão fundo a semente, a menos que você queira fazer um cemitério em vez de um jardim*." Elas estavam se referindo às ninfeias que às vezes plantavam em grandes barris de nogueira-preta para recolher a chuva nos beirais de nossas casinhas estreitas. A ninfeia que cresce a partir da escuridão fértil é uma espécie de símbolo "emergente" de uma sagrada vida nova, cada planta enraizada na lama rica que a mantinha forte... e, por seu caule riscado de verde, ela crescia sem parar até a flor romper a superfície da água. A beleza e a vida da ninfeia verde-escura dependiam de ela aparecer acima da superfície, em vez de ser forçada a viver apenas submersa.

Também as Madonas Negras são mantidas acima da linha da água há séculos, perdurando em plena floração, contra todas as proibições, contra os dedos de acusação, contra a falsa classificação de todas essas belas imagens da Santa Mãe como "feias". Elas não são feias. São belíssimas. Melhor seria chamar de feia a noite com todas as suas estrelas do que não ver o absurdo de tamanho menosprezo a esse exemplo "santo e escuro" de *vive la différence*.

MADONA DO DIA E DA NOITE:
OMETEOTL Y LOS OJOS, A MÃE DOS OLHOS

Para mim, uma das características mais salientes de muitas Madonas Negras são os olhos. Quando examinamos as Madonas Negras que ainda estão intactas, em estatuária por exemplo, vemos uma peculiaridade extraordinária, principalmente em seus olhos. Elas dão a impressão de que não estão olhando apenas para este mundo. Parecem também estar olhando para um mundo totalmente outro. O olhar que apresentam costuma ser um que não está apenas "aqui", mas também vê "ao longe".

Isso me parece muito evidente em algumas das imagens da Mãe Abençoada, com sua bela pele negra, e ainda mais por seus olhos quase não terem pálpebras. É frequente que seus olhos sejam tão redondos e tão abertos, com a íris e a pupila bem no centro da órbita, e o branco do olho aparecendo em toda a volta, como se ela estivesse totalmente desperta e como se fosse permanecer para sempre desperta.

Ela dá a impressão de estar vendo, vendo de verdade com sua própria e extraordinária visão "negra". Na realidade, a luz negra pertence ao espectro do ultravioleta e revela, por sua radiação invisível de ondas longas, as coisas ocultas, formas, cores de criaturas, e outros detalhes que não podem ser vistos à luz natural.

Pode-se dizer que esse é um dos valores estranhos atribuídos à Madona Negra. Acredita-se que ela seja capaz de ver, saber e ajudar o que não está de início óbvio à iluminação comum de todos os dias. Portanto, muitos que a prezam consideram que ela intervém e ajuda a nos repararmos num nível que fica para lá do nível terreno.

Entre os que mantêm uma devoção por ela, a Madona Negra também pode ser compreendida como a que se posta na linha divisória entre a consciência desperta e a consciência dos sonhos... como se houvesse duas nações às quais ela pertence com plena cidadania, duas realidades, dois pontos de vista a respeito de tudo, por toda parte – e, nisso, um lado costuma ser muito mais orientado para o exterior, como na extroversão e em questões evidentes; enquanto o outro lado é muito mais revelador da psique interior e de questões e configurações ocultas por ela e nela – as raízes mais profundas do problema, a verdadeira base para a cura, para ver, para ser.

Costumam-se fazer súplicas à Madona Negra junto com seu Divino Filhinho Negro, para que cure a alma de uma pessoa profundamente, até os ossos, para que revele o problema direto a partir das raízes, para que abençoe o espírito que se encolhe, com a bênção profunda mais necessária para repará-lo e fazer com que volte à tona, de todos os modos que tenham significado mais profundo para o indivíduo.

A Madona Negra, em todas as suas representações, é conhecida como a que cura os inválidos, a que cura as mulheres feridas, os homens machucados e as crianças que tenham sido vítimas de violência e abuso. Não há nada de superficial em *La Virgen Negra*. Ela é mãe, mansa e terna; mãe perfeitamente alerta e vigilante; mãe ferocíssima e protetora; e mãe que cura os feridos mais graves.

E, ainda mais, ela porta uma terceira perspectiva, a mais sagrada de todas, na qual se reúnem as duas perspectivas polarizadas do interior e do exterior: e bem ali, naquele local de união, a Madona Negra se posta, abraçando os dois mundos, o mundo terreno dos fatos conhecidos; e o mundo do Espírito, profundamente criativo, cheio de insight e emergente.

Em nossa tradição mestiça, há um nome para esse conceito que contém em si muito do esforço de ver os dois lados, todos os lados, de todas as coisas: ver com olhos muito abertos em todas as direções, mantendo juntos o feminino e o masculino (às vezes chamados de o construtor e a centelha), o distante e o próximo, o sagrado e o que ainda não se formou, a virtude e mais do que ainda não se formou, a terra e o cosmos, a água e o fogo, os modos de sofrer e os modos de chegar à revolução que traz libertação e felicidade. Essa palavra é *Ometeotl*.

Essa palavra sagrada dos nauas, que é compreendida de muitas formas diferentes, refere-se essencialmente à força para além de meras imagens ou representações: ou seja, "O Tudo" criado, o universo conhecido e desconhecido. Diz-se que "isso tudo" também está de certo modo, em certa proporção, no interior de cada um de nós. Que nascemos desse modo, plenamente vivos e com a alma capaz de ser e ver todos os mundos: Ometeotl. Ouvir do Grande Espírito, Criador, a Origem sem origem, Deus Pai, a Santa Mulher, seria resumido por um antigo asteca na palavra sagrada: Ometeotl.

Nesse sentido, com sua "luz negra" que revela o que não pode ser visto apenas à luz do dia, a Madona Negra pode ser entendida como alguém que nos conclama a lembrar que o Eterno não está somente em tudo ao nosso redor, mas é também uma centelha dentro de nós, um território dentro de nós. Como examinei sua imagem de tantos modos, com sua bela negritude significando muito mais do que a simples cor, posso ver, com esse jeito mais pleno de enxergar através da luz lançada pela escuridão, que a Madona Negra é uma mãe que também tem consciência dos reveses que nos ocorrem, na escuridão e pela escuridão decorrente do desconhecimento, da falta de consciência, da ignorância e da inocência.

As atribulações do dia a dia podem ser consideradas "normais e corriqueiras", podendo prescindir de insights da "luz negra": um pneu furado; minha irmã que não me ligou, mesmo tendo dito que ligaria; meu vestido que rasgou no batente da porta. Em contraste, "questões noturnas" podem de repente surgir de forma misteriosa, às vezes com a aparência mágica de estar disfarçadas pelo inconsciente ou de brotar dele. Num momento, "sabe-se" que não se pode ficar. No outro, "sabe-se" que é preciso ir ali ou acolá em toda a santidade, no escuro.

A esfera de ação da Madona Negra parece ser, em grande parte, estimular o espírito humano a indagar e a ver além do "esperado", além do que é considerado o "único modo de ver corretamente", a captar o quadro geral para além do que é percebido com maior facilidade pelo ego em si. A ver com os olhos do Coração Imaculado, a ver com os olhos do divino Espírito do Menino Jesus, a ver com os olhos da alma atingida, mas plenamente radiante.

Nossas investigações "à luz negra" podem ter uma importância especial quando as questões são mais sérias, quando, por exemplo, acho que não fui fiel a alguma coisa importante. Acho que gostaria de criar vida de determinada forma, mas minha própria alma se sente frustrada por eu ainda não ter feito isso. Estes últimos são pensamentos que trazem muita magnitude para a alma, para o espírito, para o coração, para a psique. Ver que a Santa Mãe é bela em seus dons de iluminação especial permite que literalmente usemos a lupa do sagrado e vejamos realmente o que antes era invisível. Desse modo, estamos mais abertos para o caminho que é santo, sagrado e satisfatório, pois olhamos com olhos, como os dela, que conseguem ver ambos os mundos.

A Madona Negra, como conheço sua oferta infinitamente terna de insights, caracteriza-se por ser negra, não como algo "que não se consegue ver". É certíssimo que ela pode ser vista. Pelo contrário, ela é retratada como negra porque irradia "luz negra" que nos permite ver além do terreno, que permite que nossa visão passe do terreno e do profano e mergulhe nos aspectos mais profundos do mundo, da religiosidade sincera, da espiritualidade, da psique que contém tanto a alma como a divindade.

Sua "luz negra" ilumina. E também sob essa luz negra, seja de dia, seja de noite, podemos ver "a origem e a força do Amor Imaculado". Apesar, ou por causa, do menosprezo à Santa Mãe, com sua pele escura, ela ainda lança sua luz incomum em nossa direção, a partir do ponto de união entre dois mundos. Para que todos vejamos, como ela vê. Plenamente despertos. De olhos arregalados. Todos os mundos. Todos os valores. *Siempre*. Sempre.

NOSSA SENHORA DOS VAGA-LUMES

A Mãe Abençoada em todas as suas cores, desde a cor da lua nova ao escuro, ao pardo, ao oliva e negro, entrou em minha vida como um presente quando eu era pequena, porque eu tinha em meu quarto uma estatueta da Santa Mãe na estante feita em casa e de cores estranhas. Essa estante tinha sido pintada com tinta que sobrara da pintura da casa. Por isso, parte estava pintada de cinza de navio de combate, que era a cor das telhas de madeira da casa; e parte era verde-hortelã, que era a cor do piso onde ficava a bomba para tirar a água de nosso porão. Ela me parecia tão linda porque ali, numa das prateleiras, havia uma bela Madona carbonizada, de minha avó, uma encontrada no lar depois que as chamas tinham queimado quase tudo, menos essa pequenina santa escura feita de uma acha parcialmente queimada.

No dia em que a recebi das mãos da velha Katerin, eu a embrulhei num trapo macio que era na realidade uma camiseta cheia de furos mas limpa de meu pai, e então caminhei alguns quilômetros com minha pequena Madona feita de lenha queimada, para falar com o padre de nossa paróquia, um padre nascido na Irlanda. Eu talvez tivesse uns dez anos. Lembro-me de ter ficado confusa quando, depois de me perguntar como eu tinha chegado ali, o padre pareceu de repente estar com um cisco em cada olho.

E no entanto, quando eu a estendi para ser abençoada, o querido padre, homem santo, ergueu solenemente os três dedos e traçou no ar a cruz acima dela, dizendo devagar: "*Claro, e é muito bom vê-la de novo.*"

Senti que o padre não estava falando comigo exatamente. Ele estava me incluindo, mas na realidade falava mansamente com ela.

Ele explicou que, quando era menino, sua mãe levava todos os seus pintinhos à igreja carmelita em Dublin para ver a Nossa Senhora, recém-restaurada, que tinha sido caiada por alguma pessoa que considerara mais "certo" que ela fosse branca como giz do que em seu negrume original, com as cicatrizes do passar do tempo, desde que tinha sido esculpida lá no século XVIII.

Mas o povo de Dublin não queria uma Madona caiada. Queria uma Madona terrosa, que ficasse perto dele. Se ela assumisse um pouco do encardido do dia a dia, tudo bem. Ela era parecida com eles, os do povo. A poeira abençoa a terra batida. Eles a queriam com eles, disse o padre, em vez de elevada acima deles. Eles queriam uma mãe, com quem pudessem falar, que pudessem amar e que pudesse retribuir seu amor.

Fiquei apaixonada pelas verdades que o padre disse, mas principalmente por ele compartilhar comigo, apenas uma criança, seu amor de infância por Nossa Senhora. Senti que meu coração de criança e o coração de criança dele se encontravam dentro do Coração Imaculado da Mãe Abençoada.

Todos esses anos depois, com o padre sem dúvida no "paraíso irlandês onde os punhos simbolizam o vigor, onde se contam piadas, onde se oferece amizade aos solitários e onde se trabalha muito", penso em como todos nós, em alguma idade, chegamos a ter conhecimento de pequeninas capelas sagradas, quase sempre colocadas em nosso coração, quando tivemos até mesmo a mais curta troca de palavras e gentilezas com criaturas que estão diariamente praticando suas consagrações – não apenas seus votos, mas seus anseios e compreensões da luz sagrada que a tudo ilumina.

E então, depois de minha breve visita ao padre da paróquia, repleto de tanto elã vital por Nossa Senhora, voltei para casa e, em meu pequeno quarto, nas noites de verão, com minha Madona Negra agora devidamente abençoada, fiz dela uma pequena mulher para iluminar a noite.

Eu tinha apanhado um pote de conserva e, com uma chave de fenda e um martelo, abri uns furos para ventilação na tampa. E então, pouco antes de dormir, eu saía correndo, de camisola, e me embrenhava entre as espireias, os lilases e as fruteiras, eu mesma sem dúvida parecendo um espectro de fogo-fátuo, à solta, na noite. E então com enorme delicadeza eu capturava vaga-lumes, aqueles lindos insetos voadores, portadores de lanternas, que lançam uma luz tão dourada. Em nossa família, eles eram considerados *santitos,* pequenos santos que vêm clarear a escuridão para nós.

Abastecida, portanto, com os *santitos,* eu punha o pote de conserva na prateleira da estante em meu quarto na escuridão da noite. Como morávamos no "sertão", não havia iluminação pública naquela época, e era escuro – escuro lá fora – e dentro de casa durante a noite. Mas abaixo de Nossa Senhora, a Madona Escura, havia uma bela luz dourada, que refulgia, se apagava, refulgia, se apagava.

Os vaga-lumes são das criaturas mais belas criadas neste planeta, simplesmente lindos. Eles me lembravam a alma viva, cada um deles. E assim ali ficava o pequeno pote ao lado de meu fragmento de lenha, a pequena estátua negra da Santa Mãe. Eu me deitava na cama e só ficava olhando e pensando: "A Mãe Abençoada está se acendendo! Ela está luzindo, olhe! Está sendo cuidada por anjinhos pequeninos, que luzem e se apagam, luzem e se apagam. E em torno dela está a luz dourada dos anjos."

As velhas diziam que *La Virgen Negra*, a Mãe Virgem Negra, nos antigos rituais, vem com um colar de balas enroladas em papel, e ela mesma fez cada uma, um milagre direto de sua luz especial. Que, se prestarmos atenção, se desembalarmos esses *dulces* – pois um milagre é o que pode haver de mais doce –, encontraremos soluções genuínas para o que alguns denominariam equivocadamente "situações impossíveis". Por isso, às vezes nas tradições antigas a Mãe Virgem Negra aparece com um colar de milagres embrulhados. Assim, eu ficava em minha caminha e imaginava que os pequenos vaga-lumes eram um pouco como um colar em torno dela, que eram como balinhas. E, se você conseguisse de algum modo desembrulhá-los, se eles abrissem as asinhas, um pequeno milagre poderia cair dali, e você esperaria para ver o que poderia ser... pois decerto seria algum tipo de milagre de luz, saído direto da escuridão.

Quando amanhecia, eu levava meu pequeno pote de vaga-lumes lá para fora antes que o orvalho secasse, e punha os pequenos portadores de lanternas nas folhas dos lilases. Eles estavam bem vivos e sem dúvida muito felizes por estarem soltos novamente, depois de servir tão bem. Eu os abençoava, do mesmo jeito do padre, com três dedos, e passava meus dedos pelo ar, murmurando: "Muito obrigada por ter vindo ser uma luz para mim no meio da escuridão." Levei muito tempo para compreender que eu estava falando com a Santa Mãe: "Muito obrigada por ter vindo ser uma luz para mim na escuridão."

PRECE PARA VER

Que sempre saiamos do
emaranhado escuro
em que nos enredamos –
mais uma vez –
aquele completo com vendas
que não foram feitas por nós,
ou com folhas de janelas que
meticulosamente
martelamos à mão ao longo do tempo.

Que possamos, sim, nos alinhar
com a nítida visada da
Madona Negra,
e com seu enorme poder
para ver tão de perto
como meros humanos veem;
para ver como ela vê
com a luz negra
iluminando plenamente
qualquer coisa que irradie,
e suportar
o que virmos
com seu Amor Imaculado.

Que descubramos nossa cabeça
e olhemos para dentro, por baixo, por trás,
para além de todas as palavras e mundos;

e vejamos a alma alada,
iluminando o mapa encerado
de nosso passado, presente e futuro
que um dia pareceu tão oculto.

Que nossas rodovias
e caminhos sejam
Iluminados
quando passarmos o mapa
pela "luz negra"...
aprendendo assim
a viajar
com os olhos muito abertos,
e quando, por quê, como,
onde e com quem.

Que nos lembremos
de quanto é sagrada
sua "Fundição de Luz",
de como somos profundamente incubados
na Santa Mãe,
nós, os filhos
de pele escura
Santa Mulher
que não tem medo
de nenhuma escuridão.

Que sejam dados a todos
os meios de ver
que a maioria se beneficia
do crescimento,
em vez da restrição,
de suas almas.

Ex-voto: "Sanctu, Sanctu:
*Em pé sobre os ombros
de quem está em pé sobre os ombros de...*"

Ex-voto: "Nossa Senhora da Ponte Ferroviária"

CAPÍTULO 11

*Ninguém ruim demais,
cruel demais ou irrecuperável*

Como "*motherfuckers*" se tornaram
Mães Abençoadas

PRIMEIRA PARTE

Eu estava sentada no estacionamento da prisão no meu velho Ford Pinto avariado. Fiz o Sinal da Cruz, como sempre fazia, quando passava uma ambulância ou algum caminhão dos bombeiros, quando passava por um hospital, por um lugar sagrado, por um *descanso,* por pequenas cruzes brancas à beira da estrada – e também antes de entrar em situações desconhecidas, à altura das quais eu tinha esperança de conseguir estar.

*Mãe Abençoada, ajuda-nos a ver com teus olhos doces,
a falar com teu coração feroz.*

Essa era a oração que eu dizia desde a infância. Às vezes eu conseguia estar à altura de minhas próprias súplicas, às vezes não. A intenção era não parar de tentar viver o mais perto possível do sagrado coração da Santa Mãe.

Esse era meu primeiro dia de trabalho na prisão. Eu estava ali estreando como conselheira e professora de três matérias de educação na prisão para adolescentes: poesia, culinária e sexualidade humana. Eu estava com 26 anos de idade, e as detentas estavam entre os 12 e os 18. Estavam numa "instituição fechada", como era chamada, e eram classificadas pela burocracia como

"CHINS", sigla para "crianças necessitadas de supervisão". As crianças estavam presas por roubo, por drogas ou por transgressões repetidas. Algumas eram um perigo para si mesmas; algumas eram um perigo para outros. Disseram-me que muitas eram duras e frias como pedras. Mas, quando olhei ao redor, vi principalmente crianças de coração partido, simplesmente crianças.

Assim que passei pelos ruídos metálicos da segurança, encontrei-me cercada na "sala de recreio" pelas "gralhas", como vim a chamar as crianças carinhosamente. Muitas vezes encarceradas por períodos longos demais, elas exibiam intuições aguçadas que derivavam do fato de estar o tempo todo na defensiva em termos emocionais. Tinham uma curiosidade saudável, mas também um retraimento que as levava a bater as asas à menor mudança na rotina, na expressão facial, no tom de voz dos outros.

As dezoito gralhas que eu estava encarregada de ensinar tentaram imediatamente me intimidar. Na primeira aula, de culinária, irrompeu uma guerra de comida. Deixei que seguisse um pouco seu curso. Era só o equivalente a uma guerra de travesseiros, na realidade.

Mas as garotas com tatuagens de cima a baixo nos braços e pernas, com unhas pintadas de preto, batom preto, simplesmente me viraram as costas, dando gritos como corvos, quando eu sugeri que prestássemos alguma atenção à nossa confecção de pãezinhos de canela.

Elas estavam mais interessadas em atirar bolas de massa mole e açucarada umas nas outras; e em esvaziar farinha de trigo na cabeça umas das outras também. Não estavam interessadas em me ouvir falar com aquela minha seriedade de caipira de Indiana, tentando lhes transmitir a ideia de como toda a farinha de trigo, os ovos, a manteiga, a canela, a cana-de-açúcar, tudo vinha da terra por meio do trabalho de seres humanos e criaturas em conjunto, e isso não era uma bênção?

Elas vaiaram, e a situação ficou um pouco feia. Chamaram-me por nomes que eu só tinha ouvido muito tempo antes, na "rota dos perdidos". Lá nos campos e à margem dos rios, crianças magoadas e meio enlouquecidas, e às vezes adultos também, passavam a noite juntos, todos nós desesperados por superar alguma coisa ou alguém ruim. O linguajar não era educado.

Portanto, agora aqui na cozinha, com nuvens de poeira branca e palavrões voando de um lado para outro, achei que deveria continuar a ensinar, oferecendo às garotas algo que me ocorreu em outras ocasiões da minha vida, quando alguma pessoa teve sua atenção desviada por distrações.

Citei assim palavras sagradas, que diziam: "Esta história que estou lhes contando – sobre como insetos minúsculos mordem as raízes endurecidas das plantas para que os nutrientes trazidos pela chuva possam se infiltrar, para que a planta cresça e os humanos e animais sejam alimentados a partir dela – *só pode ser ouvida por quem tiver ouvidos para ouvir; só pode ser vista por quem tiver olhos para ver...*"

As garotas não ficaram impressionadas. Nem um pouco. Minha lógica brilhante foi imediatamente encoberta pelo voo de mais farinha de trigo e pela massa de cheiro agradável. E mais linguagem censurável.

POR QUE A PRISÃO É PRISÃO PARA O CORPO MAS NÃO PARA O ESPÍRITO

Prisão para crianças pode parecer a alguns uma coisa benéfica. Mas não é.

A prisão para crianças é prisão do mesmo jeito. Ninguém pode entrar. Ninguém pode sair, sem permissões e assinaturas em abundância. Todas as portas internas e externas tinham fechaduras duplas ou fechaduras com segredo, fechaduras eletrônicas, cadeados. Pessoas que eram chamadas de "conselheiros" tinham argolas enormes de chaves que faziam com que emitissem o mesmo barulho de garrafas térmicas quebradas, quando andavam.

O que torna uma prisão uma prisão? Em parte, é a total privação e degradação dos sentidos. Prisão é um lugar onde as três refeições por dia são murchas e desbotadas: alimentos de baixa qualidade, excessivamente cozidos, já não lembrando as cores encontradas na natureza fresca, vibrante. Frango de dorso gordo boiava em poças de gordura encaroçada. Atum desfiado provinha de latões de quase quatro litros e usava grossas mortalhas brancas de maionese barata. Salsichas engorduradas jaziam cheias de rugas. Sopa "creme de cogumelos" feitas com xícaras de farinha branca para engrossar – tão parecida com cola branca que dava para virar uma colherada de cabeça para baixo... sem a sopa cair. Feijão cozido no forno, tão ressecado que era preciso bater para desgrudá-lo dos tabuleiros de alumínio.

Prisão, um lugar onde, de modos estranhos, não existe privacidade; nenhuma liberdade para se afastar do barulho; nenhuma condição de não ouvir quando os outros choram, berram, xingam, urinam. Nenhuma condição de *não* sentir cheiros. Nenhuma condição de *não* provar o cheiro das fezes do outro.

Prisão. Nenhuma condição de proteger o corpo de vistorias de "segurança". Nenhuma condição de ter seu próprio rímel barato ou seu batom de 29 centavos, porque você poderia se ferir ou ferir outra pessoa com essas "ninharias" usadas para brincar de ser adulta.

E na prisão, embora algumas almas sejam portadoras da luz, algumas que fazem visitas "de igreja" para as crianças não lançam nenhuma centelha verdadeira de vivacidade para as almas amortecidas, não apresentam nenhuma prática espiritual do Amor que tenha descido à crueldade do mundo da rua – tirando do lamaçal os tesouros poucos mas muito verdadeiros.

Na prisão, não há condição de buscar a Natureza à vontade. Nenhuma possibilidade de ficar parado pelo tempo que se queira com uma brisa fresca empurrando o pescoço. Nenhuma chance de tentar escutar o estalido de galhinhos na floresta. De imaginar figuras nas nuvens. De percorrer uma distância maior que a extensão do refeitório.

E é verdade que havia "saídas" eventuais, não usando correntes, mas com correntes por toda parte, penduradas nas crianças de qualquer modo: a perda de um pai, um ferro no tornozelo. Perda do pai e da mãe: peia nos dois tornozelos. Um responsável ou ambos, presentes na casa, mas ausentes de si mesmos ou para os filhos – maiores restrições para a criança ser capaz de crescer e atingir a maturidade, de crescer com criatividade.

Além disso, na prisão, costuma haver uma redução do discernimento isolado, uma perda da capacidade para firmar uma posição independente. A tendência é o indivíduo se fundir num aglomerado com outros, cujas vidas podem, como dizem alguns, "não ter futuro". Na prisão, sopra um vento circular que empurra todos os presos a se unirem; e na medida do possível se tornarem um fio de uma "família escolhida", um tecido que supostamente deveria ajudar cada um, não a prosperar, mas a sobreviver nos níveis mais básicos, em termos emocionais e físicos. E nada mais que isso.

Ademais, muitas das crianças tinham cometido graves violações da lei, e mais de uma vez. Isso amarrava as mãos de muitos, dentro e fora do sistema, que estavam em melhor posição para ajudá-las. Com frequência, a lei ditava punições, e o coração humano – que abrigava um veredicto diferente – tinha de ser subserviente à lei.

Entretanto, também na prisão, abre-se uma larga rota secreta, e essa rota é formada pela atitude de cada alma – que afirma que o espírito, como um belo pássaro, pode voar por toda parte, plenamente vivo, visto ou não visto. Esse espírito jamais pode ser engaiolado. Jamais.

Assim, na aula de poesia, com minhas meninas gralhas, em momentos tranquilos, eu pude falar da "Ave das aves", o que alguns chamam de espírito, e outros chamam de lindo Espírito Santo feminino, aquele Espírito imortal, muitas vezes representado como uma pomba branca, Aquela que consegue passar voando entre as grades e sair por janelas; Aquela que nunca pode ser engaiolada.

Como não recebi a atenção enlevada das meninas na aula de culinária, agora, na aula de poesia, elas estavam quietas como só elas, enquanto eu lia em voz alta textos das santas místicas: Catarina de Sena, Teresa de Ávila, Sor Juana, Matilde de Magdeburgo.

Todas essas antigas poetisas, cada uma a seu próprio modo, bradavam com veemência que, em cada prisão, somente o corpo está por trás das grades e trancas, sim... mas o espírito impetuoso, cheio do fogo e do Amor do Criador e de toda a Criação, tem a liberdade para ir e vir quando e aonde quiser... a despeito de qualquer barra de ferro.

Quando cheguei à prisão, tinham me dito que as crianças que eu ensinaria eram em sua maioria de inteligência de normal para baixa. Isso não me impressionou. Tinha ouvido isso antes. Muito tempo atrás, era o que os professores diziam a meu respeito e a respeito de outros de famílias pobres de imigrantes e refugiados. Pelo contrário, minhas gralhas compreendiam a poesia mística perfeitamente. Depois que eu li para elas os escritos das santas, as meninas escreveram... sobre pássaros e liberdade agora, e sobre "um dia" que viria quando elas estariam livres para sair da "instituição". Pude ver sua alma em suas palavras, mesmo que muitas estivessem com a grafia errada e com linhas escritas que passavam todas tortas pela página pautada. Mas eu vi também que elas estavam escrevendo exatamente como um pássaro voa, com liberdade.

E foi o que eu lhes disse: "Nenhum pássaro voa em linha reta; eles sobem e descem, saem de lado. E nenhum pássaro... e nisto eu me incluo... sabe soletrar direito." (E aqui eu lhes contei um pouco de minha própria dificuldade para aprender a ler e a escrever, bem como da zombaria dos outros.) "Mas percebam, por favor, que as pessoas no mundo que encaram com seriedade a missão de ser um verdadeiro ser humano não costumam indicar a ortografia e a caligrafia perfeita como algo que represente o que elas mais gostariam de ser na vida."

Não! Muitas, muitas pessoas no mundo inteiro apontam para os pássaros, dizendo que querem ser livres como os pássaros, para alçar voo como os pássaros alçam.

As crianças escutavam com tanta atenção que alguns professores que passaram por ali, durante nossa aula de poesia, mais tarde me perguntaram o que eu podia estar ensinando. Eles nunca tinham visto aquelas adultas muito jovens tão caladas.

O que eu estava ensinando àquelas queridas gralhas era apenas o seguinte. Uma simples premissa sagrada na qual todos nós nascemos firmemente plantados: o conhecimento de que o espírito é livre, não importa mais nada. Que a cultura e talvez outras pessoas podem nos dizer mentiras sobre muitas coisas, mas existe esta nítida verdade: nós podemos crescer e podemos nos libertar, mesmo quando estamos em prisões de muitos tipos ou de qualquer tipo. Temos as cinco coisas necessárias para ser livres para sempre: *o Amor, o Coração, a Imaginação, o Espírito* e *a Alma*, que são somente outras palavras para dizer *asas*.

UM ATO VIOLENTO
VISTO POR MUITOS ASPECTOS DIFERENTES

Como lembramos com nitidez coisas que acontecem em ambientes pequenos: o som de uma porta de ferro que se abre com três rangidos, cada um mais agudo na escala que o anterior. Os rodízios metálicos de uma cama, parecendo uma pedra jogada num bando de galinhas. Grandes portas de tábuas sem portinholas – quando batidas com raiva – davam a impressão de que os próprios anéis na madeira tremiam.

Mas há um som que sobressai na minha lembrança, mesmo agora, quatro décadas depois. Durante minha primeira noite no trabalho da prisão, o "chefe" do refeitório berrou pedindo "Silêncio!". Mas as crianças continuaram a berrar e a circular, em vez de se aquietar.

Eu estava voltada meio de lado, falando com uma criança, e, por isso, não vi o "chefe" grosseirão, quando ele pegou uma enorme travessa de porcelana branca, cheia de comida. De repente, ele atirou a travessa com toda a força na parede de tijolos a menos de um metro de distância, onde ela se estilhaçou.

Minha Nossa Senhora! O barulho de um fuzil! Como? Onde? Quem? Por quê? Como especialista em traumas, eu estava agachada e procurando ver o vermelhão brotando dos corpos das crianças ao meu redor ou do meu. Por um longo instante, o silêncio foi total.

Mas então, quando se tornou claro que não havia arma alguma, que agora só havia uma bagunça de comida atirada para todos os lados no meio de estilhaços... começou uma gritaria, com vaias. As crianças estavam se manifestando: Você não nos assustou! Não nos assustou! As meninas não paravam de assobiar do mesmo jeito que pessoas que servem em restaurantes costumam fazer, quando de repente se espantam com uma pilha de pratos que cai com estrondo no chão da cozinha.

Contudo, os estilhaços que saíram voando por pouco não tinham atingido direto os olhos de quem estava perto da parede de tijolos. E era assustador ver o chefe naquela hora. Você já viu um ser humano tão enfurecido que fica com reentrâncias de cada lado do nariz, de inspirar o ar com tanta força que os seios da face se esvaziam? Isso e também a veia inchada na testa dominavam o rosto do chefe. Sim, ele tinha conseguido nossa atenção.

E, enquanto eu acalmava a mim mesma e às crianças perto de mim e o examinava através dos olhos de Nossa Senhora, vi que ele não era um homem ensandecido, mas um homem assoberbado, um homem atormentado, uma pessoa que, ao longo das estações, tinha recebido o que sobrava de crianças que um dia tinham sido como jovens milharais, mas tinham sido despedaçadas por um excesso de granizo antes de chegarem a amadurecer em plena floração.

E agora, não intencionalmente, mas com uma exasperação abjeta (e creio também com pesar), ele acabava de dar às crianças mais um exemplo, muitas vezes uma repetição do que acontecia em suas casas, de como lidar com a frustração e a raiva – com somente mais frustração e raiva.

Esse acontecimento da explosão dos estilhaços foi um momento crucial em minha vida. Aquele descontrole súbito por parte de um cuidador, de um encarregado de cuidar, de uma pessoa no comando, de um professor, uma pessoa que deveria ter um comportamento exemplar – que no entanto se tornava um "mau exemplo" –, não era novidade para mim. Tínhamos tido professores semelhantes no ensino básico e no ensino médio, os quais perdiam o controle e descontavam nas crianças, que ainda não eram maduras segundo um critério geral.

O chefe que perdeu o controle tinha baixa tolerância diante da frustração. Um jovem estagiário em visita abandonou o estágio de imediato. O estagiário disse que era difícil aceitar ver um adulto perder o controle por estar furioso com as jovens que não conseguiram se controlar quando receberam essa ordem.

Não pude culpar o estagiário por desistir. Cheguei a cogitar isso também. Mas pensei: Se você for embora, quem vai ficar aqui? Foi assim que acabei instalando na prisão minha parca bagagem. Mas também eu ouvia uma voz em minha mente, um conhecimento adquirido a duras penas em outros lugares: Será que eu poderia "aguentar as pontas", como se dizia nos barcos lá nos Grandes Lagos, tanto calmos quanto tempestuosos, onde eu cresci? Eu achava que poderia... simplesmente me manter ali disponível "aguentando as pontas" na prisão com as crianças, não importava quais fossem as condições do tempo.

Depois haveria quem culpasse as crianças no refeitório por não cumprirem as ordens imediatamente, e haveria alguns castigos para determinadas crianças ficarem sozinhas em quartos trancados. Embora a desobediência fosse em parte verdadeira, eu ainda me perguntava. Não era provável que Nossa Senhora também se manifestasse? "Por caridade, meus queridos, percebam o esgarçamento, o desgaste de todos os envolvidos, e será que esses tão jovens, e os tão mais velhos, não deveriam sempre ter permissão para mais oportunidades?"

Reformas: em nossa família, contávamos uma história de como Nossa Senhora, a Mãe perfeita, repreendeu seu Filho por amaldiçoar uma árvore frutífera, apenas para exibir Seus poderes do outro mundo. Ela Lhe disse: "Não, não, mesmo que você tenha poder para fazer o mal, não o faça."

Se houve mais oportunidades para o Filho Divino, seria preciso que houvesse mais oportunidades para os filhos terrenos de todas as idades também.

Mesmo assim, alguns de meus professores na universidade, eles mesmos empedernidos, muitas vezes reiteravam em ocasiões semelhantes: "As crianças violentas só entendem a violência."

Pode ser, pensei. Mas pode ser que não. Fui criada numa família com alcoolismo e embriaguez, gritos e discussões constantes entre os adultos e socos que vinham voando. Não se podia confiar em que houvesse refeições tranquilas, nem dias ou noites de calma, a menos que houvesse visitas em nossa casinha minúscula de dois andares naquele fim de mundo. Os adultos dirigiam expressões vazias para os conhecidos e os desconhecidos, mas crueldade para a criança que tentasse de algum modo interferir nos seus colapsos diários que os mergulhavam numa raiva descontrolada, na bebida e em brigas.

⁂

Às vezes, viver num turbilhão diário cria o "amor do Amor" de um modo que poucos outros percalços conseguem criar. Temos escolhas quanto a como exibir nossas feridas. Podemos escolher ser amargos, ou ser melhores que...

Assim, na prisão das crianças, tive esperança de que uma boa reação pelo ensino seria a de dar amor e oferecer estabilidade, *respeitá-las*. Não recapitular suas histórias já tristes arrasando-as, deixando-as esfarrapadas, mais uma vez. Ser a mesma pessoa equilibrada com cada uma, tanto quanto possível: percebê-las, dar-lhes ouvidos, descobrir seus dons e iluminá-los.

De fato seriam esses meios muito mais pacíficos que importariam, mas somente de um modo. O outro modo era verdadeiramente violento. Um estranho tipo de violenta intenção espiritual me dominou.

Eu ainda tinha muito por aprender. E ainda tenho.

Nossa Senhora me ajudaria. Ela se curvaria para me ensinar. Ela ensinaria a todas nós.

TATUAGENS DA PRISÃO, E UMA INTENÇÃO VIOLENTA DO ESPÍRITO

Um cartum inocente dos meus preferidos que trago sempre na mente é o de dois velhos no alto de um telhado, contemplando as ruas lá embaixo. A via está lotada com centenas de homens, mulheres e crianças tocando violinos a não mais poder. Um velho preocupado diz ao outro: *Isso não pode continuar! Precisamos parar com os "violinos" na rua!*

O jogo de palavras entre "violinos" e "violência" tem uma estranha ressonância além do trocadilho óbvio. A palavra *violência* no uso moderno está associada com maior frequência a atos ou palavras prejudiciais. Mas no antigo significado latino a *violência* se refere à impetuosidade, querendo designar algo vigoroso, como corredeiras de um rio.

Por exemplo, consideremos a beleza e a violência de quem ergue o violino e passa o arco pelas cordas a fim de ouvir sua voz. Esse movimento e essa emoção são, de fato, muitas vezes chamados de "ataque" ousado e sutil ao belo instrumento.

Durante um "ataque" desses, de algum modo praticamente não dito, o músico deve deixar para trás sua inteligência para, em vez disso, agir com vigor, disciplina, mas também de modo controlado e "furioso". Esse tipo de fúria criativa é confiante, capaz e tem discernimento para ser ao mesmo tempo terno e intenso.

Foi alguma coisa desse tipo de "ataque" que me ocorreu em seguida na prisão das crianças. No final, eu não tinha certeza de quem era o violino, quem era o músico, quem eram as cordas, o arco – só sabia que o instrumento tinha sido erguido e Mãos Superiores aparentemente invisíveis tinham efetuado o "ataque" – e a música tinha começado.

Assim, depois do começo difícil de ser essencialmente ignorada e alvo de provocações pelas molecas na prisão, aprendi que ensinar culinária era realmente dar uma aula sobre a sexualidade humana! Pois cozinhar e assar juntas dá às mulheres jovens uma oportunidade de falar livremente ao ritmo das mãos amassando massas, do vapor subindo e das batedeiras chiando. Ali existe uma ressonância para o que é orgânico e portanto para os sentidos corporais.

Vim a compreender que a aula de poesia era de fato uma aula de culinária, em que se combinavam ingredientes exóticos e básicos, e eu elogiava minhas alunas pelo sabor estranho ou palavra excêntrica num poema que transmitia o aroma com perfeição.

Misteriosamente, descobri que aulas de sexualidade humana eram na realidade uma formação em poesia, já que eu trazia poemas de amor de Neruda e Lorca para ler, lado a lado com a realidade dos fatos fisiológicos.

Então, lembra-se das jovens gralhas na minha primeira aula, com todas as tatuagens, batom preto e esmalte preto? À medida que elas permitiram minha aproximação, descobri que o batom era na verdade tinta diluída de canetas hidrográficas pretas, da mesma forma que o esmalte preto nas unhas. As tatuagens eram feitas do mesmo modo nos braços e pernas, a maioria não com tinta por baixo da pele, mas sobre a pele.

Era difícil deixar de perceber que uma das tatuagens mais proeminentes nos antebraços das minhas gralhas – com alguma semelhança com a antiga letra gótica alemã ou com alguma antiga caligrafia inglesa – era uma palavra grosseira: *fucker*.

Com o passar do tempo e dispondo-me eu a compartilhar as histórias de minha vida sobre minhas dificuldades de aprendizado e meus esforços na escola, desenvolveu-se entre nós uma confiança corrosiva. Digo corrosiva porque, à semelhança de pessoas com inanição, quando resgatadas, por terem passado tanto tempo sem comer, ocorre de início uma sensação de corrosão, quando sentem o calor do alimento outra vez – ou o calor do cuidado autêntico. No entanto, nessa confiança que começava a crescer entre nós, senti que podia, sim, perguntar a respeito desse hieróglifo atrevido em seus braços e coxas: *fucker*. Algumas de minhas meninas valentes disseram com orgulho que sua tribo era a das "*Mother Fuckers*".* E você sabe aquele olhar nos jovens, do tipo de olhos de peixe morto no gelo, e como lanternas traseiras vermelhas meio refletidas nos olhos, dizendo: "E aí? Vai fazer o quê?"

Bem, pensei eu, *vou* fazer o quê? Decidi que o que eu ia fazer a respeito daquilo tudo era... exatamente nada. Que continuaríamos a ouvir poesia dos poetas espanhóis, amargurados, antifascistas; dos poetas chilenos tão loucamente apaixonados, dos audaciosos salvadorenhos, dos guerreiros poetas nicaraguenses, dos corajosos poetas cubanos... e de qualquer poeta indomável de qualquer continente de quem eu pudesse encontrar um texto para arejar e ler para as jovens. E cozinharíamos. E falaríamos sobre sexo. E seria suficiente, de algum modo, ensinar, abrandar, ajudar, sustentar a alma em todas essas questões, tão difíceis, tão dilacerantes para muitas.

Muito embora houvesse grande quantidade de regras na prisão das crianças, havia outra autoridade à qual eu tinha de obedecer, uma autoridade que tinha outros imperativos a que eu estaria encarregada de obedecer literalmente, *ao pé da letra*.

Essa autoridade era *La Señora*, a Senhora Máxima, Nossa Senhora de Guadalupe.

O REAL SIGNIFICADO DE *MOTHER FUCKER*

A primeira intervenção de *La Señora* ocorreu após uma dessas discussões com as garotas, depois das quais você se pergunta o que as pessoas responsáveis por instituições pensariam a respeito de uma conversa aparentemente tão absurda.

---
* Expressão usada em gíria para designar alguém desprezível, safado. Em inglês, a essência do insulto recai não sobre a mãe, mas sobre a pessoa insultada, que seria capaz de fazer mal à própria mãe. Quando uma pessoa usa o termo *mother fucker* para designar a si mesma, está avisando aos outros que é uma pessoa perigosa. (N. da T.)

Começou quando, na aula de culinária, levantei o tópico sério da possibilidade de um marcador permanente envenenar as garotas, quando elas o usavam para tatuar a pele. Será que o corpo absorvia a tinta? E a tinta era tóxica?

De repente, a conversa mudou, e minhas gralhas começaram a sair do sério. Elas me desafiaram com sarcasmo, provocando-me: Eu não gostava da expressão "*mother fucker*"? De qualquer modo, que tipo de mulherzinha eu era se não conseguia encarar aquela palavra? E só para completar, só para ver se eu ia desmaiar ou qualquer coisa semelhante, elas começaram a uivar e gritar a palavra "*fucker*" umas dez vezes em cinco segundos.

―――

Mudei o rumo, explicando que "*mother fucker*" não era exatamente uma expressão que representasse altas aspirações para mulheres. Que, na realidade, essa expressão era uma infecção de baixo nível, iniciada por homens que podiam de fato sentir reverência pela própria mãe, mas usavam essa expressão agora na tentativa de insultar e intimidar outros homens.

De qualquer modo, eu disse que exibir com orgulho uma marca como aquela dava a impressão de que a chama do amor-próprio da pessoa estava horrivelmente baixa – e até quase se apagando, quando a pessoa se insultava com um carimbo cultural tão desprezível que tinha sido transmitido sem plena compreensão – e que a expressão *não* era nem sequer *original*... sendo a originalidade algo que eu sabia que as garotas valorizavam.

Fiz mais uma tentativa.
– Olhem – comecei...
– Você não é nossa mãe!! – disse uma garota, com grosseria.
Da minha boca, antes que eu pudesse pensar, saiu:
– Isso é o que você pensa!!

A última coisa no mundo a fazer com crianças ou adultos renitentes é desafiá-los, responder no mesmo tom, essencialmente. Mas era isso o que eu tinha acabado de fazer. Ou melhor, era o que tinha sido feito através de mim.

Previsivelmente, as garotas todas como que apagaram os olhos, zombando de mim, dançando e se requebrando, enquanto imitavam minha postura recente – com as palmas abertas na direção delas num esforço de fazer uma ponte.

Mas eu sabia uma coisa que elas ainda não sabiam. Alguém, diferente do meu pequeno eu, tinha dito: "Isso é o que você pensa!" Eu não estava sozinha.

Naquele instante, eu tinha sentido aquele conhecido cutucão urgente atrás do ombro e ouvido as palavras exatas por dizer, enquanto me descobria dizendo-as em voz alta, com veemência, com violência! "Isso é o que você pensa!"

Agora, para piorar as coisas, antes que eu pudesse avaliar a situação melhor, outras palavras saíram voando da minha boca, não altas, mas com uma força enorme: mais um desafio às garotas. (Você sabe como é perda de tempo desafiar as pessoas quando elas estão no meio de zombarias? Creio que foi numa situação dessas que foi inventada a expressão "cuspir para o alto". É um ato que só traz mais daquilo que se estava tentando anular e evitar.)

Mas não havia como parar a voz de Nossa Senhora dentro de minha voz. Ser literalmente inspirado é realmente parecido com dar à luz: há um momento até o qual se tem controle; e então ocorre uma virada e é impossível parar mesmo que se tente com todas as forças – tudo é despejado de uma vez.

Foi assim que cheguei a perder a cabeça e acabei lançando este desafio para as garotas:

> *Se eu conseguir lhes contar uma história melhor sobre o verdadeiro significado de cada letra da palavra* "fucker", *vocês se dispõem a pensar na possibilidade de transformar a tatuagem em seus braços em alguma coisa que as ponha para cima em vez de derrubá-las do jeito como se faz agora?*

Toda a argumentação das garotas, "uma discussão ruidosa" como alguns a chamariam, parou. Simplesmente parou.

Depois, risadas. Deboche. Costas voltadas para mim. Alguns gestos vulgares de mão que as garotas já sabiam que eu considerava cansativamente previsíveis e nada originais.

"OK, OK", disse eu. "*Umas duas semanas, deem-me duas semanas para transformar a palavra* fucker *bem diante dos seus olhos, como mágica. Vou lhes mostrar o que a palavra* fucker *realmente diz.*"

"Está bem, está bem", disseram elas. E fugiram do assunto com uma guinada, tagarelando sobre como Carlos "escapuliu" na semana passada, e eles ainda não o tinham trazido de volta para o presídio. E como ele era demais por ter fugido e blá-blá-blá... uma tristeza disfarçada com risadas que não eram alegres, mas algo muito mais amargurado.

Considerei que seu "Está bem, está bem" queria dizer "É. Vá em frente. Tente nos mostrar qualquer coisa".

E assim, naquela noite, entrei em consultas cheias de orações, cheias de pesar, quase sem esperanças, com Nossa Senhora, andando ao longo da rodovia por onde zumbiam velozes oito faixas de carros, perto de um velho viaduto. Quando eu tinha andado mais de um quilômetro imaginando-me no lugar das crianças gralhas, no meu próprio, no de Nossa Senhora, Ela já me dizia que todas nós podíamos sair vitoriosas; e me passou a história para a primeira letra da palavra "*fucker*", a verdadeira história do "f".

SEGUNDA PARTE

O QUE A LETRA "F" PODE SIGNIFICAR

fucker

No dia seguinte, quando as garotas e eu estávamos todas na aula de culinária, desenhei a letra "f" na massa de biscoito. "Este é um jeito de a palavra *fucker* ter um significado melhor", disse eu.

Ganhei sua atenção imediatamente.

"Estão vendo esse 'f', a primeira letra?"

f

f

"Vou encompridar sua perna, assim, estão vendo? Agora, o 'f' no início está transformado no cajado do Pastor que não permitirá que um único cordeiro se perca na escuridão da tempestade."

Era uma vez um pastor que era um protetor de todos os cordeiros. Mas, de repente, começou uma tempestade, e havia um único cordeirinho que ainda estava lá fora, perdido. Ele podia contar com esse pastor, que saiu no meio das saraivadas de chuva e neve. Ele subiu, subiu, sem parar, pelas saliências rochosas, até conseguir encontrar aquele último cordeirinho, que estava todo trêmulo e apavorado, grudado num degrau na rocha. O pobre cordeirinho não conseguia descer sozinho.

E assim o Pastor foi escalando de um ressalto estreito para outro, apanhou o cordeiro macio e o acomodou em torno do pescoço, para então carregar a criaturinha montanha abaixo até um lugar seguro.

"E, assim, o que vocês veem agora no início da palavra 'fucker' já não é um 'f'. Isso aqui agora é o cajado que o Pastor usa para escalar a montanha traiçoeira e trazer para baixo o cordeiro perdido e assustado."[1]

E, durante a narração da história do Pastor que sai na tempestade para buscar aquele único cordeiro apavorado, as meninas de início ficaram inquietas e depois se calaram. E então, cutucando-se umas às outras, deram gargalhadas estrondosas, sem nada a ver com o que tinham acabado de ouvir. Um tipo de deboche, mas muito mais curto do que quando eu tinha chegado à prisão de crianças.

⚜

É uma característica estranha dos seres humanos que têm medo de ser verdadeiros diante do coração dos outros: eles temem alguma retaliação por ser. Eles costumam rir quando estão amedrontados... ou comovidos.

MAIS UMA VEZ A LETRA "F"

Naquela noite, voltei a caminhar pela estrada lateral da rodovia de oito faixas. Nossa Senhora disse:

– Foi bom. Mas não é só isso. Mais letras. Mais oportunidades. Mais transformações.

– Diga-me – implorei.

– Vou dizer – respondeu ela – quando você chegar lá.

– Ai, ai, aaaai! Não dá para me dizer agora?

— O que você acha que a fé é na realidade?
— OK, OK. Se é essa a sua vontade, *mi Señora*.

No dia seguinte, na aula de poesia, as garotas estavam esperando, mas fingindo que não queriam ouvir mais nada sobre a transformação da palavra da letra *f*. Eu mesma estava me sentindo insegura, esperando ouvir o que Nossa Senhora tinha em mente. Só para ter um começo, peguei uma folha de papel, desenhei o cajado do Pastor, hesitei um instante, e então tracei um "M" maiúsculo por cima do cajado do Pastor, dizendo que esse era o símbolo da Mãe Abençoada, que é conhecida desde o início dos tempos... e que foi ela quem carregou em seu corpo Aquele que foi o Deus de Amor... Aquele que cuidou especialmente das crianças. E havia séculos que sua assinatura era o "M" maiúsculo...

Eu disse que o Deus de Amor é também o Pastor que veio do corpo da Santa Mãe, essa Mulher com M Maiúsculo, que também foi chamada de forte o suficiente para ser a "mãe de Deus". Uma mulher forte, valente e poderosa, que protegia seu Filho, sem se importar com mais nada.

Portanto, aqui no início "daquela palavra" estavam a Mãe e seu Filho, o "Verbo Feito Carne".

Tudo isso expliquei na língua das ruas. Elas entenderam. As garotas entenderam mesmo. Seu silêncio e profunda abertura de alma diziam isso. Elas compreendiam a Mãe que cuida do Filho e o Pastor que cuida do menor cordeiro perdido. As garotas entenderam porque ansiavam por isso; e também por instintos maternais naturais em si mesmas. Em segredo e profundamente, elas se importavam com muitas pessoas e coisas, especialmente com o vulnerável e o poderoso – dentro de si mesmas – e nos outros também.

Mas, dentro de alguns minutos, rompeu-se o encantamento do instante de história sagrada, quando uma garota baixou a cabeça na carteira e fingiu que estava dormindo, roncando. (Leia-se, tentando demonstrar que não era afetada por essas histórias, que ela "arrasava de tão safa".)

Logo, as outras garotas estavam enveredando pela emissão descortês de ruídos de arrotos e ventosidades também. Um pensamento totalmente esquisito e engraçado passou pela minha mente: "Noite silenciosa, Noite Santa,* sim", mas com todas aquelas criaturas em volta da manjedoura, além de nômades de três tribos diferentes, com três códigos diferentes de comportamento, talvez a noite não tivesse sido assim tão silenciosa – mas santa, de qualquer jeito.

A LETRA "U"

E agora? E agora, Mãe Abençoada? Considerando a reação das garotas, eu devia ser maluca se continuasse. Mas não parei de perguntar e esperei horas naquela noite para ver meios de vencer o obstáculo. Nada. E então naquela noite tive um sonho com um sol enorme com seus *rayos*. Eu soube imediatamente.

No dia seguinte, na aula de sexualidade humana, falei sobre o orbe do colo do útero, o orbe da glande – o fato de serem reprodutivos, sensíveis, e de irradiarem sensações. Sei que a imagem parece forçada, mas "orbe" é a palavra com função aqui. É preciso que se entenda que as histórias podem começar em qualquer ponto, e assim me lancei numa história sobre a "Doadora da Vida", ou seja, a Mãe Abençoada, que às vezes é vista como um tremeluzente orbe de fogo, e nessa forma ela é conhecida por um nome especial.

Continuei, então. "Pensem nesse 'u' da palavra 'fucker'. Esse 'u' é na realidade o Sol, com somente um raiozinho aparecendo em baixo, porque muita gente já se esqueceu da história verdadeira da vida preciosa brilhando como o Sol. Mas, como esse Sol pertence de fato à Grande Mulher sobre a qual venho lhes falando, agora seus outros raios aparecem também. Vejam, assim... Lembrando."

u

☼

---

* "Silent Night, Holy Night" é o primeiro verso da canção de Natal conhecida em português como "Noite Feliz". (N. da T.)

"Lembram-se de que o Criador lançou seu sopro no vazio escuro e bradou 'Faça-se a Luz!'? E, para nós na Terra, esse era o astro que chamamos de Sol. Ele é dela. O Sol pertence à Mulher. Ela pode ficar em pé no fogo, sem se queimar e lançar amor em vez de raiva. Ela pode se postar nas chamas. Ela sempre dá calor. Seu nome especial é Aquela Que Brilha Como o Sol."

As garotas quiseram saber como alguém pode emitir tanto calor e não destruir tudo o que estiver à vista. Gostei de elas terem perguntado. Nós conversamos muito sobre como outras pessoas podem escrever em você com seu fogo raivoso; e você poderia se incendiar e devolver o fogo de modo destrutivo, direto sobre elas ou contra outros.

Ou você poderia escolher criar em lugar de destruir, por mais destrutivos que outros sejam. Em vez disso, você poderia assumir o Sol da alma e devolver o fogo, sim, mas como raios de Amor.

Alguns risinhos abafados. Alguns "e daí?". Mas a notícia foi se espalhando: cada vez era maior o número de garotas que vinham a nossas aulas quando estavam em "tempo vago". Elas não vinham exatamente pelo lado religioso. Queriam ouvir histórias. De qualquer modo, as histórias provinham da corrente de ideias e ideais religiosos antigos. Mas não do jeito a que as molecas estavam acostumadas. Elas estavam habituadas a que lhes contassem histórias com um dedo acusador, com condenação e repreensão.

Ensinei às garotas que a palavra *religioso* significava "unir os feixes de trigo e cereais", para que permanecessem juntos na tempestade e as hastes altas não tombassem, tudo isso para produzir uma colheita de nutrição para a tribo. A religiosidade sincera tinha essas ideias generosas no centro: reunir as pessoas de coração, produzir alimentos apesar de qualquer tempestade, manter as pessoas juntas como almas vivas e retas

As crianças gralhas entenderam. As que tinham sido rotuladas como de "baixa inteligência", as crianças "más", as crianças "irremediáveis", as crianças "voluntariosas, rebeldes, degradadas, horríveis, criminosas", todas compreenderam perfeitamente o que significava proteger uma essência vital, manterem-se unidas para abrigar e promover a todas. Desça a nós, Amor Visceral. Espinha ereta.

A LETRA "C"

Agora eu não sabia o que fazer com a letra "c" na palavra "*fucker*". Voltei a caminhar pela rodovia, perguntando, perguntando o que fazer com a letra "c". O que pode ser feito com essa letra "c", Mãe querida?

Vi os postes telefônicos que se estendiam por quilômetros ao longo da estrada. Era uma ilusão de óptica? Eles pareciam as cruzes no Gólgota. Nossa Senhora concordou.

No dia seguinte, na aula de culinária, fiz um desenho bem no alto de um dos grandes pães caseiros de centeio prontos para entrar no forno... Por cima do "c", tracei uma cruz alta... e disse:

— Esta é a cruz no topo arredondado do morro do Gólgota.

— Gol... o quê??!!! — Deboches.
— Gólgota — disse eu. — Em hebraico, língua de um antigo povo tribal — nós todos viemos de povos tribais do passado –, significa o "lugar da caveira".

Agora eu tinha a atenção delas. Caveiras.

Se palavrões eram preferidos para tatuagens, desenhar caveiras vinha logo atrás.

Existe algo nos jovens machucados, e nos jovens ilesos, que quer saber das origens, da vida e em especial da morte – mas sem o verniz pasteurizado que a sociedade costuma aplicar sobre tudo isso. As crianças prefeririam ter conhecimento do sinistro, sem o papo furado que vem junto.

Por isso, eu lhes falei do Gólgota. Um lugar austero num fim de mundo, para onde as pessoas consideradas criminosas eram arrastadas para ser crucificadas ("crucificadas", uma palavra que eletrizou as crianças). Ser açoitado, pendurado numa cruz, não conseguir escapar da dor. Isso elas entendiam porque não é exagero dizer que cada criança já trazia em si seu campo de caveiras do próprio passado, sua própria "incapacidade de escapar da dor".

Para algumas das garotas mais retraídas, eu só ressaltei delicadamente que todas tínhamos agora idade suficiente para ter passado por no mínimo uma situação de partir o coração. E que *isso* era um tipo de crucificação. Lembram-se de como doeu, e vocês não tinham como fugir do seu próprio coração ferido? Vocês tiveram de esperar no escuro, esperar para voltar à vida na luz, depois.

Falei a elas sobre o Deus de Amor ter sido considerado culpado de amar a humanidade, em vez de seguir as ordens dos governantes e autoridades do Seu tempo. Elas compreenderam perfeitamente o que é ser forçado a seguir regras em vez de aprender as Regras do Amor. Elas entendiam o impulso nocivo de algumas pessoas de matar o amor. Tinham vivenciado isso. Compreendiam a ideia da Cruz. De ser pregado. Algumas choraram baixinho ao ouvir falar do Menino do Amor que incluía sob Seus cuidados principalmente os oprimidos – por Ele ter sido assassinado.

Na prisão de crianças, como na de adultos, os presos não deviam tocar uns aos outros, nunca, nem sequer com amor. Uma proposta insustentável e insensata. Entretanto, aqui, em nossa aula de culinária, toquei os ombros das garotas que choravam, e quando fiz isso todas as outras se apressaram para consolá-las, com os braços envolvendo os ombros e enlaçando as cinturas. Algumas morriam de medo de ser apanhadas. Eu lhes falei de ser "uma Verônica", a antiga Verônica, que tirou seu véu, o que era proibido numa sociedade de religião ortodoxa que exigia que todas as mulheres cobrissem o cabelo ou seriam consideradas prostitutas e, por isso, se sujeitariam à morte por apedrejamento.

Mas Verônica tirou seu véu, de qualquer modo. Sem medo. Ela tirou o véu para enxugar o sangue do rosto do Jesus torturado, enquanto ele arrastava sua cruz até o Gólgota.

―――※―――

As histórias infiltram-se entre os mundos. Nós também. Nós nos dispomos a resistir juntos. A nos curvar para enxugar o rosto do atormentado, a reconfortá-lo. Por mais que alguém diga que fazer isso é contra as regras.

Elas entenderam imediatamente. Sem deboches ou tolices. Só se calaram, com verdadeira generosidade. E as gralhas então limparam a cozinha em silêncio, com o cheiro gostoso do pão fermentado crescendo. E crescendo.

A LETRA "K"

Naquela noite, antes da hora de dormir, no último Ângelus do dia, perguntei à Mãe o que fazer com esse "k". Essa letra parece muito difícil. Um "k" parece tão difícil de manejar, com todas as pernas e braços indo cada um para um lado...

Quando amanheceu, eu já tinha uma resposta. Acordei sabendo. A voz da Mãe era clara.

Naquele dia, na aula de poesia, eu disse às garotas. "Trago um poeta para vocês, que tem a ver com a letra 'k' na palavra "*fucker*", disse eu.

Gostaria de conseguir transmitir como a expressão das garotas estava aberta agora; como elas pareciam ser filhotes de passarinhos esperando que os pais voltassem ao ninho com alimento. Disse-lhes que tinha trazido para elas um poeta cujo nome começa com "k"... Kérouac. Ele foi católico, depois budista e depois católico. Escreveu sobre como os melhores dos melhores eram alvo de zombaria numa sociedade de pesadelo. E escreveu sobre como o automóvel tinha assumido o controle da devoção pertinente à alma.

Conversamos sobre o que isso significava: ser alvo de zombaria, quando se tem consideração pela alma, e ver a reverência pela alma humana ser grosseiramente transferida para objetos. Agora também falamos sobre como a zombaria para com os espíritos elevados é uma demonstração da tentativa de se proteger de mais uma fraude, mais uma decepção, com alguém usando as palavras certas pelos motivos errados, sem vivenciá-las, sem ser fiel a elas.

Tínhamos chegado a um ponto em que senti que aquela era uma hora tranquila para dizer como a letra "k" da antiga palavra "*fucker*" poderia ser transformada pela história.

"Estão vendo? Acho que o 'k' acompanha o 'c' anterior. Ainda estamos no Gólgota, o lugar da rocha da caveira, onde o 'k' revela agora o acréscimo de mais duas cruzes sobre a rocha."

k

k

Expliquei que duas criaturas, consideradas dois ladrões, estavam crucificadas de cada lado do Deus de Amor. Que um ladrão zombava do Deus de Amor, e o outro ladrão protegia o Deus de Amor, dizendo ao homem que zombava: "Qual é o seu problema? Não dá para você enxergar a Santa Divindade bem na sua frente?" Então o ladrão protetor perguntou ao Deus de Amor, se ele, o acusado de roubo, poderia um dia ser perdoado.

Em velhas histórias de nossa família, dizia-se que os soldados romanos encarregados da crucificação debocharam também daquele sincero pedido de perdão. Mas ao homem que pedia o perdão foi concedido imediatamente pelo Deus de Amor. O homem crucificado, antes visto como "apenas um criminoso", foi conhecido dali em diante como Dimas, o Bom Ladrão.

A cada etapa da história, as garotas faziam que sim repetidamente. Elas quiseram saber de que era culpado cada um dos crucificados. "Nós não sabemos, sabemos? Muitas vezes somos crucificados por sermos diferentes, não é mesmo?" Cabeças fazendo que sim. "Por nos levantarmos para defender os fracos?" Mais sins mudos. "Por tentarmos proteger os outros? Por roubarmos um sentido de identidade que é bom e respeitável, mas que outros insistem em dizer que não merecemos? Por dizermos uma dura verdade?" Sim e sim. Nenhuma resistência.

Para quem é sincero e pede perdão, não há sentença de morte... essa sentença é algo que os seres humanos impunham a outros seres humanos. Para a alma e somente para o espírito, por ter pedido, ocorre uma volta à plena inclusão, uma consciência sagrada, uma santa conscientização, um companheirismo imediato, misericordioso, um retumbante Sim, você pertence a este lugar, como sempre pertenceu, mas agora está desperto.

As crianças gralhas entendiam a atração entre postar-se fora da alma, no frio, e voltar a entrar no espírito e na alma. O Deus de Amor crucificado prometeu à alma ansiosa mesmo nos últimos instantes de vida: basta que se peça com todo o coração, e um novo caminho se abrirá.

MISSÃO CUMPRIDA?

Nosso tempo juntas na aula de poesia terminou. As meninas saíram em fila. No final de todas as aulas agora, umas duas garotas me lançavam beijos. As amigas as cutucavam e abaixavam seus braços com tapas brincalhões, provocando-as por demonstrarem afeto.

Pensei que o trabalho estivesse concluído. Olhe para todas as histórias escritas em tinta invisível por cima da palavra *"fucker"*, todas as histórias verdadeiras agora podem ser vistas. A palavra agora é *"Mother"* (Mãe) em vez de *"fucker"*. E aqui está o cajado do Pastor; aqui está o "M" da Grande Mãe; aqui está Aquela Que Se Veste de Sol; aqui estão as três cruzes que representam tantas coisas, entre as quais o fato de que, mesmo que se eliminem toda a decência e toda a misericórdia, o Deus de Amor voltará.

Agora as histórias tinham terminado, graças às inspirações de Nossa Senhora. E as garotas vibravam, como eu nunca as tinha visto antes. Mas por que eu me sentia um pouco como se tivesse fracassado, como se alguma coisa estivesse pendente?

Acho que era porque, em todos aqueles dias, não tínhamos falado nem uma vez em mudar de opinião a respeito da palavra *"fucker"*, exibida de modo tão proeminente nos braços delas.

Seria difícil mudar o que estava escrito nos seus braços. Demonstrar agressividade diante de seus iguais era importante. Elas ainda apareciam com *"M. Fuckers"* ou *"fuckers"* desenhado nos braços com marcadores permanentes pretos... habitualmente onde quer que pudessem cobrir com mangas ou com as pernas das calças para que as "autoridades" não vissem.

Mas nos dias que se seguiram as garotas começaram a me procurar dizendo: "Você precisa fazer as letras que faltam. É, agora já dá para ler a palavra *'Mother'* a partir de *'fucker'*, mas e as outras duas letras, o 'e' e o 'r'? Tem que ter histórias para essas duas letras também, certo?"

Tive de repente uma sensaçãozinha quase ridiculamente forte de exultação.

༺❀༻

É estranho, não é?, que seja o fogo criativo da jornada o que mais importa para o espírito.

Perguntei a minhas jovens adultas, que cada vez menos me pareciam criaturas imaturas: "O que vocês querem que as outras duas letras se tornem? Que histórias *vocês* acham que deveriam estar ligadas a elas?"

Em seguida, eis o que decidimos juntas...

A LETRA "E"

A aula seguinte, sexualidade humana. Falamos do "olho" [em inglês *eye*] do colo do útero, do olho da glande do pênis. Eu sei, eu sei. Parece que todos esses tópicos não se encaixam, mas eles se encaixam. Eles se encaixam, sim: as maravilhosas criações do Criador, independentemente do gênero, não importa onde estejam alojadas – as formas do masculino e do feminino costumam se refletir em aspecto e função.

Assim, o "e" da nova palavra "*Mother*" tornou-se também um olho, só que esse era o Olho de Deus, sempre cuidando dos jovens adultos em crescimento, generativo em enorme proporção. Fui à biblioteca pública, trouxe livros e mais livros com imagens do *Ojo de Dios,* antigas tecelagens semelhantes a mandalas, com o olho de Deus no centro. Uma mensagem-padrão encontrada em quase todas as antigas artes sacras no mundo inteiro. Mostrei-lhes o olho do Criador no alto da pirâmide na nota de um dólar. Elas quiseram saber se podiam ficar com o dólar. Podiam. Eu me sentia feliz. Elas se sentiam felizes. Todas rimos.

Contei-lhes do catecismo azul em brochura do padre Baldwin, que eu estudei quando mal conseguia ler, de como ele dizia que o Criador em primeiríssimo lugar tudo via – não para apanhar as pessoas agindo mal, mas para cuidar delas. E que o Pastor no início da palavra na letra "f" original era parte integrante d'Aquele Que Tudo Via, especialmente aqueles que estavam necessitados, como o cordeiro perdido, como tantas partes da Criação em perigo e sofrendo por também estar aprisionadas e "oprimidas" também nos nossos tempos.

Nos dias que se seguiram, um único olho tatuado feito a partir da letra "e" começou a aparecer nos braços e pernas das meninas e nos cadernos pautados. Um olho azul, um olho castanho, um olho asiático, um único olho.

Eu não disse nada, assim como se "sabe" que é melhor não dizer nada quando uma águia de repente pousa no seu alpendre. Mas me senti feliz até a medula dos ossos. Eu sabia que as crianças entendiam que às vezes você se torna o que usa. Às vezes, o que você se tornou, você também começa a usar externamente.

As crianças tinham escolhido deliberadamente uma imagem de força e proteção. A consciência espiritual faz parte do poder subjacente às tatuagens desde o início dos tempos. Eu lhes disse que o Criador, segundo os livros sagrados, escreveu a primeira tatuagem num muro com um dedo que lançava chamas. Isso foi demais para a cabeça das crianças – no melhor sentido possível. No dia seguinte, o "e", que agora era o olho que tudo vê, tinha chamas que se lançavam ao seu redor.

A LETRA "R"

Logo estávamos de novo na aula de culinária, estudando a água de rosas na culinária marroquina e do Leste da Índia, que as rosas de fato pertencem à mesma família das maçãs. E que, embora pensemos "flor" quando pensamos "rosa" [em inglês *rose*], outros pensam "perfume", como num aromatizante para o alimento, um aroma divino.

Ensinei que o sabor das rosas depende das condições do solo em que a roseira cresceu, e até sua cor clara ou escura decorria em parte do ambiente. Conversamos sobre o fato de que as pessoas também eram assim: como a alma desenvolvia um certo jeito doce de ser dependendo do solo em que estava enraizada e ao lado de quem.

Contei-lhes histórias de Nossa Senhora de Guadalupe, de como suas vestes eram cobertas de rosas vermelhas, de como as rosas eram tão associadas a ela porque roseiras conseguem subir por toda parte, sobreviver mesmo a muralhas de pedra, conquistas, tempestades, destruições, saltar por cima de fronteiras, semear-se até mesmo numa colher de sopa de terra razoável.

Falei-lhes de como, perto do Gólgota, no passado havia um antigo templo da Grande Mãe conhecida como Afrodite. Ela era considerada por tribos antigas uma representação da Mãe do Amor, da terra para cima. Quando chegaram as guerras, foi construída uma basílica sobre aquele templo. A basílica foi destruída cerca de quinhentos anos depois, por outra turba que tinha crenças diferentes. Mas, mesmo assim, alguns dos velhos contadores de histórias, ainda vivos, dizem que a Grande Mãe se ergueu outra vez, como Mãe Abençoada, em todo o seu ouro rosa e suas belas fragrâncias de incenso. E mais uma vez. Que a Rosa Mística jamais pararia de se reerguer.

Eu tinha trazido rosas silvestres para a aula de culinária, rosas que eu sabia que não tinham recebido aplicações de venenos. Nós recortamos cuidadosamente a parte branca da pétala, que minhas avós tinham ensinado que não era tão saborosa. Agora restava apenas a parte doce da pétala. Nós a usamos para aromatizar com delicadeza nosso sorvete de creme bastante industrializado, que chegava à prisão em grandes tinas de papelão bege – um sorvete tão duro que praticamente era preciso usar uma serra para cortá-lo.

Mas nós conseguimos. E quando o fizemos, as garotas decidiram que o "r" no final da palavra "*Mother*" recém-cunhada se transformaria nas rosas da Mãe Abençoada – a doçura da nova vida – e na liberdade para se tornar livre. Livre de verdade.

Mais uma vez, eu tinha trazido livros e mais livros com imagens de rosas silvestres, crescendo com abandono por toda parte – por cima de cercas, por cima de telhados. Nada conseguia conter ou reprimir as rosas de Nossa Senhora – nem o espírito das crianças gralhas. Superficialmente, de certo modo, talvez. Mas, em alma, espírito, mente, coração, de modo algum. As crianças agora realmente sabiam isso, apesar de tudo o que lhes tinha sido dito em sentido contrário na maior parte de suas vidas.

"Você não é minha mãe!"
"É o que você pensa!"

Agora estava exposta toda aquela verdade. Muito embora ainda andassem com uma postura desleixada, com frequência de cara amarrada, eventualmente com atitudes de provocação e às vezes com um pouco de fingimento, elas também eram espíritos puros e belas almas. E sabiam que eram. Vislumbres, de início. Dois passos para frente, um para trás, às vezes. Mas no fundo sabiam.

Sua Mãe, *a* Mãe, lhes dissera.

HIERÓGLIFOS:
O MISTÉRIO DAS TATUAGENS NA PRISÃO

Passaram-se semanas. Nosso tempo gasto na cozinha e na sala de aula incluiu mais comida criativa sendo atirada; outros tipos de tumulto; algumas fugas para poder respirar; alguns silêncios frios, lágrimas, abraços, segredos contados, oferecimento de consolo e sempre, sempre uma lembrança de alguma criança muito nova – pedindo mais histórias sobre... A Senhora.

Um dia de manhã, duas das gralhas mais velhas estavam se cutucando na hora do café no refeitório.

– Mostra para ela.

– Não, você!

– Não! Você primeiro.

Uma arregaçou a manga do casaco de moletom de capuz. Ali no braço, num vermelho irritado de tanto esfregar e esfregar a tinta anterior, estava uma nova palavra. Apenas uma palavra. Uma das palavras mais suaves e fortes do universo: *Mother.*

Mas escrita com o "M" e o cajado do Pastor no início.

Uma criança que era chamada de Passarinho e mal conseguia falar sem usar o palavrão "f" como se fosse vírgula, disse que sua nova tatuagem era "para aquela sua mãe das bênçãos". Ela quis dizer: "Como você disse, nós estamos incluídas."

Um enorme feixe de luz inundou tudo de repente, mas a sala continuava barulhenta e normal como de costume. Consegui balbuciar um Sim. Um ousado "Sim, você agora usa a marca de quem pertence a ela".

A mesa inteira de garotas pareceu por um instante ser envolvida por uma luz dourada transparente. É tão estranho ver almas à luz, ver os exteriores agressivos despencar, e perceber que elas são delicadas como a própria luz, uma bela luz dourada, descoberta.

E nós todas partimos dali... tremeluzentes.

Algumas tatuagens permaneceram como antes. Mas outras crianças apareceram com partes diferentes do hieróglifo que tínhamos criado, algumas com o hieróglifo completo de "*Mother*".

Quando eu era criança, crescendo na roça com minha família da Velha Pátria, os objetos mágicos que eu amava mais que tudo não estavam ao meu alcance: livros, ilustrações coloridas, um suprimento interminável de papel e lápis para eu poder escrever, palavras que de algum modo conseguissem fazer com que histórias profundas e verdadeiras não desaparecessem. Embora os de minha gente protegessem ferozmente seus traumas das guerras a que sobreviveram, eles eram generosos por certos aspectos, mas também não tinham dinheiro para o que consideravam frivolidade.

Portanto, como adulta, em qualquer oportunidade que tinha, eu trazia livros e mais livros, papel, canetas e lápis para quem estivesse faminto por aprender através de histórias, para costurar delicadamente as histórias às páginas, permitindo que elas continuassem a viver, sem ser esquecidas.

Assim, para a prisão das crianças eu trouxe cadernos, livros, canetas e livros de hieróglifos: egípcios, eslavos, esgrafitos africanos, gravuras rupestres, pictogramas de povos indígenas, pinturas em cavernas, entalhes em estelas. Juntas nós lemos as interpretações e afirmações de arqueólogos e antropólogos que detalhavam o que todos esses símbolos talvez tivessem significado.

Mas nós nos perguntávamos juntas, tendo em vista a experiência que tínhamos acabado de ter na criação de nosso próprio hieróglifo, como qualquer pessoa moderna saberia o que realmente pretendiam dizer aquelas pessoas no passado remoto, com seus desenhos, suas marcas e entalhes em pedra? As crianças acharam que os cientistas num futuro muito, muito distante jamais compreenderiam nossos desenhos da palavra "*fucker*" transformada na palavra "*Mother*", caso nossos esforços fossem descobertos dali a mil anos. Que eles não teriam como saber o desenrolar passo a passo da história que tinha surgido a partir das pessoas que criaram nosso hieróglifo de "*Mother*".

Chegariam os cientistas a adivinhar as verdadeiras histórias que compunham esse hieróglifo sagrado? A maioria das crianças achou que não e concluiu por si mesma que aquilo que sabemos de culturas antigas talvez seja uma questão para sempre sem resposta acerca do significado real de símbolos e hieróglifos, mantidos junto do coração de quem os criou.

Nós poderíamos ver o símbolo como uma marca na pedra ou no pergaminho, mas não podemos nos esquecer de que cada traço representa uma história, um precioso conjunto de histórias sobre a jornada de criaturas, de criaturas de verdade. De que há histórias dentro da história de como aquele símbolo foi criado.

E assim nosso tempo ia avançando. E, embora haja quem pense que esta é apenas uma história sobre um grupo de crianças "rebeldes" e uma de suas professoras mais convictas, mas também, sob muitos aspectos, uma das menos instruídas, ela é na realidade uma história sobre o profundo amor e paciência de Nossa Mãe, a Mulher Santa, Afetuosa, Aconchegante – A Única Mãe Durona.

A que consegue conter em seu Coração Imaculado e Chamejante um sem-número de filhinhas e filhinhos durões – como você, como eu – sempre amando a todos eles, como seu Filho Pastor, trazendo-os tantas vezes de volta da própria beira do precipício.

Depois de todos esses anos, estou velha, e minhas crianças gralhas daquele tempo estão agora na casa dos quarenta e dos cinquenta anos. E a maioria está voando em liberdade. Eu só gostaria de mencionar para vocês, queridas criaturas admiráveis que leem minhas palavras, as palavras dela aqui... que, se eu vir um dos símbolos aqui adiante no seu corpo, nas suas roupas, nas suas paredes ou no seu coração, eu as reconhecerei de imediato – que você é uma das nossas, uma das filhas de Maria que está passando por mim.

Ex-voto: "Guarda-roupa de Maria"

CAPÍTULO 12

*Sem racismo, sem discriminação,
ninguém é um "intocável"*

A Grande Mulher
nos aparece diariamente

Fomos excessivamente levados a acreditar que aparições da Mãe Abençoada e de seu precioso Filhinho do Amor são raras, ocorrendo somente para aqueles que são os mais puros dos puros.

Não é verdade. Hoje mesmo, milhões de criaturas comuns tiveram visões e sinais da Mãe Abençoada, como mulher solitária, como mãe, como imigrante, como rainha. E, amanhã e todos os dias em diante, haverá mais visões dela aos milhões, se não aos bilhões.

E os que a veem, que a percebem, que sentem o que e quem estão vendo quando a veem não são os mais puros entre os puros. Os que a veem são muitos: os santos desta terra, os anjos enlameados da biosfera, os que estão no meio da *lucha*, luta; os que estão "trabalhando" no que poderia significar ser santo no meio de um oceano de lixo. Há também os que estavam simplesmente cuidando de seus próprios assuntos triviais, quando de repente lá estava ela, irrompendo através dos mundos para manifestar sua essência, presença, provocação, inteligência.

Em suas visitas a nós, alguma magnitude, perspectiva ou instrução de além deste mundo se torna clara e irrefutável para a alma...

Contudo, como de costume, o pequeno ego-macaco pode ter suas preocupações intermináveis: "Será que vi o que eu vi? Ouvi o que ouvi? Senti o que senti? Isso aconteceu mesmo comigo? Não, não comigo. Não sou digno."

Ou então: "Como eu haveria de saber? Devo ter imaginado tudo. Sem dúvida, se fosse ela mesma, ela teria aparecido como eu vejo em todos os quadros, carregada com os acessórios dos ricos, com tudo, com bordas douradas e roupas limpas, bem passadas. Ela teria feito o Sol girar. Teria feito alguma coisa incontestavelmente milagrosa que outras 50 pessoas poderiam validar com uma certeza baseada em comprovação científica."

Mas na realidade Nossa Senhora costuma, segundo relatos, aparecer em trajes semelhantes aos da pessoa que a apreende. Às vezes ela aparece nas vestes mais passíveis de ser percebidas como "celestiais" pela pessoa a quem ela se dirige.

Ademais, nós vemos que ela costuma ser retratada por pintores e escultores que são chamados para registrar a aparição. Eles a vestem de trajes semelhantes àqueles usados pelas maiores autoridades naquela terra naquela ocasião – como a vemos retratada, por exemplo, nos vestidos longos e pesados e nos véus de influência mourisca da realeza espanhola em quadros e imagens de madeira criados durante os séculos XV e XVI na Espanha.

No mínimo, porém, para a maioria, *La Señora* tem os pés no chão, em vez de ser elevada e distante, muito mais parecida com uma mãe de abraço afetuoso, alguém que está determinada a incentivar, orientar com amor. Ela se mostra nos termos que cada pessoa possa entender melhor – se não deixarem que o ego-macaco se aproprie de tudo e, com isso, com sua pequena mente de símio, invalide o divino, em vez de se abrir para ele.

Ao natural, antes de qualquer revisão por qualquer pessoa com outros motivos, segundo as experiências de milhões que a contemplaram, Nossa Senhora na maior parte das vezes não fala em alta oratória, mas no linguajar das ruas, em tons normais, aqueles facilmente compreendidos pela pessoa a quem ela está falando. Ela oferece este tipo de misericórdia: aparecendo e influenciando em termos que são compreensíveis para cada indivíduo no seu próprio tempo, cultura, ritmo e lugar.

É o ego simiesco que gosta de prever aparições com alta dramaticidade e com reviravoltas fantásticas em todos os acontecimentos. É essa predileção em todos nós que pode apagar ou truncar a mensagem real. Nossa Senhora usa, porém, qualquer coisa que funcione. Ela não é do tipo de mãe do "Eu já disse e não vou repetir". Segundo a experiência de muitos, ela volta a aparecer repetidamente, não importa como os egos a encarem.

Como eu sei? Eu autentico o testemunho das milhares de histórias genuínas e sinceras que ouvi ao longo dessas muitas décadas, de criaturas – homens e mulheres, crianças, os de meia-idade e os velhos – que foram tocadas por ela não só uma vez, mas muitas.

Como se dizia na nossa família, não é necessária nenhuma comprovação para quem sentiu seu toque, sua voz tranquilizadora. E no universo inteiro não há comprovação suficiente para convencer quem ainda não conheceu seu toque e sua bela voz.

As experiências com Nossa Senhora parecem ter no mínimo um leitmotiv *semelhante:* Seu toque pode ser pragmático por todos os aspectos, mas ele fica registrado como um "súbito conhecimento", uma súbita clareza, uma súbita calma, uma súbita inspiração, a súbita quebra de algo que precisava ser quebrado, uma súbita abertura para consertar alguma coisa que deveria ser consertada, uma súbita força superior – ou "força suficiente" – para seguir em frente.

Eu descreveria do seguinte modo, como entendo através dela. O fato de ela de repente aparecer por perto reorganiza nitidamente nossos átomos de forma significativa, muitas vezes mudando nosso pensamento, transformando nosso coração, levando a nós, que, um momento antes, não fazíamos ideia de como seguir nem como prosseguir... mas agora de repente seguramos um fragmento, ou o mapa inteiro, de como avançar e o que fazer em seguida.

Esse súbito despejar de inteligência a partir de Nossa Senhora é completamente fora do comum, mas útil, com muita frequência perfeitamente prático. Pegue isso. Faça aquilo. Vá por aqui. Fale com fulano de tal. Não vá. Fique mais para lá. Dê ouvidos a essa pessoa. Veja por baixo das aparências externas. Seja precavido. Desvie-se daquilo. Abençoe este aqui.

Com bastante frequência, ver, sentir e ouvir Maria é uma experiência que inspira assombro, uma experiência do tipo "Sem brincadeira, você só pode estar brincando. Você está mesmo aqui?", ou então um reconhecimento tranquilo, uma sensação sem tropeços de estar nos braços de uma mãe reconfortante, cuja presença carinhosa transmite uma calma extrema.

Há outras formas de saber que ela está presente, talvez em sua maioria ocorrendo dentro da "categoria" de um "Ah!" deliciosamente silencioso, nas proximidades entre o coração e a divindade.

Por isso, suas aparições repentinas; sua voz tornada clara ou até apenas compreensível para nós, insistindo conosco em que escutemos diariamente, por mais tempo, com mais atenção, com maior profundidade; quando ela nos faz sinais para confirmar a palavra dada a nós; suas visitas não são raras. Elas são comuns. Nenhuma mãe se recusa a atender aos filhos que clamam precisando dela. Uma mãe não ajuda apenas os filhos "aperfeiçoados". Pelo contrário, ela se mantém ao lado dos que tropeçam, balbuciam e sofrem.

Isso eu posso garantir por experiência: por mais profundo que tenha sido o exílio a que você tenha sido forçado; por maior que seja o ferimento; por mais desgrenhada que seja a condição em que sua alma se encontre; não importa o que você tenha feito ou não tenha feito – chame – e ela se apresentará, como você conseguir compreendê-la melhor.

Ela vem como uma visão, ou embalada, temporariamente, no interior de outro ser humano que de repente lhe diz algumas palavras espantosas e importantes, das quais você está absolutamente necessitado. Ela pode aparecer também como um desconhecido que se empenhe em alguma gentileza momentânea e deslumbrante para com você, que surpreenda talvez a vocês dois, mas que também o recrie em termos positivos naquele instante – e talvez recrie a outra alma também.

Ou talvez você sinta o vento, o sol, a chuva; uma paisagem, uma criatura ou um inocente; e de repente respire fundo, uma inspiração enorme que dá a impressão de que uma compaixão celestial é que está respirando você – e isso enche as asas angelicais de seus pulmões até o grau máximo, e seu espírito de repente se sente renovado. Sua alma já não em apuros, mas nesses momentos numa súbita paz.

Nesses casos, e em outros, sua Mãe, a Grande Mulher, correu para seu lado em toda a sua plenitude, e com todo o seu poder.

Em termos históricos, não sabemos com clareza o que fez com que algumas mentes na Terra imaginassem que uma Mãe de tal magnitude aparecesse somente de vez em quando. Que pensamento ininteligível, estreito, fatal aceitaria que uma mãe devotada e amorosa fosse sovina com suas aparições para dar orientação e conhecimentos a seus amados filhos e filhas?

Não é verdade que a raridade da aparição sagrada seja mais valiosa. Nenhuma mãe amorosa segue um ditame desses.

É exatamente o contrário.

Entretanto, há quem insista em querer verificar ou desacreditar aparições, aconselhamentos e milagres de Maria, Mary, Mir-yam, em todas as suas muitas manifestações. Em várias hierarquias do tipo eclesiástico, se algum homem, mulher ou criança disser em voz alta que viaja com *La Virgen* com regularidade – e desejar obter validação desse fato por parte da Igreja Católica romana –, um grupo de "juízes" designados será designado para "investigar", para "autenticar".

Enquanto isso, porém, Nossa Senhora, Trono de Sabedoria, não presta a menor atenção. Ela continua a aparecer para os necessitados, sem a permissão de nenhuma autoridade, sem nenhuma sanção institucional.

Ela se desvia de todos os porteiros, nomeados pelos outros ou por si mesmos, e prefere voar para intervir, elevar ânimos, dirigir, curar e liberar almas pelo mundo afora.

Indubitavelmente, no passado longínquo, a "investigação e coleta de depoimentos" sobre as experiências da gente comum com Nossa Senhora foram iniciadas pelos apaixonados pela infinita beleza de Deus. Sem dúvida, os religiosos não queriam nenhuma vigarice associada ao Sagrado, nada de exploração monetária de pessoas ingênuas, nem de ostentação por parte de trapaceiros.

Desde então, porém, essas preocupações legítimas às vezes pareceram se transformar em inquéritos cheios de suspeita, depois em pronunciamentos politizados, polarizados, tornando-se mais estridentes com o tempo, acerca da extrema raridade de aparições "verdadeiras".

Desse modo, o eclesiasticismo construiu uma linguagem de termos legais que procura "corroborar" essas "supostas" aparições para "proferir um veredicto". Mas, novamente, a experiência numinosa, por definição, não é quantificável somente pelo monitoramento do ego.

Ao longo dos séculos, no trabalho de Sor Juana, por exemplo, vemos que as aparições clamam por ser descritas na língua da alma que abrange a natureza mística de todos, muitas vezes por imagens e trabalhos poéticos.

Vemos essa marca da linguagem da alma no trabalho de qualquer criatura que já sentiu Nossa Senhora, que a viu, a ouviu, a experimentou, que já conversou com ela ou com seu Precioso Filho, desde o pequeno São Francisco, o de Assis, a Thérèse, a Pequena Flor, a Matilde de Magdeburgo e àqueles milhares de escritores cuja obra jamais foi descoberta por um público leitor ou cujos escritos foram destruídos por um regime ou outro, fosse civil, fosse eclesiástico, e àqueles milhões de Marianas que não sabiam ler nem escrever, ou que viviam em locais tão remotos que não havia ninguém para ouvir suas histórias.

Com enorme frequência, a essência do que foi visto de *La Maria*, do que foi ouvido do seu coração, precisou ser registrado não em palavras do ego, nem pela mente voltada para "cortar e analisar", mas em poesia, música, dança, pintura, escultura, literatura e outras artes que possuem quantidades infinitas de camadas que se infiltram entre os mundos.

Essas artes, quando lhes é permitida uma expressão livre, em vez de ditada por outros, transmitem a voz misteriosa mais profunda, que sabe falar a linguagem da experiência numinosa, uma santa linguagem simbólica. A arte é a linguagem lírica do sagrado, através da cor, do movimento, som e pensamento. Essa atividade *filosofal* é a mais necessária para relatar experiências numinosas que raramente podem ser transmitidas em prosa formal, por mais erudita que seja.

As santas escrituras de todas as partes do mundo não evoluem para a poética; elas se alçam supremas *por sobre* a poética, porque o lirismo é a única linguagem da experiência numinosa que tem como chegar perto de descrevê-la com plena elegância, plena glória, plena gratidão, plena magnitude.

Contudo, com o passar do tempo, a "investigação" por parte da Igreja da realidade ou falta de autenticidade das experiências de outros com a Grande Mulher – uma investigação que no passado tinha somente a intenção de proteger pessoas ingênuas de uma Maria apresentada em espetáculos ambulantes do tipo circense, por dinheiro, lucro, egocentrismo, fama e status – às vezes passou a ser invasiva, de fato determinada a negar totalmente a aparição pessoal e a revelação pessoal a pessoas normais, do dia a dia.

A comunhão de experiências de almas na Terra é empobrecida quando revelações e aparições por parte de Maria, a Santa Mãe, sob suas muitas formas, *los santitos*, os santinhos, e todas as múltiplas visões da Santa Família inteira, bem como da Origem sem origem, não são reconhecidas. Essas revelações chegam tanto aos traquejados do mundo como aos cobertos de lama e nocauteados, como chegam também àqueles a quem foi dada a oportunidade de viver uma vida bem mais inocente.

Quando eu estava na universidade muitos anos atrás, minhas avós e tias eram minhas conselheiras. Muito embora não fossem "instruídas", elas eram espertas e antigas na crença. Quando eu aprendia alguma coisa que pudesse ser do interesse delas, todas nos sentávamos na cozinha, e eu lhes dizia tudo a respeito do assunto. Elas ouviam pensativas e depois "corrigiam tudo" meticulosamente para mim, dizendo-me como tudo "realmente" se encaixava.

Quando lhes falei de comissões nomeadas pelo Vaticano que votavam para determinar a autenticidade de aparições e revelações particulares por parte da Mãe Abençoada, elas escutaram com atenção.

Eu lhes disse que a comissão podia chegar a três "sentenças":

1. *Constat de supernaturalitate* – O comitê decide que uma aparição, visitação, revelação ou milagre demonstrou "todas as provas" e, portanto, é uma intervenção autêntica dos céus. (Algumas "provas" exigidas são as de que a pessoa que recebeu a visitação/revelação seja "de conduta íntegra, obediente às autoridades eclesiásticas, capaz de voltar às práticas normais da fé", querendo dizer a adoração em comunidade, o recebimento de sacramentos e assim por diante.)

    Não tenho como descrever a expressão no rosto das minhas velhas quando elas ouviram as "provas" exigidas, a não ser dizendo que todas elas usaram a "sobrancelha". Sei que muitos de vocês sabem de que estou falando.

2. *Constat de non supernaturalitate* – O comitê decide que uma "suposta" experiência é nitidamente não milagrosa e considera que ela não tem nenhuma base sobrenatural. Esta última frase insinua de modo infeliz que pessoas que "alegaram" ter tido visitações ou são doentes mentais ou estão possuídas "por Satã". É o que está disposto nas "Normas da Congregação para Procedimentos na Avaliação de Supostas Aparições e Revelações", de 1978, redigidas pela Sagrada Congregação para a Doutrina da Fé e aprovadas pelo papa Paulo VI. "Nem poderá haver indícios de doença mental ou de tendências psicopatas."

    Considerando-se a cegueira de tantas almas boas por outros aspectos, diante da conduta irregular de certos prelados, devo admitir que parece ser uma proposição arriscada imaginar os bons padres realizando análises psicológicas extensas e abrangentes de qualquer pessoa. Não encontro, em parte alguma das palavras sagradas de qualquer crença religiosa, nada que afirme que Nossa Senhora evitaria qualquer pessoa que lutasse com uma química corporal que não lhe permitisse conviver na sociedade dos modos costumeiros. Não há nada que diga que *La Señora* somente visita aqueles que sejam considerados sãos de acordo com o DSM [Diagnostic Statistical Manual (Manual Estatístico de Diagnóstico de transtornos mentais)]. Na realidade, houve numerosas aparições marianas entre muitas pessoas portadoras de necessidades especiais.

3. *Non constat de supernaturalitate* – Este é o terceiro resultado possível de uma investigação por parte da Igreja. Neste caso não está claro se a su-

posta aparição é autêntica ou não. Em outras palavras, usando o jargão do direito processual, trata-se de um "júri que não conseguiu chegar a um consenso".

Depois que as mais velhas da minha família escutaram em silêncio esse meu resumo e deliberaram entre si, minha avó Katerin falou por todas. Ela afirmou que novos profetas e visionários eram necessários em cada geração. Disse que todas concordavam que profetas e visionários eram como gerânios. (As mais velhas da minha família eram camponesas da antiga Velha Pátria.) À medida que a planta lançava ramos novos e vigorosos, a planta-mãe precisava ser transferida para recipientes cada vez maiores, para que suas raízes pudessem continuar a crescer bem e mais fundo.

As mais velhas acharam que, ao limitar quem é e quem não é autorizado ou santificado o suficiente para ter experiências com Nossa Senhora, a Igreja tinha, em vez disso, transplantado Nossa Senhora de modo proposital para vasos cada vez menores. Com suas raízes assim confinadas, a planta começa a murchar cada vez com menos flores e menos frutos.

Um dos "recipientes menores" em que posso pensar é a ideia de que ela apareça somente para pessoas de "conduta íntegra" e assim por diante. E, por inferência, que Nossa Senhora jamais pensaria em aparecer para uma pessoa que esteja de algum modo em situação de aflição.

Digo estas últimas palavras não como uma queixa ou um lamento contra aqueles que reduzem Nossa Senhora esculpindo-a em pedaços tão pequenos e de raízes confinadas, mas como uma acusação e uma indiciação a qualquer um que tente mutilar ou matar à míngua as almas que pertencem a ela, através da insistência em que sua magnitude seja miniaturizada para se adequar às suas próprias opiniões insignificantes e estreitas.

Nuestra Madre, a Mãe que você e eu conhecemos, não é uma ideia relativa, mas é, sim, nossa parente, do nosso clã de sangue. Ela não é elitista de modo algum. E de modo algum deveria ser diminuída como tal – por qualquer pessoa, em qualquer lugar ou ocasião.

Mais uma vez, de escutar milhares de pessoas do mundo inteiro que me escrevem, que escrevem em livros, que me contam que têm relacionamentos frente a frente, cara a cara, coração a coração com ela, está claro para mim que ela não restringe nem filtra a quem ela visita. Ela ama a todos; curva-se para cuidar de todos.

Nossa Mãe aparece para cada coração independentemente do *status*, autoridade, desalinho ou potencial de santidade de seu dono.

Na realidade, Nossa Mãe aparece de modo espantoso e com frequência muito maior para pessoas como nós, muitas das quais nunca serão santas, no sentido mais estrito, mas que somos os mais queridos filhos e filhas da Mãe Abençoada, amados dentro do seu gigantesco coração perfumado de flores para sempre.

AS ALMAS PARA QUEM ELA MAIS APARECE COSTUMAM SER AQUELAS MESMAS QUE MAIS NECESSITAM DELA

Conheci muitas testemunhas gratas a ela: os solitários, todos os que foram abandonados. Ela relembra a todos que não deixa ninguém extraviado – não os desesperados, não os devastados. Ela relembra repetidamente que o Criador e o desespero não podem existir no mesmo lugar ao mesmo tempo.

Ela já reuniu pessoas e criaturas que se perderam umas das outras. Ela visita os prisioneiros, seja em prisões retóricas, seja no papel, em celas de ouro ou de ferro. Ela transporta almas através dos frios desertos de poluições culturais e restrições maléficas.

Ela infunde força nos muitos que estão sob ameaça de morte física e espiritual; é intercessora em suas dificuldades – nas fraudes, nos roubos, nos cultos da morte de nossos tempos. Ela é portadora de "vista aérea", vendo o quadro maior da alma em tudo ao nosso redor – nossos pais, nossa família, nossos filhos, nossa cultura, nosso próprio espírito, bem como no que "está por baixo escondido como tesouro, e também em território ainda não desbravado e malcompreendido".

Ela é atraída por aqueles que vivenciaram qualquer aflição, qualquer desafio, especialmente incluídos aqueles que ela mesma enfrentou: ela, quando carregava seu Filho, não era acreditada, não era aceita, não era considerada digna por sua cultura; e no entanto abrigava a Verdade e a Luz. Ela fugiu como imigrante para um país estrangeiro, e sem os documentos corretos, para manter o Filho a salvo.

Ela conhece a plantação. Foi ela quem lavrou a terra.

É por isso que é chamada de *La Nuestra Señora,* porque é mãe em termos instintivos e profundos – e ninguém, nenhuma nação, nenhuma política, nenhum ceticismo religioso do seu tempo, ou de qualquer era, conseguiriam afastá-la de sua profundidade enquanto protetora.

Por isso, ela é nossa, e nós somos dela. Pertencemos a ela. Ela nos pertence. Sem restrições, sem exigência de provas.

Ela foi chamada de Conselheira, Auxiliadora, Intermediadora, Medianeira. No entanto, reduzir Nossa Senhora a um mero mecanismo de superação, dizendo que ela não tem nenhuma função racional, garra ou imaginação, como alguns ousaram propor, é afirmar que Yahweh Jeová devia ser simplesmente um amador de fim de semana que tirou sete dias de folga para criar umas "coisas".

Essa não é a verdade de modo algum. *La Madre Grande* é uma força da Natureza intrinsecamente engastada com a profunda criatividade – de trazer, ensinar, mostrar, abrigar todos os atributos do ser mãe neste mundo e para além.

La Madre, Nuestra Señora, Nossa Mãe continua[1] *independentemente dos que dizem que ela apareceu, ou não apareceu, não importa para quem; entrou ou não entrou numa casa; impôs as mãos ou não; curou ou não; expressou ou não expressou amor por tudo e por todos.*

Como grande intercessora, ela é essencial para *Tikkun Olam*, as palavras em hebraico que significam a "restauração da alma do mundo". Ela é essencial para o conceito de *Ometeotl*, a palavra náuatle/asteca que designa "aquele que desce ao mundo a partir das maiores alturas para deixar limpo o caminho de mão dupla entre os grandes corações da Terra e dos Céus mais uma vez".

Desse modo, ela concedeu tantas vezes acesso a muitos de nós, a mim também. Admito totalmente: as impressões digitais dela estão em mim por toda parte. Talvez estejam em você também. Espero que sim. As marcas das suas palmas estão nos meus ombros de tanto ela tentar me guiar para várias direções corretas e difíceis – como, por exemplo, o caminho de uma longa instrução adquirida com enorme esforço, para a qual eu, como mãe dependente da previdência social, tinha poucos recursos.

Mi Guadalupe esteve sempre lá durante aquelas "décadas de noites" que levei para obter diplomas e, ainda mais, para conquistar um lugar para viver num mundo que tanto rejeita os que não aparentam pertencer à classe superior. Ela sussurrava: "Atravessei um longo deserto com poucos recursos. Você pode fazer o mesmo."

Ela não é uma coisinha sem importância. Tenho a experiência literal da força dos seus braços poderosos a me erguer quando eu achava que ia morrer.

Seus braços a me segurar firme, enquanto eu lutava para manter em pé minha filha adulta que estava desmaiando no chuveiro; eu, totalmente vestida ali debaixo do chuveiro; minha pobre filha, nua e encharcada, enquanto perdia seu bebê amado e esperado havia muito tempo. Não sei como eu ou como nós poderíamos ter nos mantido em pé sozinhas sem Nossa Mãe.

Houve tempos melhores e tempos muito, muito piores – e, nestes, muitas vezes sem saber aonde ir para procurar alívio, sem encontrar um lugar para descansar na tempestade da perda e da dor, encostei-me nos seios de *Mi Madre*, sugando em busca de forças para avançar. E, de certo modo, geralmente de algum modo estranho, de início irreconhecível, forças foram concedidas.

Durante uma luta recente com um diagnóstico incorreto de doença terminal, segundo o qual me foram dados não mais que quatro meses de vida, ela tirou sua *vesica piscus* de *rayos* e me mandou passar por sua coroa de fogo, incinerando meu terror e minha tristeza repetidas vezes.

Ela me aqueceu com amor e me aconselhou de modo previdente. Permitiu que eu pusesse minhas mãos nas dela para ajudar outros, respondeu com vigor e de modo positivo a pedidos de cura por membros da família, amigos e desconhecidos.

Respondeu a súplicas de recuperação e cessação de ameaças, malefícios, ferimentos, temores, exílios, lutas, esforços de muitos tipos. Respondeu no seu estilo, não no meu.

E ainda me sinto terrivelmente deficiente – e, em todos os meus fracassos, encontro sua bainha empoeirada sempre ao meu lado, com sua voz dizendo: "Levanta-te."

Às vezes eu me pergunto se minha insatisfação com o lado desalmado de algumas partes do mundo talvez não derive de eu simplesmente ter nascido com um mau humor quase permanente... mas, quando estou perto dela, muito embora não seja fácil na maioria das vezes, tudo o que quero fazer é me esforçar por amar e então tentar amar mais um pouco.

Tento me lembrar do que minha avó mais engraçada costumava dizer: "Pense só como nós acabaríamos sendo piores sem ela."

Talvez o que exista de mais poderoso: rezo para Nossa Senhora diariamente com milhares de outras velhas de todos os cantos do mundo. Não tenho todas as respostas, mas trago a convicção essencial de que Nossa Senhora não consegue resistir a ouvir um bando de velhas almas tão cômicas, imperfeitas, devotas e animadas como nós – como você e eu, independentemente de nosso número de anos na Terra.

Além disso, Nossa Mãe, *La Señora,* Nossa Senhora, é transmitida em preces, súplicas e louvores por homens, mulheres e crianças de todas as idades, e diariamente, pois ela está do lado da vida e ela é pelo mundo – por ele inteiro, não apenas por parte dele, não apenas por aqueles que tenham sido "aprovados".

Chamamos esses membros de *Las Marías.* Se você sente algo por ela; se deseja uma orientação mais profunda do que a de natureza terrena; se teme que algo de precioso seja perdido ou que algo valorizado não chegue a se realizar; se você tem uma esperança de cura para outros que sofrem; se deseja conhecer seu radiante Filho do Amor; se precisa de um sinal, uma orientação, uma palavra bondosa, um gole d'água na longa estrada ressecada... venha juntar-se a nós nesta confraria mundial invisível mas palpável.

Não é à toa que Ela é chamada de "Torre de Marfim" e "Torre de Luz". Levantem-se, apresentem-se, há uma Senhora à espera, uma Senhora que os conhece pelo nome e sabe de cor as travessias e os modos de avançar.

As pessoas costumam me perguntar como rezo a ela. Tenho milhares de orações que recebi do deserto e da terra batida, do sangue injustamente derramado, de contar as cáries nos molares da Morte, mas há uma única oração à qual retorno a Nossa Senhora repetidas vezes, pois ela é a única prece que me foi dada por ela exclusivamente.

É de uma estranha doçura que alguém que tanto escreve e que muito caminha com Nossa Senhora, pedindo-lhe, ao longo dessas quase sete décadas de minha vida, que por favor me conceda palavras suficientes para ajudar e curar outros, e no entanto, quando pedi por mim, acreditando que talvez viesse um parágrafo pelo menos, quem sabe até mesmo uma página, eis o que veio.

E é esta prece, portanto, a que se segue; recebam então meu convite sincero para se juntarem a mim nesta oração, mesmo que a oração pessoal que Nossa Senhora me concedeu tenha apenas uma palavra:

Enséñame.

Isto significa *Por favor, mostra-me. Por favor, ensina-me.*

Sei que Nossa Senhora ouve esta prece, não importa de que canto do universo ela seja emitida, porque existe uma única coisa que o Criador não pode fazer – uma única coisa que Nossa Mãe, a Grande Mulher, não pode fazer – ou seja, eles *não podem* não nos amar.

Não importa o que precisemos ver, aprender, receber como inspiração – o chamado é o mesmo:

Enséñame.
Mostra-me por favor. Ensina-me, por favor.
Amém.
Amém.
Amém.

Em tempos antigos, esta palavra, *Amém,* significava "Que assim seja. Que venha a se realizar". E que seja assim para todos nós.

Ex-voto: "Nossa Senhora das Rodovias Azuis"

CAPÍTULO 13

Seus nomes incessantes

Ladainha da Estrada Mãe: Cântico de Seus nomes incandescentes

Muito tempo atrás, na década de 1960, percorri a Rodovia Panamericana, dirigindo um jipe tão vermelho que parecia uma romã cortada ao meio. Ia aos solavancos, derrapando, aquaplanando, encalhando, arrastando-me e acelerando nas poucas retas; e abraçando as curvas estreitas como se estivesse acompanhando as dobras intricadas do manto estrelado de Nossa Senhora.

E ainda assim eu quase "perdi a aderência" dos pneus e derrapei despencando por ribanceiras encharcadas. Com muitas peripécias, consegui dominar o volante por quase 5 mil quilômetros de desmoronamentos, afundamentos, centenas de quilômetros de estrada ruim, muitas vezes sem jamais ver outro veículo.

Mas essa era uma bela Estrada Mãe, que começa no Alasca, atravessa a América do Norte e desce pelo México, para entrar na Guatemala, em El Salvador, Honduras, Nicarágua, Costa Rica e Panamá, até a fronte verde da selva de Darién. A estrada mergulha então por baixo do oceano, para depois descer, descer e descer até a Tierra del Fuego na extremidade da América do Sul.

Apesar dos poucos veículos, ai, minha nossa, essa Estrada Mãe, para qualquer um com olhos de ver, estava fervilhando de gente. E a gente estava fervilhando com *La Nuestra Señora*, pois todas essas terras e todas essas gentes possuem suas próprias versões e nomes para a Mãe Abençoada.

Muitos acreditam que as Américas são habitadas somente por pessoas que são nativas de cada nação. É verdade que há muitos indígenas. Mas as Américas também estão ocupadas por grupos migratórios, imigrantes, descendentes dos conquistadores, pessoas mestiças, pessoas trazidas como escravos, pessoas que fugiam de alguma coisa, pessoas que viam uma oportunidade ou beleza, ou se apaixonavam ou encontravam refúgio.

E, assim, as Américas estão cheias de morenos, crioulos, mestiços, ladinos, espanhóis, africanos, toluquenses, tlaxcalenses, lacandones, santodomingueños, italianos, portugueses, gregos, alemães, austríacos, chineses, japoneses, franceses, estadunidenses, quíchuas, mam, mosquitos, cunas e tantas outras tribos de todas as partes do mundo. E muitos vivem ao longo dessa estrada que se estende por três enormes massas de terra[1] – e cada grupo tem suas próprias palavras para o que muitos europeus chamam de Mãe de Deus, Mãe Sereníssima e Mãe Imaculada.

Mas nessa estrada, em vários povoados minúsculos, ela também é chamada segundo o uso a que as pessoas aplicam suas mãos e seu espírito; e assim, aqui, ela é chamada por nomes que, quando traduzidos, significam que ela é compreendida como a Mãe Copal de Perfume Dulcíssimo, Mãe da Brasa Luminosa, Mãe Estrela de Fogo, Mãe do Primeiro Raio de Sol, Mãe Que Gira o Tambor do Universo, Mãe com Asas de Folhas de Palmeira, Mãe Tambor, Mãe do Portal Rosa, Agulha de Prata, Senhora da Dança do Vento, Mãe da Preciosa Semente do Milho e, um dos meus preferidos, Mãe Guerrilha.

Mãe Guerrilha, querendo dizer que ela é a Líder de qualquer grupinho independente de almas valentes que se empenhem em combates irregulares, muitas vezes clandestinos, para rechaçar uma força organizada maior, governamental com frequência, que tem recursos muito maiores e bens materiais superiores, e se dispõe a prejudicar o povo em geral.

Por toda parte, a Mãe tem um nome santo que provém da própria terra... pois é ali que as pessoas vivem de fato. Cada pequeno grupo compreende que ela é "nossa", muito embora ela pertença a todos e todos pertençam a ela.

A gente, em sua maioria camponesa, que mora ao longo das curvas da Estrada Mãe tem rituais permanentes de louvor, súplica e graças a ela e por ela. Com maior frequência, entalham sua imagem como a veem, trajando e adornando essa figura simbólica, trazendo-a ao ar livre para *ver* suas aflições, suas necessidades e as condições de seus campos, para que ela possa direcionar sua ajuda e a de seu Filho a todos "*en puente*", bem no alvo.

Ladainha da Estrada Mãe: Cântico de Seus nomes incandescentes

As pessoas esforçam-se interna e externamente para segui-la. Ela se torna sua líder por toda a vida. Elas a situam no centro da vida. As pessoas precisam dela, querem permanecer perto dela, enquanto lutam para levar uma vida santa, muitas vezes em meio a golpes militares, guerras brutais, difamações políticas de seus costumes humildes, nos quais há o descaso por suas necessidades mais básicas de água limpa e alimento, por um lado, e proteção contra a invasão com objetivos nocivos, por outro lado.

Exatamente como pintores, visionários e santos veem Nossa Senhora através de tantas facetas diferentes do prisma, num rico acréscimo às aparentemente pouquíssimas imagens "autorizadas" por papas e reis, a chamada Estrada Pan-americana também não era vista pelas pessoas que viviam à beira dela ou nas suas proximidades como uma mera estrada sinuosa autorizada pelos governos. Elas viam a estrada como a um altar.

Ou seja, os lavradores e lavradoras vestidos de belos trajes listrados e bordados, usando chapéus de palha brancos que lançavam pequenos pontos luminosos sobre seus rostos morenos, viam a estrada como a uma gigantesca mesa de banquete – pois, entre outras coisas, eles usavam o leito da estrada para lavar, secar e separar as colheitas, a abundância que eles acreditavam ter sido abençoada por Nossa Senhora e por suas intercessões em nome do povo.

Com esforço, eles arrastavam e dispunham na estrada campos inteiros de pés de milho, longos cordões de trepadeiras de feijões; gordos *cojones* de cherimólias dispostos em fileiras por uns duzentos metros de asfalto; cestas de *frijoles* (feijões) vermelhos, pretos, brancos e malhados, limões, laranjas e outras frutas, tudo espalhado de um lado a outro da estrada, perto de quase todos os povoados durante a colheita, bem no belo e longo tabuleiro da estrada. Qualquer veículo intrépido que viesse por ali era forçado de repente a dar uma guinada para sair da estrada e seguir pela margem da pista aos trancos – para cima/para baixo, para cima/para baixo, aos solavancos – para não fazer salada de fruta e purê misto de legumes ao esmagar todo o alimento do povoado ali disposto, em tons de açafrão, rubi, verde-azulado, na estrada vermelha que se tornava cinza-carvão depois de uma chuva.

E os camponeses acrescentavam a estrada às suas preces, rituais e pequenos ex-votos feitos em casa, agradecendo à Estrada Mãe tê-los abençoado com a dádiva de uma mesa tão bonita para ajudá-los a separar, empilhar, secar e polir. E tudo isso em meio a uma paz frágil e insegurança. A Estrada Mãe permanece.

―⁂―

E era assim que, perto de muitos povoados pequenos, com casas cobertas com sapê, acontecia também haver na rodovia velhas de braços magrinhos – um pouco parecidas com os *ents* de Tolkien, as árvores que percorrem a floresta. As velhotas pareciam trazer atrás de si suas raízes longas e ricas, enquanto andavam com as saias azul-marinho e as blusas que tinham explodido em bordados de hibiscos vermelhos, pêssego e laranja, com rosas brilhantes, bem abertas, de vinte pétalas, tudo entretecido com folhas e pássaros.

As velhas eram fiandeiras, tecelãs, as rainhas dos tecidos e dos trabalhos de agulha das Américas. E usavam suas tranças brancas e brilhantes presas com longas fitas coloridas, exatamente como as meninas dos povoados, mesmo com a chefe mais idosa tendo ar de atemporalidade.

As *viejas*, as velhas, viam a Estrada Mãe como o lugar para desenrolar. Por isso, estendiam seus tecidos molhados de um roxo-escuro, vermelho-escuro e marrom casca de árvore, tecidos que tinham sido totalmente brancos quando elas os teceram pela primeira vez em seus teares primitivos.

Mas agora, tendo acabado de mergulhar uma quantidade suficiente de tecido em tintura fervente, para poderem depois oferecer pano novo para quase um povoado inteiro, esse pano, a partir da adição de plantas conhecidas por causarem manchas amarelas e de outras plantas que continham tanino para tingir o tecido de um marrom delicado; e a partir de insetos que cediam suas seivas corporais e tingiam a água quente de um tom denso de violeta (e às vezes usando uma cor viva "não encontrada na Natureza", uma anilina que algum vendedor ambulante tinha trazido ali); agora as velhas só precisavam de mais uma coisa...

Precisavam de um lugar para desenrolar os rolos fumegantes de pano, um lugar para colocar os baldes e tinas e mais tinas de água fria, gelada, para mergulhar o pano, tudo com o objetivo de fixar a tinta. Elas precisavam de um lugar para jogar um punhado de sal nas tinas, e também para ajudar a "fixar" as cores. E esse lugar, a Estrada Mãe, era o perfeito escoadouro para isso.

Depois, as mesmas velhinhas bordariam com ferocidade sobre as *huipils* (blusas que descem até os joelhos) um Jardim do Éden inteiro, para as mulheres do povoado usarem essas esplêndidas "obras de arte ambulantes" como trajes do dia a dia. Para elas, normal. Para mim, ao ver fios tão coloridos e brilhantes, achei que estava vendo mulheres humanas transformadas em lendários *quetzales emplumados*.

E elas incluíam a Estrada Mãe em seus ritos e rituais de bênçãos, agradecendo-lhe, pois para muitos ela não era apenas El camino, *exatamente (ou seja, a estrada); mas também* La carretera, *querendo dizer a carroceira, a transportadora, a que sabe como transportar a vida adiante. Portanto, não somente estrada, mas, além disso, tanto a via como o veículo. A Estrada Mãe era vista como a transportadora de almas, a consertadora de almas, a nutriz de almas, a que sabia como tudo aquilo se encaixava. E tudo isso em meio a uma paz frágil e insegurança: A Estrada Mãe permanece.*

Assim, essa estrada que atravessa as Américas para muitos não é apenas terrena, mas também sagrada. Enquanto eu dirigia, pensava em todos os braços, costas e pernas que a construíram – essa estrada na América Central e na do Sul foi construída e mantida frequentemente por meio de recrutamento.

Isso quer dizer que muitas vezes as pessoas de baixa estatura nos povoados foram forçadas pelo governo a construir a estrada. É uma cena por ver essa manutenção da estrada por pessoal recrutado: índios em trajes tribais de colorido tradicional, cavando, usando varinhas de plantio como pás, ajoelhados acertando o leito da estrada com tábuas curtas que seguram com as mãos, espalhando baldes de escória e piche por cima de pedras.

Nesse sentido, a estrada é um trabalho pesado e feito à mão; e portanto a Estrada Mãe na realidade não pertence a governo algum. Ela pertence àqueles cujos ossos a construíram e à Bela Senhora. Tantos deram a seu pequeno trecho de estrada nomes como esses que, traduzidos por mim, diriam algo como o que se segue:

- Mãe Misericordiosa Usando Vestes de Chuva

- Ela que se Debruça dos Céus para Proteger as Lavouras

- Lâmina de Obsidiana: Ela que Supervisiona uma Colheita Eficiente

- Ela que Colore o Tecido para as Pessoas na Terra Poderem ser Vistas dos Céus

- Ela que Carrega a Alma para o Outro Lado de Fronteiras Cercadas
- Mesa do Banquete Infinito

Ela também é chamada por algo semelhante a Mãe Contadora de Histórias, Rainha das Palavras (Amor), Rainha do Vento Suave (Paz), Rainha dos Alados, Protetora dos Anjos, Cuba Cintilante do Universo, Primeira Instrutora, Trama de Ouro, Harpa dos Céus, Primeira Estrela, Estrela que Nunca se Move, Avó dos Remédios, Mãe dos que Veem, Mãe de Todos os Anjos, Mãe da Mó Sagrada, Mãe Maíz, e tantos outros.

E esses nomes que pertencem à Grande Mulher continuam sem cessar pela Estrada Mãe, que todos nós estamos percorrendo, uma estrada em que poderíamos vê-la de inúmeras formas e aprender a entoar seus nomes incandescentes. Além disso, acrescentemos ao cântico esses nomes consagrados pelo tempo que nos chegam dos antigos templos e pergaminhos eclesiásticos... que também parecem infinitos, exatamente como ela é:

Cálice Espiritual, Cálice de Honra, Rosa Mística, Casa de Ouro, Estrela da Manhã, Saúde para os Enfermos, Refúgio dos Pecadores, Consolo dos Aflitos, Mãe do Bom Conselho, Mãe de Deus, Encarnação da Justiça, Trono de Sabedoria e Portões do Paraíso.

Então, aqui, no final, eis esta pequena oração da estrada, para que todos nós viajemos com segurança na Estrada Mãe:

PRECE PARA VIAJAR PELA ESTRADA MÃE

Nuestra Madre,
Portal do Céu,
Estrela do Oceano,
Trono da Montanha,
Peço que me apresentes
a teu Filho da Estrela do Deserto,
e intercedas por mim
e pelos necessitados.
Abençoa-nos e Ensina-nos a Ser Suaves.

Abençoa-nos e Ensina-nos a Ser Ferozes.
Suavemente Ferozes.
Ferozmente Suaves.

Nossa Querida Mulher Vestida com o Sol
Nossa Estrada Mãe onde corremos,
Nossa Estrada Mãe que nos transporta...
Ajuda-nos, orientando nossos pés,
em direções corretas,
mostrando-nos
teus inimitáveis sinais, de modo
que os vejamos com facilidade
e os compreendamos melhor.

Concede-nos visibilidade
quando for útil.

Concede-nos invisibilidade
quando for necessário.

Obrigada, *Madre Grande*
Amém.
Amém.
Amém.

(e uma mulherzinha.)

**Madre Misericordiosa de Toda Vida:
Dos Vivos e dos Ainda por Nascer**

Ex-voto: "La Mariposa: Adejar da Borboleta, Nossa Senhora da Nova Vida"

CAPÍTULO 14

*Mãe Misericordiosa:
Restaurando a Alma depois de um trauma*

Compaixão pós-aborto:
"Os filhos que ela teve que não teve..."

Dizem que cem milhões de homens e mulheres terão feito abortos em qualquer milênio. Há quem diga que foram mais. Outros, menos. No meu trabalho com almas, porém, sei que muitos que seguiram por esse caminho não só não estavam cientes da existência de outras possibilidades com antecedência. Com frequência estavam desacompanhados, ou acompanhados em termos insuficientes ou ambivalentes. Muitos foram expostos a vexames, humilhação, expulsão por outros. Muitos ficaram totalmente destituídos de recursos de qualquer natureza.

Alguns estavam num pânico abjeto e muitas vezes não sabiam como ou não conseguiam se forçar a buscar um aconselhamento generoso, sábio ou amoroso para começar. Alguns estavam desabrigados. Alguns estavam fugindo. Alguns tinham sido feridos fisicamente. Alguns tinham literalmente perdido o controle da mente e do corpo. Alguns se sentiam indignos. Alguns se sentiam condenados. Alguns queriam seguir adiante sozinhos, com bravura, sem falar com mais ninguém. Para alguns, não tinham sido oferecidos recursos de apoio. E, para um número considerável de outros, os recursos tinham sido deliberadamente negados, fosse por ingenuidade, fosse por alguma ideia pateta de uma punição do tipo "sofrer as consequências dos próprios atos".

Assim, muitos fizeram escolhas truncadas pela ansiedade e pelo desespero, tomando a melhor decisão que conheciam naquela hora, alguns dizendo ter sido em nome da razão ou de uma praticidade aparente, alguns por um medo abjeto, mas muitas vezes com uma profunda incerteza; às vezes no meio do abandono e da traição; e às vezes por terem sido desprezados por outros. Ou porque estavam sós e não tinham ninguém nem nada, mesmo cercados por muitos, mas sem ligações mais fortes.

⁓✦⁓

Depois do aborto, como acontece com qualquer questão grave que diga respeito à vida e à morte, pode haver sofrimento com respeito a decisões tomadas. Muitos dos sintomas desse ferimento são encontrados no transtorno do estresse pós-traumático e podem incluir uma tristeza na proximidade de famílias e/ou de mulheres grávidas, ou de mulheres que estejam lutando para engravidar; ou ainda de famílias que tenham acabado de perder um filho amado. Pode haver um tédio, ou seja, um desinteresse por certos aspectos da vida por eles tocarem perto demais lembranças tristes. Uma pessoa pode encontrar dificuldade para se conectar com uma sensação de dignidade por certos aspectos. Pode ocorrer uma baixa de energia e até um avançar pesado pela vida. Isso pode decorrer de a pessoa se sentir atordoada, sem ter ninguém que perceba ou com quem falar para descobrir o aprendizado, a misericórdia, a compreensão e a reconciliação. Pode acontecer que a pessoa não soubesse como se restaurar desse longo período de solidão, depressão, de se sentir desgraçada, na defensiva.

Pode ocorrer um entorpecimento, ou seja, trechos de lembranças perdi-das daquele período doloroso. Pode acontecer o contrário, lembranças tão nítidas daqueles tempos dolorosos que a fazem se sentir ferida diariamente. Pode haver a conclusão de que um alvoroço de "manter-se ocupada" pareça amenizar mais de pronto a dor, em vez do trabalho consciente no sentido de uma paz verdadeira que permita que todos os aspectos sagrados da pessoa se encaixem novamente: a mente, o coração, a alma, o espírito, o ego e o corpo. Apesar de não se saber se a pessoa estava certa naquela época ou agora quanto a decisões tomadas, isso nem sempre apaga as reações da alma e do espírito, nem as sensíveis lembranças corporais. Contudo, se uma pessoa se sentir acomodada, curada ou como se nunca tivesse sido ferida, isso também devemos respeitar.

O cuidado dispensado aqui é para aqueles que têm reações situacionais de dor, em termos novos e recorrentes, à perda de um filho pelo aborto. É estranho que a dor possa ser provocada por anúncios, filmes, sons, cheiros, toques, sabores, sensações de muitos tipos, entre os quais uma palavra ou um encontro casual. Pode haver preocupação com qualquer questão relacionada à saúde e à preservação do eu, como uma espécie de reflexo de dor decorrente de decisões antigas ou recentes. Sempre pode haver um choro inesperado. Esses não são os sintomas de uma pessoa empedernida. São na realidade os sintomas de um espírito magoado e de uma alma em sofrimento, que bem no fundo, apesar de tudo o mais, valoriza a vida de modo inato e com uma ternura infinita.

Há quem diga que as pessoas que fizeram aborto não são dignas de cura, nem de cuidados; ou que "o que passou, passou". Isso não é verdade. A vida perdida é vida perdida. Recomendar a uma pessoa ferida que "siga em frente" em hora prematura e especialmente sem uma plena compreensão e compaixão faz com que a retrospectiva seja eliminada dos recursos da psique para ajudar uma pessoa a se curar bem.

São as fissuras e abismos entre o modo de pensar do período em que a pessoa tomou certas decisões – e a mente maior do eu verdadeiro que abarca considerações outras ou adicionais – o que agora pode provocar dor. Portanto, quem perdeu, não importa como, tem o direito – e alguns diriam o dever espiritual para com a alma – de lembrar, de lamentar a perda à vontade e, conforme seja necessário, de se purificar, de se reconciliar espiritualmente em rituais restauradores, de questionar com sinceridade todos os ângulos e responder, de dizer a verdade, de reunir de novo todas as partes do verdadeiro eu em um único lugar. Os feridos e os que feriram a si mesmos têm o direito de ser ajudados a se levantar, de ser tocados de uma forma especial, com amor e santidade, pois essas são as características tipificadoras da palavra *humano*, encontrada no interior da palavra *humanitário*.

CALAR AS HISTÓRIAS QUE FALAM DE COMO PRESERVAR E RESTAURAR A VIDA MATA A VIDA

Examinemos uma história vigorosa que se contrapõe a determinado aspecto da cultura dominante em que nós todos vivemos atualmente. Com enorme frequência, certas camadas da sociedade arvoram-se a tentar nos ensinar a deixar para lá o sofrimento de todos os seres vivos. Através da condenação da alma dos outros, somos encorajados a nutrir para com os outros uma *schadenfreude*, isto é, sentir alegria pela desgraça alheia... Isso nunca poderia ser assim. Na realidade, minha sugestão é a de que nós, com delicadeza mas com firmeza, nos aferremos à seguinte história venerável:

> Uma vez, muito tempo atrás, um homem que estava viajando a pé sozinho, sem nenhum guia protetor, foi atacado, surrado e ferido, e deixado a sangrar até a morte à beira da estrada.
> Vários viajantes passaram por ali. Todos viram a criatura prostrada, mas pularam apressados por cima do corpo moribundo, para poder cumprir seus próprios compromissos.
> Dois sacerdotes, em vestes ondulantes de duas religiões diferentes, viram o homem sofrendo, em plena luz do dia, mas mesmo os ungidos simplesmente atravessaram para o outro lado da estrada, para evitar ter de entrar em contato com o pobre homem ou tocar seus ferimentos.

Essa é uma história muito antiga, sobre a negligência física, espiritual e mental para com os feridos. Em sua raiz, seu tema é o de uma história edificante arquetípica, que pode ser encontrada em todas as culturas do mundo, na qual a pessoa singular, de coração misericordioso – e ferido –, é a única a sair de seu caminho para ajudar o insultado. A história é conhecida como "O bom samaritano" e, embora se desenrole em antigos pergaminhos iluminados ainda guardados em mosteiros tantos milênios depois, também é uma história dos nossos tempos, encontrada todos os dias em jornais e on-line: os muitos que se desviam do ferido, que talvez nem vejam o ser machucado e depois se arrependam muito disso.

Alguns transeuntes podem por ingenuidade não perceber que alguma coisa deveria ser dita ou feita. Alguns podem achar que "Isso não me diz respeito". Outros podem considerar os ferimentos do outro repugnantes ou não dignos de cura. Há também aqueles que, seguindo seu próprio ponto de vista mesquinho, em vez do modo de ver mais amplo e sagrado, se recusam a intervir mesmo quando é fácil intervir.

É por isso que é valioso manter na consciência uma história forte, de intervenção misericordiosa em prol do ferido. Pois, se deixada de lado, quer dizer, se for cuidadosamente escondida em ambientes de arquivo morto, e não exposta na língua e nos lábios vivos de curandeiros, contadores e santos capazes, a história da misericórdia para com a alma morre. E então os espíritos dos humanos que aprenderiam a bondade com a história são deixados na ignorância – e os feridos à beira da estrada continuam a perder as forças e vão morrendo também.

Através da visão do meu coração para a do seu, eu perguntaria... quem contará as histórias para que outros possam aprender a se ajoelhar para ajudar os que estão feridos? Quem contará as histórias sobre como aqueles que antes não viram podem procurar agora ter um insight e oferecer consolação significativa e sincera? Quem contará as histórias para que as verdades sejam ditas, para que os meios de chegar ao reconhecimento pleno do que ocorreu e à plena misericórdia se tornem do conhecimento de todos? Quem contará as histórias para que o ferido seja curado e se levante outra vez, com cicatrizes, mas aos poucos recuperado?

Quem, como o Bom Samaritano (por sinal, um homem de uma das tribos mais detestadas de sua época), vai se ajoelhar para fazer curativos nos ferimentos de um desconhecido, enquanto todos os outros passam por ali inocentes, sem registrar a necessidade, ou se apressam, acreditando que são mais importantes suas pastas e documentos, ou suas ideologias e preocupações a caminho de algum lugar?

O samaritano na história era uma pessoa magoada. Tinha passado toda a vida sendo olhado com menosprezo por muitos. Imaginemos que isso fosse agora. Existe entre nós alguém que não tenha sido desprezado simplesmente por ser ou por se prender a um jeito de ser ou a um ideal que se ergue como uma catedral gigantesca sobre o mar, e entretanto é humilhado porque alguns não conseguem olhar e realmente ver?

Para deixar bem claro que tipo de criatura o samaritano era, o quanto foi radical seu ato de se curvar para ajudar um homem agredido, pensem nisto: um homem de uma tribo moderna, digamos um imigrante mexicano sem todos os devidos documentos, que é menosprezado por muitos; mas, ao ver um sem-teto ferido nas ruas, muito embora todos os outros não deem atenção ao homem ferido, o imigrante, de quem tantos outros falam mal, levanta com carinho a criatura machucada, carregando-a sobre os ombros, vai cambaleando até o motel mais próximo, paga do seu próprio dinheiro ganho a duras penas para que o dono do motel se encarregue de que o homem ferido receba cuidados e alimentação. E então o imigrante de nenhuma condição social segue seu caminho. E, como na história do Bom Samaritano, depois o pequeno imigrante volta ao motel para ver como o ferido está e se oferece para fazer qualquer outra coisa que seja necessária para sua recuperação.

Essa é a história antiga/moderna do Bom Samaritano. No fundo, ela ressalta o que chamo de "coração incólume" que existe em alguns como um dom, não importa que cicatrizes a pessoa tenha. O núcleo da história oferece uma alternativa santa ao bando de viajantes que passam apressados, alguns dos quais não conseguem ver o homem ferido porque talvez ninguém jamais os tenha acompanhado em seus sofrimentos de forma sábia e bondosa. E alguns podem fingir que não veem os cortes e o sangue, pois alguns têm os olhos fixos não nos céus, mas na aparência que apresentam aos outros na Terra. É compreensível que alguns não queiram entrar num estado doloroso de impotência que decorre de não ser capaz de fazer voltar o tempo e organizar as coisas como se "nunca tivessem acontecido". Para alguns pode parecer que aquilo tudo é demais, ou que é melhor esperar que o tempo cure todos os ferimentos sem outra ajuda.

Alguns transeuntes podem se sentir vulneráveis, sem saber de imediato quais são as formas mais práticas de proceder para ser de ajuda efetiva; e especialmente, por verdadeiro amor, sem querer causar mais mal ainda. Alguns podem querer aparentar uma falsa serenidade diante disso tudo, porque às vezes ainda estão alquebrados ou ainda não se reconciliaram – em corpo, mente, coração, alma e espírito – com suas próprias circunstâncias similares em época recente ou remota. Alguns podem ter esperança de manter o *status quo* de levar a vida sem olhar para a esquerda ou para a direita. Alguns, por seus próprios motivos, prefeririam não entrar na tristeza do outro relativa à perda de vida preciosa. Pode haver muitas razões para não entrar em contato próximo com alguém que sofre.

Contudo, acerca da história do samaritano, em termos cruciais, e se ninguém tivesse vindo ajudar, de fato ajudar, com carinho a criatura agredida? Neste caso, não seria verdade que o viajante ferido não teria história alguma a contar, nenhuma experiência direta de outra criatura se importar tão profundamente com a vida de um desconhecido? Aprendemos a incentivar outros a se importar com a Vida, a ajudar a Vida quando ela está caída, a curar e considerar a Vida preciosa, quando alguém, com uma compaixão infinita, sustentou nossa própria vida acima da superfície da água, por ser digna e preciosa.

Se ninguém o tivesse ajudado, quando ele estava caído, se ninguém tivesse lavado delicadamente suas lacerações e trazido um bálsamo para seus ferimentos, se ninguém tivesse se disposto a restaurar para ele a lembrança da santidade de sua própria preciosa Força Vital, como ele iria ensinar aos outros que isso é algo a que todo ser humano na Terra tem pleno direito, algo que nasce junto com todo ser humano, como seu farol direcional?

Se os samaritanos não pararem para se curvar e prestar ajuda, como toda a humanidade aprenderá a parar e prestar ajuda aos que estão feridos em termos espirituais também?

NÃO UM OU O OUTRO: MAS SIM AMBOS E TODOS ATENDIDOS

Se a Mãe do Buda, a Mãe de Deus, a Santa Mãe do Senhor do Amor, *Jesus Cristo*, Miriam, que salvou o filho escondendo-o nos juncos, e muitas outras personagens de magnitude, se de repente vissem uma criatura jacente à beira da estrada, ferida de uma forma ou de outra por um aborto, não tenho a menor dúvida de que se apressariam a perguntar se podiam ajudar de alguma forma. Cada uma falaria usando sua própria versão de: Eu o percebo. Vejo que está sentindo dor. Com o terno amor e misericórdia fluindo através de mim, vou ajudá-lo a ver, refletir, curar-se.

É com essas muitas almas que agora andam por aí feridas que nos preocupamos; qualquer alma ferida por uma escolha anterior, desinformada, desprevenida ou não.

Se cem milhões é uma estimativa do número de tentativas para vir à Terra que "almas de longe" fizeram em nossos tempos; mas, por qualquer motivo que seja, não tenham conseguido chegar a um corpo pleno – existe, então, uma profunda necessidade de no mínimo duzentos milhões de "bons samaritanos" para notar todos os pais e mães feridos de filhos que nunca nasceram, todos eles jogados à beira da estrada, literalmente empilhados uns sobre os outros.

Não é difícil atender aos feridos, a menos que nossos julgamentos punitivos impeçam o fluxo do amor vermelho e caloroso, através do coração, na direção dos outros; a menos que não queiramos nos ajoelhar, escutar, abraçar, entrar no sofrimento, compartilhar o peso, descobrir realidades lá no fundo da verdadeira compreensão. E *não* ignorar, *não* reter curativos e bálsamos, *não* usar todo o raciocínio capenga para evitar dar dinheiro ou recursos.[1] Mas sim garantir que os agredidos e os feridos, bem como aqueles com chagas ainda abertas, sejam atendidos num refúgio razoável até que estejam sinceramente conformados e curados.

Pode-se mencionar também que, se há 100 milhões de vidas perdidas, 200 milhões de entristecidos, deve haver 400 milhões de avós que agora trazem no coração, por toda a vida, o ferimento de ter perdido o que teria sido seu neto primeiro ou não. Os familiares, parentes e amigos atingidos pelo aborto também raramente são levados em conta ou mencionados em voz alta.

<hr />

Mas Nossa Senhora os nota. A Mãe Misericordiosa nota todas as almas e se curva para ajudar. Ela se recusa a desviar sua atenção daquilo que vê como a alma radiante dentro de cada pessoa ferida – pois, se estudarmos as velhas histórias de sua vida e de sua maior perda, poderemos encontrar um mapa claro de modos paralelos de cura. A Santa Mãe tinha amigas em quem confiar e por quem podia ser reconfortada. Ela abraçou seu Filho morto, em comunhão com Ele, falando, abençoando e amando-O. *Pietà*. Ela não foi simplesmente em frente. Ela permaneceu por Ele e com Ele. Cumpriu os rituais para os mortos. Ungiu, carregou e colocou. Ela chorou. E levou consigo a lembrança do Filho em glória.

A resignação começa e termina com a exposição de todas as verdades com a maior honestidade possível, pois isso libera o coração emocional, permitindo que ele se abra por inteiro. O que pode resultar é uma cachoeira de lágrimas. Desse modo, irrigado pelo choro, o ferido pode começar a crescer e a se recuperar de verdade, de dentro para fora.

Uma mãe humana que tenha rejeitado um filho aqui na Terra tem outros passos por dar, que a Santa Mãe não deu, mas decerto a Mãe amantíssima estará lá para incentivar, abraçar e cuidar. A cura não é para os puros que não precisam ser curados. É para quem precisa dela. E a cura não é uma linha reta, mas em zigue-zague. Uma oração poderosa aqui, uma pessoa que escuta com divino amor acolá, um livro bem aqui, um súbito pensamento inspirador logo ali, uma percepção repentina, um ritual que tem significado para o espírito e para a alma,[2] e tudo isso mantido junto com ternura para consigo mesmo e para com a ideia que se tem do Sagrado.

A cura gira em torno de buscar uma pessoa de confiança, cara a cara, e ser ouvida com bondade e misericórdia acerca de várias questões como cada mulher ouve/vê/sente, lembrando-se de que o Arrependimento é o início da cura. O remorso e rituais que purificam a mente, o coração, a alma, o espírito e o corpo, em sintonia com o que cada pessoa acredita, sabe, compreende mais profundamente, são a parte restante da mais poderosa harmonização que reúne as partes quebradas do ser. Com o tempo, as marcas das cicatrizes permanecerão visíveis, mas curadas, em lugar de ferimentos ainda abertos e contaminados. Todos os ferimentos merecem ser limpos. Do contrário, existe o potencial de que afetem negativamente outros aspectos da vida e da psique, como uma infecção num braço tem o potencial de infectar todos os outros sistemas do corpo.

ALGUNS DIZEM QUE O ABORTO NÃO É TÃO IMPORTANTE ASSIM

Talvez ele não seja importante para alguns. Já escutei muita gente e ouvi no meu coração, creio eu, todos os prós e contras, que giram em círculos e espirais em torno do aborto. Em especial, não me deixo abalar pelos gritos estridentes, pelos que berram, odeiam, humilham, de qualquer lado em que estejam, que tentam me afastar de minha certeza quanto à preciosidade da vida. Não sinto muito interesse por quem aparenta estar tão ansioso por ganhar mérito em sua ideia pessoal do paraíso, que condena outros à sua ideia pessoal do inferno.

Mas deixo-me comover pelas almas que tentaram vir à Terra e foram impedidas, de qualquer maneira. Deixo-me comover por aquelas pessoas que são seus pais, que sentem tanta falta do que poderia ter sido. Meu jeito de encarar mães e pais de qualquer filho que não pôde vir, ou que veio e não pôde ficar, deriva de ter segurado nos braços os entristecidos, os que tinham desejado filhos e não conseguiram conceber; os que tentaram trazer um filho mas não conseguiram por causa de um aborto natural ou de morte na hora do parto, morte do bebê ou de um filho mais crescido. Lembro-me dos ombros e braços pesados de quem se sente acabrunhada pelo peso de ter dito não a um filho que tentava chegar através de seu corpo.

De meus anos de clínica e de escutar com profundidade pessoas falando da jornada da alma, concluo que a psique parece estar sempre repleta de amor iminente. Esta palavra, "iminente", significa que somos providos de um "mecanismo de mola" para amar, que nossa entrada em ação no ato de amar está "prestes a acontecer" a qualquer instante. Em nossa maioria, fomos feitos para desatar a amar especialmente os vulneráveis, os belos, os necessitados, os fortes, os desafiadores, qualquer um e todos. Alguns dizem que somos diferentes dos animais por causa de nossa capacidade de raciocinar ou de rir. Concordo. Mas, ainda mais, talvez sejamos a única criatura, além dos cachorros, que tem capacidade inata e enérgica para amar, de repente e verdadeiramente, com lealdade e profundidade, plenamente vivos a qualquer momento. Assentados no eu verdadeiro, amamos com muita facilidade.

Que a maior parte da humanidade foi feita para "o amor pronto para saltar e envolver tanta coisa" é uma boa parte do que causa dor, quando uma nova vida por ser amada não consegue ser assumida. A alma e o espírito são aspectos significativos da psique e não conseguem anular facilmente a dor só porque o ego pensa: "Agora não é a hora, o lugar, a pessoa certa ou o melhor momento." Ao longo de décadas de trabalho clínico, vi centenas de sonhos noturnos que reforçam esta ideia: para a alma da psique, todo momento é o momento certo para a vida nova. Para o espírito animador que vive no interior de todos nós, a vida nova é o mundo renascendo ainda uma vez, todos os dias. Portanto, para a mente maior, toda hora é "a hora certa", independentemente de como o ego ou a mente racional encare a questão.

Pensemos em termos da chegada súbita e iminente de almas à Terra. Poucos de nós que estamos aqui na Terra parecem ter sido rigorosamente planejados. Quase todos nós fomos uma grande surpresa para alguém que não estava "preparado". Parece que quase todos nós, antes de virmos para a Terra, vimos uma abertura minúscula, uma fresta no alvorecer de um mundo além, e saltamos por ali, contando com a oportunidade de que talvez um corpo pudesse ser feito para nós, um corpo que pudesse sobreviver e nascer na Terra. Sem dúvida, em espírito éramos pequenas almas impetuosas, determinadas e entusiasmadas.

Os seres humanos muitas vezes percebem essa vida animada da pequena alma que tenta chegar. Alguns percebem uma que paira por perto, que ainda não se manifesta plenamente, como numa concepção. Para muitos, um vínculo parece estar pronto antes que se veja a criança em si, um laço misterioso e palpável tecido em sangue vermelho e algum tipo de súbita memória nítida ou vislumbre da eternidade através das batidas do coração da mãe.

Esses e outros fatores misteriosos do dar à luz um filho, gerar um filho, são raramente mencionados pelas culturas, como se a gravidez fosse apenas uma questão de biologia. Ela não é. Ela é muito mais a entrada num grande mistério no qual uma nova consciência tenta irromper a muitos níveis, e para todos os envolvidos.

Desse modo, dizer a uma mulher ou a um homem que eles se esquecerão da perda de um filho, não importa como esse filho tenha sido perdido, é dizer uma inverdade. Se for dito que isso não faz diferença, que não era para ser, que a situação era impossível, que não é tão importante assim – talvez isso valha para um mundo. Valha em termos pragmáticos e verdadeiros. Mas existe uma realidade relacional mais ampla de Almas e Espíritos que se situa além do apenas terreno – e esse sentido fenomênico de magnitude e assombro sagrados que pertence à vida nova que de repente chegou de modo tão promissor também é perdido, junto com a perda da criança.

Por esse motivo: quando um ser vivo é tirado de sua fonte de nutrição, o que significa o enorme coração de amor que pertence à mãe e ao pai, não existe nada que se possa chamar de "falta de tristeza" para a maioria das almas. A realidade é a tristeza da alma. A tristeza pela perda do "filho em espírito" que estava tentando ajudar a mãe a construir um corpo para vir à Terra, e depois descobriu que isso não poderia acontecer.

Essa tristeza ocorre, em parte, porque a alma/psique registra todos os acontecimentos, todas as escolhas que uma pessoa faz. A alma/psique lembra todas as coisas que sucedem a uma pessoa, e a mente superior avalia tudo. E julga todas as questões pelos parâmetros da alma, de calma e sábio apoio, exatamente como o ego por si só tem sua própria mente tagarela que também avalia todas as questões – às vezes com excesso de receio, banalidade, impotência ou pessimismo.

A verdade é que ações empreendidas pelo ego sozinho, acerca de qualquer assunto, mas sem consultar a alma e o espírito, costumam se basear numa escala imperfeita, fornecida pelos que não são os mais sábios e mais amorosos na cultura interior ou exterior, mas por aqueles mais interessados no oportunismo, na engenharia social ou na tentativa de talhar a vida dos outros para que eles entrem em conformidade com expectativas culturais estreitas, baseadas na apreensão. Essas passam ao largo do estudo e da investigação de como abrir simplesmente ou abrir por explosão outras portas que levem a meios presentes e futuros de apoiar a vida nova. Decisões vitais baseadas no medo – com frequência a função mais míope dentro da psique –, em vez de baseadas no aspecto mais visionário concedido no nascimento a cada alma na Terra, podem provocar uma grave limitação da visão e do insight. Na realidade, cada pessoa merece o aconselhamento mais pleno, mais sensível, que vem de dentro, que vem do Sagrado, bem como daqueles, fora de nós mesmos, que sejam carinhosamente amorosos e experientes em verdadeira sabedoria.

—✦—

Freud escreveu sobre a "pulsão de morte" (uma espécie de impulso contrário à força vital). Em meu trabalho clínico, vi isso se manifestar em pacientes através do tédio, desilusão, desvalorização, desinteresse, preguiça ou outros meios de subestimar a si mesmos e à centelha da vida, a força criadora e animadora dentro de cada um. Contudo, ainda mais que isso, eu diria que existe na maioria de nós uma "forte pulsão de Vida", uma alta valorização da vida, um impulso de ser *pela* Vida de qualquer forma possível. O impulso no sentido da Vida é protetor, ponderado, vulnerável e envolto no que considero ser o amor imaculado da alma – uma versão humana do Amor Imaculado da Santa Mãe.

Seu Amor Imaculado deriva de uma Força Superior que tenta penetrar nossa consciência através de todas as oportunidades comuns e incomuns para amar. Ocasiões repentinas para amar de verdade, com inocência e pureza, costumam ser ensejadas por eventos transformadores da vida, *se* o ego não se sentir assoberbado pelas circunstâncias e se a cultura e os outros não exercerem tanta pressão que as vozes do espírito e da alma sejam temporariamente abafadas em momentos críticos.

Independentemente dos resultados em qualquer questão, algumas pessoas sentem uma tendência a proteger muitas formas de vida nova com ternura. Isso com frequência ressalta a diferença entre um coração sábio, enlameado pelas experiências da vida real – muito embora nem sempre as decisões sejam fáceis nas trincheiras – e um coração seco, tentado a funcionar apenas a partir de conceitos mecânicos.

Entretanto, não sou uma otimista ingênua. Não subestimo a possibilidade de que a gravidez possa começar com um crime; e de que a gravidez possa ocorrer a qualquer mulher rica ou pobre em finanças, em espírito, saúde, em quaisquer recursos. Conheço pessoalmente mães grávidas que sofrem de câncer avançado e lutam com a ideia de quem vai viver se os dois não puderem viver. Não sei se jamais conseguirei transmitir por completo como era sagrado o silêncio em que tive permissão de entrar e testemunhar a decisão de uma jovem mãe que decidiu abandonar totalmente a quimioterapia, que acabaria com a vida de sua filha em gestação, que não poderia sobreviver aos agressivos produtos químicos. Sua bela menininha nasceu viva e praticamente com o tempo de gestação completo; e a mãe morreu pouco depois em plena e horrível bênção de amor a essa pequenina vida nova. Essa história de caminhos tão difíceis, como a de tantos pais e mães que conheci, merece um monumento fúnebre inteiro só para ela, com bandeiras de preces esfarrapadas panejando para sempre.

Muitos testemunhos: outras mães fizeram outras escolhas pelo bem de um, três ou cinco filhos vivos. Deveria haver um monumento chamado "Àquelas que Fizeram as Escolhas Mais Difíceis". Ademais, já escutei mães grávidas que são dependentes de drogas e lutam. Mães grávidas na prisão que serão escandalosamente separadas de seus filhos no momento em que eles nascerem. Ao longo do tempo, ouvi os corações de um grande grupo de mães e pais muito jovens e também mais velhos que vivenciaram uma gravidez inesperada e ficaram com tanto medo de ser descobertos, com tanto medo de decepcionar seus pais, ou de ser evitados por determinada comunidade, que acharam que a gravidez não podia ser permitida por esses motivos e por outros.

Também escutei aqueles que diziam que não se importavam com a interrupção de uma gravidez inesperada. Mas também, ao conversar com calma com eles, vi que muitas vezes aquilo tinha, sim, importância para eles. Contudo, havia também outros ferimentos profundos que já competiam por espaço em suas psiques. Sei também de pais que só foram informados muito depois do fato; bem como daqueles que manifestaram sua opinião a favor ou contra e tiveram sua opinião respeitada ou não, fosse como fosse.

É por isso que vejo, em todas essas variações de caminhos muito difíceis, que todos são dignos de misericórdia e compreensão, de ouvir os recursos e os apuros que cada pessoa atravessou, os desejos de cada um naquela época, seus anseios por paz e congruência entre a mente, o coração, a alma, o espírito, o corpo, novamente, agora. Esse desejo de paz nos que trilharam caminhos árduos é o grito da alma, ansiando por cura e saúde, lembrando que o cuidado de saúde não é apenas para o corpo, mas uma necessidade da mente, da alma, do coração e do espírito, do ambiente e da sociedade ao nosso alcance, também.

Em quase todos os lugares por onde viajei, vi muitas crianças que, uma vez trazidas a este mundo, foram negligenciadas, tendo sua vida se tornado horrível por abusos e crimes contra a infância. A Santa Mãe levou-me a orfanatos de Bucareste e Varsóvia; e isso permanece não comigo, mas dentro de mim, da mesma forma que trago dentro de mim mais conhecimento cara a cara de maus-tratos a crianças do que eu jamais quis saber de modo direto ou indireto. Mas eu soube. E sei que ainda devo tentar com fé me estender na direção do eu verdadeiro, pois a Misericordiosa está lá, Santa Mãe por nome para muitos de nós. Não importa como a chamamos, ela está aqui conosco, ainda mais nos cantos mais escuros, indescritíveis, irremediáveis do mundo.

Na vida real, os contornos não são tão definidos como alguns costumam alegar com voz estridente, acerca de quem deveria fazer, pensar, seguir o quê, e como e por quê, praticamente com relação a tudo. Às vezes não há respostas perfeitas. Às vezes as respostas são totalmente desprezíveis. Às vezes não sabemos para exatamente que caminho estamos sendo direcionados. Às vezes parece não haver caminho algum. E ainda concluo que a Mãe Abençoada defende a vida e a justiça. No passado, agora e para sempre. Por isso, ela é chamada de Mãe do Bom Conselho.

Há quem diga: Mas o que ela fez por mim? Nada. Meus problemas são tão terríveis como antes. Minha vida continua uma droga: não tenho escolha. E ela murmura para nós uma santa insanidade, uma em que eu acredito que podemos confiar no espírito e na alma: *Estou com você. Estou sempre com você. Vendo como eu vejo, ouvindo como eu ouço, agindo como eu ajo, você encontrará uma saída.*

Minhas primeiras palavras àqueles que perguntam – uma mãe e um pai com uma gravidez "não planejada pela medida do ego, mas planejada por uma força superior" – e/ou a pais ou avós de jovens adultos ou filhos crescidos que de repente estão "esperando" é a seguinte: Não entrem em pânico. Respirem fundo. Mantenham o coração calmo e luminoso. Vamos pensar, não só sentir. Vamos escutar todas as vozes.

Sugiro que nós podemos, dentro de seu sistema de crenças, nos concentrar na influência calmante do poder superior. Para muitos, esse poder é ou pode ser a Mãe Misericordiosa. Desse modo, podemos encorajar cada pessoa envolvida a reservar tempo para refletir bem sobre as questões, tempo suficiente para procurar outros em busca de aconselhamento, proteção e recursos, procurar fora da família se for necessário. Há tempo suficiente para lembrar que em sua maioria as gravidezes raramente são "a perfeita gravidez", com o parceiro perfeito, as finanças perfeitas, a perfeita comunhão de apoios – e que podem ser criadas estruturas no mundo lá fora para apoiar nosso futuro, assim como o bebê está construindo suas pequenas estruturas corporais no ventre da mãe.

É verdade que a chegada de um filhinho à Terra mudará a trajetória de nossa vida. É provável que uma vida nova, caso lhe demos atenção e o permitamos, irá enriquecer profundamente nossa vida também, mesmo quando houver algumas tarefas difíceis pela frente; mesmo quando houver desafios de muitos tipos.

E além disso, como autora e poeta, às vezes falo para centenas ou milhares de pessoas de uma vez. Do palco, em certos locais, mais para o final, eu às vezes inicio a conversa sobre o aborto e a perda da gestação e digo que quem tiver interesse por esses assuntos pode ficar comigo depois da conferência principal, para conversarmos e rezarmos juntos.

Muitos permanecem depois para muitas vezes chorar ao longo de suas histórias de amor, agressão, perda, inexistência de opções, grosseria por parte de outros, abandono, traição, humilhação e falta de apoio e amor tão desesperadamente necessários. A maioria ainda traz ferimentos diretos que podem ter acontecido na semana anterior ou décadas atrás.

Com a ajuda da Mãe Abençoada, naquele curto período, posso ajudar o coração sobrecarregado a avançar um pouco pela estrada que leva a mais reflexão, a rituais significativos, a mais compreensão e cura. Às vezes, embora nosso tempo juntos seja pequeno, posso aplicar um bálsamo de cura nos ferimentos espirituais e psíquicos. Posso reafirmar para sempre a Vida, a vida de quem está ali diante de mim, bem como a do espírito e da alma de quem tentou chegar através do corpo de quem está diante de mim.

Tenho consciência também de que o que ofereço sofre fortes objeções em outras esferas na cultura, por parte de alguns que dispõem de mais visibilidade. De seu tablado, há quem diga que fez abortos e que não se arrepende. Sou forçada a acreditar na opinião que uma pessoa tem de si mesma. Algumas dizem ter orgulho de ter feito um aborto ou vários, e às vezes convidam a quem está na plateia a se levantar e admitir em público que fez um aborto e sente orgulho disso. Creio também que compreendo o que há de radical nisso para algumas pessoas. Diversas mulheres já escreveram que, se o aborto fosse algo que os homens pudessem fazer, ele seria um sacramento. Consigo detectar a fundamentação disso também, creio eu.

Mas minha compreensão, bem como meu foco, é diferente. Não é minha intenção, mas às vezes eu atraio a ira de certo tipo de pessoa que tem um grande interesse em não olhar para as realidades subjacentes ao aborto e para o trauma que pode advir a outros a partir dele – ou prefere disfarçar como uma gravidez pode ser uma circunstância difícil para uma alma. Existem muitos, também, que consideram que somente as mulheres são responsáveis por gravidezes, o que é, para mim, o mesmo que dizer que a floresta de sequoias cresceu a partir de poeira de fadas, sem nunca ter sido semeada.[3] Principalmente, apesar de várias controvérsias, creio que *todas* as realidades, em especial as que vejo nos feridos traumatizados depois da perda do filho pelo aborto, precisam ser alvo de consideração e recursos respeitosos e generosos.

UM PEQUENO REFÚGIO DE CURA COM A MÃE MISERICORDIOSA

É possível criar um simples refúgio espiritual de cura para os feridos também. Comecei há quatro décadas tentando ajudar a sarar os que tanto sofrem por perdas como essas. E o que se segue é tão somente minha visão dos relatos que recolhi. Se mais para o fim de minha palestra ou conferência, eu mencionar (num ambiente seguro) o trauma pós-aborto, o número de mulheres e homens que permanecem depois do final (ou seja, daqueles que estão interessados e/ou feridos por qualquer razão) excede de longe o daqueles que me disseram não sentir nenhum efeito pós-aborto. Não importa qual seja a proporção entre uns e outros, em geral os que se reúnem são as almas feridas e negligenciadas.

Tenho a impressão de que, se encarar a dor dos outros com respeito se tornasse uma nova norma, haveria muito menos extinções de nova vida e muito mais arquitetura social e familiar construída para gerar apoio à nova vida, em termos que não existem ou mal existem atualmente (ou então deixam de existir em consequência de perseguição ou se extinguem por falta de fundos). Mas para isso é necessário que sejam narradas mais histórias verdadeiras do que acontece quando se impede uma vida viável de chegar à Terra.

Desse modo, quando me reúno num espaço tranquilo, como uma verdadeira oficina da alma, com as poucas ou muitas criaturas que sofreram e perderam, vejo por outra lente, totalmente alheia à sociedade. Entro num cantinho ínfimo do mundo pós-aborto, da perda da gestação, que é profundo e sagrado. Ali houve sangue derramado, e há muita dor no coração. Não há respostas fáceis, mas/e muitas vezes há um desejo genuíno de se conformar; e, nesses primeiros momentos profundos e honestos, peço que a presença de Nossa Senhora esteja conosco. E com frequência basta esse chamado por sua vinda para romper o coração encouraçado de muitos presentes e para que as águas do ferimento saiam jorrando.

Com o tempo, tenho minha própria participação de muitas formas no que chamo de "clã de cicatrizes", também em termos significativos por ter sido vaiada, alvo de gritaria, ridicularização, discursos de ódio, por ter tido a voz calada por gritos e guinchos quando, em certos locais, tento explicar minha visão da vida como algo sagrado – mas, mesmo assim, minha visão daqueles que sofrem à beira da estrada ganhou forma por muitos aspectos muito tempo atrás. Continuo avançando todas essas décadas, procurando sustentação e apoio generoso para cumprir meu voto, para tentar simplesmente seguir em frente como uma quase sempre tranquila protetora da vida.

Eis uma pequena janela para vocês olharem e verem um modo pelo qual minhas opiniões foram moldadas por uma mulher de enorme compaixão, alguém decididamente sob o manto de *Nuestra Señora*... uma mulher que tinha feito muitos abortos.

Há muitos anos, eu estava sentada ao lado de uma pequena idosa negra num voo que seguia para o aeroporto de O'Hare, em Chicago. Ela usava óculos com lentes enormes que não só cobriam os olhos, mas também as bochechas no rosto minúsculo. Ela se chamava Gwendolyn Brooks, e eu conhecia bem sua obra, apesar de nunca tê-la conhecido pessoalmente. Ela era a poeta laureada de Illinois; mas, ainda mais que isso, era uma poeta do povo. Ela escrevia sobre gente como nós, gente da terra, do vidro partido e de sonhos exagerados.

Muito tempo antes, eu tinha lido e relido um dos poemas da senhorita Brooks, intitulado "A Mãe". O poema me eletrizou e significou muito para mim, pois eu tinha lutado como uma fera aos dezoito anos de idade para não ser humilhada e forçada a fazer um aborto. Tinha conseguido levar minha gravidez a termo, e no entanto, como mãe solteira, também tinha perdido meu lindo primeiro filho nascido vivo ao ser forçada a renunciar a ele.

Esse mesmo poema significou muito para outras mães solteiras para quem eu o tinha lido, pois elas também tinham sido forçadas a renunciar a seus próprios filhos – aquelas que também tinham sido pobres, muitas vezes quase sem instrução, sem apoio durante a gravidez, com todos os recursos negados, quase sempre traídas e abandonadas até pela família e forçadas/apavoradas a ponto de abdicar de seu primeiro filho.

Uma frase do poema era especialmente marcante para nós, pois era um grito, uma lamentação, como nossos gritos. Nossas lamentações eram semelhantes àquelas de Raquel nos montes de Ramá, que depois do massacre dos inocentes "não aceitava ser consolada".

É o seguinte o verso da poeta: *"Você se lembra dos filhos que teve que não teve..."*

Isso era para nós. Nós nos lembrávamos de nossos filhos, muito embora pessoas mais velhas, aí incluídos os da hierarquia religiosa da época, nos tivessem dito que nos "esqueceríamos".

Essa era uma mentira deslavada. Nós não nos esquecemos. Nem sequer um pouco. Nós nos lembrávamos com o sagrado coração repleto de amor. Nós nunca nos esqueceríamos dos filhos "que tivemos", que carregamos, amamos, para quem cantamos, com quem falamos, que afagamos em nossa barriga, a quem demos nomes, que valorizamos, que alimentamos, que protegemos, que entendemos como Vida nova e real, que temerosas mas alegres aceitamos trazer ao mundo com vida, nós, na maioria das vezes, desacompanhadas de qualquer parceiro, dando à luz numa "enfermaria de atendimento gratuito". Nós, jovens mães, demos à luz pela primeira vez geralmente sozinhas e solitárias. Mas não chegamos a ficar com nossos próprios filhos, nossos filhos preciosos, preciosos. Não conseguimos ficar com os Amores de nossa vida.

Em vez disso, por causa "do tempo dos tempos", fomos conduzidas a um corredor estreito que levou cada mãe jovem, na maior parte das vezes pobre, ao mesmo lugar: perda para toda a vida, dilaceração perpétua do coração.

Esquecer nossos próprios filhos? Nunca! *"Você se lembra dos filhos que teve que não teve..."*

No poema da senhorita Brooks, encontram-se ressonâncias de ser forçado a entregar um filho e também as experiências de outras mulheres da perda trágica de um filho – e o poema em si, que é na realidade um poema referente a seus abortos.

A senhorita Brooks e eu conversamos, com as cabeças quase se tocando pelas duas horas de duração do voo, e concordamos que estava claro que, para qualquer coração informado, a perda de vida é perda de vida. Que a perda de vida pode ocorrer de muitas formas, entre elas incluído o fator x, querendo dizer que, depois, no caso de morte súbita ou aborto natural, ninguém sabe por que uma vida não "vingou" ou não conseguiu permanecer conosco na Terra.

A senhorita Brooks foi muito bondosa e gentil. Embora eu naquela época fosse jovem, com meus vinte e poucos anos, e ela tivesse a idade que eu tenho agora, já na sua sétima década; e, muito embora sua situação fosse diferente da minha, ela compreendia que vida era Vida, de fato e com certeza; e que a perda de vida, perda do contato de pele com pele com o filho precioso, fosse por que meio fosse, gerava profundo pesar.

Muito antes que existisse um movimento contra o aborto, muito antes que certas igrejas começassem a expor ao público sua opinião, incentivando membros a se levantar e gritar contra mulheres que estivessem entrando em clínicas de saúde (quer estivessem indo ali para fazer um aborto, quer não), muito antes que as pessoas carregassem cartazes com uma imagem de uma criança abortada, a senhorita Brooks, a poetisa, compreendia o que acaba acontecendo a mães que já abortaram, que foram forçadas a renunciar a um filho ou que sofreram interrupção da gestação de um filho muito esperado.

Ela escreveu sobre o que nós entendemos em nossa medula: essa criança que foi arrancada de sua origem é e era a Vida em si, era abençoada, criativa e cheia de amor; e uma proporção tamanha de tudo o que é precioso se esfacelou, quando essa Vida foi rejeitada, forçada a se afastar ou misteriosamente arrancada de sua origem amorosa, por qualquer meio imaginável. Isso nós compreendemos e carregamos por toda a vida em nosso mais sagrado coração de mãe.

Todos estes muitos anos, tive permissão da senhorita Brooks para utilizar seu poema de qualquer modo para ajudar outros a enxergar a perda de filhos e/ou se curar dela. Ele é o texto mais forte, mais verdadeiro, mais cru que conheço acerca de escolhas feitas que se poderia garantir que causariam sofrimento pela vida afora – pois muitas vezes não havia ninguém lá para ajudar. Ninguém. Não o suficiente. Ou em quem não se acreditou. Muitas vezes, nunca.

Em seu poema, escrito em 1945, ainda é possível ver todas as questões não resolvidas para a senhorita Brooks todos aqueles anos depois do aborto, todas as perguntas ainda feitas, pois naquela época não havia ninguém para ajudá-la, ninguém para responder a suas indagações espirituais. E, depois, não havia ninguém para ajudar a reparar, ninguém para prestar auxílio à sua alma, para levar o recipiente de suas lágrimas ao Criador com tanta dor genuína.

Há um motivo para poetas e leitores de poesia costumarem dizer "A poesia salvou minha vida", pois é frequente que a página vazia seja a única coisa que escuta o sofrimento da alma, o único pequeno recipiente branco oferecido para receber nossas lágrimas, o único que registra a história sem ir se afastando, o único a receber todos os detalhes mansamente e sem condenação.

A MÃE[4]
de Gwendolyn Brooks

Os abortos não deixam que você esqueça.
Você se lembra dos filhos que teve que você não teve,
As pequenas massas úmidas com pouco cabelo ou sem nenhum,
Os cantores e trabalhadores que não respiraram ar algum.
Esses você nunca vai negligenciar nem espancar,
Nem os vai calar ou comprar com um doce.
O dedo chupado você nunca vai virar,
 nem os fantasmas que surjam há de espantar.
Você nunca os deixará, controlando o suspiro voluptuoso,
Nem voltará para se deliciar com eles, mãe, com seu olho guloso.

Nas vozes do vento, já ouvi as vozes de meus filhos mortos, apagados.
Já me contraí. Já ajeitei
meus queridos filhos apagados aos seios que nunca puderam sugar.
Já disse, Benzinhos, se pequei, se arranquei
Sua sorte
E sua vida de seu alcance inacabado,
Se roubei seu nascimento e seu nome,
Suas lágrimas sérias de bebê e suas cenas,
Seus amores adoráveis ou tortos, seus tumultos, seus casamentos,
    suas dores e sua morte,
Se envenenei o início de seus alentos,
Creiam que, mesmo na minha determinação, eu não estava determinada.
No entanto, por que eu deveria me lamuriar,
Me queixar de que o crime foi de outra pessoa, não meu? –
Se de qualquer modo vocês estão mortos.
Ou melhor, ou em vez disso,
Vocês nunca foram feitos.
Mas isso também, receio eu,
está errado. Ai, que vou dizer? Como dizer a verdade?
Vocês nasceram, tinham corpo, morreram.
Só nunca riram, planejaram nem gemeram.

Creiam em mim, amei a todos vocês.
Creiam em mim, conheci vocês, embora levemente, e amei, amei a vocês
Todos.

Portanto, aqui, nesse cantinho do mundo, longe das vozes e do turbilhão de pessoas a determinar quem está certo e errado, longe de quaisquer conferências institucionais, de corporações ou de bispos, religiosas ou não, nas quais, lamentavelmente, nenhuma *La que sabe*, nenhuma mulher "que sabe" tem permissão para falar ou é convidada a fazê-lo, ensinando assim àqueles que nunca poderão conhecer as intimidades da gestação em todas as suas dimensões, tanto mundanas como sagradas; longe da cultura secular, na qual somente a mesma lenga-lenga de sempre tem acesso aos microfones, e suas palavras previsíveis demonstram agressão, mas nenhum avanço do pensamento a serviço da alma... longe dos gritos esganiçados e ataques verbais em calçadas públicas e longe das pessoas que ganham energia gritando com aqueles que consideram pecadores; longe daqueles que confundem a defesa de um princípio espiritual com o ataque violento à alma dos outros...

Enquanto escrevo este capítulo, não paro de pensar em como gostaria que houvesse uma forma de transmitir tudo o que é uma boa cura, tudo o que pode ser restaurado com tanta precisão, e receio que neste momento eu somente seja capaz de oferecer a matéria-prima que sei ser verdadeira em termos de *ovarios y testículos*.

Embora eu nunca tenha feito um aborto e na realidade tenha resistido, fugido e conseguido escapar de quem tentava me forçar a fazê-los em cada uma de minhas duas gestações, vejo nitidamente paralelos bem definidos no estilhaçamento que ocorre no coração e no espírito quando uma pessoa é levada a acreditar ou prefere por suas próprias razões acreditar que ela/ele não tem condições de levar adiante essa gravidez. Todos os que passaram por qualquer uma dessas situações precisam de cuidados.

Por ora, eu diria apenas que, quanto mais pudermos contar as histórias de todas as vidas com insight, exatidão, indagação e sem medo, mais corações misericordiosos sairão para a estrada e se manifestarão.

Ainda estão por vir muito mais diálogos acerca do tema de traumas pós-aborto e perda de gestações, daqueles de nós que presenciamos isso em outros, e no entanto ou não fomos convidados a falar ou nossa voz foi abafada por gritos de terceiros quando tentávamos falar de um caminho humanitário e sensível para com todas as mães que um dia estiveram grávidas, não importa em que circunstâncias.

Mesmo que sintamos medo ou estejamos nervosos por falar sobre o que vimos ou ao contar nossas próprias histórias, como às vezes posso me sentir – por termos sido tão humilhadas muito tempo atrás, além de nos terem feito jurar manter o segredo senão... –, ainda assim podemos dar um salto no escuro de qualquer modo. Podemos fazer isso, principalmente porque sentimos, ao fazê-lo, que pelo menos mais uma alma talvez pudesse ser libertada de uma prisão de tormento, mais uma alma talvez fosse restaurada e com isso se tornasse capaz de caminhar íntegra e sábia neste mundo.

NOSSA MÃE MISERICORDIOSA

Lembram? Há um verso na prece *Memorare* à Virgo Maria que diz: *Nunca se ouviu dizer que alguém que fugisse em busca de tua proteção, que implorasse tua ajuda ou buscasse tua intercessão fosse deixado desamparado.*

Essas são algumas das mais belas palavras já escritas, pois a Mãe Misericordiosa é assim chamada porque ela não repreenderá, não condenará e não virará as costas. Ela não os rejeitará. A qualquer um que esteja ferido e ao lado da estrada, desassistido, recomendo que procurem aqueles seres humanos e anjos na Terra que portam os atributos dela, pois ali estará sua ajuda e sua cura. Haverá aceitação para vocês; e voltará a haver integridade da alma e do espírito para vocês. Com a Mãe Misericordiosa, sempre há um profundo amor pela Vida... pela deles, pela nossa, pela sua.

> ... uma prece feroz eu lancei com meu grito, Mãe de Deus!!, e atirei meu rosário com todas as minhas forças por cima das ondas... por alguns momentos o laço de La Virgen pairou no ar...
>
> Ó minha Senhora, por piedade deixa o desconhecido ser mantido acima da água até que chegue socorro.

Ex-voto: "O laço de Nossa Senhora: para salvar uma Vida"

CAPÍTULO 15

*O laço de Nossa Senhora...
para salvar uma Vida*

O homem que se afogava

O HOMEM QUE SE AFOGAVA

Na infância, há eventos de proporções tão terrificantes como místicas. Essas duas coisas às vezes ocorrem ao mesmo tempo. A recordação desse tipo de eclipse momentoso permanece com a alma, muito depois de passada a infância. Esses momentos cheios de assombro são prova de que o mundo místico pode de alguma forma invadir o mundo terreno, assim como o inverso também ocorre, muitas vezes ajudando a abrandar ou reverter uma situação desesperada.

Alguns temem que, se afirmarem a existência das realidades místicas, outros talvez achem que eles "perderam o juízo". Deixem que as pessoas que pensam desse jeito tenham esses pensamentos. Como minha avó ensinava a respeito do espírito de cura: quem vivencia mistérios não precisa de maior prova. E provas interminéveis não convencerão alguém que nunca falou com um anjo, nem teve *La Morena* como sua Depositária, nem teve uma amostra verdadeira e instantânea do paraíso. Deixem que o bem venha como quiser, extraiam dele o sentido que for possível, e saibam que bênçãos súbitas são profundamente comuns, em vez de serem concedidas a um grupo de poucos seres perfeitos.

O HOMEM QUE SE AFOGAVA EM ROCKY GAP

Nós mergulhamos lá...
milhares de vezes,
éramos garotinhas,
treinando poses glamorosas
com uma máquina Brownie de plástico,
lá na ponta
do píer lascado.

Ficávamos ali sentadas num raio
de pôr do sol, as coxas geladas,
os maiôs gelados,
como barro molhado.
Víamos
os bancos de areia mudar de lugar,
as valas fundas deslocar-se,
tudo e todos
ir à deriva na água.

Mas um dia, um homem –
um desconhecido das grandes águas –
correu descalço para a ponta do píer.
Vi que ele acenava para alguém pequenino
nos penhascos lá no alto,
alguém que não o viu
nem acenou de volta.
E então o homem mergulhou de cabeça
nas águas mutantes, mutáveis do lago.

De repente uma prece feroz eu lancei
com meu grito, Mãe de Deus!!
e atirei meu rosário com todas as minhas forças
por cima das ondas...
e por alguns momentos o laço de La Virgen
pairou no ar.

Finalmente, o único salva-vidas,
largo como um pedaço de alcatra grelhada,
finalmente olhou para cima,
protegeu os olhos.
Saltou da torre alta de madeira,
entrou correndo na água,
não nadando, mas lutando com a água,
tentando entrar correndo
para pegar o desconhecido, que
boiava com a cabeça
virada para o alto, errada.

Nossos mais velhos tentaram nos tirar
dali depressa para não vermos
nada –
depois que eu tinha visto absolutamente
tudo.

Arrastado para a praia,
agora de costas,
o desconhecido vomitou.
O motorista da ambulância chutou
areia por cima.
Pescoço quebrado,
paralisado, as pessoas diziam.
Pelo resto da vida,
eu fui a última pessoa na Terra
a ter visto o homem correr
com as duas pernas.

Será que o desconhecido ainda pensa
naquele dia cinquenta e cinco anos atrás?
Eu não me esqueci da sua beleza,
nem da prece, *Ó minha Senhora,
por piedade, deixa o desconhecido
ser mantido acima da água
até que chegue socorro!*

Alguém tinha de fazer
o salva-vidas olhar para cima
e para longe pelas águas.
Alguém tinha de fazê-lo
parar de olhar para baixo,
da torre,
rindo e rindo mais,
tão alto, com as belas
banhistas mais velhas ali embaixo.

Será que o desconhecido se lembra
da criança de cabelos escuros
que gritava pedindo socorro por ele
sem parar?
Será que ele se lembra de ver
o laço brilhante
da Grande Mulher,
voando por cima das águas,
e se lembra
das mãos invisíveis
que o seguraram
acima da superfície
até o socorro chegar?...

Ex-voto: "*Deus não tem mãos a não ser as nossas:*
Las manos de la gente quien la ama, *As mãos das pessoas que a amam*"

CAPÍTULO 16

Agarrando-se à Alma

Deus não tem mãos:
Consolando Maria, o ritual de *Pésame*

Por que temos mãos? Há um ditado de Teresa de Ávila segundo o qual Deus não tem mãos. Desse modo, dizem também os velhos que mãos nos foram dadas para trazer, proteger, confortar, curar e encorajar toda a Criação. E, nos antigos rituais à Santa Mãe, existe também uma hora de uma literal imposição de nossas mãos sobre o corpo dela, para confortar, proteger, incentivar, curar e ajudar a Mãe dolorosa a voltar de novo à vida.

O ritual não é somente para Nossa Senhora. Ele é para nos ensinar a também impor nossas mãos uns aos outros, porque podemos um dia ser derrubados e nos encontrar presos num longo pesar também. Não é verdade para quase todos que chega uma época na vida em que parece que está ocorrendo a anticriação?

A porta do inferno abre-se de repente, um forte vento nos sopra para trás, com a violência do deslocamento de ar de uma enorme explosão, uma alta porta de ferro de cadeia fecha-se com estrondo atrás de nós. Estamos trancados numa descida súbita e difícil.

A escada de descida não aguenta nosso peso. Os degraus vão se quebrando. Nós gritamos. Ninguém neste mundo ouve. Ninguém vem. E nós caímos de cabeça, com as partes mais tenras do espírito e da alma deste mundo rasgando-se nos penhascos mais dilacerantes.

Essa dura descida desafia toda a ternura em nós. Ela pode nos levar a resmungar que somente nos tornando duros e amargos conseguiremos transpor essa situação. Descobrimos que estamos não só numa luta para voltar à vida, mas numa batalha para manter nossa alma enraizada em nossos maiores dons: na proximidade da Origem sem origem, da força criativa e da inocência.

Lutamos para não entregar nossas naturezas tenras. Lutamos para não nos tornarmos um corpo meio vivo, congelado, incapaz de perdoar, de doar e de sentir, que rejeita o amor e todos os seus potenciais, que em vez disso nos guia com o coração do medo, o olho da raiva, a mão insensível do controle ou todas essas opções.

E assim não somos "atraídos"; somos, sim, arrastados por uma escuridão longa, intensa, solitária. "Atraídos" é uma palavra delicada demais. Somos arrastados por espaços pequenos demais para repousar o corpo totalmente relaxado, forçados a percorrer com os pés empolados distâncias vastas demais para ser cobertas num único dia, e muitas vezes sem nenhum mapa nítido para nos mostrar como sair dali.

Avançamos trôpegos, em silêncio, aguentando os golpes, por fim nem sequer tentando nos defender. Cambaleamos, caímos, jazemos inertes, quase mortos de coração e mente, muito feridos pelos sangramento do espírito.

QUE ALGUÉM, QUALQUER UM, DE ALMA SENSÍVEL ESTEJA CONOSCO

Entretanto, nessa hora, de algum modo, alguém de carne e osso ou uma força do espírito se estende e impõe uma mão sobre nós, com leveza, para nós sabermos que alguém, ou Alguém, está conosco. Talvez essa pessoa, essa criatura, essa força angelical permaneça conosco, sem permitir que fiquemos sós numa hora de tanta dor.

Mas talvez seja apenas um único toque momentâneo, e depois essa pessoa, essa força, essa criatura da Natureza nos deixe, e voltemos a estar sós. Contudo, naquele único toque de beleza que elas nos concederam encontramos forte alimento. Racionamos essa porção repetidas vezes em pedaços minúsculos, lembrando-nos do breve toque que tanto nos confortou em nossas horas de agonia, em nossos momentos indefesos. E avançamos, apesar de sentirmos que de algum modo fomos feridos mortalmente.

E, nos dias e meses pela frente, aquele momento breve, mas memorável, de ser tocado por amor e com amor nos ajuda a seguir em frente.

Quem quer que venha nos acudir em nossos momentos de agonia, espiritual ou humana, é abençoado... e nós somos irradiados pela sua bondade. O suficiente para de algum modo ganhar forças, continuar a encontrar nosso caminho adiante, e com o tempo a saída, uma subida de volta a uma vida normal a céu aberto. Com cicatrizes, sim, mas muitas vezes até mesmo mais alertas do que antes para a alma e o espírito, para o gênio criativo... sempre sábios com e por nossas cicatrizes.

A NOITE SOMBRIA DA ALMA

Alguns chamam esse tipo de descida difícil de "a noite sombria da alma", como disse San Juan de la Cruz, que escreveu essa frase em seu diário da prisão. Ele tinha sido forçado a se submeter a um encarceramento injusto pela própria ordem religiosa para a qual e com a qual trabalhava.

Muitos dos padres seus colegas de ordem tinham inveja e não conseguiam se desgrudar de seus tronos e vidas de fausto. Eles queriam silenciar as ideias humildes e ferozmente sagradas de San Juan, que recomendavam uma volta à vida da alma, em lugar da repetição vazia e constante da palavra "alma", ao mesmo tempo que se buscavam intensamente apenas as atividades e privilégios de reis.

E lutar para pôr a alma, não os apetites do ego, no centro da vida pode ser o *anlagen*, o exato centro vivo, da noite sombria: o decidir-se pela alma, quaisquer que sejam as consequências. Não importa o tormento, a dúvida, o "não saber", nós também, em nossas noites sombrias, encontraremos formas de nos prender aos essenciais mais radicais, muitas vezes modelados por Alguém Superior. Essenciais como, por exemplo...

- Amor constante que, embora às vezes esteja fraco e debilitado, sempre volta a crescer;

- Investigação aprofundada do significado, com verdadeira garra e não apenas maquinalmente;

- Instruções sobre como fazer crescer a alma, ou seja, a curiosidade e a disposição para aprender muitas vezes com as fontes menos "qualificadas em termos institucionais", que com frequência são as fontes mais qualificadas pela alma;

- Desencadear o fogo criativo com alegria, não com medo, e com originalidade em vez de imitação. A alma é sempre original ao pensar, atuar, amar, pacificar, indagar.

Com frequência, é nosso tempo passado perambulando no inferno, no rescaldo de uma agressão repentina, o ter percorrido a *via neglectus,* o caminho da negligência da alma por parte dos outros ou de si mesmo; ou a *via squaleo,* o caminho de ser encoberto de sujeira, decorrente de deixar de vigiar, de limpar, de renovar; e/ou a *via incultus,* o caminho do campo vazio mas fértil, ansioso por ser semeado com sementes de vida nova – é o tempo passado nessas estradas difíceis que costuma nos trazer, perambulando em zigue-zague, de volta ao lar.

A LEMBRANÇA DO VERDADEIRO LAR

O lar: compreender que este pequeno casebre de vida espiritual, muitas vezes em ruínas, contém imensos tesouros imortais da alma e portanto uma enorme energia para ser e fazer – e que esse pequeno testudo, *pequenino refúgio semelhante a uma carapaça de tartaruga,*[1] *muito embora costume parecer muito menos promissor, é uma bela carapaça protetora para a alma e supera de longe o enterrar-se no castelo designado pelo mundo terreno, cheio somente de "tesouros" de cinzas, sem nenhuma fênix.*

E além disso o que resulta de uma verdadeira noite de trevas, um verdadeiro perambular no "caminho sem saída a não ser a de olhar para dentro" e aprender de novo, é um estado de *memoriter,* em lugar do estado anterior de *excidere.*

Memoriter é a palavra em latim que significa saber alguma coisa de cor. Cada vez mais, o percurso da alma através de qualquer noite escura está agora gravado em nós. O momento revitalizador, uma mão ou um olhar santo foi imposto sobre nós. Em sua virtude, é impossível apagá-lo. *Excidere* é a palavra em latim para designar uma ideia que está esquecida, que não está guardada, não tendo nenhum vínculo emocional, espiritual ou mental com nosso ser.

E esse estado de vínculo com uma Força Superior costuma girar em torno de *aprender de cor* o conhecimento que não pode ser deslocado, por ter atravessado o inferno como testemunha ocular. Percebe-se que há alguma coisa na natureza espiritual instintiva que quer não só ser confortada quando sente dor, mas também de modo poderoso confortar outros necessitados. Desse modo a cicatriz torna-se vocação para ajudar a outros.

E assim cada um é transformado, designado ou levado a uma profundidade maior para compreender, fazer e refazer o que se encontra em antigos rituais

– o início da cura na fase seguinte do ciclo de vida/morte/vida, a noite entre dois dias. Quando isso ocorre depois que nossos mais caros sonhos e crenças tiverem sido massacrados, sempre se seguirá a partir daí, de certo modo, mais uma ascensão da alma luminosa.

O RITUAL DO *PÉSAME: LAS MANITAS*, AS MÃOS MISERICORDIOSAS

Entre muitos latinos e os de outros grupos étnicos que ainda mantêm vivos antigos rituais, esta reunião para confortar os que sofrem é conhecida como Pésame; *dar condolências a alguém que está sendo dilacerado pela dor, amor e pesar, tudo junto. As pessoas reúnem-se em vigília para não deixar essa alma sozinha em aflição.*

Esse ritual de consolação ainda é seguido de modo significativo em muitos lugares remotos, como o ritual de Sexta-feira da Paixão, o dia da tortura, crucificação e assassinato de Jesus, Deus da misericórdia e amor por todos. No ritual que conheço de rincões rurais, a grande estátua de *La Nuestra Señora*, a Mãe Abençoada, é descida do seu nicho, de seu altar, e posta em "*la tierra de la gente*", "a terra dos seres humanos", "o chão das pessoas", que fica do lado de fora do cancelo, na nave do templo.

Ali, então, ela fica em pé ou sentada. Logo muitos "alguéns" terão jogado um *rebozo* ou xale macio em torno de seus ombros para mantê-la aquecida, e uma mantilha ou dez serão postas sobre sua cabeça, descendo pelos lados do rosto para lhe dar privacidade para chorar. Ela está ali em sua agonia, porque seu filho foi espancado literalmente quase até a morte, antes de ser pregado a dois pedaços de madeira no formato de uma pesada cruz.

Seu único Filho, que ela deu à luz sozinha numa noite fria no deserto, e com quem ela fugiu no meio da noite fria, implacável, para evitar o massacre dos inocentes: esse é o Filho radiante que está morrendo agora. Ela assiste enquanto seu sonho divino, que foi sonhado tão bem e com tanta intensidade, é trucidado.

Ela vê o fim da vida de seu Filho como a conheceu; um fim que ela nunca, nunca, em seu coração de mãe, de modo algum desejaria para seu Filho Amado. Ela assiste, impotente, enquanto seu manso e amoroso Filho de Deus, o que faz milagres, o que cura com o toque, a Criança sábia e incomum, passa arrastado pelo inferno na Terra.

SOMOS TODOS BEM-VINDOS
PARA VIR ESTAR COM ELA

No ritual do Pésame, *as pessoas vêm à* iglesiacita, *à igrejinha, para estar com ela nessa sua hora de tormento.* Nuestra María, Mary, Mir-yam, Mar-yam *entende isso e recebe com um pesar sereno tudo o que temos para lhe dar... literalmente nossas condolências em palavras e remédios... e não apenas nossas palavras de conforto, mas também nossas tristezas pessoais, que por tantos aspectos espelham as dela.*

Desse modo, à medida que chegamos para montar guarda sobre seus ferimentos, para abrigar seu coração dilacerado, também sentimos que nossos próprios ferimentos desabrocham. Somos levados, assim, em corpo, alma, mente, espírito, ser emotivo, até o significado subjacente da perda – que é a redução de nós a apenas alma – e então a um possível renascimento.

No *Pésame*, não testemunhamos a Paixão com o intelecto e nem sequer apenas com os olhos, ouvidos e coração. Nós a compartilhamos até o fundo de nossos tendões de pesar e nossos ossos de coragem.

Portanto, cada um na sua vez, no *Pésame*, mães se adiantam, com os peitos cruzados pelas alças de gigantescas bolsas de fraldas; pais conduzindo duas criancinhas, uma em cada mão, como uma parelha de lindos pôneis trotando para não ficar para trás; adolescentes cuidadosamente trajados com a última moda que fala a língua das ruas ou então da pobreza; jovens adultos em seu primeiro terno de gente grande; *los viejos,* os velhos entrando na igreja, arrastando os pés, com rosários suficientes para equipar um exército.

E os soldados chegam com suas jaquetas de camurça com furos minúsculos decorrentes do voo de fagulhas; e os mecânicos cheirando a gasolina, e os tímidos, as garçonetes ainda de avental, e os que beberam além da conta, e os veteranos em roupas verdes fornecidas pelo governo, e simplesmente todas as pessoas do dia a dia... todas vêm se espremer nos velhos bancos de madeira. Para variar, todos querem se sentar bem na frente, onde está sentada *La Señora* com tanto pesar; quanto mais perto dela, melhor. E não querem deixá-la.

Alguns do Sul trazem flores de trombeta e as colam com fita adesiva atrás da cabeça dela para lhe dar descanso. Alguns trazem casca de árvore recém-raspada para aplicar nas suas mãos e pés, como se também ela tivesse ferimentos ali, como seu Filho.

Alguns trazem-lhe água num copo de lata com espinheiro-de-cristo, para purificar o sangue. Alguns trazem água doce de poço num pote de tomate bem lavado. Alguns trazem a comida preparada pelas avós desde tempos imemoriais, *con chocolate y cilantro y los anchos,* pimentas ardidas.

Mas Nossa Senhora recusa-se a comer ou beber, porque perdeu todo o apetite. Todos nós sabemos disso. Mesmo assim, é o oferecimento, a preparação daquele *chili* verde, daquele *posole,* daquele *té* o que importa como fonte do cuidado demonstrado de um modo que possa realmente ser visto.

OS QUE SE MANTÊM EM VIGÍLIA

E assim também as mãos dos que se mantêm em vigília. Considera-se que suas mãos agem como as mãos de Deus... pelo Deus que não Tem Mãos.

Depois de um período de preces, com os rosários balançando sobre o descanso dos bancos como barba-de-velho num vento leve, então, aos poucos, cada pessoa anda, segue encurvada, se agarra a balaustradas e encostos de bancos para conseguir chegar lá vagarosamente, se inclina, se ajoelha, engatinha, para chegar a Maria, à Santa Mãe que está por trás de qualquer belo quadro, mural, escultura que funciona como abertura para sua passagem.

Os que se mantêm em vigília com e por Nossa Senhora podem talvez lavar os pés dela com suas lágrimas. Decerto, eles a tocarão e lhe contarão com suas próprias palavras como compreendem sua dor, pois eles também têm sua própria dor por ela, e pelo assassinato do Filho Radiante que chegou, entre muitas outras razões, para erguer o mundo, afastando-o daqueles que desfazem das muitas almas, através da exclusão e da loucura pelo poder, que preferem a frieza de coração ao Coração de Amor Ilimitado. Essa compaixão decorre de terem sofrido muito e é oferecida tanto por nossas próprias almas sofredoras como pelas almas desconhecidas que sofrem no mundo maior. Pois nossa crença é que somos todos um. Quando passamos uns pelos outros, se você está feliz, eu estou feliz. Se você está triste, eu estou triste.

O principal, porém, é que cada pessoa ponha as mãos no corpo de *La Señora*. Haverá mãos, muitas mãos, todas de uma só vez. Em sua testa, em suas faces, no alto de sua cabeça, aninhando seu rosto como o de um bebê, em seus ombros, em suas costas, em seus quadris, sobre seu coração, em seus joelhos, em seu ventre, em suas pernas e em seus pés. Mãos derramando *rayos* de cura da força animadora para dentro dela, mas também para dentro de todas as pessoas, conhecidas e desconhecidas, reunidas em vigília ali e no mundo inteiro.

As pessoas pedirão que ela por favor espere com paciência a ressurreição de seu Filho Amado e com isso o despertar do mundo para uma nova consciência, para um renascer – e com tanta humildade elas pedirão que ela também receba uma ressurreição da saúde, do coração, da mente, da alma ou do espírito para elas mesmas bem como para qualquer um de seus entes queridos, enfermos, perturbados ou perdidos.

Muitas vezes um homem ou uma mulher sussurrará alguma coisa para a Grande Mulher, e nós não ouviremos direito suas palavras. Com frequência um adolescente ou uma criança, uma velha ou um velho desatará a soluçar enquanto fala com *La Señora*, com a voz embargada ou com um uivo típico da aridez de um deserto.

E aos demais de nós, bem, dá para sentir que ele nos percorre como um único, gigantesco, soluço coletivo que empurra as paredes da igreja – pois todos nós estamos tão profundamente comovidos por estarmos no "lugar do inferno, ou seja, no lugar da desolação, no Gólgota pelas dores dos outros", para que de algum modo nenhum de nós fique só. Mas que permaneçamos uns com os outros – em formas misteriosas, ali.

Não cem corações, mas um único coração. Não cem cabeças, mas uma cabeça. Não duzentos olhos, mas uma única lente forte que vê os mundos interior e exterior, combinados. Não cem almas em vigília umas pelas outras, mas um manto inconsútil tecido de almas em vigília por todas.

Tal como deveria ser; tal como é no território de tudo o que é sagrado, em conformidade com o Amor Ilimitado.

NOSSA SENHORA, LITERALMENTE DESFIGURADA

Há algum tempo, na Universidade de Georgetown, uma pessoa, durante a noite, aproximou-se da estátua de mármore branco de Nossa Senhora de Fátima, que fica no gramado da Praça Copley. Segundo relatos da polícia, essa pessoa furtiva pintou o rosto de Nossa Senhora e uma fita semelhante a um laço que desce pela frente das vestes brancas... com tinta preta como carvão.

Foi terrível o clamor contra quem quer que tenha sido responsável por vandalizar a imagem de Nossa Senhora. Comunicados à imprensa saíram velozes. Bispos se manifestaram. A polícia compareceu em massa. Websites se agitaram.

No entanto, o que foi muito mais notável, houve uma reação imediata na mente de muitos jovens: mais do que rastrear os supostos depredadores, mais do que ir atrás dos aspectos legais, eles quiseram estar com Nossa Senhora, manter uma vigília de 24 horas com ela.

Alguns disseram querer proteger a estátua de outros vandalismos, mas nós, antigos devotos, diríamos que o impulso de "estar com" Nossa Senhora foi por outro motivo, totalmente diferente – ou seja, "estar com Maria", não deixá-la só, não deixá-la sofrer sozinha, permanecer por perto. É um instinto antigo de não permitir que um ente amado sofra sozinho.

E assim foi empreendida uma vigília comovente por muitos estudantes e professores. E, nos dias que se seguiram, alguém tentaria limpar a tinta escura do rosto da estátua; e esse primeiro esforço apenas fez com que seu rosto parecesse borrado de um cinza-claro.

E entretanto... quando me detive a examinar as fotografias de seu rosto pintado de preto, vi como tinha sido cuidadoso quem quer que a tivesse pintado. Não foi um jato de spray de tinta, como costumam usar os profanadores, em nome do sacrilégio. A pessoa preferiu acompanhar as curvas do manto, quase como se alguém quisesse uma Maria que fosse parecida com eles, uma Maria que não fosse retratada como um ser tão paralisado, mas que tivesse mais de uma apresentação.

Fico chocada com o vandalismo a imagens que sejam sagradas para qualquer pessoa. Mas aquilo fez com que eu pensasse. E então, quando vi as fotos de "antes", percebi que essa estátua de Nossa Senhora já parecia estar desgastada e ferida num lado do rosto na região da bochecha e da boca. Eu me perguntei se isso não decorria de ela ter passado anos exposta ao gelo do inverno, a saraivadas laterais de neve e ao sol quente. Por muitos aspectos, ela já vinha se tornando menos estátua e mais terrosa.

Não parava de pensar: isso está parecido conosco também. A estátua de Nossa Senhora no meio da restauração se parece conosco. É assim que nós somos. Começamos como algo puro e então atravessamos uma noite escura; e depois não somos restaurados à nossa aparência original ou aos nossos costumes originais. Em vez disso, parecemos mostrar direto no rosto que passamos por algo importante, por algo que não foi uma ninharia. Estamos manchados, com cicatrizes. Nossas feições estão mais profundas.

E, como a garota de rosto deformado no velho conto folclórico sobre uma garota que foi queimada e, no entanto, tinha a alma das mais radiantes, creio que os velhos devotos diriam que, não importa por que razão essa imagem de Nossa Senhora tenha sido desfigurada, nada, absolutamente nada, poderia desfigurar sua coragem, sua resistência, sua persistência, mesmo que esse tivesse sido um ataque – pois ela foi, é e para sempre permanecerá radiante. A aparência externa quase nunca espelha a incandescência interna.

A *IMITATIO MARIA*: ENQUANTO APRENDEMOS A SER COMO ELA

Quanto a todas essas questões de manter vigília com a Maria ferida, quanto ao Pésame, suponho que alguns transeuntes possam dizer que esses bobos estão brincando de faz de conta com uma estátua.

Mas não se trata da estátua. É o *memoriter*, a recordação do que se sabe de cor, que essas almas devotas que tocam seu rosto, aplicam mãos misericordiosas em seu corpo, fazem preces a ela e por ela, sentem a Mary, Maria, Mir-yam, Mar-yam antiga e atemporal, distante no tempo, mas vindo direto para estar ao seu lado agora; com o corpo aquecido, as lágrimas escorrendo, o amor profundo. É isso. Não se trata da estátua: ela é apenas o diapasão que serve para o reconhecimento do ser vivo e a ressonância reverente para com ele.

Qualquer um que abrace Maria junto ao peito há de dizer que ela os conforta enquanto eles a confortam. E alguns de nós dirão que, em retribuição, ela lança bênçãos e curas antigas sobre as partes dilaceradas de nossa vida também.

Que todos nós, portanto, com uma ternura infinita, nos confortemos uns aos outros, nessa lacuna especial do *Pésame*, e escapemos, por um tempo ou para sempre, à arrogância de negar conforto aos outros ou de sofrer em silêncio recusando-nos a ser confortados.

Esse aprendizado através do *Pésame*, através do cuidado prestado à Grande Mulher, por minhas visões que penetraram nos mundos "do aqui e do não lá", é o que eu chamaria de *Imitatio Maria*, seguir o exemplo de Nossa Senhora, na medida em que nós, que somos apenas humanos, possamos nos tornar uma Maria nesta Terra.

Quando tentamos ser um pequeno satélite de Maria, eis algumas de suas características que podemos manifestar, cada um/uma a seu modo: podemos dar à luz o Santo Filho do Amor e da cura da alma e do mundo, todos os dias, protegendo, orientando, ajudando, aprendendo, mesmo se e quando sofrermos a perda indizível da preciosa luz por um tempo. Se e quando estivermos pranteando, confusos, perambulando, seguindo pelo caminho dela, sabemos que por fim reencontraremos o Sagrado, de um modo ou de outro. Mais uma vez, aprendemos a ver o filho, plenamente humano-plenamente Deus, só que desta vez de um modo totalmente novo – não de um modo corpóreo, mas através do toque direto, de alma para Alma, de coração para Coração.

Assim, ao permanecer com Nossa Senhora, na imitação de Maria, através de sua maneira alegre, pesarosa e gloriosa de ver e de ser, percorremos todo o trajeto em zigue-zague, lutando por santas respostas no centro. De mãos dadas com ela, enquanto viajamos pela escuridão na direção da Luz, que é a vida vivida com consciência, com a Alma no centro radiante – mesmo que nos esqueçamos, mesmo que nos abaixem, lutamos para voltar ao Coração incandescente. Enquanto nos mantemos numa relação recíproca de lealdade e misericórdia com a Santa Mulher, nós nos tornamos para a terra, para as criaturas, para ela, uns para os outros, as mãos mais humanitárias e cheias de insights possíveis para o Deus que não Tem Mãos, a não ser as nossas. Nossas mãos protetoras, criativas, abençoantes.

RELEMBRANDO NOSSOS BILHÕES

Você não está "afastado"
porque
não consegue alcançar *toda*
a humanidade sofredora
o tempo *todo*.

Considere em seu coração
todas as almas por inteiro,
não apenas seus horrores
e perdas.

Esta é a oração mais forte:
A integridade apesar da
quantidade de furos.

Considere todos os feridos inteiros,
e com a atiradeira vermelha, rasgada,
guarnecida de fitas,
do seu coração...
faça mira, puxe com força, mais força,
e solte todos os seus pensamentos
mais sagrados e mais benéficos
para que cruzem voando todas as divisões,
para que atravessem todas as grandes águas,
para que saltem por cima de todas as insanidades...
Peça ao sagrado que voe –
e que pouse neste momento
exatamente nos locais
mais necessitados.

As almas sentem que
orações ferozes
são feitas por elas,
para elas, com elas,
diariamente.
Some isso à torrente.

Saber que alguém
que não o conhece
está mesmo assim rezando rosários,
ânimo, invisibilidade, percepção,
ser ouvido, junto com
o derramar de vontade e força
dentro de você e para você,
dentro daqueles por quem você ora e para eles:
Eis um bálsamo inestimável
para a alma.

Continue, então,
assim como o lavrador cultiva
a pequena área
diante de sua porta...
lavando as sementes,
revirando o solo,
plantando à profundidade certa,
vigiando,
capinando,
contando os pequenos
progressos.

Da mesma forma,
cuide dos pobres de espírito,
dos pobres de alma,
dos pobres de saúde,
dos pobres de determinação,
bem diante de você:
os parentes enfermos,
o homem da rua,
a mãe sem teto,
o amigo abatido,
a criança inocente,
os dilacerados,
os que se perguntam,
os que perambulam.

Eu lhe digo,
aqueles que desejam cuidar
somente do outro lado dos oceanos,
e não cuidam daqueles
que podem lavar,
que estão parados
ali diante deles,
ainda não estão plenos em seus cuidados.
Sei que você entende isso:
Que queremos desesperadamente

que toda a humanidade não sinta dor...
e que essa é uma das preces mais valiosas
que conhecemos.

Assim, nós nos curvamos para cuidar,
de qualquer modo que sejamos chamados,
daqueles ao nosso alcance –
onde quer que esse alcance chegue...
pois há ocasiões
em que o Criador não tem mãos,
só as nossas...

E nesse cuidar
cumprimos o maior
pacto de sangue com o Criador,
com Nossa Santa Mãe,
que nossas almas
já firmaram.

Que seja assim para ti
Que seja assim para mim
E que seja assim para todos nós

Amém
Amém
Amém

E com um amor oceânico...

*Imagem de Nossa Senhora de Fátima na Universidade de Georgetown
antes que seu rosto fosse pintado de preto*

Ex-voto: "Santa Mãe África"

CAPÍTULO 17

A Grande Mãe inspira as pequenas mães
As Marias da Mãe África

AS MARIAS DA MÃE ÁFRICA

Como a Grande Mãe, a Mãe África ao longo de centenas de anos geme sob o domínio de muitos humanos que a feriram, saqueando seus tesouros, criando inimizade entre povos e pondo pedras em cima dos mais poderosos corações e mentes, para que o povo não chegasse a atingir sua plena magnitude.

Mas eu também percebo, por conhecer muitas almas que nasceram na terra por lá, que na Mãe África está enraizado um misterioso Coração do Mundo, um Coração de Humanidade que sempre bate forte não importa o que aconteça, e que ele estranhamente é sempre vulnerável... apesar de invencível... sempre ferido... apesar de estar sempre coberto de flores de acácia, cujo mel flui como uma água adocicada de um âmbar escuro.

Embora a coroa que a Mãe África foi forçada a usar seja feita de galhos de espinhos perfurantes, por causa da imaculada generosidade de seu coração, esses galhos farpados estão sempre explodindo em flores perfumadas.

E sempre presentes em qualquer lugar onde haja muita morte e muita ressurreição, lá estão as Marias.

AS MARIAS

"As Marias" são o que nós, os velhos devotos, chamamos de almas, tanto de homens como de mulheres, que foram gravemente feridas e no entanto trazem tanta profundidade de visão e generosidade, em vez de amargor no coração, que elas nos dão vontade de chorar só de estar perto delas novamente – ou pela primeira vez.

Como em outras partes do mundo, há milhões de Marias escondidas em refúgios e lugares remotos por toda a África. Ao contrário dos brutais ditadores africanos, Robert Mugabe, Idi Amin e outros, que propositadamente empurraram suas nações para a pobreza e a carnificina, as Marias são as relembradoras e restauradoras daquilo "a partir de que a alma é realmente formada". A África está impregnada da Grande Mãe da Humanidade, mesmo quando ferida, muito embora ainda não esteja totalmente curada.

Como muitos ícones da Mãe Santa por toda a África, o que às vezes chamamos de "Madonas Negras", essas Marias vivas de muitos tons de pele costumam ser alguma combinação do mais belo e delicado marfim rosa com o mais negro e resistente ébano – as forças da alma moldadas em beleza viva no povo africano. Essa combinação persiste, mesmo quando aquela beleza do coração vermelho e da alma profunda atrai interesses predatórios daqueles que mais uma vez querem escravizar e explorar a Mãe África.

As Marias em qualquer parte do mundo são as que resistem apesar de – e em certo sentido por causa de – todos os ataques, todas as indecências contra elas. As Marias são as que foram feitas para carregar o Coração do Mundo num cesto forte tecido com nossos próprios ossos de coragem, nossa força muscular, nosso tecido cicatricial, os cabelos encaracolados de nossa própria cabeça. Beleza.

O Criador sabia que o pulso do mundo estaria a salvo com aqueles que tivessem sofrido e ainda assim perseverassem. O Criador sabia que eles transmitiriam "aquilo que não se pode permitir que desapareça da face da Terra" de mão em mão, de um coração para outro, de uma geração para outra – escondendo o Grande Coração bem junto do peito, durante o percurso de uma aldeia para outra, por mais fortes que fossem os ventos cruzados.

E, de modo ainda mais especial, as Marias transmitiriam o Coração do Mundo, de alma para alma, através de histórias que não só contam o que é valioso, mas ensinam exatamente como se agarrar ao forte centro da Mãe, não importa o que aconteça.

PEQUENINAS CAIXAS MÁGICAS DE TESOURO PARA ALDEIAS AFRICANAS: SURGE UM NOVO E MÁGICO CONTADOR DE HISTÓRIAS

Faz agora um bom tempo que conheci determinado grupo de africanos. Eu estava entusiasmada para ajudar no seu trabalho. "Esperem! Ouçam essa irmã", diziam. Eles estavam tentando fundar suas próprias estações de radiodifusão em suas aldeias de origem em várias nações africanas, criando uma espécie de milagre alado, pois queriam que as palavras voassem pelo ar.

Eu tinha publicado uma dúzia de audiolivros, muitos deles transmitidos pela National Public Radio e por estações de rádio de comunidades nos Estados Unidos e no Canadá. Eu estava gravando comentários para o rádio semanalmente, e foi esta última atividade, um profundo envolvimento com a radiodifusão comunitária, que me levou ao contato direto com as Marias de Gana, de Angola, da África do Sul e de outras nações africanas, onde conheci algumas das pessoas mais generosas, mais delicadas cuja vida chegou a tocar a minha. E todas essas Marias queriam ser especialistas e magas do rádio.

Eu as encorajei e consegui ajudá-las a levantar algum dinheiro para dar à luz sua empreitada. Não parava de dizer a mim mesma: pense só nisso, como nos dias de outrora, a história voando invisível pelos ares para ir pousar com perfeito timbre e tom em pequenos povoados distantes. Como era espantosa a baixa necessidade tecnológica, e, ainda assim, como tudo era deslumbrantemente moderno.

Pense só num jeito tão milagroso de ensinar, contar, fazer com que outros voltem a se lembrar de si mesmos – de que Marias desconhecidas e anônimas ensinassem a aldeões que não sabiam ler, mas que sabiam falar. E como era bela a poesia calorosa que eles expressavam simplesmente na sua fala do dia a dia – serem capazes de transmitir por si mesmos, totalmente independentes, sem a censura e o silenciamento de suas vozes por qualquer que fosse o regime.

Desse modo, meus amigos africanos voltaram para casa e instalaram estúdios complicadíssimos na cozinha de casa, para começar a transmitir pelo ar para povoados longínquos – povoados que não tinham nada a não ser sol quente, tempestades de poeira e algumas panelas de barro, bem como a verdadeira riqueza da terra, seres humanos de alma profunda.

Foi combinado que uma quantidade de aldeias receberia uma preciosa caixa de tesouro que deveria ficar aos cuidados da mulher responsável pela comunidade, pois essa caixinha era o mais raro dos objetos mágicos, um que seria mágico também para nós. Um pequeno rádio de plástico com uma manivela, na realidade um minúsculo receptor de rádio, acionado pela energia... do sol!

Células solares. Deixem o pequeno rádio em plena luz do sol durante algumas horas. Deixem que ele "colha o sol". E então, quando chegasse uma tarde combinada com antecedência, vinte, quarenta, cem aldeões ficariam em pé e agachados numa roda para escutar o mágico contador de histórias que chegava ali através do pequeno rádio.

Naquela época as células solares permitiam que um rádio recebesse o que estava sendo transmitido por talvez um máximo de 20 minutos de cada vez. Assim, o rádio distribuía histórias para as pessoas no próprio jeito prático e direto delas.

Como era no início, agora estava sendo de novo. Com exceção de uma coisa: as velhas histórias ainda eram contadas pelos velhos da aldeia sem o rádio. Mas agora havia também histórias novas, histórias novas e mágicas, do contador do rádio que, de modo sério e concreto, ensinava os aldeões a afugentar os Demônios da Morte. A sério.

AFUGENTANDO OS DEMÔNIOS DA MORTE

As histórias nunca ouvidas antes na rádio dos povoados eram pequenos esquetes cômicos com heróis e monstros. Tínhamos escrito enredos que tratavam de superar monstros que poluíam a água e de um herói/uma heroína que purificava a água, ensinando a mantê-la limpa, isolando a água do lixo e das excreções corporais, jamais deixando que se encontrassem onde houvesse um curso de água doce.

Os fios condutores subjacentes às histórias tratavam de ensinar formas de prevenir a febre tifoide, que matava aqueles que bebiam água contaminada; formas de prevenir o monstro da Disenteria, que matava tantos bebês e idosos através da desidratação. Na saga da disenteria, o herói ensinava a impedir que a aldeia chegasse a ser atingida pelo monstro: um tipo de ciência folclórica baseada na realidade.

Os heróis e heroínas das histórias ensinavam o modo correto de lavar uma perna ferida por um facão enquanto a pessoa cortava mato, para com isso afugentar o monstro chamado Infecção e Tétano.

Os africanos são gente que gosta de histórias e que não se esqueceu de suas histórias antigas. Eles também não as registraram por escrito, de modo que elas não estão presas como borboletas mortas numa caixa. Pelo contrário, eles consideram as histórias a circulação sanguínea que vem do Coração do Mundo e volta para ele, que vem do Tambor Mãe e volta para ele, a pulsação do Mundo. As histórias são algo essencial, não mero divertimento.

Ao passo que nós poderíamos ouvir no rádio solar as histórias sobre monstros, heróis e saúde, aprender seus valores e com isso acreditar que não precisaríamos ouvi-las outra vez, porque agora sabíamos as precauções por tomar, muitos aldeões na África tinham uma ideia diferente acerca disso tudo.

Os aldeões começaram a contar eles próprios as histórias do rádio entre si e para visitantes e parentes distantes que moravam fora das aldeias. O fabricante de máscaras criou máscaras que retratavam a Disenteria, como, por exemplo, uma máscara feita de folhas cinzentas, murchas.

Assim, as histórias novas foram penetrando a mente tribal, no coração de mães, pais, bebês, dançarinos, artistas, músicos; e se tornaram parte da vida da aldeia, de histórias transmitidas através das gerações. Era desse modo tão importante contar como Tifoide foi vencido na aldeia quanto como ocorreu a primeira alvorada da criação e como nasceram o Primeiro Homem e a Primeira Mulher.

Um conjunto de histórias de tempos imemoriais foi assim combinado com histórias que eram deste tempo. E o que tinham em comum era que palavras simples, quer fossem irradiadas, quer fossem pronunciadas pessoalmente, estavam ensinando os "comos": como se faz tal e tal coisa, como se evita alguma outra coisa, como isso acabou assim por erro, como é possível corrigi-lo, como proteger e principalmente como se pode salvar a vida da alma e do corpo.

As histórias ensinavam os "comos" gradualmente, para que todos tivessem a oportunidade de alcançar uma vida plena, muito mais consciente e instruída, mas sem quebrar nenhum dos ossos espirituais das tribos.

O QUE O PAPA DISSE SOBRE AS MULHERES AFRICANAS, E A NECESSIDADE DE INSTRUÇÃO CONSCIENTE, PASSO A PASSO, EM VEZ DE SIMPLES EXORTAÇÃO

Em sua viagem a regiões da África, o papa Bento XVI afirmou que a África deveria tratar suas mulheres com mais decência. E isso foi bom. No fundo, foi sem precedentes. Reconhecer que todas as Marias da África são preciosas, dignas de proteção e cuidado.

Mas aí também entra uma questão: tínhamos esperado que os "comos" também fossem mencionados. Talvez na próxima visita, o papa avalie o tema com mais clareza e diga: Tenham respeito pelas mulheres. E também diga como e exatamente de que modos. Que aspecto isso teria, se nós agíssemos assim? Especificamente, onde foi que já erramos? Quais são os passos para ajudar, curar, sanar, corrigir o coração desapercebido?

Meus amigos ganenses sabiam quais eram as questões para muitas mulheres por grande parte da África – como era difícil a vida de uma mulher –, mas a atitude mental dominante e não questionada quanto à violência contra as mulheres, especialmente por parte de homens, era também às vezes imposta por algumas mulheres mais velhas que pretendiam promover os "melhores interesses" de seus filhos, menosprezando cegamente a mulher do filho e, com bastante frequência, chegando elas mesmas a espancar fisicamente a mulher do filho.

Durante a visita do papa à África, muitos de nós tinham esperanças de que ele se tornasse ele mesmo uma Maria e falasse pelo rádio às enormes multidões sobre como inverter todo esse afastamento com relação à alma humanitária – como, passo a passo, inverter uma involução renitente que foi implantada muito tempo atrás na psique da África – não apenas pela colonização estúpida, mas também por déspotas africanos antigos e modernos que não tinham em mente nenhum bem para as criaturas, para os homens em geral, e em particular para as mulheres e as crianças.

Na psique, sob a pressão pela sobrevivência, pode haver uma forte tendência à identificação com o opressor. Costuma-se ver isso nos que foram colonizados, que tiveram sua nação invadida, ocupada e/ou conquistada.

Se aquilo que se aprende enquanto se sobrevive a uma opressão não for examinado cuidadosamente depois, e se não for comparado com uma forte norma espiritual do que significa ser humano – como a sustentada, por exemplo, pela Mãe de Toda a Vida –, os que um dia foram gravemente oprimidos às vezes imitam seus próprios opressores, praticando o mal contra aquelas pessoas ao seu alcance, que de modo algum são elas mesmas opressoras – ou que deixaram sinceramente de sê-lo.

Com o tempo, à medida que atitudes deletérias e desumanas são transmitidas de geração em geração numa cultura, os que assumem atitudes de menosprezo para com os outros muitas vezes aprendem a desrespeitar com tanta facilidade as mulheres e outros, com tamanha impunidade pressuposta por eles mesmos, que já nem registram suas próprias crueldades e exclusões.

Assim, criaturas dignas continuam a ser exiladas e prejudicadas porque, agora já há gerações, elas consideram normal a brutalidade dirigida contra elas mesmas – vendo os opressores como a uma determinada classe de "outros", que de algum modo têm permissão para ameaçar e maltratar terceiros. E com frequência leva muito tempo para os oprimidos sequer chegarem a pensar/lembrar que, como almas, eles têm um direito inalienável a ser tratados corretamente.

Quando perguntei a meus radiodifusores africanos novatos qual era a maior questão enfrentada por seu povo, uma das Marias, um homem manso e sensível, disse que eram adultos que agiam como "crianças com enorme poder que não tinham superado sua ganância por toda a manteiga do mundo."

Nós examinamos, preocupados, a questão da "criança voraz dentro de um corpo de homem ou de mulher" – voraz por poder, por influência, por ser vista como importante, por dominar pela força todas as pessoas ao seu alcance, para fazê-las andar encurvadas de medo, em vez de se desdobrarem e se desenvolverem em plena floração como seres humanos, como era seu direito inato.

Enquanto tentávamos compreender o incompreensível, pelo menos com o coração intacto, à medida que revirávamos as questões resultantes da desumanidade abjeta, decidimos que eu teceria uma história a partir de todas as horas de testemunho sincero que tinha ouvido de meus amigos africanos, para "contar a história daquilo tudo". Pelo tempo que levasse para narrá-la, mas também que fosse "tão curta quanto necessário" para ser ouvida na íntegra no rádio solar, com sua pequena janela de "tempo de recepção". Essa história é a que se segue.

A HISTÓRIA DO MENINO GANANCIOSO

Um pequeno menino foi mandado a uma fazenda vizinha para trazer manteiga. "Traga-a depressa para ela não derreter", disse a mãe. Assim, o menininho andou até a fazenda, lá recebeu manteiga fresca numa vasilha de barro e partiu de volta para casa.

Mas, em algum ponto do caminho, o menino teve a ideia de que a vasilha de barro era mais ou menos parecida com uma coroa, e por isso ele a virou de cabeça para baixo e a pôs no alto da cabeça.

Desse modo ele seguiu pelo meio do mato baixo a passos largos, imitando o que tinha visto e ouvido sobre reis que pisavam forte, dando ordens para que as ervas fizessem reverência para ele e pisoteando criaturas menores. Ele se sentia tão poderoso...

Mas também o calor de sua cabeça, por baixo da "coroa", fez a manteiga começar a derreter e a escorrer pela testa, pelo nariz e então direto para dentro da boca!

E quanto mais o menino se demorava, marchando para lá e para cá, fingindo-se de rei, tanto mais a manteiga derretia; e tanto mais ela escorria para dentro da boca do menino – que lambia tudo com grande entusiasmo –, até que, por fim... toda aquela deliciosa manteiga fresca acabou.

E foi assim que, fazendo de conta que era rei, uma criança se tornou um tirano, quase da noite para o dia.

Pois o sabor de alguma coisa deliciosa produzida pelo trabalho duro de outros (mas que ele guardou só para si, sem oferecer nem um pouco a mais ninguém) desvirtuou seu coração.

Muito embora sua primeira intenção fosse boa, a de trazer a manteiga para sua mãe, que, por sua vez, a repartiria com todos, ele acabou privando todos os outros dos sabores mais deliciosos da vida, guardando tudo para si mesmo, sozinho – enquanto ficava preso na rede de querer governar a todos.

"Antes que cheguemos a poder ser livres", disse meu amigo, "a decadência moral desses carregadores de manteiga precisa ser enfrentada."

Eu concordaria com meus irmãos ganenses: confrontar a criança de voracidade infinita, se um dia ela de repente tentar surgir em nós mesmos, depois de um ínfimo gostinho de poder sobre os outros, por mais benévolo ou maligno – é ela que é preciso questionar, avaliar e transformar. Pois abrigar um impulso desses "de devorar tudo" conduz apenas a uma total confusão mental.

Nós concordamos em que todas as práticas deveriam ser estabelecidas para proteger os vulneráveis, mas também em que era necessário um retorno aos antigos costumes de ser impecável no caráter e no discernimento, premissas que estavam perfeitamente intactas na maioria das tribos africanas antes que elas fossem colonizadas por outros e que fossem proibidos sua ética e seu modo de ver a Mãe e estar com ela em toda a sua integridade. Já estava mais que na hora de alguns dos antigos ideais serem trazidos de volta, serem ensinados abertamente aos jovens, como não eram ensinados havia séculos, por medo de tortura, retaliação e exílio. Agora era a hora de praticar e ver com bons olhos todas as virtudes da Santa Mãe: constância, proteção, paciência, compaixão, amplidão de insight, o coração que cura, a conduta correta, a bela alma, o ânimo de viver, a capacidade de persistir, o respeito, a posição firme pelas, com as e em nome das almas dos Justos na Terra, conforme fosse necessária.

Contudo, palavras vagamente proferidas raramente são eficazes para ensinar a ajudar na cura de um ferimento profundo. Também as igrejas por toda a África precisam decidir se de fato querem ajudar a libertar a África e elevar seu povo, afastando-o do Menino Ganancioso, ou se vão simplesmente aceitar que alguns meninos que fingem ser reis egocêntricos consumam toda a manteiga deliciosa, ocultando com isso todas as dádivas do Espírito Santo, que deveriam ser compartilhadas com e por todos os outros.

O Espírito Santo insiste em que haja respeito pelas mulheres, em vez de gritos e caras amarradas serem o modo corriqueiro de tentar intimidá-las.

O Espírito Santo insiste em que um homem peça clara permissão para cortejar uma mulher ou ter relações íntimas com ela, em vez de contar mentiras e/ou forçar uma mulher ou uma criança a aceitá-lo sexualmente.

O Espírito Santo requer que nem mulher nem criança, nem homem nem idoso, antes, durante ou depois do fim do dia, sejam espancados ou rejeitados por não se submeterem a exigências não razoáveis que firam o corpo, a mente, o coração, o espírito ou a alma.

O Espírito Santo insiste em que um homem se curve para cumprir sua parte justa do que for para o bem comum em todos os níveis, em vez de impor a outros, que são vulneráveis, uma servidão/escravidão sob o disfarce de "faça isso por Jesus"... ou porque qualquer homem ou mulher está decidido/a a fingir que é um rei passeando à vontade pelo mato, explorando outros para dar sustentação à sua fantasia de ter sido coroado/a como único/a comedor/a de manteiga de todos os tempos.

Todas essas questões e outras deverão ser trazidas à baila e comentadas, não uma vez, mas muitas vezes, tantas quantas forem necessárias para elevar todas as almas de volta ao devido lugar. Passar da inconsciência dos danos causados a outros à consciência de agir de modo que não fira outros é na realidade um trabalho pesado para o qual não podemos contratar nenhum escravo que o faça em nosso lugar.

Cada criatura precisa extrair sua inconsciência do caldo primitivo e desenvolver consciência – permitir que a Mãe do Coração do Mundo tome suas mãos, seu coração e sua mente e a conduza para fazer vigorar essas novas atitudes e práticas vitais por si mesma em misericórdia pelos outros.

Essa seria de fato uma transformação de um projeto de monstro, se tornar um herói em recuperação.

LISTA DE PEDIDOS AO PAPA, A QUALQUER LÍDER ESPIRITUAL

Embora haja instruções muito mais meticulosas por oferecer acerca da salvaguarda da almas e da vida de mulheres e crianças, bem como dos vulneráveis na África, mesmo assim o papa Bento pareceu demonstrar uma consciência de si mesmo e acerca de outros que poderia ser interpretada como sua afirmação de que a África ainda tem um excesso de meninos vorazes que querem um reino de faz de conta.

Eu gostaria, porém, que ele tivesse dito alguma coisa acerca de todos os atos abusivos derivarem de atitudes desrespeitosas, subjacentes e tácitas – que estas têm de ser questionadas, e as prejudiciais, transformadas em atitudes que fizessem sorrir a Criação e a Santa Mãe. Eu gostaria que ele tivesse dito como as mulheres poderiam se proteger melhor, em termos teológicos, de alguns homens que usam as vestes e a pompa, mas agem de modo revoltante para com homens, mulheres e crianças.

Gostaria que o papa tivesse relacionado as infrações comuns. Forçar outros a fazer sexo. Espancar mulheres repetidamente, empurrando-as, esbofeteando-as, surrando-as com os punhos e com varas, quebrando seus ossos e cortando-as. Chamá-las de rameiras. Escravizá-las, recusando-lhes instrução, forçando-as ao trabalho servil para que alguns homens possam viver como reis. Forçar mulheres e crianças a servir aos vícios dos homens. Fazer escândalo aos berros, insistindo na supremacia do homem, quando ele não chegou a conquistar o status que reivindica sem legitimidade. Tratar as mulheres e crianças como propriedade a ser usada, vendida, trocada e aviltada, exatamente como ocorria no passado, incessantemente.

Palavras reconfortantes ajudam, mas Maria, Nossa Mãe, também usa um Coração Transpassado por Sete Espadas. Às vezes chega a hora, Papa, com todo o respeito, de arrancar uma espada do coração e cortar a podridão para todos verem. Vamos insistir: Fazei aos outros somente o que a Santa Mãe faria a vós. Coragem de leão, toque de cordeiro.

Posso ver, entretanto, que o que o papa não incluiu em seus discursos é e continuará a ser o trabalho santo e imenso das Marias da África: o que ficou por ser dito e, principalmente, o que o papa talvez não soubesse definir com clareza e em detalhe: os "comos", o passo a passo, a derrota do monstro pela alma heroica. Consigo ver, e acho que vocês, como antigos devotos, também conseguem ver, que o passo a passo será realizado pelas Marias, pelas Marias do Coração do Mundo.

CANÇÃO-PRECE PELAS MARIAS DO MUNDO...

Em um dos *hadiths* (ditados proféticos) mais poderosos, Maomé teria dito: "O Paraíso é aos pés da Mãe." Assim, que você encontre meios para seguir, como melhor lhe parecer, conduzido pela Santa Mãe, universalmente compreendida como oceânica, como água do rio, como água que brota de uma fonte, como água de nascente pura e cristalina, como uma chuva repentina. Diz a Bíblia: "o mero cheiro das águas" pode fazer brotar a planta emurchecida. Desse modo, eis o que escrevi para abençoar sua caminhada...

FAZEDORA DE CHUVA, VOCÊ PODIA SER A ÁGUA...

Só pelo cheiro da água,
a vinha murcha volta à vida,
e assim... onde a terra estiver seca e dura,
você poderia ser a água;
ou poderia ser a lâmina de ferro,
revolvendo a terra;
poderia ser a acéquia,
o canal principal, que transporta a água
do rio para os campos
para fazer crescer as flores para os lavradores;
ou poderia ser o engenheiro honesto

a mapear as represas que devem ser demolidas,
e aquelas que poderiam ser mantidas para servir
ao venerável todo, em vez de apenas a muito poucos.
Você poderia ser o recipiente amassado
para carregar a água com as mãos;
ou poderia ser aquele
que armazena a água.
Você poderia ser aquele
que protege a água,
o que a abençoa,
ou o que a serve a outros.
Ou poderia ser o chão cansado
que a recebe;
poderia ser a semente crestada
que a absorve;
ou poderia ser a vinha,
que cresce verde se espalhando pela terra,
em toda a sua audácia indomável...

Ex-voto: "El Cristo de la Llave: O Filho Milagroso de Maria"

CAPÍTULO 18

A rejeição ao Sagrado:
Não há lugar para vocês aqui
"Ah, sim, aqui há lugar para vocês também"
O ritual de *La Posada*

LA LLAVE, A CHAVE[1]

Com a Chave do Amor
Tudo o que estiver trancado se abrirá;
Tudo o que deveria ser guardado ficará trancado em segurança lá dentro.
A Chave em Si sabe o que é necessário... quando... e por quê.

EL CRISTO: EXÍLIO DO SAGRADO

Quem nunca encontrou portas fechadas, foi mandado embora ou ouviu algum encarregado dizer: "Aqui não há lugar para você"? Nós vamos embora, arrastando-nos, rastejando ou caminhando com suposta dignidade, continuamos a avançar, tentando repetidamente, aproveitando a próxima oportunidade, a seguinte, até encontrar um jeito de atender à necessidade. Muitas vezes o que chega a nós é uma solução surpreendente, e abençoada.

Alguns gostariam de esmagar essa determinação da alma que prossegue, prossegue, sem se importar com quem disse o quê, com quem fez o quê, qualquer que tenha sido a reviravolta do destino que nos tenha atingido, não importa que portas estejam fechadas para nós.

Assim, não é incomum em nossas culturas modernas ver quilômetros de rabiscos grosseiros por cima dos belos impulsos naturais da alma. Então, todo impulso sagrado é empurrado para o último lugar – ridicularizado, rejeitado, ignorado, desdenhado, encoberto, fossilizado em vez de ser mantido como câmbio vivo.

Mas todas essas desvalorizações, aí incluída a santificação mecânica que não é sincera, todos esses esforços para zombar do sagrado ou para eliminá-lo são como uma vã tentativa de expulsar o azul do céu.

Eis como *La Posada* age como uma vela no escuro. *La Posada* é um ritual que afirma que, apesar de toda a conversa fútil e desalentadora por parte do eu ou de outros, "eu hei de encontrar um caminho; haverá um lugar, uma pessoa, um abrigo. Vou seguir em frente".

Acreditamos que, não importa quem seja que tente exilar o genuinamente sagrado, essa tentativa jamais terá êxito, pois ele está semeado em termos inatos na psique, no espírito, na alma e no corpo. O sagrado não é algo que foi posto em nós. Ele é uma luz radiante que floresce a partir de nós.

A GRANDE ALMA SE ESCONDE

A Grande Alma se esconde como um desconhecido
ainda em todas as multidões...
e muitas vezes é o Menorzinho
que reconhece prontamente o Desconhecido...
De repente a Criança sorri e sorri,
agitando os braços em mangas compridas demais,
remexendo os dedos rosados dos pés descalços,
tentando, tentando, tentando alcançar,
com as mãos pequeninas abrindo-se e fechando-se,
abrindo-se e fechando-se...
querendo tocar,
querendo trazer para perto,
querendo provar o Sagrado.
Que anseio é esse
que a Criança tem,
que detecta a Presença,
a direção, a proximidade
do Puro Amor?[2]

A HISTÓRIA POR TRÁS DE *LA POSADA*

Rituais existem para tentar destruir por meio de explosão o cimento cultural jogado cada vez mais e de modo inexorável por cima de nossos anseios mais profundos pelo sagrado. Os ritos são destinados a criar barreiras de proteção contra os males da sociedade, que costumam ser voltados para desencorajar em parte ou totalmente o povo com relação ao sagrado. *La Posada* é um ritual para transformar a indiferença ao sagrado por parte da cultura dominante... de volta a uma aconchegante acolhida de braços abertos – como o abraço entusiasmado e aberto de uma criança.

O sagrado ritual de *La Posada* tem como base uma antiga história sobre a noite em que a Santa Família tentou buscar abrigo numa estalagem à beira da estrada durante uma migração em massa de grupos tribais. Os viajantes de cabelos empoeirados que atravessavam tontos as terras desérticas estavam tentando cumprir a exigência do imperador Augusto. Ele tinha ordenado que todas as pessoas retornassem às aldeias natais para ser registradas num censo a fim de permitir que ele lhes cobrasse impostos.

O decreto do imperador ganancioso impôs provações aos pobres pastores, lavradores e famílias que moravam longe do local de nascimento. Eles tiveram de carregar consigo seus recém-nascidos e as macas de seus doentes e moribundos, precisaram desenterrar alimento suficiente, tiveram de encontrar tecido suficiente para impedir que todos congelassem nas noites frias do deserto.

Por mais devagar que precisassem avançar para manter juntos todos os seus filhos, animais, seus mancos e idosos, todos os viajantes tinham a profunda esperança de que, quando estivessem exaustos, conseguiriam encontrar abrigo, mesmo dos mais toscos, onde descansar.

A história da *natividad* de *La María*, a Grande Mulher, diz o seguinte: Ela, que estava grávida da pequenina e brilhante Luz do Mundo, precisava desesperadamente de um lugar para repousar. Estava no nono mês de gravidez e vinha sacolejando havia quilômetros por um terreno acidentado. Como sabe qualquer mulher que tenha dado à luz, andar pode precipitar o parto com uma ferocidade ainda maior, o que aumenta a necessidade de abrigo – no mínimo, uma árvore, a estabilidade de um pilar de algum tipo, para ela poder dar à luz.

Mas não havia vaga em nenhuma hospedaria onde Maria imensamente sobrecarregada e seu esposo, São José, imploraram abrigo.

Naquela época como agora, agora como naquela época. Há quem especule que não havia vagas, por causa da enorme migração de tribos ao mesmo tempo. Há quem diga que os estalajadeiros disseram "Não" porque estavam reservando o lugar para viajantes ricos que pagariam preços mais altos. Há quem diga que os estalajadeiros recusavam lugar para os membros de classes, tribos e sexos detestados por eles.

De qualquer modo, porém, as portas foram trancadas para impedir a entrada de Maria, de seu esposo, o carpinteiro, e da Criança radiante em seu ventre.

Contudo, como o ritual antigo e moderno de *La Posada* demonstra repetidamente, não é preciso dinheiro, não é preciso instrução, não é preciso pertencer à "tribo certa", nem ter premonição nem ser vidente, para um estalajadeiro abrir a porta para o Viajante Sagrado.

Tudo o que é necessário é ter misericórdia pelos que estão carregados com o Perfeito Amor; e lembrar nosso próprio anseio por nos unirmos ao Amor. Com isso, a chave abre a fechadura automaticamente. A porta do coração é escancarada. Os Viajantes Sagrados entram.

IMITATIO MARIA: A PRÁTICA DE DAR À LUZ "A CRIANÇA LUMINOSA" TODOS OS DIAS

La Posada significa ao pé da letra tornar nosso coração "a hospedaria" ou "lugar de abrigo" para o nascimento da Luz do Mundo, do Deus de Amor.

Há práticas para cada alma tornar-se um abrigo para o Filho Divino, sua Mãe e seu pai mortal, meios para ver com a alma e não com o ego, que purificarão melhor nossas próprias mentes fartas e nossos corpos meio envenenados, nossas almas fatigadas e nossos espíritos desanimados, transformando-os em refúgios vibrantes, receptivos, acolhedores, protetores.

Não haverá cumprimento de rotinas aborrecidas. Pelo contrário, criaremos mais uma vez lugares especiais em nossa vida real para que o Amor nasça literalmente para o mundo – através de *La María, La Lumina,* A Portadora da Luz, a Mãe Abençoada – *conosco, por nós, através de nós,* repetidamente.

Não apenas uma vez por ano. Mas sim uma prática diária de lembrar-se de conferir a maior prioridade ao Amor sem barreiras.

Se existe uma prece que celebra o verdadeiro amor ao verdadeiro Amor, eu sugeriria a seguinte: "Criador, impregna-me todos os dias no presente, e todos os dias no tempo futuro, impregna-me com o Filho do Amor."

Em um homem ou em uma mulher que faz essa prece ou outra semelhante, creio que começa a se processar uma delicada fissão das células espirituais – uma divisão, um acréscimo, uma sacudida, um desenvolvimento exatamente como numa gravidez humana. Ocorre um adejar que dá a impressão de que uma borboleta está batendo asas, que se grudam ao escarlate de um coração verdadeiramente resoluto – e isso faz crescer um corpo generoso e uma mansa mente de Amor que surgirão, e então deverão nascer todos os dias. *Conosco, por nós, através de nós.*

Durante *La Posada*, o medo de que amar o Sagrado seja de algum modo perigoso ou demonstre que se está iludido é eliminado como a tolas mentiras da sociedade. O medo de que o amor deva ser acumulado como barbante; ou de que o amor talvez faça a pessoa adoecer se ela for considerada adorável demais ou amorosa demais. Toda essa placa é removida em lascas das câmaras do coração.

Quando alguém se torna uma *Posada*, uma hospedaria à beira do caminho, um refúgio no deserto de nossas próprias culturas, o Amor somente é perigoso tal como o calor é perigoso para as coisas que se tornaram congeladas demais, seja em caras amarradas, seja em sorrisos do tipo "você não tem como me ferir".

Desse modo, nós tentamos especificamente levar à força nossos medos de amar para a lata do lixo; e aumentar no mundo nossas ações que sejam de natureza *hospitaleira*, ou seja, gestos acolhedores por e para o Amor. Nós lutamos por descobrir como viver num estilo que seja favorável ao Amor. Reagimos – mesmo a situações e pessoas difíceis – com o primeiro pensamento, ou pelo menos com o último pensamento, de ser Amor – que é o oposto de ser avarento.

Posada: Rejeitar a cultura dominante com sua insistência em afirmar que não é realista ensinar o Amor sem peias; quando na realidade tentar alcançar o Amor é a arma contra (e o remédio para) tanta coisa que é entediante, difícil demais, fácil demais, curta demais, demorada demais, vaga demais, praticamente qualquer coisa demais, por ter sido destituída da simples dignidade.

Rejeitar a exigência da cultura dominante de que todos nós sejamos irritadiços e impacientes costuma significar que devemos parar, simplesmente parar, e examinar em que lugares na vida nós nos eriçamos e nos defendemos, agindo como se fôssemos ser logrados ou empobrecidos, se ousássemos doar o que trazemos inerente, em infinita abundância: o Amor Plenamente Iluminado.

A ideia subjacente a *La Posada* é a de voltar a entrar no enlevo do Amor e com o Amor – abrir nossos caminhos de amor com base em exemplos estabelecidos pelo milagre da Mãe e do Filho, e do leal pai mortal. Ou seja, agir da maneira mais próxima possível dessa pequena família que é afetuosamente chamada de "Primeira Família", os que veem somente através dos olhos e do coração do Amor. Os que têm poucas fortificações armadas. Os que compreendem o sacrifício e a determinação. Os que protegem os outros; que conhecem o toque da cura; e que ensinam aos ignorantes com paciência; que sabem respirar em perfeito repouso. Os que continuam avançando.

E mais: desenvolver a *Imitatio Maria,* uma Imitação da Mãe Maria, agir como ela agiu – não mordiscando a vida, mas vivendo a todo pano: como aquela que carregou o Deus de Amor pela escuridão da noite, em meio a tempestades, tormentos, provocações, em meio a todos os tremores e agressões culturais – durante os quais o Deus de Amor sempre foi cuidado e protegido pela Santa Mãe... e por nós.

Agir exatamente desse modo faz nascer o Filho do Amor todos os dias.

OUTROS PREPARATIVOS PARA TORNAR-SE UM REFÚGIO PARA O AMOR

Antigos conhecimentos sobre a vida da alma estão envolvidos no ritual de *La Posada*. Basicamente, eu diria o seguinte: a Alma sabe viver. O ego talvez saiba... mas não por muito tempo. Em primeiríssimo lugar, reaprenda a confiar no ponto de vista da alma.

É a alma que nos leva a verbalizar o que precisa ser reformulado em nós mesmos, em nossa casa, em nossa família, em nossas amizades, em nossa política, em nossa espiritualidade, em nossos meios de sobrevivência, em nossa vida criativa, em nossas preocupações com corações e almas do mundo inteiro. É a alma que nos leva então a empreender, em cada um desses campos de ação ao nosso alcance, o que for necessário e não importa o que possa ser feito agora, para ajudar a "fazer a limpeza". A limpeza de cada área da vida está focalizada na ideia de abrir espaço para o Divino encontrar abrigo conosco, com outros, em cada sala de trabalho, em cada reunião, em cada margem de rio, em cada mesa. Eis alguns dos métodos aprovados pelo tempo para abrir espaço generoso e refúgio para a Santa Família:

- Limpar os aposentos interiores da mente corriqueira: nossos próprios pontos de vista, a enumeração de nossas atitudes para com nosso espírito, alma e corpo. Assim, cada pessoa se aplica, a seu próprio modo, em rituais consagrados pelo tempo, prescritos por sonhos, por inspirações ou pelos costumes locais.

- Minha avó costumava chamar essa limpeza ritual de "desapodrecimento do que está maduro", querendo se referir a um recuo de alguns passos para voltar a um florescimento e frutificação na vida de cada um – em vez de permitir o baque constante da queda de frutos murchos em nossa vida – que ideias, bens materiais, acúmulo de coisas superadas, tudo já há muito excessivamente maduro, mas jamais colhido, caiam ruidosos ao chão. Em vez disso, pode-se desbastar, podar, colher do chão e criar com eles agora mesmo.

- Além disso, faz-se uma limpeza não apenas na mente e no coração, mas também na casa, no local de trabalho, nos "ninhos de rato" dos armários e escaninhos, coisas guardadas por nenhum bom motivo. Esses objetos podem agora ser liberados e passados adiante a outros que os porão em uso, muitas vezes com gratidão. Assim, nós nos "destrancamos" e destrancamos nosso ambiente – largando o monte de fantasmas materiais que não trazem valor algum para nossa vida e, por outro lado, abrindo muito mais espaço para receber os Santos Hóspedes.

- Isso também significa destrancar e pôr para fora tudo o que está retido: a impaciência, a tensão, as expectativas, projeções, rancores, programações caóticas nas quais nos encerramos ao nos esquecermos de "fazer uma limpeza" como uma prática regular, e escolhendo assim viver "sem deixar um mínimo de espaço" para a Santa Família.

- Na criação do refúgio, há quem inclua banhos rituais para golpear literalmente o corpo e portanto trazer de volta o espírito para sua forma original. Isso pode incluir a imersão súbita mas devota em córregos gelados no inverno. Há quem faça a limpeza através do jejum – o que não quer dizer que morram de fome e torturem o corpo, mas sim que permaneçam afastados do que fere ou envenena a capacidade do corpo para sentir a alma plenamente com todas as suas sensações, percepções e riquezas.

- Alguns adotam – de propósito – uma lentidão nas tarefas para repousar na doce nuvem do tempo atemporal. Alguns de fato voltam toda a sua atenção para não importa o que esteja diante deles, para aguçar a dádiva sagrada da visão e da atenção focalizada.

- Alguns escrevem um livrinho de "exame de consciência", repassando todas as próprias falhas, defeitos reais, mas às vezes excessivamente imaginados. Quanto a estes últimos, porém, eu daria um conselho: os pecados *imaginados* de uma pessoa somente podem ser superados *em termos imaginários*. Creio, se eles forem realmente inspirados pelo Criador, que o melhor é esperar que os pecados imaginados se tornem *reais*, para então *realmente, realmente* superá-los.

- Na criação de *La Posada*, as almas preparam o refúgio para a Presença Sagrada, acolhendo bem os conselheiros espirituais de sua confiança, que se sentarão bem perto delas, talvez tomando chá com mel, para então conversar sobre como seria possível melhorar a vida, a mente, o coração e a alma, especificamente. Eles se sentam juntos e apenas conversam com franqueza, com pleno amor pela vida vivificante da alma.

- Em essência, todos estão construindo uma *Posada* ao medir e reformular, ao dar nomes às fraquezas e enfrentá-las, ao consertar cercas fracas, ao diluir pontos fortes geradores de excesso de orgulho, ao corrigir ausências de respostas amorosas, através da expressão de amarguras resistentes, se for necessário, e assinalando suas faltas de real cuidado e consideração por si mesmo e por outros.

- As tarefas de varrer e tirar pó, desmanchar e acumular recebem uma sintonia fina, com atenção especial para nossas desatenções – para com pessoas e questões que nosso ego equivocadamente considerou "sem importância".

- Além disso, lá se vão nossos impulsos de gastar muito tempo olhando para imperfeições insignificantes do que quer que seja, e não passando tempo suficiente em busca do pleno Ser Sagrado. São também separadas as ocasiões em que deixamos de reparar com delicadeza as rupturas na medida do possível, em que deixamos de revelar as profundezas de nosso verdadeiro coração, sem nos importarmos com o que recebêssemos ou não em troca, de pôr a dureza do lado de dentro, que é o seu lugar, e a maciez do lado de fora, que é o seu lugar no santo algoritmo do sagrado – não ao contrário.

- Reconhecer e louvar nossos mestres, reverenciar a lembrança dos abençoados que se foram, que, com muita frequência, ainda se inclinam pelo umbral entre os mundos, de vez em quando, tentando salientar alguma coisa que nos seja útil, e com amor.

- Fazer avançar o perdão pelo menos alguns espaços.

- Esse *temenos*, ou seja, um lugar designado como santo refúgio, é varrido por dentro e por fora numa limpeza que examina e cataloga outras condições: tesouros amealhados mas não cuidados; riquezas açambarcadas para "um dia", um dia que sabemos que provavelmente não chegará; portas emperradas que precisam ser desbastadas; portas talvez escancaradas demais, de tal modo que toda a virtude sai rolando antes que possa ser contida numa forma melhor e destinada a um uso criativo.

- E também em nossas comunidades, bem como naquelas em que não moramos, fazemos a pergunta: "Como posso me tornar mais abrigo para o poder do Sagrado?"

- Todo esse autoquestionamento não tem a intenção de ser punitivo nem autodesvalorizador, mas sim no espírito do nascimento da Luz do Mundo, ou seja, amoroso e *iluminador* para os modos de pensar/agir cansados, sobrecarregados e rançosos, que tínhamos no passado.

Em nós, durante o período de *La Posada*, tudo isso prepara os aposentos para que o Amor encontre seu lugar para nascer no Mundo – *conosco, por nós, através de nós.*

O RIZOMA ETERNO

O *tipo* de Amor que é necessário
para salvar tudo o que precisa ser salvo...
para que morra tudo o que precisa morrer...
para abrigar de verdade tudo o que precisa de abrigo...
é o bem capaz de gerar o bem.

O RITUAL DA PROCISSÃO NOTURNA
PARA ENCONTRAR ABRIGO PARA O AMOR

Em rituais de *Posadas* de que participei, a intenção é viajar com *José y María y El Bebe*, não nos isolarmos de suas atribulações e desespero em busca de um porto seguro para o nascimento da Dádiva do Amor.

Não se trata de uma atribulação imaginada, pois hoje, como no passado, muitas vezes sentimos que estamos exilados da cultura dominante, cujas regras impostas à sociedade a alma costuma considerar desnorteantes.

A sensação de ser *los exilios y los destierros,* os exilados, os desterrados, não é um "papel desempenhado" em *La Posada*. Cada peregrino de *La Posada*, de certo modo, está realmente procurando um abrigo contra o mundo para a Criança do Amor que carrega no coração. Os elementos subjacentes à história antiga – serem humilhados, serem encarados com desprezo, ouvirem dizer "aqui não há lugar para vocês" –, infelizmente esses ainda são muito reais para muitas pessoas no nosso tempo.

Entretanto, o ritual de *La Posada* procura reproduzir o processo espiritual e psicológico de não ser bem recebido apesar de ser ou de portar uma grande Dádiva. A procissão de almas avança pela noite escura de inverno, não com esperança, mas com a crença feroz em que, de algum modo, em algum lugar, será encontrado um abrigo permanente para a Dádiva. Ele tem de ser encontrado. Com a máxima certeza, ele será encontrado.

Como acontece com todos os outros rituais, as *Posadas* são praticadas de maneira diferente, dependendo do lugar, das famílias, da paróquia, do país de origem, da determinação de velhotas veneráveis e rabugentas.

O ritual de *La Posada* pode durar nove noites; e assim, antecipadamente, fica combinado que, em nove casas escolhidas com antecedência, os peregrinos trajados como a Sagrada Família serão mandados embora quando chegarem às suas portas. Não temos lugar para vocês aqui. Uma infinidade de pessoas se recusará a dar abrigo a Maria e à sua família.

O ritual começa, então, à noite, com uma procissão que geralmente parte da igreja da paróquia, muitas vezes acompanhada de cantos da "Ladainha de *La Virgen*". Então, com os laços dos rosários balançando e segurando velas acesas, a procissão segue pela noite adentro rumo à primeira das casas que rechaçarão os que trazem o Menino Jesus.

AS PESSOAS QUE ABRAÇAM
O AMOR BEM JUNTO DE SI

Em algumas *Posadas*, pessoas diferentes são escolhidas para representar Maria e José cada uma das noites sucessivas. Às vezes, uma criança diferente é escolhida cada noite para representar o Menino que chega, ou então uma bela *muñeca*, boneca ou marionete do Menino Jesus semelhante a uma boneca, do tamanho exato de um recém-nascido, é enfaixada e abraçada junto ao corpo por pessoas de várias idades.

Ainda sorrio com o coração quando me lembro de uma *Posada,* quando morava em Albuquerque na década de 1960, e de um menininho ainda aprendendo a andar que carregava o Cristocito com sua *mami*, *papi* e *abuelita* bamboleando atrás dele, meio debruçados sobre a criança para garantir que o pequeno Menino Jesus não acabasse caindo por acidente.

Também me lembro dos velhos, com chapéus escuros, de abas caídas, velhas mantilhas esfarrapadas, cachecóis de lã e lenços de tecidos coloridos, que andavam balançando para lá e para cá por causa de uma dor nos quadris ou de um pé mais pesado, de um joelho com a cartilagem fraca.

E me lembro das mãos de um velho que pareciam madeira bruta, de seus anos de trabalho braçal. Aquelas mãos velhas tinham tocado e aprendido muito sobre a vida e a morte – e agora seguravam a *muñeca* do Menino Jesus com muita força junto do tórax volumoso, como se coubesse àquele homem sozinho a responsabilidade total de proteger tudo o que um dia pudesse ter importância – se ele não carregasse e segurasse muito bem a Criancinha radiante, o mundo inteiro de algum modo desapareceria nas trevas para sempre.

E assim a procissão vai de casa em casa.

Quando morei em Taos, pois *La Posada* acontece no auge do inverno, havia quem usasse "roupas bíblicas" feitas de aniagem por eles mesmos e por cima jaquetas acolchoadas ou de combate, ou ainda longos sobretudos pretos com botões grandes de celuloide sobre quimonos estampados como papel de parede com rosas repolhudas. Às vezes as mulheres usavam velhas japonas da Marinha, que tinham sido do marido, ou *rebozos*, xales tecidos de lã com algodão, que cobriam a cabeça e desciam até os quadris.

Vocês conseguem imaginar uma nuvem de sobretudos escuros cantando? De tão cobertas que as pessoas estavam com suas echarpes e cachecóis? Era muita cantoria e aglomeração à margem da rua, aqui e ali parando por conta de joelhos velhos que se dobravam, numa espécie de dança de arrastar os pés, no estilo do Pueblo. Um tambor. Uma flauta. Vozes. Cristocito. Os olhos de tantas pessoas cansadas, exaustas, repletas de esperança e felicidade à luz de velas.

Em cada uma das nove casas, toc, toc, toc. Silêncio até se abrir uma fresta da porta. Um bando de pessoas mal iluminadas por trás dela – tios e tias, *abuelos y abuelitas*, outros idosos, os vizinhos, molecas. Quem quer que atendesse à porta lançaria um olhar para nós e, de algum modo simulando grande indignação, rosnaria ou berraria: "Não, não, vão embora."

Alguns fingiam aspereza: "Não, não há lugar aqui para gente como vocês!"

Alguns respondiam, tristes: "Já estamos lotados. Não temos vagas. Não tenho lugar para vocês."

Alguns se fingiam de irritados e cruéis: "Não! Vão embora daqui. E não me apareçam por aqui outra vez!"

E nós todos baixaríamos a cabeça, mas iríamos embora cantando, balançando nossos rosários e segurando as velas no alto, porque sabíamos. Nós sabíamos que nós mesmos estávamos carregando o supremo quarto na estalagem dentro de nós. Não importava o que qualquer um dissesse, nós sabíamos que haveria lugar para o Filho do Amor, pois nós éramos a própria estalagem, o exato aposento necessário.

O AMOR SEMPRE DESTRANCA A PORTA TRANCADA DO CORAÇÃO

E assim *La Posada* avança. O previsto é sermos rejeitados das casas oito vezes. Mas é frequente que o Amor interfira cedo, e o ritual se perca, se desnorteie (apenas aos olhos dos rígidos, porém), e a ordem planejada se atrapalhe toda... Ou, como acredita a maioria de nós, afinal de contas ela dê totalmente certo.

Numa ocasião, um dos avós da casa de que deveríamos ser rejeitados tinha bebido um pouco além da conta, cedo naquela noite; e, em vez de conseguir manter a postura grosseira de "Fora daqui! Não temos lugar para vocês", ele estava com o coração cheio de amor. Esqueceu-se de que seu papel deveria ser o de recusar um lugar na estalagem aos viajantes cansados.

Em vez disso, ele perturbou *La Posada* berrando de lá da mesa da cozinha, através da porta da frente aberta, para nós, na neve... "Ah, *mio Dio*, entrem! Sim!"

Ouviu-se uma voz de mulher que vinha da cozinha: "Não, seu velho pateta, é para nós dizermos 'Não! Vão embora!'"

O avô berrou novamente: "Vamos, vamos, todos vocês. Temos muito espaço. Que história é essa que você está dizendo? Venham. Venham."

Ouviu-se uma voz de criança na cozinha: "Não, *abuelo*, é para a gente dizer 'Não.'"

"Ora, o 'não' que vá para o inferno. Digam sim! Digam *sí, se puede*. Digam sim, é possível. Entrem, temos um catre, temos a espreguiçadeira, temos o assoalho! O que os está impedindo?"

Nós, ali fora no frio, sentimos então o que *María y José y Cristocito* poderiam também ter sentido... na hospedaria, com o hospedeiro e a mulher discutindo sobre o sim/não, sim/não, deixe que entrem, não deixe, sim, deixe, não, não, não.

Em outra ocasião, outro ano, no ritual de *La Posada*, o homem adulto, de barba, que atendeu à porta disse, em voz hesitante: "Nããããão, acho que não. Não, nenhum lugar... bem..." Ele tinha síndrome de Down; e ele e a mãe tinham ensaiado sua fala para *La Posada* dias a fio. Quando terminou sua fala como estava planejado, com a *mami* fazendo-lhe carinho e puxando-o do vão da porta, o grupo de celebrantes de *La Posada,* rejeitado mais uma vez, virou-se para desaparecer noite adentro. Mas o rapaz de repente saiu correndo para a escada do alpendre na neve, gritando com o coração cheio de amor: "Não, não! Voltem, voltem! Vocês podem ficar com minha cama!"

O coração sem trancas sempre deixará o amor entrar. Sempre, sempre. Alguns poderiam dizer que esse rapaz tinha "algum problema", porque deixou escapar "a resposta errada". Mas na realidade essa jovem alma estava íntegra, radiante: o Amor sempre encontra abrigo no coração de quem está destrancado em termos tão permanentes.

LA POSADA CONTINUA

Contudo, muito embora alguns de nós tivessem gritado para o rapaz: "Sim, ah, obrigado a você e a seu grande coração, nós voltaremos, muito obrigado mesmo", nós tínhamos de continuar a ser rejeitados. E assim nosso pequeno grupo esfarrapado de corvos escuros de *La Posada*, com o rosto iluminado pelas velas que portávamos, todos em formação fugimos daquela casa, continuando a ter de recusar o convite afetuoso de qualquer outro *abuelo* de pileque. Dizer não a crianças tentando convencer os pais do bom senso de nos deixar entrar, ou a um adulto-criança cheio de um permanente coração de amor.

Assim, voltávamos acabrunhados para a escuridão, à procura do lugar para Maria e sua família, buscando enquanto nos lembrávamos de nossos próprios exílios, fundindo-os de algum modo com os da Santa Família. Para nos lembrarmos do que era mais importante abrigar, aquela união de todos nós com os antigos Jesus, Maria e José, de um modo verdadeiro, no frio e no gelo de verdade, na neve e na chuva de verdade, em vez de nos divorciarmos da raiz, amando de um jeito que suponho que poderia dar a uma plateia moderna a impressão de que nós estávamos representando atabalhoadamente uma antiga peça de teatro.

Independentemente de como outros pudessem nos encarar, repetidas vezes as pessoas com o firme propósito de proteger a Luz, o Filho do Amor, batiam às portas e entoavam canções pedindo abrigo. E eram mandadas embora.

É espantoso ver que emoções, recordações, pensamentos e sentimentos brotam das almas quando seus egos creem que estão, em certo sentido, apenas participando de um quadro vivo. Vejo isso ocorrer também no *Pésame*: na hora em que, depois da crucificação e morte de Cristo, a imagem de Maria é descida do seu nicho para a nave para além do cancelo, e pessoas devotas se aproximam dela de joelhos para consolá-la e lhe dar condolências.

Nessa hora, também, veem-se homens e mulheres com lágrimas nos olhos e criancinhas chorando porque estão, às vezes de modo misterioso, comovidas e dilaceradas pela perda da Luz do Mundo. A noite entre dois dias. A escuridão sem que se saiba ao certo se a Luz terá permissão para renascer, se a Luz conseguirá se safar com vida. Nunca sabemos se é a história ou o anseio pela história o que faz com que nos lembremos de onde viemos, e de como a Luz é tão amada que faz tantos chorar.

E esse elemento está em *La Posada* também. Uma criança que atende à batida e diz numa vozinha doce: "Não, não há lugar para vocês aqui", pode atingir o coração de qualquer pai ou mãe que esteja tentando se desapegar de um filho amado porque chegou a hora, de qualquer pai ou mãe que esteja afastado/a de seu filho/sua filha, de qualquer pai ou avô que tenha perdido um filho, de qualquer membro de esquadrão que tenha perdido um companheiro, de qualquer pessoa que esteja sofrendo por se sentir rejeitada. E nessa hora é possível ouvir as lágrimas na escuridão; as lágrimas são transmitidas pelas vozes que cantam e, de repente, hesitam, perdem o ritmo, na perda de volume de metade das vozes, o que as leva a cantar aos sussurros.

E se quem atender à porta for um idoso todo encurvado, tão frágil que sua vozinha pareça um pio como o de uma flauta de lata: "Não, ninguém pode ficar aqui", você pode ter certeza de que aqueles de nós que perderam a mãe e o pai, aqueles de nós a quem não resta nenhum idoso, aqueles de nós que anseiam tanto por uma mãe ou pai que seja verdadeiro e amoroso para conosco, aqueles de nós que conhecem a efemeridade da vida e sempre querem dizer aos muito velhos: "Não morra, não morra, não morra", neste caso a canção dos peregrinos, pedindo por favor abrigo, se deteriora, transformada em grave choradeira e soluços.

E tudo bem. Estamos juntos. Está tudo bem. Nós contamos uns com os outros, nos consolamos uns aos outros, distribuímos lenços de papel a todos, seguramos velas para os outros enquanto eles enxugam o rosto. Braços sobre os ombros agora, braços em torno de cinturas. Uma tribo de navegantes de coração ferido, agimos como muletas e ataduras uns para os outros, à medida que remamos até a próxima casa, e a seguinte.

POR FIM

Até que por fim a busca termina. Finalmente, chegamos à última casa, onde, bem no final da longa busca, aqueles que foram designados para ser "os misericordiosos" acolhem os viajantes exaustos para que entrem, deixando o frio lá fora.

Às vezes, velhas diferentes ficam na última casa como parteiras e se apressam a acolher Maria nos braços para ajudá-la a deitar-se da melhor maneira que uma grávida de nove meses, na hora do parto, consiga se deitar, numa cadeira de espaldar reto, quando ela já não consegue se dobrar ao meio. Maria se põe com as pernas bem esticadas; os tornozelos em grossas meias de lã, do mesmo tamanho das panturrilhas.

Isso provoca então muitos risos e reminiscências tímidas sobre "aquela vez em que eu estava com dez meses de gravidez e do tamanho de uma casa" e como "a bolsa estourou, e eu fiquei tão apavorado que tentei enfiar a chave da casa na ignição do carro para levá-la para o hospital", e outras histórias do nascimento da luz preciosa de alguém, no mundo precioso de alguém.

Nessa última casa, haverá *las servietas*, toalhas especiais brancas como a neve, dobradas exatamente para esse momento, e bolos, doces e muitas vezes uma *piñata*; e haverá muita comemoração porque afinal surgiu um lugar para a alma que está grávida de Nova Vida poder repousar. E, quanto a José, o protetor costumeiramente confuso, receberá parabéns e lhe darão um pouco de tequila ardente para amortecer sua ansiedade com a mulher e o Filhinho. Os cumprimentos sacudirão seus braços para cima e para baixo; bigodes subirão e descerão com "eu estava esperando o nascimento do meu primeiro *hijo* e achei que iam nascer asas em mim". E darão a José a espreguiçadeira grande e forte, e logo os rostos estarão vermelhos de rir e beber chá quente com *chilis* dentro. E, para resumir, esta última casa no caminho é um lugar de honra, por mais humilde que seja. Um lugar foi preparado para o nascimento da Criança de Luz.

Mais uma vez.

Bem ali no coração lacrimejante, feliz, exausto, congelado, mas que agora começa a se aquecer, de cada pessoa.

E nós estamos transformados. Passamos pelo deserto escuro e fomos açoitados pela memória – ancestral e comum, pessoal e momentosa. Não estamos separados de Maria, não estamos separados de José, não estamos separados do Cristocito.

Estamos todos juntos em tudo isso. Ninguém vai ser deixado sem abrigo, pois somos os novos hospedeiros.

LA POSADA: A HOSPEDARIA ACOLHEDORA À BEIRA DA ESTRADA

Desde tempos imemoriais,
forças erguem-se das trevas
jorrando areia preta por toda parte
tentando apagar A Luz do Mundo...
tentando destruir os filhos
e as filhas da Luz.

Às vezes, implorar de porta em porta
é a única forma
de encontrar abrigo para o Sagrado.

Mesmo quando as portas se fecham com violência,
uma acabará por se abrir,
E a luz do fogo lá dentro
saltará pela escuridão,
para que a luz encontre a Luz,
como o aço afia o Aço.

Mas, mesmo que ninguém venha,
Mesmo que ninguém abra a porta,
quer dizer, nenhum ser humano...
fique firme, porque
anjos virão então...
e, com a chave do Amor,
todas as portas se abrirão
ou ficarão bem trancadas,
protegendo tudo o que está dentro...

Tudo isso *por* você,
não contra você,
por você, que persistiu,
você mesmo agora, e todos os dias,
nascendo como o "mi"
no início da palavra
milagre...

Assim, você mesmo,
a seu próprio modo humano e sensível,
é para sempre o filho milagroso de Maria.

"A letra M representa La Mystica"

CAPÍTULO 19

Carta a jovens místicos que seguem a Santa Mãe
Nossa Senhora de Guadalupe: O caminho do coração partido

Queridas Criaturas Admiráveis,

Ouçam, meus jovens, vocês me escreveram dizendo que sentem a vocação de místicos. Alguns de vocês tiveram várias visões da Mãe Abençoada ou apenas uma única (o que pode ser o suficiente para uma vida inteira), ou de algum outro modo vocês desfaleceram por *La Nuestra Señora,* Nossa Senhora, em alguma de suas muitas formas.

E agora vocês me escrevem porque ouviram dizer que nós nos propomos, como um grupo de ativistas pela justiça social, a caminhar como seres contemplativos no mundo, mas não do mundo.

Vocês querem saber como denominar as experiências que vêm tendo. As palavras antiquadas são *aparecimentos* e *aparições*. Mas minha sugestão e conselho é que vocês as chamem por palavras mais simples. Elas são *visitas,* como de uma grande e amada mãe-irmã, que vem em razão do amor de longa data e pela familiaridade que sente com vocês. Ela entra pela porta sem bater para entregar alguns *dulces o carnes,* doces ou fortes, pão fresco ou pratos de carne, a vocês.

Já os ouvi declarar a sério que não têm acesso a grutas rochosas, onde poderiam ir residir de imediato para se dedicar ao amor por ela, na solidão. *M'hijas y m'hijos,* filhas e filhos, compreendam que, onde quer que seja sua cama, essa é a gruta certa para vocês. Seu próprio porão, sua própria mesa, sua própria esquina, sua própria bicicleta, seu próprio beco – esses são todos as grutas rochosas certas. É verdade que algumas pessoas ensinam que os místicos vivem em lugares remotos, mas muitos, muitos pelo mundo afora vivem exatamente como vocês – no melhor esconderijo de todos – como almas muito extraordinárias vivendo em circunstâncias muito comuns.

Isso é certo e adequado, pois, embora seja agradável pensar em retirar-se do universo – talvez para um lugar distante de enorme beleza e serenidade, praticamente sem interferências do mundo exterior, Nossa Senhora faz crescer suas rosas mais fortes no chão terroso onde é mais necessária – entre buzinas ruidosas, ambulâncias em alta velocidade, crianças gritando às vezes de alegria, às vezes de dor, todas as pessoas gemendo, dançando e fazendo amor, todo o *trochimochi,* a desordem total, da humanidade, cuja cantoria, sons, trabalhos e atos fazem parte da base exata para a cacofonia harmoniosa – a música do cosmos.

Há quem diga que o súbito conhecimento de assuntos místicos se realiza somente em total quietude; ou que o Criador, numa das muitas formas de Deus, aparece somente de modo bem ordenado, com o aspecto belo ou pitoresco; ou que o mundo místico aparece somente em silêncio total. Tudo isso é verdade. Com exceção do "somente".

Por exemplo, o grande místico Jakob Boehme viu um raio de sol refulgir na borda de um prato de estanho, e alguns dizem que ele foi transportado para um êxtase religioso que durou a vida inteira. Madre Castillo entrou para um convento para proteger suas visões e sua poesia extática. Outros se desenvolveram no que muitos poderiam chamar de "condições privilegiadas". Mas os melhores visionários, *m'hijos y m'hijas,* crescem onde são semeados. Exatamente. Não importa se o terreno é humilde ou elevado.

Como as visitas que vocês receberam dela não foram tranquilas ou decorosas como as de Fátima ou de Lourdes, ou mesmo em episódios, como as de nosso querido parente, agora mais conhecido na história somente pelo seu nome colonizado, Don Diego, vocês me perguntam se suas experiências têm alguma coisa de errado?

Não. Não, meus amores, elas não têm nada de errado. São totalmente corretas. Garanto-lhes categoricamente que a Amada vem para alguns em perfeita serenidade. Mas, na minha experiência, com mais frequência ela aparece em ocasiões que não são de calma, e em nuvens de poeira que não são particularmente pitorescas. Ela chega derrapando até parar de repente em carros escuros em estradas ainda mais escuras, de cascalho. Ela se posta no meio de estilhaços de vidro no meio-fio. Ela anda por todas as ruas, fica parada em todas as esquinas, mesmo naquelas em que parece que, como dizia minha avó Querida, "Talvez até mesmo a Deusa devesse ter mais cuidado".

Sendo você um seguidor contemplativo da Santa Mãe, creio que ela lhe aparecerá em inúmeras formas. Ela se manifestará para você tanto no meio do barulho, de tumultos e de horas em que parece que o céu está caindo, como também quando existe paz em todo o redor, pelo menos em nosso pequeno universo próprio – pois ela costuma estar mais presente onde houver maior necessidade de organização, força, resistência, uma nova ideia, ferocidade, esperança e vitalidade.

Agora, vocês escrevem que tudo à sua volta está quase sempre mergulhado em violência e que isso lhes causa enorme tristeza. Concordo plenamente. Nossas próprias dores já parecem suficientemente pesadas, mesmo quando aliviadas por determinadas alegrias duradouras. Entretanto, ver outros ser feridos parte praticamente qualquer coração. Ela está nitidamente com vocês, porém, pois o tipo de vida que já levamos teria deixado muitos outros insensíveis de cinismo e mordazes – e no entanto permanecemos aqui com nosso coração ainda incólume.

Esse é um ótimo sinal.

Eu gostaria também de dizer-lhes que existe um poder imenso no coração partido. Diferentemente de muitos aspectos da psique que talvez se fechem ou se escondam quando feridos, o coração que se abriu ao ser partido mantém-se aberto.

Embora sem dúvida você sinta dor, o coração partido pode ser uma bênção incomparável. Ele não só permite que você veja outros, mas lhe permite vê-la constantemente.

Há pouco tempo, mais uma vez, meu coração partiu-se de novo. Quantas vezes um coração precisa se partir numa única vida? Quando faço essa pergunta, sempre recebo a resposta: "Milhões de vezes, por qualquer coisa digna de se ter ou de se guardar em segurança."

Permitam que lhes conte esta história de minha vidinha, e talvez ela possa demonstrar duas coisas úteis para vocês: primeiro, que o ministério em seu nome é muito, muito simples. Segundo, para muitos, a essência do Criador não ocorre em aparições mudas e douradas, mas com maior frequência no meio da lama e da terra, nas tempestades e trovões da vida do dia a dia.

Eu tinha passado a manhã inteira me preparando para ir em peregrinação. Esse tipo de peregrinação eu fiz muitas vezes ao longo de 30 anos. A peregrinação que eu estava iniciando não tinha um final que eu soubesse. Vou ao santuário aonde a maioria nunca vai, a um galpão escuro, escuro, repleto das criaturas mais imploradoras que se possam imaginar, as mais corajosas, as mais inocentes quase todas – um lugar cheio de pessoas que existem, como disse o poeta W. B. Yeats, "... onde todas as escadas começam / no imundo depósito de ferro-velho do coração".

Embora durante parte de minha vida adulta eu tenha olhado cobiçosa para as brochuras coloridas dos locais de peregrinação que são populares em cada época, aqueles que anunciam excursões em grupos e viagens exóticas a lugares distantes – às ilhas do Egeu, aos locais de Templos antigos, ao Círculo de Stonehenge, a outros –, cheguei à metade de minha septuagésima década e ainda não estive em nenhum desses lugares fantásticos. Talvez um dia. Se eu a ouvir me chamar para lá.

Pois agora eu me preparava para ir àquele lugar onde ninguém pede muito a não ser para aguentar, e um dia ser libertado de tudo o que oprime. É um lugar onde nenhum sabão, nenhum trapo consegue limpar a história de angústia por lá. É um mundo condensado, feito da destilação e compactação de muitas almas, todas prontas, seja para se desenrolar, seja para fugir, seja para atacar. É um santuário à profunda humildade do peregrino; e, em vez de estar repleto de esperança, esse lugar está cheio de corações mal orientados, de cruéis reviravoltas do destino, de promessas não cumpridas por coiotes e de coisas piores.

Vou em peregrinação à prisão de imigrantes. No momento em que lhes escrevo esta carta, todas as pessoas que serão deportadas estão detidas lá, sem poder voltar para suas famílias haitianas, mexicanas, irlandesas ou porto-riquenhas, pois os republicanos no 104º Congresso ameaçaram paralisar todo o governo federal e cumpriram a ameaça, o que significa que todos os pagamentos de salários e todos os recursos estão retidos, e os servidores federais estão sendo tirados de seus postos.

Desse modo, muitas criaturas serão mantidas na prisão por muitos meses mais, algumas por mais tempo ainda. Seus pais, seus entes queridos, suas *novias* e *novios* não saberão de seu paradeiro por um período longo e apavorante. Há muitas pessoas assustadas, mães e irmãs, pais e irmãos, rezando nas *iglesias*, igrejas, no México, no Haiti, na Irlanda e em Porto Rico, pedindo a volta de seus entes queridos em segurança. Rezando apavoradas, pois a maioria não consegue obter informações sobre o lugar exato em que seus entes queridos estão detidos.

As ligações telefônicas feitas da prisão, tarifadas a um preço maior que as outras, sendo as ligações a cobrar permitidas exclusivamente para o México, com taxa de ligação completada e tudo o mais, podem custar mais de cinco dólares por minuto. A maioria aqui não tem nem cinquenta centavos. É uma piada entre todos nós perguntar se quem deveria ser posto atrás das grades são nossos *hermanos y hermanas* ou *los políticos*.

Encho minha *bolsita* com vários pequenos tesouros, santinhos, diversos remedinhos, ervas e chás que os guardas me deixam trazer, rosários para os que mais necessitam. Por último, vem o recipiente minúsculo com o algodão muito usado, impregnado de crisma. Antes que o padre Melton, um gigantesco padre negro que pregava sua forma de catolicismo profundamente étnico a uma paróquia do Meio-Oeste de euro-americanos espantados, me desse seu próprio recipiente de óleo de unção, o meu era a cápsula de uma bala que minha tia-avó jurava que tinha vindo do próprio fuzil de Emiliano Zapata durante a *revolución*.

Há também mais uma coisa que levo comigo na peregrinação, o que há de mais importante e que não tem nenhum objeto associado à sua memória. Levo um mandato de *mi* Guadalupe, um que me foi dado muito tempo atrás, quando eu era criança. Todas as vezes que saio em peregrinação a uma prisão, à rua ou à mesa em que escrevo, penso em eventos remotos que foram influenciados pela Santa Mãe. E é isso o que vou relatar agora a vocês. Pois por que outro motivo eu sairia de minha cama quentinha para fazer uma viagem até uma cadeia fria no meio do inverno, para ver muitos que jamais voltarei a ver? Vocês, já tendo recebido suas próprias visitas dela, já sabem como ela se movimenta. Vejamos.

Quando completei sete anos de idade, os adultos de minha casa e da vida escolar me disseram que eu tinha por fim chegado à "idade da razão". Apesar de todas as minhas muitas fugas da cadeia (fugas de casa para estar nas enormes catedrais da floresta, para batizar flores e crianças menores do que eu na água falante do córrego, ou para ficar até tarde da noite na floresta para ver os misteriosos fogos-fátuos), apesar dessas transgressões quase terríveis, parecia que eu, a pequena criança peregrina, cheia de enlevo, agora estava classificada como "provida de razão".

Em nossa família de imigrantes e refugiados, alguns de nossos velhos faziam suas próprias bênçãos e abluções depois das mais formais feitas na paróquia, quer se tratasse do batismo, da primeira confissão ou da Santa Comunhão. Naquela época, os membros da família portavam três vezes mais sacramentos do que a paróquia, entre os quais as antigas abluções para o parto e para perda da criança, para recuperação de um amor que não deu certo, para reparar a visão e a audição interna do corpo, para recuperar a pessoa de guerras de muitos tipos e votos de fidelidade para sempre entre os noivos, bem como outros tipos de bênçãos a respeito de muitas, muitas outras questões de vida, morte e renascimento.

Portanto, não foi nada incomum que, depois dessa conversa sobre eu ter chegado à idade da razão, uma de minhas tias, Kati, cujo cheiro, voz e imagem eu amava, chegou mais perto de mim e fez uma brincadeira, dizendo que toda essa passagem não deveria se chamar de "idade da razão", mas sim de "calamidade da razão". Ela era minha cúmplice em pequenas travessuras, como a de ficar muito tempo apreciando o pôr do sol nos campos, a de me deixar tirar meus sapatos medonhos, que eram pesados sapatos "corretivos", que seguiam um formato que não era o dos meus pés e tornozelos. Esse tipo de coisa generosa.

Mas agora ela me olhou com ar sério e me ensinou que, como ocorre em certas novenas, agora também, por duas semanas depois de minha consagração a Nossa Senhora, eu seria capaz de conhecer meu futuro. Que a cortina entre os mundos se abriria por somente duas semanas. Que eu poderia ver por cima do vazio até o outro mundo. Que eu deveria prestar muita atenção ao que visse, em busca de quaisquer acontecimentos, questões, idas e vindas em particular que atraíssem meu coração. E que essas observações especiais poderiam ser compreendidas como sinais indicadores do rumo de meu futuro na vida e no trabalho.

Esses sussurros e farfalhadas dos ossos do espírito de minha tia, e o das asas em torno dela, não me perturbaram, pois para que uma católica nasce se não for para lutar rumo aos dons, às dádivas do Espírito Santo? Nós tentamos levar nossos entendimentos espirituais tanto a sério como com bom humor. Sabemos que às vezes, aos olhos de outros, parecemos seguidoras de estranhos rituais e exigências. Mas, seja como for, lutamos pelo que consideramos verdadeiro – nossos insights, nossas intuições, visões, preces, sonhos e profecias que giram em torno das intercessões da Grande Mulher Santa.

Agora que eu tinha idade suficiente, percepção suficiente, recebi minha consagração para toda a vida a *La Mujer Grande,* à Grande Mulher. Ah, foi um ritual que imagino que Thoreau teria aprovado, muito embora ele alertasse contra ocasiões que exigissem roupas novas. Eu tinha um pequeno xale novo que minha tia fizera para mim, de crochê. Não houve pompa, mas houve súplicas e bênçãos ávidas e sérias. As velhas e as freiras pareciam todas usar o mesmo tipo de sapato preto com salto grosso e de pouca altura. Houve nuvens de incenso, a cantoria das mais animadas adorações ao *Santo Niño,* o Menino Deus de Amor, muito balançar de rosários pretos, alguns com contas de nogueira, alguns feitos com sementes. Tudo isso eu amei desde o próprio centro de meu ser até o exterior e voltando ao centro.

Com os braços abertos ao máximo e os olhos erguidos para a Grande Mãe Santa, fiquei ajoelhada pelo que me pareceram horas no piso de tijolos mais gelado que se possa imaginar, até começar aquela terrível dor do frio, como uma pneumonia nos joelhos. Pediram-me que repetisse muitas coisas depois dos adultos – palavras, súplicas e louvores –, e eu me lembro também de ter repetido palavras que prometiam minha virgindade para a Mãe Abençoada por todo o sempre. Eu disse as palavras sagradas compenetrada, como tinham me ensinado – "com o pensamento, mas sem piscar".

Eu sabia o que era uma virgem. Primeiro, em alguns lugares, era o primeiro nome de Guadalupe. Como meus próprios dois nomes, ou como os de uma amiga minha, Maria Cecilia. Virgem Guadalupe. Segundo, ser "uma virgem" significava tentar ser como ela era: de cores brilhantes, feroz, vigilante, com a lealdade de um bom cão.

Minha tia tinha me dito que nos 13 dias seguintes eu veria 13 coisas que me afetariam por toda a vida, coisas "que pedirão sua ajuda, suas mãos, seu coração – por todo o restante de sua vida". Eu agora tentava ficar de olhos bem abertos. Ela dissera: "Você é uma criança pequena, e ainda pode ver o que já não interessa à maioria que tem mais idade: você pode ver o que precisa de sua ajuda."

Naquela semana, vi muitas coisas. A maioria não era fora do comum para nossa vida e para a época. Eram de uma beleza impressionante ou de uma violência impressionante (quando criança, eu morava numa zona rural remota do Meio-Oeste, e essas polaridades eram implacavelmente normativas). Lá, muitos se banqueteavam com a beleza; e muitos, muitos tinham caído na violência ou tinham sido feridos por ela em suas muitas formas.

No esforço de se recuperarem depois de ter sido vítimas da violência, alguns se tornavam calejados, alguns caíam ainda mais fundo, alguns abaixavam a cabeça e seguiam em frente resignados, alguns fugiam e outros resistiam. Qualquer um que tenha passado por tanto terror sabe exatamente como é. Sei que muitos de vocês entendem isso.

Portanto, vi realmente muitas coisas durante aqueles 13 dias santos para os quais minha tia me preparara. Mas uma das mais espantosas ocorreu quando eu perambulava por uma estrada de terra batida que atravessava a floresta. Pouco adiante na estrada, um carro grande da polícia, numa nuvem ainda maior de pó, freou derrapando e parou ao lado da estrada. Bem ali, um pouco mais enfurnado no bosque, havia um acampamento de barracas toscas de algumas das pessoas que com regularidade pulavam do trem de carga mais à frente e permaneciam uns tempos ali no nosso cantinho.

Acho que há ocasiões em que dá para farejar a má intenção de alguém. Pulei depressa para o campo ao lado da estrada e me deitei para me esconder entre as plantas secas por lá. Os policiais puxaram para o lado a porta de lona da barraca e entraram direto. Menos de um minuto depois, em meio a uma confusão dos demônios, com o barulho terrível de panelas batendo e caindo, sons de briga corpo a corpo e muitos gritos e xingamentos, um policial saiu arrastando um homem seminu, algemado, de dentro do casebre de lona.

O pobre coitado estava vestido como muitos que moravam escondidos naquela parte da floresta, muitos que tinham vindo dos Montes Apalaches, com seu rústico inglês elisabetano, com alguns dos quais eu tinha feito boa amizade. Sua camiseta rasgada estava cinza de óleo. As calças, manchadas de tinta e sujeira. Ele estava sujo, barbado, despenteado e, como um touro amarrado ao chão, revirava os olhos e babava, enquanto gritava alguma coisa que me pareceu: "Minha Senhora! Minha Senhora!" O policial empurrou o homem desgrenhado para dentro da radiopatrulha, bateu a porta com violência e voltou correndo para a barraca.

Enquanto eu assistia assustada e horrorizada, achei que ouvi na minha cabeça uma voz calma e mansa perguntar: "Você me ama?"

"Eu amo? Eu amo??", eu me perguntei. Minha angústia com o que estava vendo era tão assoberbante, que eu mal conseguia compreender as palavras que estavam sendo ditas no ouvido de meu coração.

"Se você me ama, tranquilize essas pessoas."

"O quê!?", implorei, tentando compreender. Antes que eu pudesse reagir, os policiais saíram da barraca arrastando uma mulher aos gritos. Ela lutava contra a brutalidade deles. Estava com um pequeno cigarro aceso entre dois dedos e usava só um sapato, um sapato preto, sem salto, em péssimo estado, que me fez pensar em grilos e em besouros brilhantes.

Os homens não soltavam seus braços muito magros, braços como os de um esqueleto, quase; e, bem diante de meus olhos, eles torceram seus braços para trás em ângulos realmente impossíveis. Ela era só palavras chamejantes e membros que se debatiam. Berrava sem parar, e, por um instante de tirar o fôlego, senti que olhou direto para mim, apelou direto a mim, embora sem dúvida ela não pudesse ter me visto no campo tomado de mato do outro lado da estrada. "Socorro, ajude-me", gritava ela repetidamente.

Ouvi uma voz serena em meu coração em pânico perguntar mais uma vez: "Você me ama? Se ama, então Me ajude."

Senti uma profunda confusão, mas me ergui como uma codorna. De repente, eu tinha turbinas nas pernas, e com os braços alcançando três metros à minha frente, os pulmões se enchendo de uma gigantesca nuvem de tempestade, o queixo levantado, saí correndo para a estrada como uma criança louca. Os policiais estavam empurrando a mulher para dentro do carro. Eles fecharam a porta, prendendo o casal. Acomodaram-se no banco da frente e bateram as próprias portas. Eu ainda ouvia os berros da mulher.

"Socorro, ajude-me."

Totalmente em pânico, mas de algum modo me sentindo capaz, pensei: "Sim, vou ajudar vocês". Ainda aflita, mas de novo modo, pensei: "Mas como? Como?"

Cheguei ao lado da traseira do carro bem quando ele começava a se movimentar. Dei um grito forte – minha esperança era ter gritado com uma voz que pudesse ser ouvida na Terra e nos céus –, mas receio que estivesse com tanto medo que talvez minha voz tenha saído apenas gutural. No entanto, senti que eu inspirava vendavais e vociferava tempestades com a maior força possível, exatamente como eu tinha presenciado as velhas fazerem nos rituais de cura. Bradei:

"Em nome dela e de tudo o que é sagrado, não façam mal a essas pessoas!"

Espantados, os policiais frearam o carro. Eu mal tive tempo para me jogar por cima da mala, vendo os rostos das duas criaturas abatidas e algemadas olhar para mim com o que me pareceu um enorme assombro. Só tive tempo, um átimo, para usar três dedos ao mesmo tempo e fazer o Sinal da Cruz no vidro empoeirado da janela traseira e gritar: "Essas criaturas estão sob minha proteção."

Agora a janela do lado do motorista estava sendo aberta. Escorreguei de cima do carro e caí na estrada, vendo meu reflexo na calota salpicada de lama. Agora a porta do lado do motorista estava se abrindo. Levantei-me de qualquer jeito e saí correndo como se um demônio estivesse me perseguindo. Corri sem parar, como louca, para o meio do campo abandonado, coberto de hastes quebradas de *gordo lobo*.

A radiopatrulha foi se afastando devagar, fazendo barulho no cascalho, e continuou em frente. Por cima do ombro, pude ver as cruzes no vidro empoeirado da traseira do carro. Eu as tinha feito grandes, todas as três, todas interligadas, grandes e audaciosas. Como ela. *Igualmente.* Como o coração e a alma do homem e da mulher que eles levaram embora. *Igualmente.* Como o verdadeiro coração e alma dos homens ainda não despertos que os levaram embora. *Igualmente.*

Eu não soube ao certo o que tinha feito, naquela hora nem mais tarde. Nem mesmo tenho certeza todos esses anos depois. Só sei que segui em vez de liderar. Depois que o carro da polícia se foi, eu me enfurnei cada vez mais na floresta até encontrar um riacho. Ali eu me sentei, na realidade caí e não consegui me levantar de novo, de tanto que minhas pernas tremiam. Meu estômago estava embrulhado como na vez em que, numa experimentação de criança, eu tinha bebido uma mistura de leite com suco de *grapefruit*. E então finalmente rolei de lado e vomitei.

Depois fui me arrastando até um emaranhado de galhos baixos de chaparreiro. Fiquei ali deitada muito tempo de bruços, respirando a fragrância rica, medicinal da terra cheia de ferro onde eu morava. Chorei muito por motivos que eu mal poderia explicar. Depois, entrei no rio sem descalçar os sapatões esquisitos. Deitei-me na água carinhosa, não como Ofélia, mas como um batismo, voltando mais uma vez a me enterrar na vida dos vivos.

Não sei o que o homem e a mulher fizeram de errado. Talvez nada. Andarilhos. Falando alto demais, fazendo amor alto demais ou, só com sua presença, perturbando a gente fina que tinha vindo construir casas grandes lá nos bosques, e que nós sabíamos que se sentiam constrangidas conosco, os rústicos de verdade. Só sei que o som de punhos batendo em ossos é um som (e uma visão) realmente repugnante; e o som e a sensação deles não me eram desconhecidos nem antes daquilo, nem depois. E a vida prosseguia. Mas, para mim, não como antes.

Embora eu pudesse me levantar pela milésima ou milionésima vez, e seguir em frente porque não havia mais nada a fazer, porque aquela era uma hora vazia e cruel na cultura daquele tempo, na qual não havia ajuda direta, nenhum auxílio, nenhum jeito de procurar ver o que estava errado com as injustiças que eu tinha presenciado naquele dia, e outras antes e depois, mesmo assim nunca consegui esquecer.

Naquela hora passei por um momento estranho no tempo, o que eu um dia viria a compreender como um "momento de transformação", como quando se é atingido por um raio, e toda a visão e todo o conhecimento são carregados e alterados num instante. A eletricidade no corpo, na mente, no coração e no espírito é alterada de imediato. Adquire-se uma capacidade maior de premonição, uma capacidade maior de conduzir corrente. Na estrada com as pessoas nos bosques, achei que tinha visto os santos ser maltratados. Através da janela traseira do carro, naqueles pobres inocentes aprisionados, achei que vi por um átimo, vi neles dois, *mi* Guadalupe sofrer. Achei que a vi ser agredida. Esse foi o fim de minha vida como eu a conhecia até aquela hora.

"Você me ama? Então ajude-me." Essa foi uma de minhas 13 vocações pós-consagração para entrar na "idade da razão".

Quando contei a minha tia o que tinha acontecido, ela deu um grito e segurou minhas mãos. "Você não precisa perguntar quem diz 'Vocês estão sob minha proteção'", disse ela. "Você já sabe."

Eu sentia que sabia mesmo.

Doze anos depois, ouvi dela o seguinte:

"Você me ama, minha irmã?"

"Sim, minha Querida, eu a amo."

"Quanto você me ama?"

"Com todo o meu coração, minha Amada."

"Quer então vir me visitar na prisão?"

"Na prisão??"

Aos 19 anos de idade, eu tinha medo de ir à prisão. Mas fui fazer minha primeira visita a um presídio em Michigan City, como iria em peregrinação nos anos seguintes a muitas outras prisões, as construídas pelo governo, e àquelas muitas, muitas, prisões da alma, criadas pelo ser humano, bem como a meus próprios aprisionamentos, alguns por escolha, outros por duras reviravoltas do destino.

Prometi então, naquele meu fim de adolescência, que, se eu continuasse a ouvir seu chamado, tentaria continuar a ir onde fosse mandada. Como se pode ver, sou totalmente incapaz de resistir a ela. E continuo a ir. Desta vez, fui à prisão da imigração, em outros anos tinham sido peregrinações, algumas vezes por ano a outros lugares – à instituição fechada para rapazes entre 18 e 21 anos de idade, às instituições fechadas para garotos e garotas entre 12 e 18;

à penitenciária masculina, ao presídio federal feminino, às cadeias municipais e distritais, aos presídios estaduais, e às vezes atendendo a pacientes em hospitais públicos, trazidos acorrentados para uma cirurgia necessária.

E continua, como sempre continuou.

Você me ama?

Sim, eu a amo.

Então virá me visitar no lar de mães solteiras?

Eu iria – e lá mais uma espada transpassava meu coração.

Você me ama?

Sim, eu a amo.

Quer ajudar a administrar um abrigo para mulheres espancadas? Quer ajudar na recuperação do trauma?

Sim, mais uma espada.

Você me ama?

Sim, eu a amo profundamente.

Quer andar comigo pelo fundo do poço, levando algodão e álcool, para limpar mãos e pés cheios de bactérias, os cortes e ferimentos de homens e mulheres que dificilmente se conseguem distinguir? Você fará isso por mim?

Sim. Uma grande espada.

Você me ama?

Com todo o meu ser.

Quer ficar no frio de uma noite de Chicago no auge do inverno, para tratar do ferimento de um desconhecido enquanto o velho lhe conta a história de sua vida com o pior hálito que você jamais poderia imaginar?

Sim, isso eu posso fazer.

Você me ama? Você me ama?

Sim, sim, mil vezes, sim.

Portanto, *m'hijas y m'hijos,* chego ao final desta carta. Vocês me perguntaram como continuar e como aprofundar sua devoção a ela. Tenho nos ossos essa enorme sensação de que vocês já sabem como continuar e precisam apenas de um pequeno lembrete. Ela surge na maioria das vezes de modo desordenado, com frequência com a aparência muito grande e audaz e não hesitante.

Vocês a reconhecerão à primeira vista,
pois Ela é uma mulher
que se parece muito com vocês
e com todos os que vocês amam.
Lembram-se?

CODA: *MI* GUADALUPE É UMA CHEFE DE TURMA NO PARAÍSO

Mi Guadalupe é uma chefe de turma no Paraíso.
Ela não é como a mulher serena, pálida, triste.
Ela é serena, sim, como um grande oceano é sereno.
É obediente, sim, como o pôr do sol
obedece à linha do horizonte.
É doce, sim,
Como uma enorme floresta de doces bordos.
Ela tem um grande coração, vasta santidade
e, como deveria ter qualquer chefe de turma,
quadris substanciais.

Seu colo tem tamanho suficiente
para receber absolutamente todos nós.
Seu abraço
pode abraçar todos nós.
Todos...
E com um Amor Tão Imaculado.

"*Amém*

(como diria minha avó)
e uma mulherzinha."

e com amor,
Dra. E.

"A letra M representa El Milagro de la María, *o Milagre de Nossa Senhora"*

CAPÍTULO 20

Los Inmigrantes, *somos todos imigrantes:* *O inextinguível fogo criativo*

Tentaram detê-La na fronteira

1ª PARTE

TENTARAM DETÊ-LA NA FRONTEIRA

Ela corria pelo *Camino Real* no México, mas
tentaram detê-la na fronteira.
Não há vistos para quem é do tipo dela, você sabe...
sem documentos, alguns tinham certeza.
Guardas da fronteira, *la migra*, não gostaram da sua cara.
Ninguém se importou de saber que seus muitos, muitos parentes
esperavam por ela em casa lá em Santa Fe
e em pequenos povoados vizinhos com nomes
como La Cienega, lá para os lados de Chupadero, e Española.

Seus inúmeros parentes, com bebês no colo,
rezavam todos os dias, todas as noites,
pedindo uma viagem segura para ela
e especialmente sua passagem tranquila pela fronteira.

Sua família já estava com todos os beijos prontos nos lábios,
só para lhe dar.
Eles tinham preparado a água especial para sua limpeza ritual
por ter completado com sucesso essa jornada perigosa.

Mas o destino não quis assim; suas preces não foram atendidas.

Detida na fronteira; os guardas se apinharam em torno do caminhão,
seus motivos agora parecendo tão claros,
pois só sua circunferência já era enorme...
uma camponesa, não uma esbelta mulher urbana,
ela era apenas uma menina *campesina* crescida...
e agora grávida, muito maior que o normal.

E só tentando passar pela fronteira...
carregando, como dizem *las parteras*, a barriga pesada.
Mal se podia esperar que ela, grávida e tudo o mais,
fosse se dobrar até se tornar do tamanho de um mosquito.

Resultado: não, ela sobressaía, aquela barriga iluminada de certo modo, sabe?
parecendo totalmente suspeita e tudo o mais.
Estava claro que ela era de um dos povoados mais antigos.
Dava para ver pelas roupas estranhas e pés descalços.
Por que alguém como ela ia querer entrar em nosso país?

E assim a Imigração e a Alfândega a prenderam.
E o motorista que a estava trazendo
Ficou apavorado e desapareceu.
E a Alfândega a interrogou, querendo ver documentos:
Documentos, documentos e ainda mais documentos.
E dinheiro também.
Mas ela não trazia nem mesmo *la retícula*, uma bolsinha,
e não tinha nem mesmo moedas.
Ela somente podia responder
com os tesouros de seus lindos olhos.

Eles a levaram então para o lugar aonde todos os suspeitos são levados,
para um armazém feito de celas de contenção;
e lá, sozinha, no chão frio ela pousou a cabeça.
E eles enfiaram as mãos por dentro de suas roupas de grávida,
certos de que ela estava levando contrabando.
"E essa barriga, de verdade ou falsa?

Vai ver cheia de cocaína, provavelmente...
Ah, essa gente tenta qualquer coisa para trazer drogas."
E assim eles a forçaram a se submeter a um exame de raios X,
   só para ter certeza.
E, depois, ela só ficou olhando para eles pela cerca
da jaula em que a tinham posto.
Será que alguém, qualquer um, viria soltá-la?

Ninguém veio.

No dia seguinte.

Ninguém veio.

No dia seguinte.

Ela estava perdida.

Mas não esquecida.

2ª PARTE

DESESPERO LÁ NOS POVOADOS DOS EUA

Como todos sentiam saudade da parenta encarcerada, pois desde sempre no que outrora era o México, agora Estados Unidos, *la família* viera crescendo até os milhares – de sangue, não de sangue – milhares de tias, tios, comadres, compadres, primos – especialmente primos – *mamis, papis, abuelos, abuelitas,* vizinhos, todos os que trocavam tomateiros entre si, amigos, todos os que cultivavam jardins em meio à chamiça e aos pinheiros atrofiados por toda parte nos morros de Santa Fé. Todos tinham se tornado uma família por causa da comida e da Fé.

   Agora esse imenso grupo de "famílias dentro de uma Família" não parava de rezar, na esperança de ouvir uma notícia do paradeiro de sua parenta perdida, pedindo para ver talvez até um velho caminhão mexicano, com as pequenas flâmulas religiosas e os pompons de chenile vermelho ondulando de um lado a outro do alto do para-brisa. Imaginavam como um veículo desses atravessaria a fronteira, engasgando, inclinando-se para o lado com o esforço, levando-a por fim para a casa de sua gente lá no Norte...

Lá todos esperavam.
Muitos choravam por ela ter-se perdido.

3ª PARTE

E A MÃE GRÁVIDA ESPERAVA NA CADEIA

E esperava...
tendo cometido o crime de tentar
atravessar uma linha
que alguém alegou ser sagrada...
uma linha traçada na areia
ao longo das margens do Rio Grande
por menos de dez homens, muito tempo atrás.

A mãe grávida esperava na cadeia.
E esperava.

4ª PARTE

ENQUANTO ISSO, NA FRONTEIRA, HOMENS E MULHERES SE AGLOMERAVAM, AGITANDO PAPÉIS

Telefonemas voavam pelos fios mágicos, exigindo que ela fosse encontrada. Um homem santo foi chamado para fazer as coisas que os homens santos fazem, para negociar a libertação da jovem mãe do depósito provisório. Para levá-la para casa, para sua gente.

E finalmente foi o que aconteceu. De algum modo, o sangue implacável e a oração proferida sobre o *Sangre de Cristos* e as montanhas de Sandia, a súbita aparição dessas criaturas mansas mas ferozes junto à fronteira, tudo isso levou à sua liberação.

E agora, livre para sair, ela foi trazida pelo que faltava do caminho num grande caminhão vermelho dos EUA, adequadamente chamado por seu fabricante de "*El Ariete*".

E raramente se viu tanto regozijo: adolescentes segurando no alto seus telefones de câmera, idosos chorando, os marcados pela vida, chorando e rindo, crianças enfeitando todos com flores...

5ª PARTE

QUANDO SAIU DO CAMINHÃO, ELA FOI ACALMADA E ACARINHADA

... beijada e tocada como se aquelas criaturas
tivessem por fim encontrado a Alma Gêmea.
Uma cantoria teve início, os antigos hinos...
à medida que a família extraordinária era reunida mais uma vez...
Do sonho à realidade, ela tinha conseguido cruzar a fronteira...
pela mesma trilha que todos os nossos antepassados percorreram
    muito tempo atrás...
La Nuestra Señora Guadalupe, com o Cristocito no ventre.
Ela chegou ao seu povo, a todas as almas que guardam um lugar para ela.

E para seu Filhinho, "o radiante bebê clandestino" que é invisível somente para aqueles que ainda não têm olhos para ver, ouvidos para ouvir. Invisível até para aparelhos de raios X...

Por fim, ela e seu Pequenino estavam aqui, a salvo nos braços, olhos e corações que a amam, os que sempre amaram *La Conquista*, Mãe dos Conquistados, Mãe das Américas, que sempre chega trazendo sua Carga Preciosa.

6ª PARTE

E A MAIS DE UM VELHO PEREGRINO EM SANTA FE QUE OUVIA AS PALAVRAS DE *LA SEÑORA* GUADALUPE, SEM QUE ELA AS DISSESSE EM VOZ ALTA

Guadalupe sussurrou que estava comovida com os medos das pessoas e com seu amor imenso – mas que ela nunca esteve realmente perdida. Apenas tinha um pequeno trabalho por fazer... na fronteira... num depósito

... talvez com um dos pobres velhotes que varriam o chão lá,
... talvez com um dos rapazes que vieram grafitar um muro,
... talvez com uma autoridade que a visse e se lembrasse do coração generoso outra vez,
... talvez com uma jovem mãe que não sabia se conseguiria; mas, vendo Nossa Senhora através da cerca, deitada no chão, mas com toda a dignidade, se sentiu cheia de uma graça audaz e soube que no final das contas conseguiria, sim.

Uma pausa momentânea. Não um perigo de toda uma vida.
Nossa Senhora, a caminho de casa, parou só por um instante, porque tinha assuntos importantes por tratar na fronteira.

NÃO CONSEGUIRAM DETÊ-LA NA FRONTEIRA

Há alguns anos, o padrecito *da paróquia de Nossa Senhora de Guadalupe, agora santuário em Santa Fe, Novo México, EUA, padre Tien-Tri Nguyen,* junto com diáconos, paroquianos e muitas pessoas dos dois lados da fronteira, começou a procurar um artista para concretizar uma visão e criar uma estátua viva de Nossa Senhora de Guadalupe.

As comadres e os compadres ficaram literalmente encantados ao descobrir a escultora exata, *La Señora* Georgina Farias, no México; ela, uma mulher minúscula de cerca de metro e meio de altura e seus sessenta e poucos anos. Ela concordou em criar a estátua de dimensões heroicas de Nossa Senhora em bronze. Quando pronta, a bela estátua teria mais de três metros e meio de altura e pesaria quase duas toneladas.

O *Camino Real* é uma estrada antiga que se estende do México aos Estados Unidos, subindo pelo Texas, Novo México, Arizona e Nevada, até chegar à Califórnia. Foi por essa estrada que a maioria dos antepassados latinos, indígenas americanos, *mestizaje* (nascidos de sangue tanto espanhol como índio) e *nuevos españoles* (espanhóis da Espanha, agora domiciliados no México) viajou para o norte, começando por volta de 1400 d.C.

O pequeno padre vietnamita da paróquia de Nossa Senhora de Guadalupe, sabendo de tudo sobre a destruição das famílias, as conquistas na guerra e o amor pelo patrimônio cultural, planejou que Nossa Senhora fosse trazida para casa pela mesma estrada percorrida pelos antepassados de seus paroquianos.

A imensa estátua de Nossa Senhora de Guadalupe foi na realidade apreendida na fronteira quando a caminho do México para os Estados Unidos, mas não lhe foi dada a habitual detenção na Alfândega, de um dia ou dois. Em vez disso, como de algum modo ela parecia suspeita, pelo menos para as autoridades, bem, elas deram ordens de que ela fosse retirada do caminhão, com todos os seus mais de três metros e meio de altura e seus 1.800 quilos, para ser transportada para um armazém. Chegaram a submetê-la a um exame de raios X para se assegurar de que ela não estava transportando alguma mercadoria ilícita.

Mas, depois disso, os funcionários da Alfândega alegaram não ter nenhum registro do lugar para onde ela teria sido levada. Assim, por muitos dias, seu paradeiro foi completamente ignorado – ou quem quer que soubesse onde ela estava se recusava a dizer, provavelmente preparando-se para exigir *la mordida*, ou seja, um alto suborno.

Por alguns dias, as centenas de fiéis que esperavam por ela nos Estados Unidos – já tendo fretado ônibus para ir até a fronteira recebê-la, para estar com ela e trazê-la para casa numa procissão triunfal – apavoraram-se com a possibilidade de a terem "perdido" para sempre.

Como muitas outras famílias, dos dois lados da fronteira fortemente policiada entre o México e os EUA, que não sabem onde estão seus entes queridos, eles também se mantiveram numa vigília de cortar o coração.

As autoridades alfandegárias continuavam a alegar não saber onde tinham posto Nossa Senhora. A "mão direita da alfândega americana" dizia uma coisa; e a "mão esquerda da alfândega americana" dizia outra coisa – como se ela tivesse se tornado uma pessoa desaparecida ou, como um funcionário pateta comentou, acreditando que se tratasse de um ser humano de verdade: "Pode ser que ela tenha fugido."

Mas é claro que ela não fugiu. Nossa Senhora nunca foge.

Contudo, qualquer um que conheça o terreno e a tática de travessia de fronteira, como nós conhecemos, sabe que às vezes parece que a Torre de Babel deve ter sido construída bem ali, às margens do Rio Grande, e que Babel pode espantosamente voltar a ganhar vida com atitudes "muito oficiais" de desinformação, má interpretação e supressão deslavada dos fatos – fatos que normalmente seriam registrados num caderno por qualquer ser racional, com o dever de dar conta do que é o quê e de quem é quem na fronteira.

Assim, com o objetivo de encontrar Nossa Senhora de Guadalupe e liberá-la, junto com sua *posse** de devotos de Nossa Senhora, o padre Tri, como é chamado por seus paroquianos, viajou de Santa Fe até a fronteira.

Lá ele e a *posse* decidida (em latim, *posse* significa "ser capaz") encontraram na Alfândega funcionários que ajudaram. Encontraram então um guarda de armazém que preferiu abrir portas a fazer corpo mole; e sem dúvida por meio da pureza de propósito do *padrecito* derramada nele por todo o anseio, delicadeza e ferocidade dos paroquianos, diáconos, candidatos a diáconos, idosos, jovens corações, pessoas sensíveis de meia-idade e outros que amavam Nossa Senhora – eles conseguiram garantir sua liberação.

Assim, ela foi içada para um enorme reboque de plataforma, presa com segurança, e com o caminhão vermelho, *El Ariete,* puxando com seu motor possante, ela por fim veio a completar o restante do percurso da velha estrada que levava das profundezas do México até alcançar e atravessar Santa Fe, a estrada chamada de *El Camino Real.*

Assim, ela entrou em Santa Fe – literalmente escoltada por motocicletas da polícia, com sirenes e buzinas soando estridentes a partir das longas filas de belos carros e carros amassados, caminhões mais novos e caminhões com o para-brisa rachado, na procissão que tinha se formado para trazê-la para casa em Agua Fria Street, finalmente.

E além disso, exatamente como eu disse, as pessoas literalmente choravam de alegria e gratidão e, acima de tudo, de amor, um amor imaculado por ela, enquanto a tocavam, a beijavam, cantavam para ela e por ela, dançavam para ela e uns com os outros.

E os operários abençoados a içaram para o perfeito aposento ao ar livre que tinham preparado para ela – um aposento a céu aberto onde, caso você se sentasse aos pés dela por um dia inteiro e uma noite, veria os mais fortes símbolos vivos associados a Nossa Senhora – nuvens que passam, o Sol, a Lua e as estrelas. Todas essas luzes celestiais girando em torno do planeta e espiando através das muitas janelas compostas pelos seus *rayos* muito abertos, os raios de luz chamejante em volta de todo o seu corpo.

Afinal de contas, ela não é uma cerca para impedir a entrada de almas,
    Mas um portão aberto para permitir que entrem.

---

* *Posse* em inglês significa milícia, força civil de cidadãos de um distrito.

PRECE DA CHEGADA AO LAR

Que esta prece esteja então em cada coração,
que cada mês pertença a *La Nuestra Madre*, Nossa Mãe.
Se for possível, que haja uma pequena procissão para coroar Nossa Mãe,
como nos tempos de outrora,
que essa procissãozinha siga pelo *Camino Real* de nosso coração,
a antiga estrada vermelha onde lembramos todas as mães
que vieram antes de nós,
não importa como tenham aparecido,
não importa em que condições...
Honremos todos os que carregam no próprio coração aquilo que,
não importa o que aconteça, persiste no esforço
rumo ao Amor Imaculado para todos.

Que ela seja encontrada, que nós, que todos nós sejamos encontrados,
sejamos liberados para sermos levados para casa,
para um lugar de Amor uns pelos outros,
de todos os lados de cada tipo de fronteira, por fim.

Que todos nós saibamos como e quando permanecer
para ensinar a outros nas fronteiras,
Aprendamos a derrubar cercas
e a nos tornar, nós mesmos, portões abertos...
exatamente como ela.

Somos todos, de algum modo,
los inmigrantes,
atravessando fronteiras para o verdadeiro lar,
com a devida documentação emitida
somente pela Alma.

La gente, *o povo que ama*

Nossa Senhora, 3 metros e meio de altura, 1.800 quilos. Perfeita.

Ex-voto: "Uma porta para o Paraíso"

CAPÍTULO 21

*Mi Madre, Tu Madre, La Madre de Ella,
La Madre de Él, Nuestra Madre: Minha Mãe,
Tua Mãe, Mãe Dela, Mãe Dele, Nossa Mãe*

A verdade sobre como é dificílimo entrar no Paraíso

Há uma história contada pelas velhas da nossa família, aquelas cujas mãos cheiram a massa de pão e água de rosas: segundo elas, essas duas fragrâncias são "os perfumes do Paraíso".

Qual é a dificuldade para chegar ao Paraíso, quando a pessoa não se encaixa na ideia tosca da cultura sobre quem sobe e quem desce?

Embora sua intenção não fosse desrespeitosa, na Velha Pátria os prelados que assumiam ares de superioridade em suas interpretações da "Divindade de Deus" eram causa de muita alegria entre os aldeões – depois que certo padre tivesse saído da aldeia, é claro. As próprias pessoas tinham uma noção muito mais simples da Divindade, ou seja, consideravam o Criador melhor que a pessoa mais bondosa que elas tivessem conhecido na Terra. E confiavam na veracidade dessa ideia... em formas e maneiras que poderiam surpreender alguns. Eis como contamos a história com leveza em nossa família étnica.

Ouçam...

O PARAÍSO DE CABEÇA PARA BAIXO, COM A CABEÇA NO LUGAR

Deus Pai estava passeando um dia pelo Paraíso quando deparou com dois velhos ciganos, de joelhos, jogando ossos marcados com pontos queimados e apostando pilhas de moedas um com o outro.

Deus Pai ficou chocado. Chocado.

Sacudindo os velhos cachos brancos, ele continuou em frente e de repente deu com uma velha índia, sentada à sombra de uma árvore frondosa, apreciando um grande charuto, preto e gordo.

"Ora, bolas", disse Deus Pai, "isso não está certo. Essas pessoas não estão no seu lugar!"

Em seguida, ele viu um bando de criancinhas pulando em poças de lama e, quanto mais sujas elas ficavam, mais se enchiam de alegria e risos.

Então, para completar, ele viu amantes profundamente apaixonados, beijando-se e jurando fidelidade um ao outro – sobre um livro sagrado que não era a Bíblia.

O que viu em seguida, porém, foi a gota d'água: um grupo de pintores estava pintando afrescos no interior de uma pequena capela, e, acreditem ou não, cada um estava pintando Deus Pai de uma cor, raça e gênero diferente.

"Sacrilégio! Isso me revolta!", disse Deus Pai. "Isso simplesmente não pode continuar. Não consigo entender como toda essa gente conseguiu fixar residência no *meu* Paraíso."

E Deus Pai decidiu procurar São Pedro, que obviamente não estava cumprindo seus deveres corretamente.

– São Pedro, exijo uma explicação. Quando eu vinha para cá, vi soldados tremendo por abstinência de drogas. Vi crianças-prostitutas que cantavam e lavavam suas asinhas novas. Vi homens e mulheres que tinham destruído seus filhos, sendo consolados; pessoas que ainda traziam nos olhos a dor e a vergonha de bebedeiras, de isolar a vida da vida.

"E, que descaramento, vi um grupo de prelados que estava discutindo sobre quem estava certo e quem estava errado em questões ligadas à Igreja na Terra. E...

"Deparei com uma mulher fazendo uma oração que eu nunca tinha ouvido. Ela entoava, 'Ó, minha Deusa querida, minha Mãe, santificado é teu nome'. Deparei com padres que estavam brincando de jogar para o alto seus filhos, dançarinos e foliões que me imploraram que eu me unisse a eles, e um camarada que estava fazendo cerveja com um aroma tão bom que eu quase me flagrei fazendo 'Hummmmm'.

"São Pedro, o Paraíso virou o Inferno? Por todo o Paraíso, vejo homens e mulheres que estacionaram seus carros rebaixados em cima do gramado da frente do Paraíso, e ficam ali mexendo nos motores. Garotas de saias curtas e garotos cujos olhos demonstram que eles já viram mais vida do que sua idade justificaria.

"São Pedro!!", vociferou Deus Pai. "*Por que* você está deixando essa gente entrar no Paraíso!? Eles não são do tipo certo. Deveriam ter ido antes para o purgatório para se purificar; alguns deles precisam de MUITA purificação. Não é certo que estejam aqui no Paraíso."

– Meu querido Deus Pai – disse São Pedro –, o senhor não sabe como é difícil mantê-los fora daqui. Ora, eles vêm até os Portões do Paraíso e eu olho no Livro e lhes digo qual é sua sentença – e eles olham para mim e dizem: "Não, não, São Pedro, o senhor deve estar enganado. Era para eu vir para o Paraíso, sim. Disseram-me que eu seria bem recebido aqui."

Deus Pai ficou perplexo.

– E então, Pedro, *como é que* eles acabam entrando no Paraíso apesar do que eu determinei e apesar de você lhes dizer que não são bem-vindos aqui?

– Bem, Deus, veja só, não é simples lhe explicar isso. É muito complicado.

– Ora, vamos, você pode me contar, São Pedro. Você sabe, eu sou Deus, e Deus é uma força cheia de perdão neste mundo. Pode falar.

– Está bem – disse São Pedro –, mas o senhor não vai gostar.

– Como assim, eu não vou gostar? – retrucou Deus Pai, irritado. – Conte-me de uma vez.

– Está bem, então, é o senhor que está pedindo. Essas pessoas vêm aos portões, e eu as mando embora e as mando embora e as mando embora... Mas elas dão a volta até os fundos do Paraíso... onde Teu Filho Querido e Sua Mãe Abençoada as deixam entrar.

A Bênção de Guadalupe

Já te esqueceste?
Sou tua mãe.
Não estás só.
Estás sob minha proteção.
Qualquer coisa de que precises,
pede-me.
Não te preocupes com nada,
Não estou eu aqui –
Eu que Sou tua mãe?
Já te esqueceste?
Eu te amo, e
estás sob minha proteção.

Santinho: "Bênção de Guadalupe através de Cuauhtlatoatzin, São Juan Diego"

CAPÍTULO 22

*Zelarei por ti e te manterei em segurança
até que nos vejamos de novo*

Bênção de Encerramento:
Já te esqueceste? Sou tua Mãe

Aqui estão a frente e o verso do primeiro santinho que criei para ser impresso há duas décadas. Esse cartãozinho especial foi feito para levantar fundos para nossa própria pequena fundação de caridade, *La Sociedad de Guadalupe*, que se dedica às obras de *La Señora* no mundo – ou seja, difundir histórias fortalecedoras por muitos meios e promover a importância da alfabetização entre os adultos pobres no nosso mundo (incluindo especialmente a alfabetização de mães).

Coloquei este santinho aqui para vocês poderem ver as mais belas palavras de *La Virgen*. Embora, ao longo do tempo, algumas pessoas pareçam ter atribuído palavras horrorosas à sua boca, ou aleguem que ela incessantemente despeja invectivas e avisos de desastres, eu não conheço a mulher que esses outros dizem conhecer. Com um coração atento e uma mente clara, a maioria nunca vai conhecer um espectro desses.

Eles vão, sim, conhecer *La Conquista* de profunda substância, a Mãe de infinita Compaixão e Amor. Nesse pequeno símbolo de um santinho, para mim, para muitos, essas palavras de Nossa Senhora de Guadalupe são as mais belas, as mais perfeitas, as mais *inspiradoras do espírito* que nossa Mãe um dia disse a nós.

Já te esqueceste?
Sou tua mãe.
Não estás só.
Estás sob minha proteção.

Qualquer coisa de que precises,
pede-me.
Não te preocupes com nada,
Não estou eu aqui –
Eu que sou tua mãe?

Já te esqueceste?
Eu te amo,
e estás sob minha proteção.

Na frente do santinho, está uma imagem de *La Señora* de Guadalupe em seu manto verde-escuro, representando a Terra em perpétua primavera, a época da chegada da nova vida. Seu manto é coberto pelas estrelas douradas do cosmos. Isso significa que ela não está simplesmente aqui ou ali, mas por toda parte. Nunca se pode estar fora de Seu domicílio.

Ela está usando seu vestido vermelho, com sua cor espelhando o coração Imaculado, que pulsa cheio de vida. Quando nos postamos bem perto dela, podemos ver que seu vestido é estampado com rosas vivas delineadas com ouro. Dizem, desde tempos imemoriais, que suas rosas somente pela fragrância são capazes de elevar o espírito humano, de ajudar a mente amargurada ou obsessiva a lembrar-se dos ideais maiores do Amor, de Amor e de mais Amor – bem como de ajudar a curar as aflições de quem quer que inspire profundamente o perfume da rosa.

La Virgen de Guadalupe usa na cintura um cinto escuro tecido. Ele é da cor da fértil terra preta e está amarrado num laço para mostrar que ela é uma mãe que sempre incuba a Vida e a traz à luz. Embaixo, a pequena *angelita* ergue a bainha da veste de Nossa Senhora, num dos mais antigos gestos de cortesia, demonstrando respeito por *La Dama*.

Vemos atrás dela os chifres da lua crescente, o início do novo ciclo de Luz para o mundo. *La Nuestra Señora* está em pé num caramanchão de flores roxas que simbolizam a misteriosa luz espiritual que, segundo dizem os místicos, costuma emanar dos ferimentos que sofremos – iluminando uma nova passagem, levando-nos a um florescimento muitas vezes inesperado, que pode ser muito surpreendente por fazer brotar em nós um novo tipo de misericórdia e de vida criativa.

Seus *rayos*, o fogo que emana com a forma de uma *vesica piscis* de todo o seu corpo, são o fogo de *El Espíritu Santo*, que é o inspirador de almas. Nos antigos tempos dos astecas/nauas, aquele que acende e inspira era chamado de Acendedor. Agora, *los rayos* de Nossa Senhora acendem a *Espera, Caritas, Humanitas, Veritas, Unitas*, em almas que se nublaram por falta de Amor de e por. Esperança, Cuidado, Humanidade, Verdade, Unidade.

Los rayos representam a presença em torno de *La Señora* d'Aquele que derrama nas almas o fogo de ideias e atos de bondade. Através do Espírito Santo, *los rayos* também representam as chamas da entrega, ou seja, a incineração de qualquer escória egoísta que não seja necessária.

Entretanto, também, os *rayos* do Espírito Santo, em nossa sabedoria étnica, representam a proximidade da lareira de Nossa Senhora, que aquecerá qualquer parte da alma que tenha sido afastada pelo eu ou por outros – qualquer parte da alma que tenha sido injustamente exilada ou tratada com grosseria e desamor por outros; qualquer parte da alma que tenha sido banida ou largada para morrer no frio. *La Señora* não há de abandonar seus filhos e filhas. Seus *rayos* chamejantes são seu fogo de sinalização para convocar os exaustos a se erguer dos destroços e vir cambaleantes a ela, para ser abraçados e curados.

As palavras no verso do santinho são as palavras delicadas e ferozes proferidas por Nossa Senhora quando apareceu pela primeira vez ao pequeno índio asteca assustado no Monte de Tepyac, no México, em 1531. Aquele índio de pele morena, olhos castanhos, reluzentes cabelos negros, hoje é chamado de "São Juan Diego" (reconhecido como santo apenas recentemente, quase 500 anos depois das visitas de *La Señora* a ele). O nome original do americano nativo Juan Diego é Cuauhtlatoatzin, traduzido por alguns como "aquele que vê e fala como a águia".

Gosto muito de uma referência que se diz que ele teria feito a si mesmo, quando encarou pela primeira vez a enorme mercê da súbita aparição de *La Señora* a ele. Achei que talvez vocês gostassem dela também. Ele disse a Nossa Senhora: *"Sou um ninguém, sou uma cordinha, uma pequena escada, o final, uma folha..."*

POR ELA:
NÓS TAMBÉM SOMOS NINGUÉM,
A CORDINHA, A PEQUENA ESCADA,
O FINAL, A FOLHA...

Que o Ser em cada um de nós que é o "ninguém",
ou seja, *el alma pura*,
sempre nos lembre que, não importa o que aconteça,
temos uma Mãe amorosa, mansa e feroz,
que espera que aprendamos, que nos comprometamos
a ser mansamente ferozes, ferozmente mansos...
como ela.

Que nós, que puxamos e içamos todos os dias,
relaxemos um pouco,
e nos lembremos, com o coração voltado para nosso lar,
de que é nossa Mãe,
o mais belo Sino jamais forjado,
que nós, pequenas cordas,
lutamos para badalar...
para que a memória de sua voz melodiosa
ressoe por nosso corpo, nossa mente,
nosso espírito, nossa alma, nossas obras
e nossas terras, diariamente.

Somos as escadas minúsculas, usadas para espiar por cima,
para subir e transpor cada muro levantado
contra Nossa Senhora.
Nós nos postamos nos humildes degraus de madeira
para nunca perdê-la de vista –
por mais que esteja confiscada pelos ciumentos,
por mais que tenham se apoderado dela
e a tenham diminuído,
por mais que tenha sido proibida pelos Césares,
ou escondida de qualquer modo, por qualquer motivo.

Nós subiremos, desceremos ou nos inclinaremos de lado
para contemplá-la onde quer que esteja.

Somos também folhinhas;
e, só por um instante,
deixemo-nos boiar descendo as corredeiras de seu Amor,
derramados e mergulhados, encharcados e quase afogados
na Santa Mer, Santa Maria, Santa Mar,
e nos alegremos por esse trajeto sábio e selvagem
sobre os ombros fortes, aquosos de nossa Mãe Amada.

Que nós sempre sirvamos à sua memória,
e sejamos sempre a pequena rabiola da pipa estrelada,
que nos tornemos o último pedacinho de seu bolo,
que aceitemos um papel pequeno, mas poderoso,
em suas melhores e mais abençoadas histórias.
Que nos lembremos de suas palavras diariamente
e nunca nos sintamos sós.

Pois com ela, sob sua proteção, sob suas bênçãos,
eu te digo, prezada criatura...
Que deste dia em diante tu sejas
para sempre cuidado por Nossa Mãe,
para sempre orientado por ela,
e para sempre mantido a salvo por ela...
até que nos vejamos outra vez.

Em seu nome, *La Nuestra Madre Grande*,
e em nome de seu precioso Filhinho,
A Luz de Amor do Mundo,
que te lembres de que estás envolto
em seu manto de estrelas,
cercado pelo perfume de rosas vivas,
de que estás espiritualmente protegido,
e principalmente
de que és amado de verdade.

Que assim seja para ti,
E que assim seja para mim,
E que assim seja para todos nós.

Amém
Amém
Amém

(E uma mulherzinha.)[1]

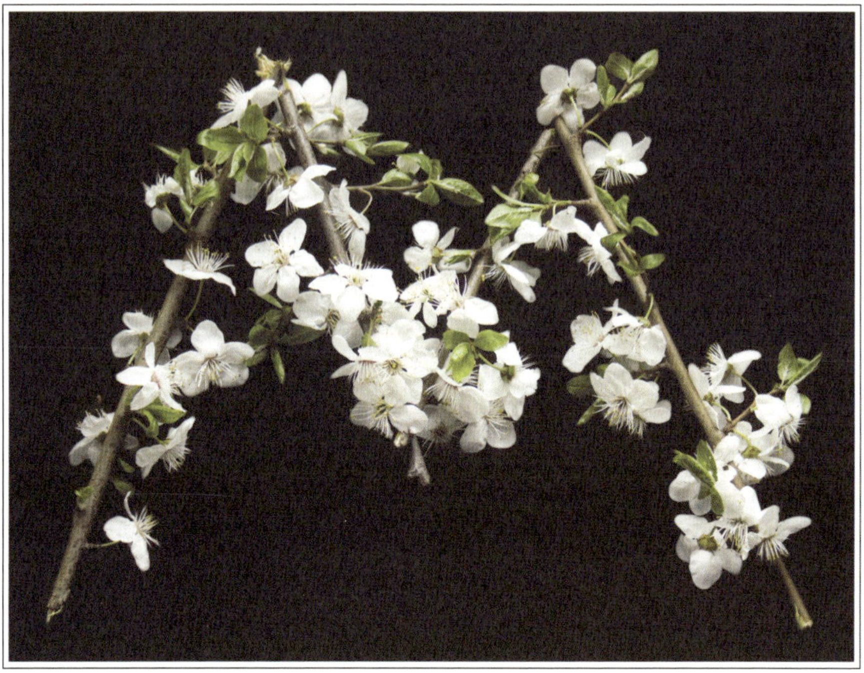

CAPÍTULO 23

Belas palavras sobre a Mãe

Algumas formas pelas quais outras almas criativas compreendem a relação com a Mãe

Poetas líricos costumam entender a santidade, a grande dádiva de ser uma mãe para outros na Terra, quer os filhos nasçam através de nosso corpo, quer através de nossa mente e coração. Para mim, a definição de "Mãe" é dar à luz um mundo, uma criança, qualquer pessoa ou qualquer coisa preciosa que não se pode permitir que desapareça da face da Terra. Desse modo, nós diariamente nos unimos ainda mais à Nossa Mãe maior, também. Há escritores que, na minha opinião, escrevem e com frequência agem como as Marias deste mundo. Eis alguns deles, com seus estilos de ver, ser, evocar a Mãe. Para mim, muitos destes escritores estão literalmente embutindo poesia d'Ela em sua prosa.

A preocupação da mãe com seu filho impregna a todas...
Karen Armstrong em *Twelve Steps to a Compassionate Life*

Que todas as mães e filhos se reconciliem. Que todas as mães e filhas se reconciliem...
Jack Kornfield em *The Art of Forgiveness, Lovingkindness, and Peace*

[Falando de Mnemosine, Memória] ... Como mãe, ela ensinou... a respeito de todos os aspectos da cultura e da criatividade que deixaram legados de beleza e bem-estar.
Angeles Arrien em *The Nine Muses: A Mythological Path to Creativity*

A Igreja também não lhe deu atenção até cerca de mil anos atrás. Então, a mãe de Jesus foi consagrada como mãe da humanidade e... no século XI... [somente] na França oitenta igrejas e catedrais surgiram em homenagem a Maria.
Eduardo Galeano, trecho de *Espejos, una historia casi universal*

Minha gratidão a mulheres que não nasceram de mim, mas que me permitem ser mãe para elas.
Maya Angelou, nesta frase, que parece uma santa prece de gratidão, fala da honra de ser mãe, de sangue ou da genealogia do espírito, uma ou outra. De seu livro *Letter to My Daughter*.

Coleman Barks, principal tradutor das obras do poeta persa Rumi, e autor de *A Year with Rumi: Daily Readings,* um de seus muitos livros, oferece uma frase de Rumi: quando a alma está vazia, nosso coração de repente "se torna Maria, milagrosamente grávida".

Ainda que eu tropece e caia, sei que este universo é mãe para mim, que sou mantido no colo da compaixão infinita, da paciência infinita, do infinito amor incondicional.
Michael Bernard Beckwith em *Spiritual Liberations: Fulfilling Your Soul's Potential*

Robert Bly, em seu livro *A Book for the Hours of Prayer,* traduz Juan Ramón Jimenez, que fala do rosto de sua mãe. Em psicologia, às vezes chamamos de "olhar primal", no qual a mãe e o bebê se olham tão profundamente nos olhos que formam um vínculo como se fossem um ser apenas, em vez de dois seres separados. Bly, que realiza anualmente uma conferência sobre a "grande mãe", diz que a "mãe" ficou tão gravada em Jimenez, que, já adulto, ele fala do rosto de sua própria mãe que o guiava para a segurança através de todas as tempestades.

❦

[Na América Latina, entre os pobres]... Eles cultivam uma forma de oração que é provável que a mente moderna considere primitiva, se não decididamente supersticiosa. Mas seria um grave erro parar numa análise superficial... Profundamente enraizada como está nessa devoção popular, ao mesmo tempo que também extrai nutrição da fonte do protesto contra a repressão... a vida da prece... no processo de libertação, possui enorme criatividade e profundidade.

Padre Gustavo Gutiérrez, que ocupa a Cátedra de Teologia em homenagem ao cardeal John O'Hara, na Universidade de Notre Dame, é conhecido como pai da teologia da libertação. Agora com oitenta e poucos anos, ele resiste a romantizar os pobres: "A pobreza não é uma condição, mas uma injustiça." Ele ressalta em seu livro *A Theology of Liberation: History, Politics, and Salvation* que há quem tenha aversão à própria ideia de devoção, incluindo a devoção à Santa Mãe; e ele pede a essas pessoas que lancem um olhar mais profundo no mistério, e não no superficial. Nós também já vimos pessoas rápidas demais em atacar, e chamar pessoas devotas de "confusas". Esse cinismo (a palavra cínico deriva do grego, significando *semelhante a cão/intratável*) está mal direcionado, pois a Santa Mãe é o modelo para a reação mais garantida para o crescimento: confiança no sagrado... não na realidade doce e insignificante, mas naquela de uma inteligência feroz, totalmente milagrosa. O padre Gutiérrez diz que não só podemos caminhar neste mundo como pessoas contemplativas, mas podemos mergulhar na antiga prática entre os fiéis do passado, ou seja: *es in actione contemplativus*, "como um contemplativo *em ação*".

❦

[Uma] mãe saudável... para com seu/sua filho/a... seu desejo altruísta de incentivar o melhor potencial do/a filho/a. Naturalmente uma mãe desse tipo impõe limites e diz o que pensa, mas sempre com o máximo respeito e amor.

Joan Borysenko oferece esse pensamento como "uma semente" em *A Pocketful of Miracles: Prayers, Meditations, and Affirmations to Nurture Your Spirit Every Day of the Year*.

❧

Em busca de maior simplicidade e pureza, eles fugiram para os desertos da Síria e do Egito, inicialmente aos poucos; depois aos bandos. E levaram [a poesia dos] salmos consigo... Esses pioneiros espirituais se tornaram conhecidos coletivamente como os Padres e Madres do Deserto.

Cynthia Bourgeault escreve sobre pessoas devotas que se esforçam por levar uma vida santa, mas se indispõem com estruturas monárquicas, fugindo para proteger a intensa poesia de palavras sagradas e a manter vivas. Enraizados no regenerativo, tal como a Santa Mãe, esses protetores poderiam ter sido chamados de muitas coisas, mas são chamados pelos mais veneráveis dos títulos conquistados: Padre (Pai), Madre (Mãe).

❧

Nossa Madona Negra das Américas não é uma mãe dócil e submissa. Ela é uma guerreira com raízes que se aprofundam no Tonantzin nauatle do monte sagrado em Tepeyac, e de modo ainda mais profundo suas raízes nos ligam a Coatlicue, a Saia de Serpentes, a feroz e mais sinistra deusa-mãe dos astecas. "Em nome d'Ela – cujo Amor é Infinito, e que nunca nos abandonou. Pelo contrário, fomos nós que A deixamos faz muito tempo..."

Ana Castillo escreve sobre a mulher guerreira que ela mesma é e sobre Aquela que ela ama em *La Diosa de las Américas*. Foi em seu livro *Massacre of the Dreamers: Essays on Xicanisma* que eu ouvi falar pela primeira vez da lenda do "Massacre dos sonhadores".

❧

Num mundo que luta contra a violência sem sentido e a crescente disparidade econômica, Maria oferece um antídoto feminino aos venenos da pobreza e da guerra... Onde a sociedade exige competição, Maria ensina cooperação.

Mirabai Starr, em seu livro *Mother of God: Similar to Fire*, fala de que a relação da Santa Mãe com a alma não se baseia nos princípios de ideologias consumistas, mas no coração mais verdadeiro da mãe, que antes de mais nada pensa no desenvolvimento de seu filho. A autora diz que Maria evita o consumismo, em troca do "serviço misericordioso".

❧

Algumas mulheres descreveriam sua melhor amiga como uma mistura de Mary Poppins e uma Madrinha... as únicas que testemunham sua vida e se lembram de tudo o que ocorreu, "minhas únicas confidentes que não julgam"... "mães substitutas a quem podemos confiar nossos segredos..."

Dra. Phyllis Chesler, em seu livro *Women's Inhumanity to Women*, escreve sobre como as mulheres tendem a fazer amizades em que a imago da mãe é tão essencial para o coração, a mente e o espírito vivo... Ela escreve que "um número muito maior de mulheres, de todas as idades... valoriza a importância de relacionamentos femininos". Quando ela perguntou às mulheres sobre sua definição de "melhor amiga", na maioria das vezes o tom subjacente à definição era o de "mãe".

A verdadeira amizade exige, portanto, duas coisas: a revelação transparente do eu e a vontade concentrada da outra, de ouvir e manter o compromisso permanente de valorizar o que ouviu.

Irmã Joan Chittister em *The Friendship of Women: The Hidden Tradition of the Bible*, escreve sobre como o relacionamento de amizade com seres humanos e com o Sagrado pode ser benéfico. Em certo sentido, ela descreve o relacionamento entre o que chamamos em espanhol de *comadres*, que significa que somos uma mãe uma para a outra... transparentes, valorizadoras.

Você tem três minutos para responder. Certifique-se de estar sendo específico. Nada vago. Talvez você queira começar cada resposta com "Eu me lembro". Dê-me uma lembrança de sua mãe, tia ou avó... Entre em detalhes.

Natalie Goldberg, em seu livro sobre memórias, *Old Friend from Far Away: The Practice of Writing Memoir,* inclui esse belo exercício de "Eu me lembro", que é cheio de vida por, para e sobre qualquer mãe, mas também para com a Mãe mais negligenciada de todas, a Santa Mãe, a presença de Shekinah na vida de cada um.

Paredes de canyons se racham e se separam da rocha mãe, deslizam para o rio, agora vermelho com o deserto. [Ver] uma espiral e o que parece ser um vulto feminino dançando, os braços para o alto, as costas arqueadas, a cabeça erguida...

Lá está ela, A Que Dá à Luz... Ponho uma das mãos no seu ventre e a outra no meu. Mães do Deserto, todas nós, prenhes de possibilidades, a serviço da vida, domesticada e selvagem...

Terry Tempest Williams escreve de modo comovente sobre dar à luz a si mesma no deserto, em seu livro *Red: Passion and Patience in the Desert*. Ela também fala de determinada rocha, mutilada ao longo de seus petróglifos, atingida por balas de fuzil, e ainda assim vê a mulher espiritual na rocha, com o ventre cheio de vida.

Resumindo, que eu lhes ofereça benefícios e alegria... a todas as minhas mães, tanto direta como indiretamente... que eu, sem alarde, assuma em meus ombros todos os ferimentos e dores de minhas Mães.

Nawang Khechog, o músico e flautista tibetano, forte e manso de coração, viveu muitos anos como monge e escreve essa elegia tão carinhosa em homenagem à essência da mãe, com admirável generosidade, em seu livro *Awakening Kindness: Finding Joy Through Compassion*.

... o luto pela morte recente de uma mãe, minha cunhada, criou uma animada dança em fila que me garantiu que, embora tenhamos enfrentado nossa cota de dor e problemas, ainda conseguimos manter a linha da beleza, da forma e do ritmo – o que não é pouco num mundo cheio de desafios como este... Tempos difíceis exigem dança furiosa. Cada um de nós é prova disso.

Dra. Alice Walker (Alicia) escreve em seu livro de poemas *Hard Times Require Furious Dancing: New Poems* (um projeto da fundação *Palm of Her Hand*), falando do antigo impulso de ritualizar, de encarar e de criar amorosamente em torno das idas e vindas do espírito da mãe.

Ao nascermos, nós nos apaixonamos por nossa mãe através de nossos sentidos visual e físico... base que reconhece a mãe. Nossa sobrevivência depende disso.

David Whyte, poeta, fala de como o recém-nascido, e, por inferência, o renascido através da mãe, é renovado mais uma vez, em seu livro *The Three Marriages: Reimagining Work, Self and Relationship*. Ele passa então a dizer que essa relação primal também significa, na esfera humana, que a criança crescerá e com o tempo deixará o seio que alimenta, a mão que guia... mas a experiência do amor da mãe estará agora bem presa dentro da pessoa, ainda que no passado ela fosse apenas uma semente, ainda que agora seja um adulto.

❦

Pode ser que ainda não tenhamos mapas... mas... o avanço parece seguir estágios semelhantes: inicialmente, erguer-se da invisibilidade ao declarar a existência de um grupo com experiências compartilhadas; depois, assumir o poder de nomear e definir o grupo; então, um longo processo de "exposição" pelos indivíduos que se identificam com ele; depois, a invenção de novas palavras para descrever experiências até então sem denominação... depois, trazer essa nova visão das margens para o centro...

Gloria Steinem fala de banir a invisibilidade em sua obra *Doing Sixty and Seventy*, encarregando-se ela própria de tornar visível tanta coisa invisível na cultura dominante. Seu esquema pode, com toda a certeza, ser aplicado com a esperança de que no futuro a visibilidade da força da Mãe no mundo seja vista por novos aspectos.

❦

Nós todos achamos que existe uma fórmula, [mas] desde que amemos nossos filhos, realmente essa é a única coisa concreta que eu conheço, que funciona em todos os casos...

Jada Pinkett Smith expõe nessa citação o centro da imago da mãe. A srta. Pinkett Smith é atriz e nutriz do talento em outros. Ela está falando da quintessência do "coração de mãe". Sua inferência é que, quando enfrenta qualquer questão no alvoroço da vida, esse lugar central ao qual está presa – o amor aos filhos – é exatamente o que deve avaliar e decidir tudo o mais. A partir desse ponto central, a mãe instintiva observa, salta imediatamente para prestar ajuda, sofre junto e comemora junto. Tanto a mãe como a Santa Mãe são conhecidas por reagir inteiras para dar auxílio ao "espírito do filho", seja ele/ela adulto/a, seja jovem.

❦

Nós provocamos minha filha mais velha, Thandi. Apesar de sua família nuclear ser pequena, ela sempre cozinha como se estivesse se preparando para alimentar os cinco mil da Bíblia... Isso faz com que eu me lembre de minha mãe, que, mesmo quando estávamos nas condições de maior pobreza, sempre fazia comida suficiente para vários convidados inesperados. Esse hábito de generosidade não é algo que me tenha sido ensinado abertamente, mas é um que espero ter sido bem aprendido.

Arcebispo Desmond Tutu e sua filha **reverenda Mpho Tutu** escrevem sobre a essência do amor em seu livro *Made for Goodness: And Why This Makes All the Difference*. Ao conhecer o arcebispo Tutu, vi que ele era um *hombre con pechos*, um homem que também é uma bela mãe selvagem. Seu jeito de falar de mães e comida faz com que eu me lembre também da dra. Angelou, da dra. Walker e de outras "mulheres da comida", que preparam quantidade suficiente de frango frito, amendoim cozido e verduras para alimentar todas as criaturas que talvez de repente apareçam à sua porta, saídas não se sabe de onde. No mesmo livro, o arcebispo Tutu refere-se a ser uma parteira, o papel da mãe, desde tempos imemoriais. Esse tipo de linguagem mostra que ele e sua filha são duas das muitas Marias no mundo. "Como pastores, Mpho [a filha do arcebispo Tutu é ministra episcopal em Washington, DC] e eu consideramos que um de nossos papéis consiste em sermos parteiras do significado. Nós orientamos os que estão sob nossos cuidados a discernir um propósito em seus desafios."

※

Há três tipos de amigos: os que cultivamos pelo divertimento que nos oferecem, os que procuramos por aquilo que podem fazer por nós, e os que amamos pelo que são.

Aristóteles escreveu num estilo que às vezes parece irmanado, através dos tempos, ao de Shakespeare, em termos de seu insight poético no interior da psique. E, no que diz respeito à Mãe, podemos estar em relação com ela de todas as três formas enumeradas, sendo a última a primeira.

※

A Santa Mãe, vista com o que antigamente era chamado, com respeito, de "olhos das ilhas", é a protetora da saúde, alento da vida. Nas ilhas, ela é às vezes chamada pela mesma palavra que designa o "pórtico de folhas de palmeira", onde os curandeiros tribais, havaianos e samoanos tratam dos enfermos e dos aflitos por meio de toques e cantos. Na língua maori, uma palavra para "mãe" soa aos meus ouvidos como "Maurii". Há outras palavras para designá-la, nas bocas mais belas do povo das ilhas: oceano em que a criança é embalada até nascer; o oceano maior em que toda a vida vive. A Santa Mãe é água do oceano, fresca e limpa. Akua me

Belas palavras sobre a Mãe

diz que o povo considera qualquer coisa de plástico "comida ruim" que adoece as pessoas. Cristalinas lagoas azuis e o ar límpido curam. Assim, a Mãe é compreendida pelas velhas preciosas daqui, tal como por outras velhas lá do outro lado do oceano a entendem e a intitulam também: Maria Madre, Saúde dos Enfermos.

C. P. Estés, notas de conversa com idosas havaianas e samoanas enquanto esperávamos um ônibus perto de San Francisco, por volta de 1975.

&

[À medida que] nossos irmãos e irmãs chineses se preparavam para encarar os tanques... o poeta-manifestante completava a mensagem para sua mãe: "No momento, estamos todos desmaiando; podemos cair a qualquer momento. Logo, porém, árvores de esclarecimento crescerão onde cairmos. Não chore por mim, mãe. Não derrame lágrimas. Mas não deixe de regar as árvores com seu carinho amoroso. Sem dúvida Deus há de abençoar o esclarecimento na China, que em breve abrigará Todo o seu povo."

Dr. Vincent Harding é professor universitário na Iliff School of Theology. Ele é amigo dos direitos civis e colaborou com o dr. Martin Luther King. O dr. Harding escreveu um livro intitulado *Hope and History: Why We Must Share the Story of the Movement,* que discorre sobre o dr. King, o presidente Obama e outros heroicos negros americanos. Mas, com uma compaixão caracteristicamente sua, o dr. Harding alcança outras culturas também, oferecendo sua tese de que somos todos um. Desse modo, ele nos mostra a carta de um manifestante em greve de fome na Praça de Tiananmen, que não invoca o exército, nem a ira dos deuses, mas convoca sua mãe a se erguer, a centelha da Mãe venerável que reside em sua mãe, a regar as árvores do esclarecimento, para que, caso ele, o jovem poeta, seja assassinado, todos os chineses um dia possam ser livres.

&

O "Hino à Perfeita Sabedoria" de Rahulabhadrea é uma das obras-primas do budismo maaiana: Louvor a Ti, Perfeita Sabedoria. Pensamento transcendente, sem limites, todos os teus membros são sem imperfeições, impecáveis aqueles que te discernem. Límpida, livre, silenciosa, como a vastidão do espaço; ... então Tu és, ó Senhora Abençoada, Avó de todos os seres. Todas as imaculadas perfeições em todos os tempos te circundam, tal como as estrelas cercam a lua crescente, ó Tu santíssima irrepreensível.

Andrew Harvey estudou com mestres espirituais do hinduísmo, do budismo tibetano e do cristianismo; e escreveu várias traduções – interpretações do poeta místico sufista Rumi. Em seu livro *The Return of the Mother*, ele apresenta poemas e preces de mestres hindus, sufistas, budistas e cristãos. O texto citado contém algumas das mais belas – e mais conhecidas – expressões de louvor que são dadas como atributos da Santa Mãe, desde tempos imemoriais: que ela é sem imperfeições, que é imaculada, que é límpida. E aqui, que ela é a mãe mais velha, a Avó.

Escolha uma palavra sagrada... pedindo ao Espírito Santo que nos inspire com uma que seja especialmente adequada a nós... Por exemplo: Deus, Jesus, Abba, Pai, Mãe, Maria, Amém... outras possibilidades: Amor, Escuta, Paz, Misericórdia, Desapego, Silêncio, Sossego, Fé, Confiança.

Padre Thomas Keating, OCSO, em seu livro, *Open Mind, Open Heart*, sugere com delicadeza que cada pessoa escolha um doce atributo sagrado em que se focalizar em "prece de alinhamento", sendo a lista de atributos que ele sugere algo que flui diretamente do veio materno das virtudes compassivas, a maioria das quais é apregoada há séculos como características da Santa Mãe.

Sally Kempton, em seu livro *Meditation for the Love of It*, fala da "semente de luz azul" que transporta a capacidade de transformar tudo num instante... como a Mãe. Ela explica a diferença entre o que se poderia chamar de impressões plásticas de shakti/mãe como uma mera coisa concreta, em vez do que as shaktis/mães realmente são: um enorme impulso que a pessoa segue, um impulso que leva aos poderes do conhecimento, da vontade divina, da bem-aventurança, do testemunho e mais.

Um amor insuficiente por parte da mãe na tenra infância... mas como encontrar a cura? ... Sua terapeuta pode começar simplesmente pondo a mão sobre o peito da paciente... estendendo sua percepção para sua mão e então mais adiante para além dela mesma... ela pode sentir com nitidez a tensão, a congestão ... Nessa experiência ela apenas repousa. Ao longo de 20 ou 30 minutos, sua paciente pode relatar que está sentindo um tipo de alívio, como se alguma coisa fresca e sedativa estivesse se expandindo no seu peito.

Belas palavras sobre a Mãe

Reginald Ray, discípulo e amigo do falecido mestre do budismo tibetano Chögyam Trungpa Rinpoche, no livro de Ray *Touching Enlightenment: Finding Realization in the Body*, diz que a pesquisa contemporânea corrobora que um relacionamento fluente entre a mente e o corpo é como recebermos cura e percepção. Fiquei comovida com o paralelo que ele traça com antigas técnicas de cura por imposição de mãos, nas quais a falta da mãe no corpo é corrigida pela imposição de mãos carinhosas, pacientes. No *curanderismo*, a suposição é que a cura de um ferimento causado por uma mãe terrena não é realizada pelo/a curandeiro/a misericordioso/a isoladamente, pois ele ou ela é o "tubo oco" – somente o túnel. Na realidade, é o que está por trás do curandeiro, ou seja, a força da Grande Mãe, que então flui através do canal abençoado do instinto e intuição da mãe humana.

❦

[Minha mãe] e eu às vezes não sabemos como lidar uma com a outra... ela prepara para mim grandes panelas de sopa; e, quando ela vai embora, às vezes eu choro. ... em Franny and Zooey... *Franny está jogada por ali, num colapso nervoso, sem querer comer... tentando encontrar alguma coisa sagrada no mundo... e Zooey por fim explode, em total exasperação, aos gritos... que ela deveria simplesmente tomar a sopa da mãe, que o amor da mãe por eles consagra o alimento, torna a sopa sagrada.*

Anne Lamott, em seu livro *Operating Instructions: A Journal of My Son's First Year,* em seu próprio estilo singular de escrever com leveza e seriedade, faz a ligação entre a generosidade solidária da mãe, querendo preparar uma sopa nutritiva para ela, e alguma outra coisa que está por trás desse gesto confiável – a mãe pode agir em estilos que estão para além desta Terra em si, que estão sagrados e consagrados nesse ato simplicíssimo.

❦

Pai e Mãe de Órfãos, Lei Plantada, Voz da Verdade, Plano Secreto de Deus, Espaço entre Tudo, O que Tudo Vê, Coração Atento, Ferimento Sagrado, Suavizador de Nosso Espírito, A Única Tristeza, Nossa Alegria Compartilhada...

Padre Richard Rohr, em seu livro *The Naked Now: Learning to See as the Mystics See,* criou essa "Ladainha do Espírito Santo", que contém muitas das qualidades atribuídas à santa Sabedoria (Sophia), Ruach, Shekinah e Maria. O padre Rohr recomenda, de modo contundente, que, ao nos engajarmos com o Sagrado, sejamos curiosos, não tenhamos uma atitude de rejeição: "... aprendamos a apreciar e respeitar essas questões em e por si mesmas, não porque signifiquem lucro ou ameaça".

❧

Sempre me sinto apoiado por minha mãe, que morreu há quatro anos.
Thomas Moore, em seu livro *A Life at Work: The Joy of Discovering What You Were Born to Do,* escreveu a frase citada em seus Agradecimentos. Alguns nascem com talento, e alguns aprendem a técnica de estar perto do que é invisível, mas sentido de modo palpável. Nessa simples frase, Moore mostra que essa ponte orgânica com o poderoso espírito da mãe se mantém firme para seu filho. Não é diferente com a Santa Mãe. Há uma ponte. Em seu ponto central, um encontra o Outro.

❧

Vincent encarregou-se de cuidar de uma vítima de um incêndio na mina. O homem estava tão queimado e mutilado, que o médico não tinha esperança de sua recuperação... Van Gogh tratou dele por 40 dias com cuidado e carinho, salvando a vida do mineiro. Vincent [disse Gauguin] "acreditava em milagres", em cuidados maternais.
Ken Wilber conta essa história em *The Eye of Spirit: An Integral Vision for a World Gone Slightly Mad.* Essa parte da história põe em evidência "a mãe no homem"; o cuidador benéfico como princípio unificador e de cura num homem dominado pelo fogo criativo de outro tipo.

❧

Vincent Van Gogh, artista consumado, usava seus vermelhões e violeta, seus escarlates, cinza e cobaltos de tal modo que, de perto, as marcas da tinta não fazem absolutamente nenhum sentido. Elas somente aparentam ser pinceladas aleatórias de cor empastelada sobre as telas. Contudo, quando a pessoa recua dessas marcas aplicadas deliciosamente com espátula e pincel nas telas de Van Gogh, pode ver que cada fragmento se funde com o seguinte e está relacionado com o todo, tornando aparente para nós uma realidade maior, em profundidade. Sugiro que a Santa Mãe e todas as questões de tempo, natureza, sentido e espaço – bem como todas as nanopartículas de carbono que nos representam aqui na Terra – estão relacionadas de forma semelhante num padrão atômico-espiritual, tal como os quadros de

Van Gogh. Bem de perto, sem o foco mais distante, parecemos no caos. Contudo, através da lente do olhar mais afastado, ou seja, de uma visão maior, podemos "ler o quadro" de nossos muitos mundos de consciência e nosso lugar neles, como um retrato imenso e harmonioso.

C. P. Estés. No original de meu texto *The Creative Fire,* escrevo sobre como, dentro do trabalho criativo, mover o foco, tanto para o telescópico como para o microscópico, pode revelar "os muitos modos de ver com criatividade"... o significativo, o fragmentário e o temporário, mas também o que está significativamente ligado, o externo e o eterno, tudo ao mesmo tempo. Não é por acaso que a Santa Mãe é chamada de ser humano no microcosmo e também de magnitude no macrocosmo.

❧

Na Índia... um grande médico e sábio chamado Charaka prescrevia um pouco de sol para todas as enfermidades, associado a uma caminhada no início da manhã, e seu conselho nunca se tornou ultrapassado. Se eu encontrar um prado verde, salpicado de margaridas, e me sentar à margem de um regato de águas cristalinas, encontrei medicação. Minhas dores são suavizadas tanto como quando eu me sentava no colo de minha mãe na tenra infância, porque a terra na realidade é minha mãe, e o prado verde é seu colo. Você e eu não nos conhecemos, mas os ritmos internos de nossos corpos ouvem as mesmas marés oceânicas que nos embalam num tempo imemorável.

Dr. Deepak Chopra, em *Quantum Healing: Exploring the Frontiers of Mind/Body Medicine,* invoca o espírito da antiga mãe primal para recordar a recuperação da saúde através do auxílio, como ele diz mais adiante no mesmo texto, da exposição tanto à mãe sol quanto à mãe lua, que também são nomes dados à Santa Mãe: Ela que brilha como o sol, Ela que se veste de sol e Ela que se posta sobre a lua crescente. Além disso, o dr. Chopra relaciona a máxima paz ao "ritmo inerente" àquele primeiro oceano que todos os pequenos zigotos vivenciam inicialmente, a mãe oceânica e bela, de perfeita temperatura.

❧

O **reverendíssimo John Shelby Spong** é teólogo e autor de mais de 20 livros. Em seu livro, *Eternal Life: A New Vision Beyond Religion,* ele escreve que a "Madre Igreja" e o surgimento do culto à Virgem Abençoada foram as "manifestações" medievais do feminino; e que hoje ela se apresenta nos movimentos pacifistas e ambientalistas pelo mundo inteiro. Um de seus outros livros, intitulado *Born of a Woman,* trata da Santa Maria e de como, para ele, os registros passados dela e de seu Filho deveriam ser interpretados com os conhecimentos de nossos tempos atuais. Ele é bispo aposentado da diocese de Newark, Nova Jersey, da Igreja Episcopal.

Negamos o que é Eterno quando negamos nossas próprias profundezas... seja apaixonado, seja santo, seja indomável, seja irreverente, ria e chore até despertar os espíritos adormecidos, até o alicerce de seu ser se fender e o Universo entrar, como uma inundação.

Geneen Roth, em *Appetites: On the Search for True Nourishment,* diz que levar uma vida falsa, que nega outras realidades além das corporais, leva a pessoa a desconhecer sua própria vida corporal e a vida do Espírito. Isso vale no que diz respeito à presença viva do Sagrado, também. Negar que nosso ser foi feito de corpo e mente para ser influenciado para o bem por forças para além do concreto significa negar que o eterno vive por toda parte e em qualquer parte, e tem seu endereço exato.

... os que avançam no caminho espiritual... para além daquele nível de compreensão [de reverenciar e temer um legislador e juiz divino, agora] ... virão a ver a Deus como Pai, como Mãe, Fonte de todo ser, em outras palavras, como O que transcende todas essas imagens. Desse modo, Ptolomeu convida aqueles que anteriormente se viam como... servos... escravos... a chegar a se entender como filhos de Deus.

Dra. Elaine Pagels, em seu livro *Beyond Belief: The Secret Gospel of Thomas,* especifica uma das mais antigas designações do Criador como Mãe... e, de modo igualmente importante, o movimento de conscientização de passagem de uma relação de escravo para com o Criador, que na realidade é uma relação de temor, de um desamor brutal, para a compreensão de que nossa vida e nossa alma são valiosas, mantidas com a ternura de uma Mãe que é muito mais que terrena.

Belas palavras sobre a Mãe 361

Aqui na África do Sul, somos importunados por vendedores ambulantes a cada esquina... Voltei-me com cortesia para uma mulher e recusei o que me oferecia... ela de repente me abriu o sorriso mais belo, abrangente e enternecedor que vi na vida... Eu soube que ele vinha direto de sua alma. Isso... animou meu coração e comoveu todo o meu ser...

Caroline Myss, em *Invisible Acts of Power: Channeling Grace in Your Everyday Life,* falando de uma mulher que tinha encontrado mais que simplesmente outro ser humano nas ruas. Nas muitas lendas, histórias e relatos de testemunhos da Santa Mãe, há também histórias de suas encarnações momentâneas, ou às vezes por toda uma vida, em seres humanos de carne e osso, e quase sempre o primeiro efeito é espantoso e penetrante em termos significativos.

A instrução de Deus é clara; mas, conosco, ela precisa primeiro passar pela lama.

Tomás de Aquino. Essa citação atribuída a ele é uma de minhas orientações preferidas, porque é verdadeira. Quanto mais claros a mente e o coração, mais veloz será o fluxo de ideias, da presença e do peso da Mãe. Essa referência à lama e à clareza talvez tenha sido de escritos do período em que ele passou na Itália, quando falava de como a lama era filtrável, como lama a partir da água, mas, uma vez queimada, ela se tornava dura e opaca. Em qualquer sentido, trata-se de um belo lembrete, não cristalizado, para que sejamos maleáveis ao ver e ser, e não nos tornemos opacos como a lama parcialmente queimada.

Uma delas pintou as unhas dos pés da Mãe Abençoada que estava sentada no altar...

Dra. Christiane Northrup, médica e autora de *Mother-Daughter Wisdom: Understanding the Crucial Link Between Mothers, Daughters, and Health,* sabe apreciar o quixotesco como elemento de saúde. Ela fala de uma garota, numa instituição católica onde sua mãe estudou, que aparentemente pintou os dedos dos pés da imagem da Mãe Abençoada. Decorar a Santa Mãe por meios que outros consideram honrosos e belos é uma longa tradição em todos os continentes; e inclui chapéus, sapatos, vestidos, tatuagens faciais, sinais de muitos tipos, orelhas furadas, cintos, colares, anéis e pulseiras. Muitas vezes, os *Cristocitos* do tamanho de bebês, do Peru, são feitos tendo cada minúscula unha do dedo do pé pintada de um alegre vermelho vivo. Alguns dizem que a

Santa Mãe gosta apenas de trajes simples. Outros afirmam o contrário. Parece mais acertado que a Santa Mãe se apresenta com qualquer aspecto com que as pessoas possam vê-la melhor, entendê-la melhor... e aí estão incluídas as unhas dos pés pintadas, se isso for compatível com o coração e a alma sinceros.

❦

A festa de Nossa Senhora de Guadalupe com suas celebrações antes do amanhecer são uma enorme afirmação da nova vida que ela continua a produzir. No frio do início da manhã de dezembro, vivenciamos o calor de estarmos juntos como um povo unido, quase como se fôssemos um único corpo, uma única alma e um único coração.

Padre Virgil Elizondo, em seu livro *Charity*, chama as *fiestas* culturais em torno de *La Señora, Nuestra Madre*, Nossa Mãe e outros eventos sacros de "a força de nossa Sobrevivência e a fonte de nossa Alegria". Pensem no ensinamento da Mãe: sobreviver com alegria, alegria por sobreviver, uma espécie de *sunyata* por si mesma: um vazio que é cheio, um cheio que é vazio. O padre Elizondo é um pai da teologia da *mestizaje,* o que significa uma mistura biológica, cultural e religiosa de dois ou mais grupos de pessoas, assim como muitos povos das Américas são hoje resultado de invasores, conquistas e usurpações. Quando conheci o padre Elizondo em San Antonio muito tempo atrás, quando eu estudava no Centro Cultural Mexicano-Americano, nós falamos dos *mestizos* (pessoas de sangue misto das quais muitos de nós nos originamos, e que são ao mesmo tempo nativas e europeias); e ficou claro para mim que esse era um homem que conhecia Nossa Mãe e a acompanhava com todo o coração, não como um cordeirinho, mas como um leão.

❦

Estou lhes dizendo tudo isso agora porque quero que vocês saibam logo que sou uma mulher normal, racional, instruída e bem ajustada, não sendo dada a delírios, alucinações ou histéricos voos da imaginação. Não bebo nem uso drogas. A única voz que ouço na minha cabeça é minha própria voz. Quero que vocês saibam desde o início que não sou psicóloga, excêntrica, fanática ou mística. Quero que saibam que não sou louca... Tudo depende, suponho eu, de quanto cada um se sente à vontade com a incerteza, de quanto cada um aprecia o mistério, de até que ponto cada um se dispõe a dar aquele salto quântico que a fé exige... Este é sem a menor dúvida um romance, e Maria jamais me fez uma visita. Mas, se um dia ela decidir me visitar, estou mais que pronta e sei exatamente o que preparar para o almoço.

Diane Schoemperlen, de seu romance *Our Lady of the Lost and Found*, e a última citação é de uma entrevista da autora, publicada no *Guia do Leitor* da mesma obra. Sua protagonista propõe, com humor, quase exatamente o mesmo tipo de "ladainha de autoexame" pela qual muitas pessoas mais velhas e jovens passam, quando descobrem pela primeira vez que o Sagrado se infiltra entre os mundos.

❦

[A palavra em hebraico] Chesed/*Amor...* *instintivamente se estende para ajudar, curar, ensinar, alimentar e tranquilizar... Chesed é comparada com a sensação que uma mãe que amamenta tem quando o leite desce. Como qualquer mãe lactante sabe, o leite desce quando o bebê sente fome, não importa a que distância Mamãe esteja, quantas mamadeiras Vovó tenha à disposição, nem a beleza do vestido de noite de* chiffon *que a Mamãe esteja usando quando chegar a hora.*

Rabina Tirzah Firestone em seu livro *The Receiving: Reclaiming of Women's Wisdom*, descreve o que ela chamou de "qualidade incentivadora de *Chesed* [embutida] em nossas próprias moléculas..." Esse elemento maternal é o que eu chamaria de profundo imperativo bioespiritual da mãe por seu filho. As palavras da rabina indicam de modo incisivo uma razão pela qual a intensa ocultação na arte e na escultura, ao longo dos séculos, de um dos elementos mais maternais da Santa Mãe – ou seja a Santa Lactação – nos empobrece, em vez de nos salvar de qualquer coisa. A rabina fala do Amor que não tem fronteiras no Sagrado, e que nós, como mulheres, assim como nossos amantes-companheiros também, testemunhamos essa centelha do modo divino de amar os inocentes e os famintos. A rabina salienta ainda que estar numa relação plenamente enraizada com a subjacente Árvore da Vida faz com que a centelha divina não se consuma.

❦

[Pintei] A tradicional Madona com o filho, lado a lado... [É a] imagem de uma mãe latina com seu filho, membro de turma, morto, no colo.

George Yepes, pintor muralista que trabalha na região violenta de East Los Angeles, é especialista em metros e metros lineares de murais ao ar livre e no interior de prédios. Esse é seu comentário sobre o mural intitulado "El Tepeyac de Los Angeles", que cobre a fachada da catedral católica de Santa Lúcia, em City Terrace, Califórnia. Muitos de seus quadros não retratam, esta palavra seria fraca demais. O que esse muralista faz é iluminar a Santa Mãe de formas em que ela pareça mais real para tantos que vivem com garra e em interminável trabalho braçal para esculpir, limpar, consagrar a vida diária com toda a decência, quer a cultura dominante concorde, quer não. *El maestro* Yepes é quem pintou *La Nuestra Señora de Guadalupe* que está na capa deste livro.

A Ironia de escrever acerca de uma experiência dessas nos tempos modernos é tal que, se eu disser às pessoas que isso realmente aconteceu, elas de modo até razoável se sentirão inclinadas a duvidar de mim. Elas poderiam suspeitar que estou me vangloriando ou pressupor que perdi a razão. Se eu disser: "Isso eu imaginei, inventei, é ficção" – só neste caso elas estarão à vontade para acreditar... Eu costumava sentir a dissonância sempre que ouvia Maria descrita como Virgem e Mãe. Ela parecia impor um exemplo impossível para qualquer mulher. Mas essa era de minha parte uma visão bitolada. O que Maria faz é me mostrar como de fato posso ser virgem e mãe. Virgem, na medida em que permaneça "una", capaz de abordar as coisas com frescor no coração; mãe, na medida em que me esqueço de mim para cuidar e atender outros, abraçando a plena maturidade que isso exige. Essa Maria ultrapassa os limites do gênero: ela poderia fazer o mesmo por qualquer homem.

Kathleen Norris escreveu essas palavras em *Amazing Grace: A Vocabulary of Faith*, onde fala de como, através de vários meios, culturais e de outras naturezas, as pessoas costumam ser roubadas da condição não de "acreditar", mas de *saber*, e em vez disso se entregam à superstição acerca de fatos espirituais, em detrimento da simples santidade pelo bem, encontrada no interior de cada um. Ela também faz uma bela reunião da dualidade polarizada, dizendo que não é preciso que se fique preso a um conceito excludente, tendo de algum modo de escolher um lado ou outro. Pelo contrário, como interpreto sua obra, ela sugere um conceito de soma, querendo dizer que é possível escolher as duas extremidades de um espectro, como mulher. Além disso, ela lança sua rede na direção de homens, com a inferência de que se pode ser pai e virgem também... uma pessoa/alma para si mesmo e dentro de si mesmo, tanto quanto um pai que se debruça na janela da alma e atende os outros em termos significativos.

O rabino Zushya... disse uma vez: Minha mãe não rezava com um livro de orações, porque não sabia ler. Mas ela sabia recitar todas as bênçãos de cor... Nos mundos inferiores, na "criação", a Presença de Deus é a Shekinah. Aqui na Terra, a Shekinah, a Esposa Divina, que é nossa Mãe Divina, está em Exílio, exatamente como no mundo de Atzulut nosso Pai Divino está em exílio. A Shekinah é mantida prisioneira em inúmeras pequenas centelhas, à espera de redenção por nossa mão. Sempre que se reúne um grupo de judeus para algum serviço religioso onde Ela esteja, "Seu fulgor é tão poderoso que um anjo, mesmo das mais altas hierarquias angelicais, seria aniquilado".

Rabino dr. Zalman Schachter-Shalomi escreve essas palavras em seu livro: *Wrapped in a Holy Flame: Teachings and Tales of the Hasidic Masters* (Nataniel M. Miles-Yepez, organizador). De início, ele fala da acessível mãe terrena que é uma doce lançadora de centelhas na antiga tradição oral: alguém que sabe dizer as preces, muito embora não saiba ler. A essência do Sagrado pode ser transportada por qualquer um de coração sincero. Então, o rabino nos fala da própria ideia de que um anjo "das mais altas hierarquias angelicais seria aniquilado" na presença da Mãe Divina. Já observamos que ela costuma ser reduzida por alguns a uma mera ideia, mas sem o nume, e sem os lumens vivos incandescentes. O rabino, entretanto, oferece verdade atômica suficiente para fazer o ego desmaiar ao pressentir a imensa magnitude da Mãe Abençoada... e, como o ego está nocauteado, a Alma pode mais uma vez nascer plenamente para a consciência total nesses momentos... uma amostra da realidade Maior que a Alma procura e reconhece quando a vê. Depois, embora o nume possa se desgastar, ser corroído ou esquecido na rotina diária de compras de mantimentos, consertos de carros e trabalho, esse testemunho do fato de sua magnitude... de que mesmo os anjos mais elevados seriam transformados em poeira atômica se a contemplassem em toda a sua glória... essa é a nota fundamental, a pedra de toque da realidade da Santa Mãe. Nossa Santa Mãe. Nós pertencemos a ela. Ela nos pertence. Nenhum pequeno dogma pode contê-la. Nenhuma advertência, superior ou inferior, pode nos impedir de chegar a ela. Como é para ser.

Claribel Alegria, grande exemplo da Mãe protetora, nasceu em 1924. Ela está associada a protestos não violentos contra ditadores e seus exércitos em guerras em El Salvador e na Nicarágua. Autoras de muitos livros que eu chamaria de "poesia-testemunho", em seu poema intitulado "Salí a buscarte" ela fala de sair por montanhas e mares, *"perguntando às nuvens/ e ao vento"* pelo paradeiro do coração central do Ser. Ela diz que esse tipo de jornada foi inútil, pois "*Você estava dentro de mim.*" O título de um de seus livros é *Saudade*, traduzido por Carolyn Forché. Essa palavra *saudade* não tem tradução direta. Ela é mais um grito do coração. A "saudade" de Alegria é uma espécie de "dor e anseio por voltar para casa"... o momento, mesmo durante ocasiões alegres, em que de repente ainda nos lembramos de entes queridos que perdemos ou que ainda estão desaparecidos. Da mesma forma, podemos ter "*saudade*" da Santa Mãe – dor e anseio por voltar para ela. No todo, *La Claribel, mi Alegria,* repete interminavelmente em 29 mil formas que a Vida com o verdadeiro Centro da Mãe protetora, mesmo diante da morte, sempre vale a pena.

❦

O Ocidente permanece sem contato com sua própria tradição mística... Carl Jung nos avisou que "... nós, os ocidentais, não podemos ser piratas que saqueiam a sabedoria de plagas distantes que eles levaram séculos para desenvolver – como se nossa própria cultura fosse 'um erro ao qual sobrevivemos'". Existe grande sabedoria nas tradições espirituais do Ocidente, mas ela precisa de um renascimento... as crises em que nos encontramos como espécie exigem que, como espécie, reformulemos todas as nossas instituições... que as reinventemos.

Reverendo Matthew Fox, padre e teólogo da Espiritualidade da Criação, em seu livro *Christian Mystics, 365 Readings and Meditations,* um entre seus 30 livros, diz: "A mudança é necessária para nossa sobrevivência... e nós costumamos nos voltar para os místicos em momentos críticos como este. Jung disse que somente os místicos oferecem o que é criativo..." O reverendo Fox afirma que o místico não é uma ave rara, mas sim uma pessoa comum, com insights extraordinários e indagações sinceras e corajosas que investigam os mistérios de nosso universo... e a proteção de nosso universo.

❦

Demetria Martinez, poeta, coração ativista, também expressa sua crença em *el santuario movimiento,* para auxiliar aquelas almas, como eu diria, que tentam "cruzar [a fronteira]" sem ser "pregadas à cruz". Ela muitas vezes escreve com uma raiva suave sobre como a sagrada corrente de água doce é aos poucos encoberta com cimento, cada vez mais até que "o como tinha sido antes", no que diz respeito a entendimentos recém-nascidos sobre o Criador e Theotekos, a Mãe de Deus, se torna apenas um "filtro" seco e cheio de mato, já não matéria sagrada. Em um de seus poemas, "Untitled", ela fala de como os nomes numinosos das entidades místicas, entre as quais a Santa Mãe, se tornaram impessoais e, com o tempo, *se consumiram até não restar quase nada*. Ela salienta outra verdade: que, quando uma cultura já não tem uma palavra para Luz, *"vivemos nas sombras"*. Sua inferência é que o contrário seja abençoadamente verdadeiro: quando temos muitas palavras para Ela Que Brilha Como o Sol, a Mãe Que É e Que Traz a Luz, já não estamos vivendo apequenados e com a mente bitolada.

❧

Cada vez que as incrustações de um cristianismo excessivamente fixado foram quebradas, a fé espalhou-se... crescendo exponencialmente... [em] alcance em consequência de seu período de inquietação e aflição.

Phyllis Tickle, a respeito de como formas mais novas e vivas de compreender o sagrado e o santo surgem depois de ter sido amortecidas por vários meios... e depois são disseminadas de outros modos, com novas práticas, que não meramente "permitem", mas dão à luz a verdadeira vida no espírito e na alma. Esse trecho é do capítulo que ela intitulou, com seu característico toque de humor associado à inteligência de séria historiadora, "Rummage Sales: When the Church Cleans Out Its Attic" [Bazar de caridade: Quando a Igreja esvazia o sótão], em seu livro *The Great Emergence: How Christianity is Changing and Why.*

❧

Israel, um dos porteiros de meu prédio, estava fora de si de alegria. Israel é porto-riquenho. Era inverno. O que tinha acontecido? "Vi Jennifer Lopez. Na rua!", sussurrou ele. "E olhei para ela, e ela fez assim." E ele levou um dedo à boca. "Psssiu." Ele estava quase enrubescendo. "Eu disse: 'Certo. Legal.' E ela só foi passando. Foi assim: 'Fique tranquila. Eu cubro para você'." Os olhos dele cintilavam. "Aquela mulher", disse ele, com veemência... "Tinha de haver um retrato dela no dicionário junto das palavras 'mulher latina'!"

Anna Deavere Smith, atriz talentosa, conta essa história encantadora em seu livro *Letters to a Young Artist, Straight Up Advice on Making a Life in the Arts –*

For Actors, Performers, Writers, and Artists of Every Kind. Ela estava se referindo à aura física, ou seja, à presença, e transmitiu essa história sobre Israel, que é um homem tão humilde e, ainda assim, capaz de assombro diante do que eu chamaria de "presença da presença". A srta. Deavere Smith prossegue então: "A presença não está relacionada à simpatia. ... Muitas vezes, as pessoas com presença sabem que *você* está ali antes que você saiba que *elas* estão ali." Esta última é uma perfeita descrição da presença humana carismática; mas ainda mais: na descrição da Presença mística da Santa Mãe, quando ela aparece... quase sempre ela tem consciência das almas muito antes que estas se deem conta dela. E frequentemente são os mais humildes e ternos, como Israel, que "a percebem melhor", o que seria uma expressão indevida porque ela pertence a todos – mas que, sim, a protegem melhor, e tomam providências a sério para preservar sua bela essência.

[Em nossa tribo temos o costume] de as vizinhas da grávida a visitarem todos os dias e lhe levarem coisinhas, por mais simples que sejam. Elas ficam e conversam com ela...

Rigoberta Menchu Tum, do grupo tribal k'iche', dos maias, premiada com o Nobel da Paz e sobrevivente das medonhas guerras de extermínio de *los indios* na Guatemala. Aqui ela fala com ternura sobre como uma mãe é reconhecida como um ser especial, cuidada com carinho dentro dos grupos tribais, lembrada diariamente, não deixada só. É assim que Nossa Senhora costuma ser vista de um canto a outro das Américas, como sempre prestes a dar à Luz o Divino Filho do Amor, e muito merecedora de ser visitada todos os dias, de que lhe tragam alguma "coisinha"... como uma pétala de flor, uma pedra especial, uma fita, um barbante... com quem se fala todos os dias, com quem se passa o tempo, a quem se faz companhia. Quando Rigoberta e eu trabalhamos juntas no Peace Jam,* nós conversávamos sobre os "Tempos Negros" na Guatemala, o massacre das tribos. Eu tinha presenciado mais do que devia desses horrores nas décadas de 1960 e 1970. Mas de repente nós começamos a falar de *las madres y La Madre Grande...* de que a Santa Mãe era muitas vezes a consolação para as mães e os pais dos desaparecidos, que eram arrancados de seus milharais,

---

* Peace Jam é uma organização internacional dedicada a projetos de educação, com base no exemplo de pessoas agraciadas com o Prêmio Nobel da Paz. (N. da T.)

sequestrados na estrada empoeirada de terra batida, a caminho da feira, para nunca mais ser vistos. E ainda agora, em meio a outras vigílias santas, entende-se com o fundo do coração que a Santa Mãe tudo vê, cuidou de todos e atendeu a todos os que foram buscados e levados de modo tão chocante. Ela ainda os vê. Ela ainda os abraça. Ainda abraça suas famílias sofridas. Eles falam com ela. Diariamente. Ela responde direto a seus corações. Ainda.

❦

... Minha filha... 14 anos, tinha um emprego no horário depois da escola... Eu a avistei logo, ajoelhada no piso na seção de pastas de dentes, arrumando uma prateleira inferior... Percebi dois homens de meia-idade andando pelo corredor na direção dela. Eles se pareciam com o pai de todo o mundo. Tinham o cabelo penteado com musse e usavam camisa esporte de malha da cor de ovos de Páscoa... Minha filha não os viu chegar... os homens pararam, olhando para ela ali embaixo. Um cutucou o outro e disse: "Ora, é assim que gosto de ver uma mulher – de joelhos." O outro riu.

Sue Monk Kidd, em seu livro *The Dance of the Dissident Daughter: A Woman's Journey from Christian Tradition to the Sacred Feminine,* relata como enfrentou os homens que abordaram sua filha. Nós recentemente ouvimos palavras semelhantes, quando as Mulheres de Branco, em sua maioria idosas, faziam um protesto pacífico contra o emparedamento do enorme mural folclórico de *La Lupita*, na paróquia de Nossa Senhora de Guadalupe... Um homem berrou para as mulheres que rezavam: "O único lugar de Maria é de joelhos ao pé da cruz!!" A srta. Monk Kidd também é uma *hermanita* de posição firme. No caso dos dois homens que disseram palavras semelhantes à sua filha, ela disse que sentiu as palavras formar-se nela, "incontroláveis por qualquer força terrena"... e defendeu a filha, dizendo aos homens: "Vocês podem gostar de vê-la e a outras mulheres de joelhos, mas esse não é nosso lugar. *Não é nosso lugar.*" Naquele momento, sua querida filha foi abençoada por ela por toda a vida, não importa o que mais possa acontecer. E decerto a mãe foi dominada e abençoada com palavras pela Mãe naquele instante também, pois Ela é a única que é na realidade "incontrolável por qualquer força terrena".

❦

[Quanto àqueles que são severos e formais demais, que eles]... que tornam a vida difícil para outros seres humanos e para si mesmos... recebam muito mais alegria

genuína na vida... Para mim, em especial, isso inclui a alegria na natureza. Isso eu recebi de minha mãe. Ainda consigo ouvir sua voz em meus ouvidos: "Olhe, que lindo..."

Padre Hans Küng, em seu livro *What I Believe*, diz que "há pessoas, e até pessoas instruídas, que não extraem prazer algum da natureza". Ele diz que foi sua mãe que afinou seus ouvidos e focalizou seus olhos e sentidos para a beleza e a alegria da beleza. Não duvido que sua mãe tenha sido uma grande "igreja" em si mesma, por ensinar a forma mais penetrante do Santo Amor de Mãe, a gratidão e a alegria por toda a criação. O padre Küng é professor de teologia ecumênica na Universidade de Tübingen, e diz que, quando um bom cientista pretende reduzir a natureza a estatísticas biológicas, a apenas química, são totalmente perdidos a luminosidade, o brilho, a alegria da santa Criação.

❦

... como somos afetados por flutuações históricas: estendemos os limites para... transmitir nossas visões de mundo e o status *espiritual de nossa consciência. Durante os três últimos anos, essa sensação de oposição entre Constância e Mudança vem sendo acentuada por acontecimentos atuais, guerra, idade, menopausa, relacionamentos. Preciso dos antigos ícones de minha* Mexicanidad *para me manter centrada. [Isso] permite que eu transmita sensações de liberdade, encarceramento, captura, redenção e assombro... A ilusão efêmera de "capturar o que nunca pode ser capturado".*

Maruca Salazar, artista, professora de educação artística, *veracruzaña*, Diretora Executiva do Museo de Las Americas em Denver, Colorado, fala aqui sobre a colaboração em obras de arte que para ela muitas vezes incluem arte "em caixas", com minúsculas imagens da Santa Família e dos santos, e também de *La Señora* de Guadalupe. Ela se refere em particular ao que está subjacente a nosso sentido de imagens ao longo dos séculos, e a como se vê de modo diferente, dependendo do estágio da vida em que se esteja, dos desafios que se enfrentem, das felicidades... pois tudo isso molda nosso jeito de ver o que não pode ser visto somente com os olhos, saber o que não pode ser captado somente pelo cérebro. Ela fala de se harmonizar com os "mistérios misteriosos" vivos, plenamente vivos. Para ela, a Santa Mãe e tudo o que sustenta a sagrada *Mexicanidad* é memória vital. Para ela, os modos sempre mutantes de ver o espírito significam que "o lar está sempre onde a arte está". Penso em suas belas palavras, a oposição entre o "aprisionado" e o "livre" – um conjunto tradicional de metáforas entre aqueles que amam a Santa Mãe.

Belas palavras sobre a Mãe

Nós também podemos ser capturados de modos positivos na servidão ao Sagrado, e também podemos ser salvos das superstições do ego e depreciações da cultura, tudo de uma vez. Esse fenômeno de ser capturado e libertado ao mesmo tempo são experiências que muitos relatam quando vivem perto da Santa Mãe e com ela. Diz-se em nossa tradição nativa no México que Ela "capturou" por meio da gravidez o Filho do Amor, o pequeno prisioneiro divino que então é libertado no mundo para fazer o bem, ensinar, falar dos mundos dentro dos mundos. Nós também: encarcerados, capturados, libertos, redimidos, renascidos, praticando a ressurreição, tudo num único assombro. O Coração da Mãe. Que assim seja para todos nós.

C. P. Estés

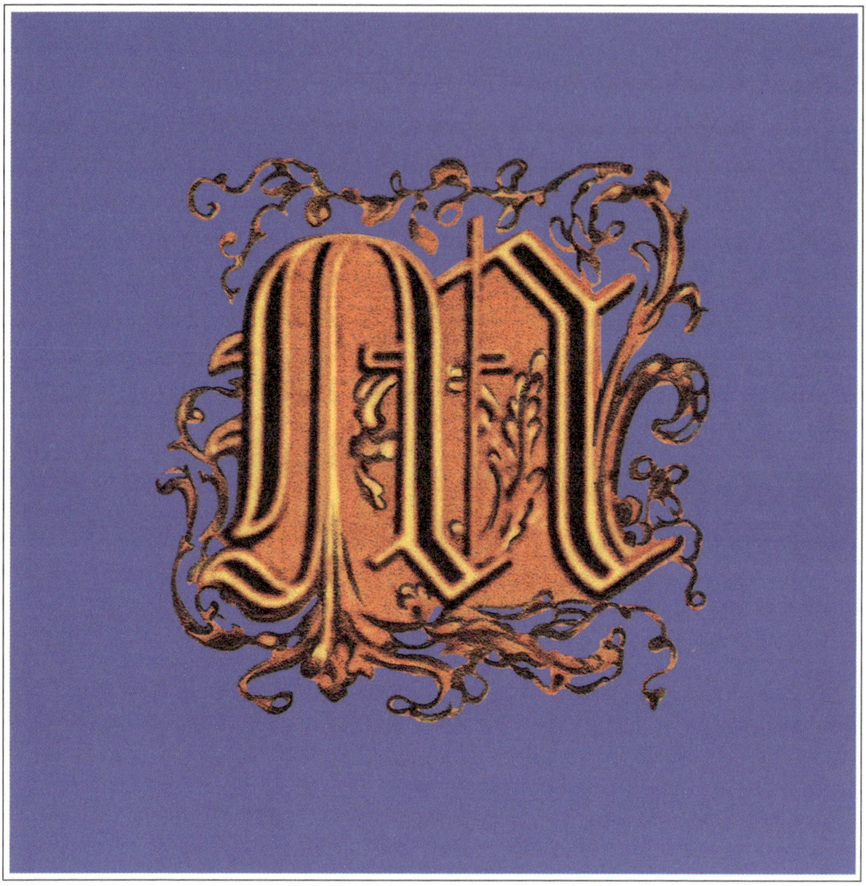
M

CAPÍTULO 24

*Amém, Amém, Amém...
e uma mulherzinha*

A Suprema Oração

Há muito tempo escrevi um poema que traz o fecho excêntrico que minha avó dava a suas orações de bênção, consolo e alívio para nós que orávamos com ela: "Amém, amém, amém... e uma mulherzinha." Amém significa "como vier a ser", "que seja assim", "assim há de ser" ou "assim seja".

O amém poderia ser dito em qualquer tom e numa série de situações, até enquanto percorríamos os campos dizendo "Amém, amém, amém", querendo dizer "Cresçam flores! Cresça milho! Cresça trigo! Cresça pimenta!" Ele também podia ser usado para repreender e fixar outros num novo comportamento: "... e você não vai sair daqui, nem vai fazer aquilo de novo. Amém. Amém". E podia ser dito para mandar amor às pessoas: "Que você esteja protegido sempre! Amém Amém Amém."

APRENDENDO A DIZER A SUPREMA ORAÇÃO

Aprendi com a Igreja que,
se uma pessoa
rezar um rosário perfeito,
receberá uma redução
da habitual sentença no Purgatório.
Aprendi com minha avó –
ela mesma uma igreja grande e simples –

que, se alguém criar uma oração em poesia,
o Paraíso mandará buscá-la pelo nome,
superando todos os desvios teológicos...
pois Deus valoriza muito os poetas.

Era noite.
Estávamos de joelhos,
dizendo nossas orações juntos:
velhas tias, tios,
papais, mamães, crianças,
e uma velha, velha.

Era assim:
"Ave Maria, cheia de graça", entoávamos.
Mas minha avó dizia baixinho:
Olá, minha irmã santíssima
(Isso ela dizia com seu sotaque carregado.)
Você está tão cheia da luz de Deus
Que eu mal consigo aguentar olhar para você.
Abaixe sua luz só um pouquinho
para eu poder vê-la melhor, Querida.

E nós continuávamos recitando,
"O Senhor é convosco,
bendita sois vós entre as mulheres..."
E vovó sussurrava:
Você estava "esperando" o Senhor,
ai que dia mais glorioso!
Você está enchendo meu ventre
de santidade, enquanto falamos.

E nós continuávamos a balir:
"Bendito é o fruto de vosso ventre, Jesus."
Vovó prosseguia:
Ah, caríssima irmã,
sinto muito por você ter precisado dar à luz
apenas com os pobres animais,

com seu pobre marido aflito,
com apenas o céu da noite para abraçá-la,
pois o que José sabia?

Conheço essa sensação e sinto pena.
Se eu estivesse lá, teria segurado
suas coxas, cortado o cordão
de nosso amado Menino Jesus.

Nós entrávamos aos berros na parte final.
"Santa Maria, Mãe de Deus, rogai por nós, pecadores..."
Vovó murmurava:
Ah, meus pecados são muitos, minha irmã,
mas sem seu amor
teriam sido muitos mais;
se não tivesse sido por você, por seu conselho,
por seu amor imenso por mulheres como eu.

E então nós começávamos o toque final,
atabalhoados como um alce na brama:
"... agora e na hora de nossa morte, Amém!"
Vovó ainda estava sussurrando:
Sem você, minha irmã, minha mãe, minha filha,
Eu nunca teria sabido que a dor, a alegria
e a força são uma coisa só.
Você me deu à luz muitas, muitas vezes.
Você não é a mãe de toda vida. Você é a própria vida.
Obrigada por minha vida, minha Filha, minha Irmã, minha Mãe.

Amém, por ora, diz sua velha filha Katerin.
Amém... e uma mulherzinha.

Notas

PRIMEIRAS PALAVRAS Bênção de Abertura: *Totus Tuus*, Eu Te pertenço, Mãe Abençoada

1. **Bênção da Mãe Abençoada**: Esta é uma oração que faço todos os dias na hora do Angelus. Enquanto faço com que todas as queridas almas admiráveis se ergam para que o Criador, Jesus Cristo e *La Señora* vejam o que é mais necessário para cada um conduzi-las, peço particularmente a nossa Mãe Abençoada que a todas as almas sejam concedidos sinais, anjos que as acompanhem, instruções, forças e graça que elas possam entender e imediatamente pôr em prática.

CAPÍTULO 2 Libertem a Mulher Forte

1. *Imitatio Maria*: Em imitação da Mãe que, segundo crenças antigas, sem saber como, aceitou seu destino de portar Deus em seu ventre. Isso também significa viver *Totus tuus,* como totalmente dela, querer saber de seus desejos para nós, de suas instruções para nós, dos problemas que soluciona em nosso benefício, de seus insights surpreendentes, das portas que ela abre, de suas intercessões com o Criador e com seu Filho.

2. "**Um olho, dois olhos e três olhos**" é um conto popular idiossincrático, narrado pelas pessoas de origem magiar de minhas famílias. Ele trata de ver o mundo sem ver a alma (um olho); ver o que todo o mundo vê sem associar nenhum espanto (dois olhos); e ver de modos extraordinariamente corajosos ou cheios de insight. Em outras palavras, ver os mundos da alma, do espírito e da matéria todos interligados (três olhos).

    No conto, as pessoas são testadas por um anjo disfarçado como uma velha, que pede apenas para beber a água fresca dos "poços mais fundos" dos lavradores.

    Os que desfazem do seu pedido passam por súbitas mudanças negativas em suas funções corporais e nos objetos inanimados ao redor – essas mudanças revelando externamente como é a constituição interna real daqueles que zombam.

Os que se dispõem de bom grado a buscar água para o "anjo disfarçado" são recompensados, por súbitas mudanças que trazem beleza à voz, aos sentidos e ao ambiente próximo – mudanças que revelam no exterior como é também a verdadeira constituição interna daqueles que servem.

O aspecto transformador do conto reside em que as personagens não reconhecem o anjo/velha na primeira vez, mas suplicam por mais uma chance para cuidar dela com mais generosidade, mais consciência, da próxima vez.

Ao contrário de muitos contos do século XIX, reescritos para se tornarem apenas histórias de castigos – "o que está feito está feito, e não lhe é dada mais nenhuma oportunidade" –, neste conto venerável sempre são dadas mais oportunidades: pois a velha é o anjo da generosidade e do amor pela alma. Ela é em si a Grande Mulher. Muitos dos contos antigos narrados em nossa família têm no centro uma mulher radiante, reminiscente das muitas gerações de lembranças da Santa Mãe na família dos contadores da história.

CAPÍTULO 3 O bêbado e a Senhora

1. D!!s: Essa é uma bela versão poética do estilo hebraico de escrever sem vogais, o que é uma demonstração de respeito. O rabino Zalman Schacter disse-me que a letra do meio em inglês [God], como o Criador é... bem... tão criativo, poderia a seus olhos ser um ponto de exclamação. Adorei a exuberância que se insinua. E, quando contei isso ao pedreiro que veio me ajudar, senti uma leveza na mente, um entusiasmo no coração, imaginar dessa forma – um tipo de confusão (?) feliz numa única bela palavra: D!!s.

2. Esse tratamento ao povo indígena do México prosseguiu por centenas de anos depois da conquista. O México era o sonho de um traficante de escravos, pois mais africanos foram capturados e trazidos à força para o México que para toda a América do Norte. Some-se a isso o Palacio de la Inquisición, um palácio imponente construído pelo trabalho escravo forçado, onde hoje está a cidade do México, destinado à execução e à morte na fogueira, *la quemadera*, de sacerdotes invasores que ousassem falar sobre a verdade ou a justiça aos milhares e mais milhares de nativos ao longo de quase 200 anos.

3. Em espanhol, costumamos fazer um diminutivo afetuoso de uma palavra em inglês ou espanhol, acrescentando-lhe *cito*, que pode ter diversos significados: pequenino, querido e mais.

CAPÍTULO 6 O *Memorare,* Lembra!

1. (**E uma mulherzinha...**): Para uma explicação desse fecho, queira ver o capítulo 24, "A Suprema Oração".

CAPÍTULO 7 O uso do coração transpassado por sete espadas

1. *Mater Dolorosa: O coração incólume...* TM ©2000, C. P. Estés. Todos os direitos reservados. Prece meditação extraída de *La Curandera*: *Healing in Two Worlds*, no prelo, Texas A & M University Press. Por tradição, na Igreja Católica Romana, entende-se que o Coração Doloroso carrega as sete dores da vida de Maria na Terra. Essa prece me ocorreu quando eu

conversava com Nossa Senhora durante um período excruciante em minha própria vida. Não há como aprender a ser inteiro sem passar por provas. Cambaleando de um lado para outro em meio à dor ou à perplexidade, estamos aprendendo a escolha: a amargura... ou a entrega ao amor.

CAPÍTULO 8 "Nossa Senhora Atrás da Parede"

1. Ao longo deste livro inteiro, uso as palavras "latino" e "latina" para designar pessoas de muitas partes do mundo que falam uma língua proveniente do latim, o espanhol em particular, mas também o português e outras línguas. Minorias e maiorias nomeiam-se e renomeiam-se como lhes apraz ao longo do tempo. Portanto, já nos chamamos de *hispanos* da região norte do Novo México e do vale de San Luis no Colorado; e *mejicanos* do México; e há outras palavras que as pessoas usam para se designar quando elas são de outras regiões das Américas do Sul e Central, das ilhas do Caribe, de partes da Europa e da África. Nos Estados Unidos alguns se chamam de *chicanos*, que é um movimento por justiça. Alguns se chamam de *compas*, e outros se chamam de *hispânicos*, que é na realidade um termo criado pelo censo do governo num esforço de empregar uma palavra emblemática sob a qual muitas pessoas falantes do espanhol pudessem ser registradas a partir da língua de origem. Há também *cholos, vatas y vatos, pachucas* e outros grupos tribais/filosóficos no interior de muitas comunidades de línguas latinas. Costuma acontecer de os grupos se nomearem de modo progressivo. Com o passar do tempo, à medida que lutas são travadas, *status quos* desafiados, objetivos atingidos, os nomes dos grupos costumam mudar – novos nomes são acrescentados, nomes antigos são aposentados por uns tempos ou para sempre. No todo, os grupos parecem preferir se nomear, em lugar de serem nomeados por outros. É por isso que me alegro em chamar cada pessoa por qualquer afiliação afetuosa que lhe agrade, sempre com a lembrança de que nossa Santa Mãe chama a todos nós por um nome apenas: Filho Amado, Filha Amada.

2. Noticiário do Canal 9 KUSA (associado da NBC), Um ano depois, grupo ainda quer que o mural religioso de Nossa Senhora de Guadalupe seja exposto, Deborah Sherman, 23 de novembro de 2010
   Denver Daily News, Cresce frustração por mural de igreja: Procissão religiosa planejada como protesto por ter sido removido mural significativo para comunidade de latinos, Peter Marcus, 23 de novembro de 2010
   Denver Daily News, Loucura por mural: Grupo indignado porque igreja se recusa a ajudar polícia a investigar vandalismo, Gene Davis, 11 de março de 2011
   The Denver Post, Levante de fiéis por volta do mural da Virgem de Guadalupe, 1º de outubro de 2010
   The Denver Post, Vandalização do mural da Virgem Maria não será investigada, Electra Draper, 10 de março de 2011
   El Semanario, Jesus esconderia sua mãe?, Magdalena Gallegos, 2 de junho de 2010
   El Semanario, Desrespeito provoca protesto, Ramon Del Castillo, 24 de junho de 2010

El Semanario, Do fundo do meu coração: La Familia, Magdalena Gallegos, 22 de julho de 2010

El Semanario, Espírito de Guadalupe reina na comunidade, Ramon Del Castillo, 2 de dezembro de 2010

El Semanario, Ocultação de Guadalupe entristece comunidade, 9 de dezembro de 2010

El Semanario, Do fundo do meu coração: Que tipo de igreja é essa?, Magdalena Gallegos, 10 de março de 2011

El Semanario, Do fundo do meu coração: A gota d'água, Magdalena Gallegos, 7 de abril de 2011

National Catholic Reporter, Católicos de Denver lutam para restaurar mural de Guadalupe, Dennis Coday, 14 de outubro de 2010

3. **Quem não se recorda de sua história**: Segue adiante no contexto a bela citação do filósofo Jorge Agustín Nicolás Ruiz de Santayana y Borrás, também conhecido como George Santayana. Isso quer dizer que a mudança não é progresso, a menos que ela também retenha o que houve de bom no passado. Empreender a mudança em si sem o coração pulsante do passado é infantilizar a todos, manter todos na ignorância de questões prejudiciais que ocorreram no passado que poderiam ser evitadas ou intermediadas no presente, se a lembrança delas estivesse presente para todos. *"Longe de consistir em mudança, o progresso depende da retenção. Quando a mudança é absoluta, não resta nenhum ser por aperfeiçoar, e não é fixada nenhuma direção para um possível aperfeiçoamento. E, quando a experiência não fica gravada, como entre os selvagens, a infância é perpétua. Quem não consegue se lembrar do passado está condenado a repeti-lo."*

4. Essa carta é uma das profecias mais poderosas escritas em prisões por aqueles dotados de corações visionários que foram encarcerados injustamente mas que, mesmo assim, escrevem e enviam suas palavras por meios clandestinos para o mundo para ajudar, sustentar e reanimar outros. De San Juan de La Cruz a Nelson Mandela, em nosso tempo, são às centenas os nomes dos que escreveram da prisão, não para defender seu caso, mas para defender o direito de outros serem soerguidos, de serem tratados bem e com justiça. A *Carta da prisão de Birmingham* é também conhecida como *The Negro Is Your Brother* [O negro é seu irmão]. Essa carta foi escrita na cadeia municipal em Birmingham, Alabama, no dia 16 de abril de 1963, por Martin Luther King, Jr. Ele foi encarcerado ali depois de ser detido por um protesto não violento, planejado contra a segregação racial imposta pelo governo da cidade e pelos estabelecimentos comerciais. A carta do dr. King saiu da cadeia escondida num tubo de pasta de dentes.

A carta é uma resposta a oito religiosos brancos do Alabama que concordaram publicamente quanto à existência de injustiças sociais contra os negros, mas insistiram em que a batalha contra a segregação racial deveria ser travada educadamente a portas fechadas, ou seja, nos tribunais, não nas ruas. Em atitude típica dos que tentam reter o poder, eles chamaram King de "agitador de fora", que criava problemas onde não havia necessidade de problema algum por nenhum motivo. A isso, King escreveu: "A injustiça em qualquer lugar é uma ameaça à justiça por toda parte. Estamos enredados numa rede inescapável de mutualidade, amarrados numa única veste do destino. Não importa o que seja que afete uma pessoa diretamente afeta a todos indiretamente... Quem quer que resida nos Estados Unidos jamais pode ser considerado 'de fora'..."

King disse que seu grupo estava usando a ação direta não violenta para causar tensão que forçaria a comunidade mais ampla a encarar a questão de frente. Eles esperavam criar uma tensão não violenta, necessária para o crescimento. King respondeu que, sem ações diretas vigorosas e não violentas, os verdadeiros direitos civis jamais seriam atingidos.

Os religiosos brancos censuraram a escolha da hora da demonstração. King escreveu: "Essa 'espera' quase sempre quis dizer 'nunca'." King disse que eles tinham esperado por esses direitos concedidos por Deus por tempo suficiente e que "a justiça que tarda demais é a negação da justiça".

5. **Avante por Nossa Senhora**: Já me aconteceu de eu me sentir confusa, talvez você também tenha tido essa sensação, quando, ao longo da história, lados adversários alegam que Deus está somente de seu lado. Às vezes, nós, pequenos seres humanos, tornamos Deus pequeno demais. O que prefiro entender – e é por esse motivo que gosto da exortação do dr. King para um autoexame espiritual antes de nos lançarmos no éter – é que "Estamos com Deus. Estamos com a Santa Mãe." Em outras palavras, nossa escolha de estar "com" significa que conseguimos não nos conspurcar em algo muito menor que a centelha divina, mas, sim, estar e permanecer com o máximo do Máximo, o mais criativo, o mais amoroso, o mais pacífico – e o mais determinado.

CAPÍTULO 11 **Como "*motherfuckers*" se tornaram Mães Abençoadas**

1. Contei essa história usando a palavra "kid", pois no dialeto de nossa família um "kit" e um "kid" são nomes que servem para cordeirinhos, gatinhos e crianças, muito embora no inglês formal um "kid" seja um cabrito (o que aprendi muito depois na vida).

    Nós também chamávamos os pimentões verdes, as mangas e várias outras criaturas, alimentos e locais por termos que eu viria a aprender muito depois e com frequência sendo repreendida pelos outros. Envergonhada, eu descobriria que a cultura dominante usava palavras diferentes para as mesmas coisas. Com o tempo, pude ver a riqueza que existe em usar muitas palavras de cada jeito de falar, quando útil.

CAPÍTULO 12 **A Grande Mulher nos aparece diariamente**

1. *La Madre, Nuestra Señora,* **Nossa Mãe continua:** Às vezes, quando estou em viagem a outros países e cidades, pessoas perguntam sobre imagens da Mãe Abençoada que ouviram dizer que foram vistas numa *tortilla*, ou sobre um arco-íris com a forma da Mãe Abençoada num prédio de vidro. Não sei se posso avaliar as experiências de todos os outros. Tudo o que sei é que Nossa Senhora aparece em formas que têm significado para os que a apreendem.

    Percebo que a mídia costuma ridicularizar essas manifestações ou zombar delas. Mas creio que seria necessário falar com as pessoas que encontram significado nelas e ver o que essas pessoas pensam, em primeira mão, e não avaliar essa opinião com o coração de um cético, mas com um coração aberto. Às vezes, parafraseio também o que minhas próprias avós diziam em palavras como as seguintes: "Se a mensagem for boa, guarde-a e se esforce para compreendê-la. Se você sentir que ela não é para o bem, descarte-a e siga viagem. São muitas as paradas nesta ferrovia, muitas oportunidades para ver o que pode e deve ser visto, pensado e compreendido, tudo em nome do Amor."

CAPÍTULO 13 **Ladainha da Estrada Mãe: Cântico de Seus nomes incandescentes**

1. **Três enormes massas de terra:** Atualmente muitos geógrafos dividem o planeta Terra em regiões, não mais denominadas "continentes". Divididas pelo conceito de massa de terra, diz-se que há oito regiões: a Ásia; o Oriente Médio e Norte da África; a Europa; a América do Norte; a América Central e Caribe; a América do Sul; a África; e a Austrália e Oceania. É maravilhoso descobrir que a Mãe Abençoada é conhecida em cada uma dessas enormes massas de terra, dentro de todas as nações e tribos abrigadas em cada região geográfica, e dentro de todos os tipos de famílias e indivíduos abrigados no interior dessas nações e tribos. Ela é conhecida por toda parte. E muitas vezes seu pequenino Filho Divino também.

CAPÍTULO 14 **Compaixão pós-aborto: "Os filhos que ela teve que não teve..."**

1. Recentemente, um bispo administrador deu uma entrevista, dizendo o seguinte: "Se... a juventude se dispõe a ir à guerra, expondo a vida a risco para defender nossas liberdades, cada bispo deveria estar disposto a entregar a vida, se isso resultasse em erradicar o aborto." Isso espantou a muitos – um chamamento pessoal por parte de um bispo administrador para um martírio aparentemente planejado para si mesmo e outros bispos. Muitas sobrancelhas se arquearam, pois o autêntico martírio não costuma ser um evento de amadores, planejado com antecedência, ao que eu saiba.

    Os insights e atitudes de nossos tempos precisam mudar. Especialmente entre líderes, pois parece ser contrário à vida em si que qualquer prelado sugira seu próprio martírio, quando há por toda parte legiões de almas a ajudar, almas já feridas e sem atendimento que estão perfeitamente vivas e necessitadas de cuidados profundos e conscientes. Uma vida minúscula já foi perdida; depois uma segunda vida, ferida e ignorada, enquanto uma terceira vida organiza um martírio? Loucura.

2. **Rituais para limpeza do ferimento de perda de um filho pelo aborto:** Preparei muitos rituais e sugiro este a mães, pais, avós, irmãos, que sofrem por saber que uma alma esteve tentando fazer a travessia para chegar aqui, mas precisou voltar. Eu ofereceria aqui uma estrutura a ser preenchida como você quiser, de qualquer forma que seja significativa e útil para a alma da mãe/do pai. Muitos gostariam de realizar o ritual ao ar livre. Alguns poderiam se sentar perto de um círculo sagrado de sua escolha, ou dentro dele; ou perto de água corrente; ou ainda com uma cuba de água sem tampa, cercados de objetos da própria vida ou de objetos fornecidos por uma terceira pessoa amorosa... esses representando o passado, o presente e a vida futura da pessoa. Talvez se escolhessem objetos que parecessem protetores e generosos para com o coração da mulher (do homem). Alguns gostam de tirar os sapatos e às vezes mais roupas.

Acima de tudo, "estar com" é o modo de manter-se perto do sagrado. Uma pessoa pode estar com outras com eventos semelhantes na vida, e suas histórias muitas vezes se enriqueçam umas às outras. Ou alguém pode estar com tantas pessoas quanto queira, ou com absolutamente ninguém.

Chamar pela entrada do Sagrado, e/ou pela ajuda da Mãe Abençoada, da forma que cada pessoa compreenda melhor, é o que vem em seguida. Portanto, muita atenção para escutar a história de como tudo ocorreu, avaliações, arrependimentos, remorsos, sentido do eu.

E então um pequeno símbolo. Às vezes ofereço uma série de objetos para uma pessoa escolher, um babador macio de feltro, uma lembrancinha decorada de um bebê dormindo, uma escolha de santinhos da Mãe Abençoada, a imagem de um pássaro, um anjo, uma borboleta, papel para escrever uma carta manuscrita, como a pessoa queira, ou para escrever o nome do filho, se o desejar. E vários outros itens simbólicos que uma pessoa pode escolher para manter a porta entre os mundos aberta enquanto fala, pensa, existe como seu espírito se sente chamado a falar, pensar, existir.

A pessoa pode querer falar muito ou pouco, ou não dizer nada. O silêncio é uma das muitas línguas da Santa Mãe, e tudo se acertará na quietude também. O trabalho avançará porque o sagrado foi chamado a entrar, quer se fale sobre isso, quer não. O modo simples costuma ser o mais significativo. Plantar alguma coisa que crescerá na memória daquilo que é eterno. Localizar um tesouro de algum tipo, uma simples manifestação de amor, da forma que se desejar, uma carta manuscrita, uma pedra especial que seja simbólica do "pó voltado ao pó", com compaixão.

A pessoa pode se ajoelhar, se sentar, ficar em pé ou dançar, como queira. Pode-se enterrar, não a memória, mas pedir à terra que receba com ternura essa parte de sua vida, que abrace essa doçura e perda com mansidão e amor. Lavar o ferimento na essência da Mãe, sua santa terra. Além disso, pode-se trazer uma imagem da Santa Mãe para deixar ali ou para ser testemunha ali, junto. Se chorarmos, podemos deixar as lágrimas cair sobre a terra ali, regando qualquer coisa verde ou qualquer paz abençoadora que tenha sido dada à Terra agora para crescer ali em nome de todos. Podemos só pedir com toda a simplicidade que a Mãe Abençoada, que sabe o que fazer, que sempre esteve conosco e esperando que nós chegássemos a este momento de cura, saiba o que fazer. Podemos pedir que a Santa Mãe, por misericórdia, em nosso nome entre o céu e a terra, entregue por nós nossas mensagens exatamente ao endereço correto. Podemos pedir à Mãe Abençoada que nos dê um sinal de sua bênção sobre nós, e seguir a partir desse ponto.

3. Como diz uma de minhas amigas, que diariamente vê os desafios e sofrimentos de filhos cujo pai engravidou sua mãe e depois foi embora sem jamais dar apoio ao filho, "Os que plantam a semente têm de começar a se importar com o lugar onde ela cai". É verdade. Um diálogo específico e permanente sobre essas questões ocorre decerto entre os mais velhos e os rapazes, não como um sermão, mas como uma construção de caráter, uma conversa constante de apoio com aquelas pessoas que os jovens respeitam. Mas é preciso que haja uma quantidade muito maior de homens envolvidos nos assuntos dos rapazes. Eu apenas mencionaria a palavra "milhões" mais. E deveria haver muito menos obstáculos a essas conversas. Se essas questões não puderem ser discutidas na escola, a não ser em aulas de biologia, que estão

isoladas dos sentimentos e da experiência pessoal dos rapazes, se não puderem ser discutidas na igreja em conversas francas, não "edificantes", então onde nossos rapazes poderão receber a transmissão dessas informações vitais? Enquanto as mulheres têm sua própria consciência, ou falta de consciência, com a qual lidar, aqui estamos falando de rapazes em particular. Um pai não tem necessariamente de ser da mesma linhagem de sangue. Pode ser, sim, qualquer homem honrado que estabeleça um padrão de conduta: que o que distingue um homem de verdade é o fato de ele não engravidar uma mulher, ou mulheres, de modo inconsequente ou não, enquanto não for essa sua "intenção", e ele esteja preparado para ser um "pai definitivo" para seus filhos, dando o máximo de sua capacidade para apoiá-los. O fenômeno de homens, jovens ou não, que saem por aí fazendo filhos no maior número possível de mulheres por "orgulho masculino", mas depois abandonam as crianças e as mães, parece ser uma profunda doença espiritual, com um preço enorme para o ser humano. A questão pode não ser "o que significa ser homem". Ela pode ser "O que torna uma pessoa fiel ao que persiste em si, ao que não se apressa, ao que repousa em chão sagrado em primeiríssimo lugar?" Há muitos aspectos nessa questão, e eu sempre procuro a ajuda de homens corajosos e de bom coração para mostrar o caminho.

4. **"A Mãe" [The Mother] de autoria da srta. Gwendolyn Brooks**: Nascida em 1917, ela deixou este mundo no ano de 2000. Foi a primeira americana de origem africana a receber o Prêmio Pulitzer de poesia, ganhou uma bolsa da fundação Guggenheim e foi incluída na Galeria Nacional de Honra das Mulheres, além de muitas outras honrarias. Era, porém, uma mulher tão ligada à terra e tão prática quanto se poderia esperar conhecer. Tinha uma mansidão, associada a um par de olhos ferozes de águia, que viam o todo e os pequenos detalhes ao seu redor. Seus livros de poesia são muitos, entre eles *Bronzeville*.

CAPÍTULO 16 **Deus não tem mãos: Consolando Maria, o ritual de *Pésame***

1. **pequeno *testudo*, pequenino refúgio semelhante a uma carapaça de tartaruga**: A carapaça da *tortuga*, tartaruga, em especial das grandes tartarugas marinhas que chegam ao litoral ao longo das praias no México, é às vezes usada como a gruta na qual se põe uma imagem de *La Mujer Grande*, a Mãe Abençoada. Existe uma razão para isso que pode ser entendida em termos de arquétipos... como um meio de enxergar como viver ali dentro, e também pela proteção das partes mais tenras e críticas da psique e da alma...

Eu diria da seguinte forma, tenra de um lado, rígida e durável do outro. Essa seria Nossa Senhora, e seu exemplo para nós. A carapaça da tartaruga, a carapaça da estátua de mármore, a carapaça da oração são compreendidas como formas para estimular nossas capacidades para garantir que possamos, apesar de tudo o mais, nos postar de pé com o mesmo vigor contra os elementos corrosivos da cultura dominante.

Esse ideal é evidente também nos tempos antigos, pois o "testudo" sempre foi uma forma de cada um se armar, com escudos mantidos acima da cabeça, entrelaçados com os de todos os outros soldados, *los soldados y las soldadas,* para poder correr protegidos, sob uma "carapaça de escudos" na direção da fortificação, ou para fugir de bolas de fogo e flechas que caíam do céu. Sabedoria antiga para almas modernas.

Notas

CAPÍTULO 18 "Ah, sim, aqui há lugar para vocês também" O ritual de *La Posada*

1. **El Cristo de La Llave, ex-voto**: As ramagens dos dois lados do Cristocito estão cheias de fechaduras. Creio que são oito, pois o ritual de *La Posada* costuma rejeitar o Amor do Mundo oito vezes. A fechadura e a chave são antigos símbolos de fertilidade e de gestação, não só porque uma tem a forma do cofre do tesouro e a outra tem a forma fálica, mas ainda mais porque essas são ideias antigas de esperança e organização de vida nova.

    Criei essa peça de arte/peça para altar como um ex-voto para pedir e suplicar a intercessão de Nossa Senhora pela fertilidade daquelas que desejassem engravidar, aquelas que ansiassem por um filho, mas se sentissem "excluídas" ou incapazes de "segurá-lo no corpo". Fico feliz de poder relatar que em muitos que contemplaram esse ex-voto, esse observador de vigília, anseios desse tipo foram atendidos. E eu amo esse pequeno Cristocito com seus olhões bem abertos, seu vestidinho e as unhas dos pés pintadas de vermelho.

    Ao fazer essa peça para oração, eu me perguntava, "O que é uma *lock* [fechadura]? Algo que serve só para manter uma porta trancada para que o que está dentro não caia para fora? Sim, mas às vezes também uma tranca para se ter privacidade. Algumas fechaduras são trabalhadas, ornamentadas, com correntes, para demonstrar que o que está ali dentro é amado e valorizado. Às vezes, *airlock* é uma antecâmara, feita para criar um compartimento com uma determinada pressão, para que a pessoa se aclimate gradativamente a um novo modo de ser, a partir do qual, uma vez que a pressão esteja estabilizada, ela possa "nascer" por outra porta, de onde a tranca tenha sido retirada.

    Além disso, *lock* também é uma eclusa, um trecho curto de um curso d'água no qual o nível da água pode ser elevado ou baixado por meio do uso de comportas e de represas temporárias... sendo esse recurso usado para elevar ou baixar uma embarcação por uma extensão de água, que de outro modo seria rasa demais para ser transposta.

    Portanto, a palavra *lock* designa algo que segura, abraça, estabiliza, se prende firme a alguma coisa; e a ação oposta consiste em permitir que algo avance, criando condições perfeitas para esse avanço, independentemente das características do terreno. E isso me pareceu um perfeito conjunto de atributos para pedir por vida nova para qualquer um que anseie pelo bem, sob qualquer forma.

    Enquanto trabalhava, também mantive na mente a pergunta: o que é uma *key* [chave]? Com frequência um pequeno objeto forjado de material da terra, o metal. Corta-se o metal com abas ou pequenas asas metálicas para serem inseridas na fechadura. Dentro da fechadura, onde as questões estão escondidas, as abas fazem girar o tambor para que a lingueta que mantém a porta fechada se recolha; e a passagem ou fica bem fechada ou é aberta para as pessoas entrarem. Uma chave também é usada para afinar um instrumento; e também uma chave é uma ideia ou sistema de pensamento aplicado para resolver um problema ou decifrar um hieróglifo. Algumas chaves são simples, como um ferrolho passado por dois anéis para manter fechado o recipiente.

    E isso também é bom. Na construção de paredes de taipa, *key* é a primeira camada de barro aplicada entre as ripas para que as camadas subsequentes de barro fiquem bem presas. E *keystone* [fechamento] é a pedra que arremata um arco. E, enquanto eu trabalhava, todas essas também pareciam ser boas orações a fazer por quem quer que estivesse mais necessitado, para fazer essa oferenda ao Santo Menino do Amor, em contraste com o vermelho-escuro da rosa, um duplo tão adequado para as camadas suculentas de nutrição no útero... tudo isso para pedir por aqueles na Terra que anseiam, cada um a seu modo, pela chegada do Filho do Amor que venha tocar sua alma para ser todo seu.

2. **sem ser vista:** O antigo escritor Lucas narra toda a história do nascimento do Deus Menino do ponto de vista da Mãe Maria, dizendo que ela sabia Quem estava protegendo dentro de si, que ela também podia ver o Sagrado oculto, enquanto outros não podiam... que ela escondeu "em seu coração" seu conhecimento do Imanente não visto (Lucas, capítulo 2, versículos 19 a 51).

CAPÍTULO 22 **Bênção de Encerramento: Já te esqueceste? Sou tua Mãe**

1. Quanto à origem desse encerramento para nossas preces e bênçãos, ver capítulo 24, "A Suprema Oração".

Notas ao leitor

UMA NOTA SOBRE A ARTE AQUI INCLUÍDA

Cada pequena obra que criei, para *Libertem a Mulher Forte,* foi feita como um *ex-voto,* em agradecimento, em busca de socorro, apoio ou em louvor à Santa Mãe, e a serviço de criaturas, algumas das quais eu conheci em pessoa; e alguns ex-votos foram feitos para quem eu ainda não conhecia, talvez para alguém como você mesmo/a, que estivesse necessitando de aconselhamento, preces e cura.

As imagens que criei em multimídia não foram feitas em alta resolução porque desconheço a técnica. E quando se associava minha dislexia com outras deficiências, as instruções nos livros me deixavam tonta, de tão complexo que tudo aquilo me parecia. Por isso, eu simplesmente recortei, colei, aparei, colori, com o equivalente a ferramentas de uma criança.

No fundo do coração, eu queria preparar a prece para tentar preencher a necessidade cheia de esperança; e, ao fazê-lo, enviar minhas "cartas-preces" para o lugar onde as preces são passadas de mão em mão, por tudo o que é sagrado, aquele ponto onde a biologia, o aspecto psicológico de uma pessoa, de um lugar e o Criador Eterno pudessem se encontrar como um. Assim, as imagens ou palavras que apliquei ou inseri nos ex-votos tecnicamente não têm o foco nítido que admiro e sei que um verdadeiro profissional poderia apresentar.

Pensei em não incluir ex-votos neste livro, pois sei que algumas pessoas são aficionadas das artes gráficas e considerariam que eles não eram assim tão bons. Mas então senti uma pequena cutucada e talvez tenha visto passar voando a pena de um anjinho. E achei que podia ser que vocês gostassem de ver essas "preces pintadas" com elementos de colagem, pedindo saúde e cura, mesmo que seu foco estivesse pouco definido. Eu apenas pediria que esses ex-votos, como foi sua intenção original, também abençoassem e servissem perfeitamente para alguma parte de sua vida preciosa, bem como da vida das pessoas a quem você quer bem.

UMA NOTA AOS LEITORES SOBRE AS PALAVRAS

Como poetisa, creio que nós que trabalhamos duro na mina de palavras, tentando soltar o suficiente delas da rocha, temos esperança de que algumas tenham sido criadas pelos anjos, muito embora em sua maioria elas tenham de passar por triagem e ser marteladas até se tornarem mais maleáveis e fortes, mesmo quando nós estamos exaustos com a atividade de tentar facetá-las enquanto evitamos as lascas... (essa é minha ideia de humor poético).

Falando sério, creio que poetas têm o dever de criar novas palavras; usar as que já existem, de modos novos e tradicionais; inventar palavras, se necessário, quando a língua ainda não tiver um termo com o conceito ou a emoção necessária. E também esse é um motivo pelo qual nós escorregamos para a poesia quando falamos em especial do transformacional, do Sagrado – pois a prosa corriqueira pode transmitir o que ocorreu, mas pode não ser capaz de transmitir o sentimento interior do que ocorreu – tão bem quanto a forma lírica. Digo "escorregamos para a poesia" porque creio que, para muitos de nós, a poesia é nossa primeira língua. É com ela que vemos o mundo por dentro, em primeiro lugar, e por fora, em segundo.

Criaturas leais leram esse original e fizeram anotações pautadas por manuais de estilo, com o pressuposto de que eu preservaria meu próprio dialeto, meu próprio jeito de escrever com a voz que tenho. E assim vocês encontrarão neste livro algumas incoerências na ortografia, por exemplo, pois a forma como aprendi a escrever determinadas palavras, quando criança, dependia do lugar de onde vinha a freira nossa professora naquele ano: dos Estados Unidos ou do Canadá, que seguia a ortografia britânica.

Além disso, vocês encontrarão algumas palavras que são peculiares à terra onde cresci nos confins das regiões dos lagos e matas do Norte. Mantive as idiossincrasias da "língua de minha terra" e, portanto, quaisquer erros, ou erros aparentes, neste original, são exclusivamente meus. Espero que vocês concluam que meu texto acompanha meu jeito de falar; e, no caso de palavras estrangeiras, as que não são comuns no vernáculo estão repetidas em inglês depois do termo estrangeiro.

Como vocês sabem, as palavras carregam histórias dentro de si, histórias das pessoas que usam as palavras em termos regionais, por exemplo, em vez de em termos mais globais. Com isso, até mesmo o modo de soletrar uma palavra pode se tornar um ponto de discussão sobre opiniões políticas e sem dúvida sobre a preservação das línguas também. Vocês verão, por exemplo, que, na página de dedicatória deste livro, o dialeto do povo de Milano é usado para denominar a bela Madona no topo da igreja de "Madunina", que é como eles a chamam. Ela também é chamada num italiano mais global de "Madonnina". Quando escolho entre diversas formas de me referir a um acontecimento ou pessoa em palavras ou ao soletrar seu nome, costumo usar o dialeto do povo do lugar onde a pessoa ou a questão se encontra.

Além disso, há algumas palavras que usei, como por exemplo o termo "religião". Falei sobre essa palavra em seu sentido original, o de amarrar os feixes, o de estar juntos em plena nutrição e luz. Sei que, para alguns leitores, por seus próprios motivos, essa palavra que deriva de *religare* às vezes causa aversão, pois eles viram crimes perpetrados ou foram feridos por alguém que alegava estar agindo em nome de uma crença religiosa. Eu gostaria de devolver muitas palavras para suas histórias de sustentação, e vocês de vez em quando podem encontrar amostras disso no texto.

Ademais, um dos capítulos, por causa da experiência visceral que contém, emprega uma palavra normalmente compreendida como uma vulgaridade: *motherfucker*. Para não deixar esse evento transformacional fora do livro, como alguns me aconselharam, porque ele é centrado literalmente em torno do que se percebe como uma vulgaridade, demonstrei como ele se desenrolou no contexto do amor de Nossa Senhora e o trouxe ao conhecimento de vocês.

Não sou indiferente ao fato de que alguns leitores, especialmente de minha própria geração mais velha, não estejam acostumados a palavras desse tipo, que se sintam surpresos ou ofendidos pela grosseria dessa linguagem de rua. Sinto muito se a palavra causa indignação, mas aqueles de nós provenientes da terra, que trabalham com essas pessoas a partir do próprio chão, não consideram essas palavras chocantes, mas apenas indicadoras de frustração ou de lutas pelo poder, com frequência momentâneas. Nós nos propomos a elevar a linguagem um pouco; mas principalmente elevar as próprias pessoas, creio eu. Espero que o coração do leitor veja que as qualidades transformacionais das crianças naquele capítulo sobressaem muito além do jargão.

Vocês verão ainda uma nota acerca de como grupos de pessoas se denominam, em contraste com os nomes que outros lhes dão, e ali falo também de como os nomes de grupos evoluem com o tempo, dependendo do quanto eles se elevem cada vez mais até uma paridade com as culturas maiores. Neste livro, refiro-me a grupos pelos nomes que eles usam atualmente para se denominar, muito embora esses nomes possam mudar amanhã; e muito embora nem todas as pessoas abrangidas pelo nome concordem necessariamente com esse nome específico. Tive a sorte de pessoas me dizerem os nomes antigos usados para muitos de seus grupos e sub-grupos, tribos e clãs, bem como o que esses nomes realmente significam em termos espirituais, políticos e geográficos.

É bonito ver como as pessoas se denominam tanto de acordo com a percepção que têm de si mesmas, como também de acordo com o que esperam se tornar. Esta última é uma prática muito antiga: dar a si mesmo ou a seu grupo o nome daquilo a que se aspira chegar a ser. Talvez essa seja uma das razões pelas quais a Santa Mãe tem tantos nomes dados por aqueles que tanto a amam. Não para que ela chegue a ser o que os nomes dizem, mas para que nós cheguemos.

Ganz-Votivtafeln [Placas Votivas]

Essas seguem a tradição da tribo da minoria suábia da qual meu pai descende. Elas costumam ser chamadas em inglês de "votos". No outro lado de minha família, espanhol e mestizo, elas são chamadas de "ex-votos", o que significa em latim que alguém fez uma promessa de fazer alguma coisa, dizer alguma coisa, retirar o que disse, começar ou terminar alguma coisa, enquanto pedia do fundo do coração pelo auxílio Divino para uma questão relacionada ou às vezes para uma totalmente diferente.

As imagens de ex-votos também são, por tradição, pintadas para agradecer pedidos concedidos. Segue-se uma relação de muitos ex-votos dentre as centenas que fiz ao longo das décadas de minha vida. Eles representam minha prática de prece contemplativa que me foi ensinada pelas irmãs de meu pai, minhas tias, que eram antigas fiéis nos dois lados do oceano. Elas me ensinaram certas preces que deveriam ser associadas a cada súplica, bem como permutas e doações a serem deixadas para o Espírito Santo. Se me pressionassem para dar um nome a esse conjunto de preces, eu talvez as chamasse de "orações expressivas". Mais do que isso, porém, junto com a tradição de nossa família de uma espontânea "criação de histórias", eu geralmente as chamo pelo que elas são: "criação de orações".

Algumas eu fiz para ajudar e abraçar aqueles tão necessitados como indivíduos, tanto os que são meus conhecidos, como os que não conheço. E também pelo que em hebraico se chama de *tikkun olam*, para reparar a alma do mundo, o que significa que também faço ex-votos para pedir por toda a humanidade que possa estar necessitada, querendo dizer você também, eu também, nós todos juntos. Acredito que, quando você vir cada ex-voto aqui incluído, sua alma saberá para qual evento desafiador ou passagem da vida cada um se destina e por quê. A alma é multilíngue, e uma das maiores línguas da alma consiste em falar por imagens.

Lista de ilustrações/créditos

DEDICATÓRIA
Fotografia: La Madunina/Madonnina en Milão, Itália, projetada por Giuseppe Perego, 1762
Crédito e *grazie tanto*: indústria do turismo de Milano

SUMÁRIO
Imagem: © Theo Malings/Shutterstock

PRIMEIRAS PALAVRAS Bênção de Abertura: *Totus Tuus*, Eu Te pertenço, Mãe Abençoada
Ex-voto: "Colcha com a bênção de Nossa Senhora para ter belos sonhos" de autoria da dra. C. P. Estés
A colcha comprada que eu adornei diz no alto: Repouso, Doce Sono, Tranquilidade, Paz, Amigos, Alívio, Coração, Cura, Belos sonhos.
Na parte inferior, a colcha diz: Mãe Abençoada, Coração Imaculado, Mi Madre, Espelho do Paraíso, Torre de Marfim, *Arbol de la Vida,* Estrela do Oceano, Ora Por Mim, Restaura-Me, Fortalece-Me, Cura-Me... A Ti Sou Grata: Para Sempre, Sou *Totus Tuus* (Pertenço a Ti).

CAPÍTULO 1 A primeira vez que vi Teu rosto
Colagem 1: "O lago da mulher de vermelho", da dra. C. P. Estés
Colagem 2: "Nossa Senhora do Lago-Mãe Michigan", da dra. C. P. Estés

CAPÍTULO 2 Libertem a Mulher Forte
Ex-voto, colagem: "Santa Mãe Sábia, Que Ela Seja Reconhecida e Mostrada em Liberdade"
Esse ex-voto diz o seguinte:
Mãe Abençoada, Mulher de Muitos Rostos, Muitos Nomes: Eu a conheço como Nossa Santa Mulher Sábia, uma descrição sua quase inaudita. Mas/E nas histórias antigas, você, como Maria idosa, subiu os montes até o templo de Ártemis em Éfeso, onde pregou "ensinando

pelo exemplo". Relatam alguns antigos fiéis que, como em Caná, você continuou a participar de sagradas danças tribais.

Hoje, no mês de junho de 2011, dia em que este livro se completou, e depois de quase dois milênios em que os povos de todo o mundo clamaram com dor, foi decretado para o mundo inteiro, por autoridades cristãs, que a partir daqui os missionários cristãos deverão "rejeitar todas as formas de violência... entre elas a violação ou destruição de locais de culto, símbolos ou textos sagrados" pertencentes a outras religiões.

Se for assim, muitos motivos para Aleluias: Que entre em vigor para todos os grupos. Todos. Que neste dia todas as espadas sejam transformadas em lâminas de arado... para plantar vida nova em vez de ferir a vida.

Depois de conquistas brutais no passado e incursões inoportunas em nossos próprios tempos, essas invasões que deram início à violência e à exploração, mas que se alegava serem em nome da "Fé" – em junho de 2011, o Conselho Mundial de Igrejas, o Pontifício Conselho do Vaticano para o Diálogo entre as Religiões e a Aliança Evangélica Mundial – "representando mais de 90% da população cristã do mundo" – publicaram o que eu chamaria de "notável documento de conscientização". "[P]rimeiro documento dessa natureza na história da Igreja...", ele estabelece com clareza pontos éticos e humanitários: são condenados o engano e a coação por parte de missionários, bem como a destruição das culturas e religiões de outros. Muitos de nós conhecemos a "história de lágrimas" de inocentes pelo mundo inteiro, e dos milhares de sistemas religiosos que foram esmagados de modo chocante. Que surja uma nova consciência da dignidade das pessoas e dos grupos, incluindo o despertar de qualquer um que tenha desejado impor suas crenças a outros "para o próprio bem deles", valendo também para cristãos que sejam brutais com outros cristãos. Que todos os corações se sensibilizem. Que todos os corações se enterneçam. Que todos os corações se lembrem da dádiva original com a qual cada um nasceu, ou seja, a do amor incondicional por mais do que apenas nossa própria gente. Como sempre deveria ter sido.

CAPÍTULO 3 **O bêbado e a Senhora**
Imagem de abertura: © Mednyanszky Zsolt/Shutterstock
Arte: "A gruta de *La Conquista*", escultura heroica, moldagens e obra de pedra de Roy Neal
Arte: "O poço de Maria", escultura, manejo da água e obra de pedra de Roy Neal
Fotografias de Lucy Backus Malloy

CAPÍTULO 4 **Guadalupe é uma chefe de turma no Paraíso**
Ex-voto, colagem: "*Nuestra Señora de los Cuchillos,* Nossa Senhora das Facas", da dra. C. P. Estés

CAPÍTULO 5 **Massacre dos sonhadores: A Mãe do Maís**
Ex-voto, colagem: "Levanta de um derramamento de sangue" da dra. C. P. Estés
As palavras neste ex-voto são as seguintes:
"Levanta!
Mesmo depois de um derramamento de sangue...
especialmente depois de um derramamento de sangue",

Lista de ilustrações/créditos

diz *La Conquista*,
Nossa Senhora dos Conquistados.

Seu nome associado ao conceito da conquista pode ser compreendido de várias formas. Ela é a mãe dos que foram esmagados e escravizados por alguém ou alguma coisa, quer tenha sido uma dependência nociva, quer tenha sido um ambiente ou um regime injusto. Ela é também aquela que conquista o coração dos outros, curando o que está partido, aquecendo o que está gelado, endireitando o que está torto, refrescando o que está por demais acalorado. Esse título, *La Conquista*, pode ser entendido sob muitos aspectos positivos.

CAPÍTULO 6 O *Memorare*, Lembra!

Ex-voto, colagem: "Nossa Senhora, Veste de Flechas: Ela ensina proteção aos vulneráveis – sem exceções" da dra. C. P. Estés
Esse ex-voto, "Veste de flechas", diz o seguinte:

Memorare
Porque...
Não há como atingi-La,
pois Ela e o Filho Divino são Eternos...
Porque...
ela tem certeza
da Divindade de seu próprio Filho
e da absoluta indestrutibilidade
dos ensinamentos de Seu Filho...
Ela sempre e imediatamente se move
– através de nós –
Para proteger todas as crianças da Terra...

CAPÍTULO 7 O uso do coração transpassado por sete espadas

Ex-voto, colagem: "Definição de força: perfurado porém feroz", da dra. C. P. Estés
"Perfurado porém feroz", eis o que diz esse ex-voto:

Dizem as velhas da família
que os punhos das espadas que perfuram o coração de Nossa Senhora...
têm a forma das sépalas recurvadas que protegem os botões
de rosas... que, com orações e tempo, de cada punho de espada
romperão sete rosas perfumadas, florescendo repetidamente,
porque o sofrimento provoca uma chuva de lágrimas,
porque a chuva de lágrimas irriga a terra,
porque é garantido que a umidade,
na terra seca de nosso ser, produzirá vida nova.

As lágrimas são um rio que nos leva a algum lugar...
um lugar melhor, um lugar bom.*

---

* Este último verso é do livro *Mulheres que correm com os lobos*.

CAPÍTULO 8 **"Nossa Senhora Atrás da Parede"**
"Este M representa a Mãe que salta por cima dos muros dos mundos": © Phase4Photography/
    Shutterstock
Fotografia de "Antes": O altar-mor e o "Mural de arte sacra e histórica de São Juan Diego
    e Nossa Senhora de Guadalupe" pintado pela muralista Carlotta EspinoZa em 1978, na
    paróquia de Nossa Senhora de Guadalupe, Denver, Colorado.
Fotografia de "Depois": O altar-mor depois da reforma, o mural de *La Señora*, atrás da parede.
As duas fotografias, de Daniel Salazar, Denver, Colorado
Fotografia: Altar-mor da Igreja de Nossa Senhora da Medalha Milagrosa

CAPÍTULO 9 **Um homem chamado Maria**
Ex-voto, colagem: "Nossa Senhora que refulge no escuro" da dra. C. P. Estés
Esse ex-voto diz o seguinte:
> Nossa Senhora
> que refulge
> no escuro,
> fazendo explodir suásticas
> de volta ao significado:
> [o] Deus de Amor

Como muitos sabem, a suástica, muito antes de ser associada a um regime brutal, também já era chamada de símbolo dos troncos que giram, dos quatro rumos, dos quatro ventos, da grande roda da vida. O uso desse que é um dos símbolos antigos mais sagrados foi posto em prática pelos nazistas no século XX. Eles sem dúvida fizeram brotar lágrimas de sangue desse símbolo antigo, por toda a carnificina e destruição provocada pelos que se apoderaram dele, como símbolo de sua "pureza".

A história da fuga de meu tio dos nazistas é contada no capítulo "Um homem chamado Maria". Finalmente a salvo nos braços de seus parentes nos Estados Unidos, ele me disse a mesma coisa muitas vezes, de muitos modos: Os que assassinam inocentes, não importa quem, não importa quando, não têm pátria. Os que salvam e protegem são cidadãos não da terra natal, nem da mãe pátria, mas do Deus da Terra do Amor.

No simbolismo de Cristo, a cruz é a promessa de que o Amor vencerá, de que o Amor eterno que se ergue não só de seres humanos em si, mas da "Origem sem origem", nunca pode morrer.

Esse meu tio aqui é o mesmo tio cuja história muito mais longa de luta para sobreviver aos tempos da guerra e do reencontro com o Deus vivo na floresta está contada no livro: *O jardineiro que tinha fé: Uma fábula sobre o que não pode morrer nunca*.

CAPÍTULO 10 **A Madona Negra**
Ex-voto 1, colagem: "Ela Que Não Pode Ser Apagada"
Ex-voto 2, colagem: "Sanctu, Sanctu: Em pé sobre os ombros de quem está em pé sobre os
    ombros de..."
Ambos de autoria da dra. C. P. Estés

Lista de ilustrações/créditos

CAPÍTULO 11 Como "*motherfuckers*" se tornaram Mães Abençoadas
Ex-voto, colagem: "Nossa Senhora da Ponte Ferroviária" de autoria da dra. C. P. Estés
O ex-voto "Nossa Senhora da Ponte Ferroviária" diz o seguinte:
Nossa Senhora Debaixo da Ponte Ferroviária...
Uma Luz Brilha Ainda mais Forte
na Maior Escuridão
Desenhos a tinta: "Pequenas tatuagens para a Santa Mãe" da dra. C. P. Estés

CAPÍTULO 12 A Grande Mulher nos aparece diariamente
Ex-voto, colagem: "Guarda-roupa de Maria" da dra. C. P. Estés

CAPÍTULO 13 Ladainha da Estrada Mãe: Cântico de Seus nomes incandescentes
Ex-voto, colagem: "Nossa Senhora das Rodovias Azuis" da dra. C. P. Estés

CAPÍTULO 14 Compaixão pós-aborto: "Os filhos que ela teve que não teve..."
Ex-voto, colagem: "La Mariposa: Adejar da Borboleta, Nossa Senhora da Nova Vida" da dra. C. P. Estés
"Adejar da Borboleta" no que concerne a esse ex-voto: Quando uma mulher está com cerca de quatro meses de gravidez ou um pouco mais tarde, um dia, de modo tão espantoso, sentimos um pequeno adejar em nosso útero. É a criança minúscula lá dentro, movimentando-se dentro de nós. A impressão é a do adejar das asas de uma borboleta. E para a maioria de nós, o que fazemos é parar de chofre num assombro tão sagrado. Em minhas duas gestações, que foram difíceis (por muitos motivos) mas que acabaram chegando a termo, ainda me lembro, muitas décadas depois, desses momentos: onde eu estava no "momento da borboleta", a que hora do dia ou da noite, como estava o tempo lá fora, o que eu estava fazendo, o que estava usando, o estado do dia, os cheiros no ar. Tudo parou naquele instante sagrado, menos a reverência, menos o assombro. A Vida. Em movimento. Santa. Viva. No meu corpo? Para mim, comigo? Quem estava vindo para mim e através de mim, começando na forma de borboleta? Espantosa leveza de Ser.

CAPÍTULO 15 O homem que se afogava
Ex-voto, colagem: "O laço de Nossa Senhora: para salvar uma Vida" da dra. C. P. Estés
Esse ex-voto diz o seguinte:
... uma prece feroz eu lancei com meu grito, Mãe de Deus!!
E atirei meu rosário com todas as forças por cima das ondas...
Por alguns momentos o laço de *La Virgen* pairou no ar...

Ó, Minha Senhora, por piedade deixa o desconhecido
ser mantido acima da água
até que chegue socorro.

CAPÍTULO 16 Deus não tem mãos: Consolando Maria, o ritual de *Pésame*
Ex-voto, colagem: "Deus não tem mãos a não ser as nossas: *Las manos de la gente quien la ama*, As mãos das pessoas que a amam" da dra. C. P. Estés
Fotografia: "Antes que fosse pintada de preto: Pequena Nossa Senhora de Fátima"

CAPÍTULO 17 As Marias da Mãe África
Ex-voto, colagem: "Santa Mãe África" da dra. C. P. Estés

CAPÍTULO 18 "Ah, sim, aqui há lugar para vocês também" O ritual de *La Posada*
Ex-voto, colagem: "*El Cristo de la Llave*: O Filho Milagroso de Maria" de autoria da dra. C. P. Estés

CAPÍTULO 19 Nossa Senhora de Guadalupe: O caminho do coração partido
"A letra M representa *La Mystica*": © Michael Levy/Shutterstock

CAPÍTULO 20 Tentaram detê-La na fronteira
"A letra M representa *El Milagro de la María*, o Milagre de Nossa Senhora": © Mikhail/Shutterstock
Fotografia de *La* Señora de Guadalupe e do povo que a ama, Santa Fé, Novo México
Fotografia de *Nuestra Señora* de Guadalupe, Santa Fé, Novo México
Ambas de Joshua Trujillo, guadalupejourney.blogspot.com, joshuatrujillo.com

CAPÍTULO 21 A verdade sobre como é dificílimo entrar no Paraíso
Ex-voto, colagem: "Uma porta para o Paraíso" da dra. C. P. Estés

CAPÍTULO 22 Bênção de Encerramento: Já te esqueceste? Sou tua Mãe
Criação do santinho: "Bênção de Guadalupe através de Cuauhtlatoatzin, São Juan Diego" da dra. C. P. Estés

CAPÍTULO 23 Belas palavras sobre a Mãe
"A letra M representa *Mi Madre*, Minha Mãe": © karbunar/Shutterstock

CAPÍTULO 24 A Suprema Oração
"A letra M representa Maria, Minha Mãe, Minha Irmã, Minha Amiga"

NOTAS
Imagem: combinação de trabalhos © Anton Novik e LessLemon/Shutterstock

NOTAS AO LEITOR
Imagem: © discpicture/Shutterstock

LISTA DE ILUSTRAÇÕES / CRÉDITOS
Fotografia: "Ganz-Votivtafeln" © Michael Kranewitter, 2007/ Creative Commons Copyright

PRECE INTERCESSORA E DE GRATIDÃO
Imagem: © Ra Studio/Shutterstock

UMA BIOGRAFIA NÃO CONVENCIONAL
Imagem: Typeface Authentic Ink Initials © Florian Schick/SchickFonts

Prece Intercessora
e de Gratidão

Há uma fábula que se conta em nossa família:

Depois da guerra, uma camponesa carregava um saco de sementes de trigo dourado que tinha conseguido recuperar dos escombros. Mas ela não tinha terra para plantar. Ela abrigou e protegeu as sementes; e, depois de muitos anos, por milagre, foi-lhe oferecida uma área de terra. Agora ela poderia plantar suas sementes e cuidar de um campo de cereal nutritivo para alimentar os povoados ao redor. Mas o que aconteceu não foi só o que ela tinha planejado. Pois, quando começou a cavar mais fundo, para revolver a terra, ela encontrou ouro. O campo que lhe tinham oferecido continha um tesouro oculto.

Algo semelhante acontece às vezes quando as pessoas se aproximam para fazer algum trabalho criativo juntas. Sou testemunha disso: como a camponesa na fábula, a cada livro que publiquei, com frequência descobri mais uma vez novos desafios e lutas, mas também o que nunca esperava: tesouro oculto em pessoas e de pessoas que chegaram para andar ao meu lado. Algumas param por um instante; algumas só "até a tinta secar". E algumas são uma forte bênção, pois são companheiras de viagem leais e de longa data, que não se afastam durante minhas *luchas,* durante o período do pousio, durante tempestades ou dias de céus azuis e estradas desimpedidas.

Por ter passado tanto tempo, a maior parte de minha vida, trabalhando sozinha em cavernas de vários tipos, sou grata àqueles que chegam querendo ajudar, que batem à porta de meu coração enquanto eu muitas vezes estou me debatendo no cantinho mais fundo, tentando manter aceso o fogo criativo apesar de um vento lateral... tentando traduzir anjos, agitando minhas asas para rechaçar demônios e simplesmente me esforçando muito para produzir uma linha depois da outra, um dia depois do outro, um ano depois do outro, no tempo que me foi concedido enquanto cuido de todos os compromissos do coração e da alma.

Eis muitos dos "tesouros ocultos" que chegaram em total glória e esplendor e/ou se aproximaram de mansinho, com doçura, para oferecer ajuda durante meus anos de vida e também de composição deste livro. Meu agente, Ned Leavitt, que carrega rizomas entre os mundos e, sob muitos aspectos, "põe-se a tocar a harpa" diariamente. **Tami Simon, fundadora e presidente da Sounds True, que desenvolveu e abriga seu próprio campo de tesouros ocultos, servindo a outros de tantas formas: ela sempre manteve meu coração em segurança.**

Minha família protetora, que se importa com minha vida. Eu também valorizo sua vida e seus talentos. Meus queridos, minhas mãos esquerda e direita, que me ajudaram sempre que pedi, e muitas vezes fizeram sugestões úteis que não tinham me ocorrido antes. À memória amada de meu pai, Jozsef. A Tiaja, Chicito, Lucy, Teena, Marvell, Martita, Chuck, Nona. Nossa família ficou pequena, com a morte dos idosos. Portanto, a todos os nossos idosos mansos, estranhos, ásperos, belos. Mencionei a realidade de nossos antecedentes de refugiados e imigrantes em muitos dos capítulos independentes neste livro. Na cacofonia dos "tempos modernos", algumas pessoas se esquecem de que muitos dos idosos fugiram por terra e na clandestinidade por tanto tempo e com tanta garra, com no mínimo uma asa quebrada, para que pudéssemos ser livres. Não nos esquecemos de vocês. Vocês são nossa comunhão de santos queridos, sujos e enlameados, nossa tribo de almas sem igual.

Há quase quinze anos estou ligada às Sisters of Charity [Irmãs de Caridade], Leavenworth, Kansas, uma ordem de freiras que se dedicam à cura, a criar hospitais, que são educadoras, mulheres ferozes e concentradas, que rezam feito loucas. Elas moram em muitas nações, entre elas a China, e nós compartilhamos horas de estudo, além de rezar juntas diariamente. Minhas irmãs me fortalecem porque trabalhamos com "os mais pequeninos dos pequeninos" e os amamos, esses que nós sabemos que, sob muitos aspectos, são de fato "os mais importantes dos mais importantes". Ao *National Catholic Reporter:* três curtas postagens lá tornaram-se três longos capítulos aqui. Minha gratidão por publicarem minha coluna *"El Rio Debajo del Rio"* sobre minhas opiniões a respeito da justiça, da cultura e do espírito. À irmã Mary Madeleva, poeta, que, quando eu tinha 16 anos, reservou tempo para me enviar uma carta cheia de anotações, incentivando meu trabalho com poesia. E à jovem freira que levou minha poesia à irmã Madeleva. Nós a chamávamos de irmã Mary Magnolia, pois você tinha um belo sotaque sulista. A todos os irmãos e irmãs da Congregação da Santa Cruz, por nos terem ensinado justiça social: aquela "coisa primordial" que tem de durar.

Marilyn Auer, editora de *The Bloomsbury Review,* que permitiu de bom grado a entrada da Mãe Abençoada em páginas escritas por marginais assombrosos, gênios de extrema acuidade e autores com talentos estranhos e espantosos. A essas "queridas criaturas admiráveis" nas "súbitas comunidades" que se formam em minhas páginas do Facebook e de outros fóruns, que apoiaram este livro com tanto afeto e empolgação: isso significa muito para quem escreve na solidão, sempre.

A todos os Truers [equipe da Sounds True] cuja tolerância e generosidade amorosa valorizo tanto. Pode parecer que um livro é uma coisa simples: escrever, revisar, imprimir, distribuir. Mas/e quase cem criaturas na Sounds True e ligadas a ela tocaram de algum modo neste trabalho, para que pudéssemos trazê-lo com prazer às suas mãos. À editora chefe Haven Iverson, jovem mãe que dedica o mesmo tipo de carinho aos livros e a seus filhos de verdade. Karen Polaski, diretora de arte, um talento raro, ao mesmo tempo sagaz e gentil, que compreende a eletricidade das palavras e das imagens. Outras almas pacientes e inteligentes nos departamentos de arte e de editoração: Lisa Kerans, Levi Stephen, Beth Skelley. A revisão, a cargo dos bons Argos, de muitos olhos: Rachel Shirk, Florence Wetzel, Allegra Huston. Lucy Malloy, **dra. Martha Urioste, Rachael Patten; Jeff Hoffman, preparador de índices. Outros trabalhando com amor como arautos de livros, para que o público saiba que o livro está a caminho e do que ele trata: na redação de material promocional e turnês de promoção, Chantal Pierrat, Shelly "Emotikins" Francis, Wendy Gardner, Grayson Towler. Bons cartógrafos para a logística: Wendy Albrecht, Jaime Schwalb, Jenifer Wolinski, Rebecca Chenoweth. Meus** *hobbitzim,* tão leais, de coração tão extraordinário. Esses são os engenheiros que levam minha voz a vocês com uma primorosa clareza de som e com belas imagens para os eventos mundiais on-line que apresentamos ao vivo, aí incluído *Libertem a Mulher Forte:* Aron Arnold, Stephen Lessard, Hayden Peltier, Josh Wright.

A todos os colegas que contribuem tanto para o mundo com sua própria voz original e àqueles que encorajaram estes últimos 40 anos da marca "pinkola-estésiana": meu desenvolvimento de um ramo da psicologia dos arquétipos, que partiu da profunda enunciação do tema por Jung, com base na minha compreensão dos portadores radicais dos arquétipos – todas as práticas e tradições orais de nossas etnias. Rafael López Pedraza, Thomas Kirsch, Renos Papadopoulos, Andrew Samuels, Joyce Meskis, Molly Moyer, Spence Backus, Virginia Sumners, Jan Vanderberg, Craig M., a família "Willow", J. Cupcake, Dana Pattillo, charlie merhoff, *Las Marias,* "As Mulheres de Branco", *mis Guadalupañas* no mundo inteiro, Ana Castillo, Demetria Martinez, Claribel Alegria, Maestra Elena, Eduardo Galeano, Steve Rush, Mike Wilzoch, Alice Walker, Maya Angelou – *mis comadres y compadres* que mencionei aqui e anteriormente, que tornaram mais fortes a caminhada e a caminhante – *Todos se refugian en El Corazón,* todos nós buscando refúgio no Coração.

A todas as criaturas inocentes encarceradas em pensamentos, em recordações ou por trás de grades, de qualquer natureza, no mundo inteiro. Não desanimem. A Santa Mãe sabe que vocês estão vivos; e nós, "os antigos fiéis e as velhas vestidas de preto" oramos todos os dias por sua liberdade sob todos os aspectos – alma, espírito, mente, coração, corpo. Eu garanto. E também pela Alma, que eu considero a espécie mais ameaçada de extinção na face desta Terra: Que você resista, Alma! E à Santa Mãe, *La Entrada,* a quem não é exagero dizer que devo minha vida. *Totus Tuus ego sum Maria.* Eu te pertenço. Tu nos pertences. A todos nós. Todos.

Uma biografia não convencional

Clarissa Pinkola Estés, Ph.D., é uma poeta americana, especialista em atendimento pós-trauma, ativista social e psicanalista diplomada, certificada pela Associação Internacional de Psicanalistas C. G. Jung, em Zurique, na Suíça.

"Fui criada nas tradições orais e étnicas, agora quase desaparecidas de minhas famílias. Sou americana de primeira geração, e cresci num povoado rural com população de 600 habitantes, perto dos Grandes Lagos. De herança cultural tribal mestiça mexicana e de maioria magiar e minoria suábia, venho de famílias de imigrantes e refugiados que não sabiam ler nem escrever, ou que o faziam precariamente. Grande parte do que escrevo foi influenciada por pessoas de minha família que eram camponeses, pastores, cervejeiros, carroceiros, tecelões, plantadores de pomares, alfaiates, marceneiros, rendeiras, tricoteiras, cavaleiros e amazonas nas Velhas Pátrias. Nós também dizemos que gostamos tanto de dançar até não poder mais, em qualquer ocasião, que nos levantamos para dançar, mesmo quando alguém faz barulho demais ao tomar a sopa. Excessos e carências de muitos tipos costumavam de algum modo ser considerados necessariamente complementares."

A poesia de Estés é usada ao longo de todos os seus livros voltados para a psicanálise, seus áudios e suas apresentações ao vivo como *remedios*, medicamentos oferecidos aos outros.

"Desde que comecei a criar séries faladas nos estúdios da Sounds True em 1989, e desde que eu era criança, chamo as histórias de minha família de 'histórias como remédios', e meus poemas chamo de cuentitos, *meus pequenos contos. Tenho alguns*

> *dons nas antigas tradições de cura: o som da voz e* las palabras de la chupatinta, *palavras de minha mão que escreve, toda manchada de tinta; e também* pláticas, *o que significa uma conversa na qual o coração das duas pessoas talvez comece a bater no mesmo ritmo, juntos. Esses métodos de cura podem ser suaves, mas muitas vezes a cura é ainda maior se percorrermos a estrada difícil onde, como disse o admirável Yeats num verso apreciadíssimo, 'todas as escadas começam... no imundo depósito de ferro-velho do coração'."*

Como autora de muitos livros sobre a vida da alma, sua obra foi publicada em mais de 30 línguas. Seu livro *Mulheres que correm com os lobos: Mitos e histórias do arquétipo da mulher selvagem* permaneceu na lista de campeões de vendas do *New York Times* por 145 semanas. Ela fala em universidades como conferencista convidada; e ensina a diversidade com base em seus antecedentes de duas raças e de três tradições culturais.

> *"Meu doutorado e meu diploma de pós-doutorado foram obtidos com tanta dificuldade, criando filhotes, trabalhando em vários empregos, de algum modo conseguindo subsistir. Sinto tanta gratidão por terem me concedido permissão, não só para aprender, mas para estudar, criar em minha área de concentração do doutorado, uma disciplina que não existia até então: a psicologia etnoclínica, o estudo da viagem da alma em tribos, grupos empresariais, grupos familiares, vida religiosa, grupos culturais desde os minúsculos até os grandes, sendo um grupo qualquer lugar onde 'dois ou mais se reúnam no Nome'. Muito embora minha vida universitária tenha sido humilde em termos de não ter sido nas faculdades de maior renome – tão importante quanto isso, minha própria família foi o laboratório clandestino rústico e maravilhoso, perfeitamente equipado. Havia também uma universidade venerável que eu admirava tanto, mas sabia que não teria chance de frequentar, por falta de tudo. Ela era chamada de "mais antiga instituição de ensino superior nos EUA" e tinha como lema 'Veritas', Verdade. Na minha opinião, tendo crescido como uma criança selvagem das matas e das águas – apesar de Cambridge, Massachusetts, estar totalmente fora de meu alcance – creio que o grande Lago Mãe, Michigan, se tornou minha Harvard."*

Ela já ensinou a escrever memórias, *e-books,* apresentação e crítica para contadores de histórias em muitas instituições públicas e particulares. Suas aulas de escrita em prisões começaram no início dos anos 1970, na penitenciária masculina no Colorado, seguindo para outras instituições de detenção por todo o Oeste e Sudoeste dos EUA.

> *"Alguns dos maiores escritores conceituais são os que estão na prisão. Sob muitos aspectos, escrever pode ser o mecanismo de sobrevivência do Espírito. A maioria de nós, poetas, diz que escrever prosa e poesia salvou nossa vida. Isso não é exagero. É*

uma verdade sobre a escassez de verdadeiro alimento por dentro das grades ou por fora delas em nossos tempos. A poesia e a prosa são bolsas de sangue para o sistema arterial mais faminto que possuímos, que pode murchar com tanta facilidade quando reprimido injustamente – ou seja, o único Espírito animador."

Estés é também especialista em recuperação pós-trauma e psicanalista, com atendimento clínico há 41 anos. Seu doutorado é da Union Institute & University.

"Comecei meu trabalho como especialista em recuperação pós-trauma na década de 1960 no Hospital de Veteranos de Guerra Edward Hines Jr., em Hines, Illinois. Lá trabalhei com soldados da Primeira Guerra Mundial, da Segunda Guerra Mundial, da guerra da Coreia e da guerra do Vietnã, que tinham ficado tetraplégicos ou inválidos por perda de um braço e/ou perna ou de ambos. Eu também parti meu coração trabalhando em outras instituições que atendiam a crianças gravemente prejudicadas – era uma época em que se recomendava a pais de classe média e alta que 'internassem' seus filhos paralíticos ou com necessidades especiais. Também trabalhei muito com veteranos de guerra e suas famílias, todos com sua própria versão do que na época se chamava de 'neurose de guerra', atualmente chamado de transtorno do estresse pós-traumático. Eu tinha aprendido com minha própria família de refugiados que, quando alguém é levado para a guerra, todos os que amam esse alguém são levados para a guerra também. Todos merecem cuidados."

Estés continua a atender àqueles que vivenciaram a perda por abortos e a famílias que sobreviveram a vítimas de assassinato. Ela prestou serviços em locais de catástrofes e elaborou o protocolo para recuperação pós-trauma para sobreviventes do terremoto na Armênia. Desde então, seu protocolo foi traduzido para muitos idiomas e é usado para delegar tarefas de atendimento por cidadãos, para realizar o trabalho pós-trauma no local e durante os meses e anos ainda por vir. Ela prestou atendimento à escola de Columbine e à comunidade local depois do massacre em 1999; e continua a trabalhar com sobreviventes e famílias sobreviventes do 11 de setembro tanto na Costa Leste quanto na Oeste.

"Não existe vida sem sofrimento. Queria que existisse. Queria muito. Mas também há muito de positivo, incluindo-se a vocação, que pode decorrer até mesmo do pior sofrimento. Não estou falando com leviandade. Minha casa, quando criança, estava cheia dos dilacerados pela guerra, que acabavam de ser arrasados por dois exércitos diferentes, brutais e empedernidos, que não se importavam nem um pouco com a pureza nem com a vida preciosa. Vi de perto as terríveis feridas abertas. Também

as espantosas formas de vida nova que nasciam a partir das bordas do ferimento, repetidamente. Como uma árvore derrubada da qual crescem dez arvoretas fortes, direto de seu troco serrado. Ocorre o mesmo com os que foram profundamente atingidos. Eles seguem em frente, feridos, mas com uma vida nova aprendendo a brotar deles muitas e muitas vezes."

Estés foi nomeada por dois governadores para a Ouvidoria [de saúde] do Estado do Colorado (1993-2006), da qual foi eleita presidente. Ela faz parte da diretoria da Authors Guild, em Nova York; é editora colaboradora de *The Bloomsbury Review;* e é membro da Associação Nacional de Jornalistas Hispânicos. É gerente editorial do site de notícias políticas TheModerateVoice.com e também escreve ali sobre notícias, política e assuntos espirituais. Sua coluna *El Río Debajo del Río* está nos arquivos do *National Catholic Reporter,* ncronline.org.

"Uma das iniciativas de que mais gosto é a de ajudar mães a aprender a ler e escrever em sua língua materna. Assim, num projeto de alfabetização de mães no Queens, Nova York, fui contar histórias de nossa família, e todas as mães depois escreveram histórias de sua terra natal. Elas ficaram muito empolgadas de pôr em prática a escrita e a leitura com as próprias histórias de seus pais e antepassados, às quais de repente davam novo valor (e me mandaram suas histórias todas, como um maço comovente de páginas escritas à mão). Em Madagascar, conseguimos ajudar a promover a alfabetização de adultos, incentivando a impressão de contos folclóricos locais, informações de higiene e cuidados de saúde, para as pessoas em sua própria língua. Esses textos foram então usados para ensinar a ler e escrever. Para mim, ensinar a ler e escrever é milagroso. Ajudar outros a aprender essas duas atividades mágicas equivale a dar-lhes uma ressuscitação de alma a alma. Por si, a leitura põe o universo inteiro direto nas mãos da alma. Escrever faz com que o portão se escancare para que a alma diga como o universo lhe parece, em sua própria voz singular. A Mãe Milagrosa sorri."

Estés assessora o poder legislativo estadual e federal no que diz respeito a reformas previdenciárias, educação e violência na escola, proteção à infância, saúde mental, meio ambiente, credenciamento de profissionais, imigração e outras questões ligadas à qualidade da vida e da alma. Pelas realizações de sua vida, ela recebeu numerosos prêmios, entre eles, o primeiro prêmio Joseph Campbell de Guardiã das Tradições, por seu trabalho como *La Cantadora*. Por sua obra escrita, ela recebeu o prêmio Gradiva da Associação Nacional pelo Progresso da Psicanálise, o prêmio da Associação da Imprensa Católica por suas obras sobre o espírito e a religião, bem como o prêmio *Las Primeras,* da Fundação das Mulheres Mexicano-americanas, Distrito de Colúmbia. Em 2006 ela foi nomeada para a Galeria de Honra das Mulheres do Colorado, que exalta mulheres de influência internacional que são agentes de mudança.

"*Creio que ser um agente de mudança poderia ser como ser* Santa Sombre, *a que chamamos desse modo em nossa família, por ser a que simplesmente abençoa o que pode ser abençoado, limpa o que pode ser limpo, semeia o que pode ser semeado e segue em frente, sem olhar para trás para ver o resultado. Será que chegamos a saber o bem que esperamos ser capazes de plantar na forma de* la semilla, *como simplesmente a menor sementinha, mesmo deixada cair por acaso ou talvez colocada deliberadamente? É provável que na maioria do tempo não saibamos. Cabe-nos levar a varinha de semear, lavar a semente, escolher quais plantar e depositar a semente, às vezes uma única num furo aberto nessa ou naquela terra fofa. Às vezes, para plantar com força em terreno hostil, cinco ou dez sementes para uma única fenda rochosa. E então passamos para o próximo terreno, duro, pedregoso, macio, não importa. O que é a fé, senão isso, que podemos e havemos de seguir, seguir, seguir – tropeçando, a passos largos, não importa, desde que sigamos as linhas de mira que se alargam e se aprofundam à medida que envelhecemos. O trabalho pode ser só este: a próxima, a próxima, deixando cair a semente pelo próximo furo, com todo o amor possível, tropeçando, se levantando, caindo, avançando de novo... seguindo* La Sembradora. *Ela, a Semeadora que sabe o caminho.*
"Este livro, Libertem a Mulher Forte, *é a continuação de todas as minhas outras obras, em que contemplo o arquétipo maior da Mulher Sagrada e inteira, de muitos ângulos diferentes. A Mulher Selvagem, a Mulher Sábia, a Mulher Sagrada. Elas compartilham as mesmas batidas de coração. Como escrevi em* Mulheres que correm com os lobos, *o arquétipo da mulher selvagem não é uma essência brutal nem descontrolada, engastada na psique: é um conjunto instintivo natural de saberes e anseios no interior da psique. Como digo na série de áudios,* A perigosa Mulher Sábia *sobre o arquétipo da mulher sábia: a sabedoria não é uma condição, é um empenho sagrado. Como escrevi em* Mulheres que correm com os lobos... *comam alimentos nutritivos, repousem tranquilamente, sigam sua vocação, prestem lealdade, amem as crianças, dancem com alegria, sintonizem seus ouvidos, deem atenção à morte e à ressurreição, criem amor no mundo de todas as formas, rezem dizendo verdades que elevem a vocês mesmas e a outras. Vocês encontrarão essas premissas em toda a minha obra,* Mulheres que correm com os lobos, *sobre o arquétipo da Mulher Selvagem,* A perigosa Mulher Sábia *sobre o arquétipo da Mulher Sábia e* Libertem a Mulher Forte *sobre a Santa Mãe*."

Dra. CLARISSA PINKOLA ESTÉS é intelectual de renome internacional, poetisa premiada e psicanalista junguiana. Foi agraciada com o primeiro prêmio Joseph Campbell de "Keeper of the Lore" [Guardiã das Tradições] e nomeada para a Galeria de Honra das Mulheres do Colorado, em 2006, devido à sua trajetória como ativista e escritora em busca de justiça social. Participa da diretoria do Centro Maya Angelou de Pesquisa de Saúde das Minorias na Escola de Medicina da Wake Forest University e também ensina em universidades como professora visitante emérita.

Mulheres que correm com os lobos foi seu primeiro livro, e desde então tornou-se conhecida por combinar mitos e histórias com análises de arquétipos e comentários psicanalíticos. Da autora, a Rocco também publicou *A ciranda das mulheres sábias, Contos dos irmãos Grimm, Libertem a mulher forte, O dom da história* e *O jardineiro que tinha fé*.